대한민국 의료 혁명

대한민국 의료혁명

초판 1쇄 인쇄   2015년 3월 6일
초판 1쇄 발행   2015년 3월 12일

엮은이   전국보건의료산업노동조합
펴낸이   김승희
펴낸곳   도서출판 살림터

기획   정광일
편집   조현주
북디자인   구화정 page9
인쇄·제본   (주)현문
종이   월드페이퍼(주)

주소   서울시 영등포구 양평로21가길 19 선유도 우림라이온스밸리 1차 B동 512호
전화   02-3141-6553
팩스   02-3141-6555
출판등록   2008년 3월 18일 제313-1990-12호
이메일   gwang80@hanmail.net
블로그   http://blog.naver.com/dkffk1020

ISBN   978-89-94445-84-7 03300

대한민국 의료 혁명

**2015, 다시
한국 의료의 길을 찾는다!**

전국보건의료산업노동조합 엮음

살림터

차례

10%, 턱없이 부족한 공공의료, 질적·양적 확대·강화를 위하여

2부

3부

90% 넘는 민간의료,
시장을 넘어 공공성 강화를 위하여

복지국가 시대, '의료혁명'은
'의료공급체계 혁신'과 '사람에 대한 투자'가
함께 준비되어야 합니다!

유지현 · 전국보건의료산업노동조합 위원장

**'의료혁명'을 위한 의미 있는 한걸음이 될 것을 확신하며
길게 호흡을 가다듬습니다.**

2014년 7월 22일 우리 전국보건의료산업노동조합의 의료 민영화 저지
2차 총파업이 시작되던 그 시간, 의료 민영화를 반대하는 국민들이 단 하
루 만에 60만 명의 서명을 모아주셨고 그렇게 100만 서명운동은 목표치를
훌쩍 넘어 200만 명의 고지를 향해 달려가고 있었습니다.

일대 파란이었습니다. 2008년 촛불을 들고 이명박 정부를 향해 광우병
쇠고기 수입 중단과 의료 민영화 저지를 함께 외쳐주던 그 함성이 다시 들
려오는 듯했습니다. 눈물겹도록 고마운 그 지지 속에 우리는 자신감 있게
싸울 수 있었고 그리고 또 싸우고 있습니다.

그리고 2015년입니다.

진주의료원 강제 폐업 승인, 원격의료 허용, 영리병원 규제 완화, 영리자
법인 허용, 의료기관의 부대 사업 확대, 병원 간 인수 합병 등 박근혜 정부

의 의료공급체계 민영화는 속도를 늦추지 않고 있습니다. 더 나아가 2016년 건강보험 국고 지원 만기 도래를 앞두고 건강보험 재정 12조 8,000억원이라는 사상 초유의 흑자 국면에서 재정체계마저 손대기 위한 또 다른 의료 민영화 움직임이 감지되고 있습니다.

이처럼 2015년 한국 의료는 의료 민영화 광풍과 성장 위주의 경제 발전 전략하에서 왜곡될 대로 왜곡되어 돌아올 수 없는 민영화·영리화의 길을 걷게 될지, 아니면 의료 공공성 강화의 탄탄대로로 접어들 것인지를 판가름하는 갈림길에 있습니다.

이런 조건 속에서 우리는 '의료공급체계의 전면적 혁신', 조금은 거창한 듯 들릴는지 모르지만 이른바 '의료혁명'을 이야기하고자 합니다. 우리의 의료공급체계가 지금처럼 왜곡된 형태로 존재하는 한, 그리고 이 약점이 근본적으로 제거되지 않는 한 의료 민영화를 막아낸다 하더라도 의료를 돈벌이의 수단으로 삼고자 하는 자본의 노림수가 계속될 것이기 때문입니다.

그래서 '의료혁명'입니다.

'의료혁명'은 한국 의료를 공공적인 그것으로 확고히 방향 전환을 하게 만들 선제적 전략입니다. 이미 대세로 되고 있는 무상의료, 즉 모든 국민의 의료비 걱정 없는 복지국가가 올바로 실현되려면 '공적 재정 확충 대책'은 물론 반드시 수반되어야 하는 필수적 조건으로서, 왜곡된 의료체계를 바꾸는 '공공보건의료체계 확립과 의료공급체계 혁신, 의료인과 의료기관에서 일하는 사람들에 대한 투자'가 반드시 함께 동반되어야 합니다.

이런 문제의식을 가지고 우리 보건의료노조는 우리나라 대다수 주요 의료기관을 포괄하고 있는 조직의 특성과 장점을 살려, 의료기관 현장을 직접 방문하면서 워크숍을 진행하였고, 국회에서 수차례 토론회를 개최한 바 있습니다.

이 책은 그 결과를 기초로 현장으로부터 쓰인 의료공급체계의 전 분야에 걸친 '최초의 입문서'로서 보건의료노조가 내부 전략 과제 수행의 일환으로 지난 2011년 11월 3일부터 2012년 2월 14일까지 한 주도 거르지 않고 총 16회를 진행한 '의료공급체계 혁신을 위한 연속 기획 워크숍' 결과를 집대성한 결실입니다.

한편 이 책은 한국 의료를 대표하는 각 분야 최고의 전문가 25명이 기조 발제를 하고, 90여 명의 교수, 현장 전문가, 노사 대표가 지정 토론자로 참가했으며, 총 550여 명의 보건의료노조 현장 간부, 조합원들이 함께하여 우리 병원 문제, 우리 의료기관이 처한 현실을 객관적으로 조명하면서 이후 공공적 발전 방안을 모색한 워크숍을 통해 집필된 '집단 창작물'이라고 해도 무방할 듯합니다.

이 소중한 성과물을 구체화한 우리는 이제 2016~2017년 총선과 대선 정책 창이 열리는 시점에 '1-2-3차 의료전달체계 확립과 의료공급체계 혁신, 공공의료·지역의료 강화'와 '각급 의료기관의 공공적 발전', '보건의료 인력 확충과 이를 위한 투자'를 위해 의료기관 특성별 발전 전략 수립을 위한 2차 워크숍과 현장 토론은 물론 사회 담론화를 위해 대대적인 대국민 캠페인과 사회 정치 활동에 나설 예정입니다.

나아가 우리 보건의료노조는 『대한민국 의료혁명』 발간을 계기로 왜곡된 한국 의료의 공공적 발전 전략을 수립하고자 건강보험 가입자를 대변하고 있는 건강보험공단노동조합, 보건의료복지 관련 노조들이 함께하고 있는 보건복지노조협의회, 환자단체, 보건의료단체와 시민단체, 각 직종 협회들의 요구를 집대성하여 주요 정당과 국회, 각종 선거에서 후보들에게 전달하고, 차기 국회와 정부에서 주요 정책으로 채택할 것을 적극 촉구해나갈 예정입니다.

오늘이 있기까지 워크숍을 공동 주최하고 함께 준비하고 함께 토론하면서 전국의 의료기관을 같이 다닌 한국환자단체연합회 안기종 대표님, 물심양면으로 많은 도움을 주신 독일 프리드리히 에버트 재단(FES) 한국 사무소 크리스토퍼 폴만 전 소장님과 현 스벤 슈베어젠스키 소장님에게 감사드립니다. 워크숍을 공동 주최하고 우리 활동을 지지 격려해주신 겨레사회정책연구소 이창곤 소장님에게도 감사드립니다.

보건의료노조는 그동안 독일 프리드리히 에버트 재단(FES) 한국 사무소 후원으로 2009년 독일 베르디 노조와 베를린 샤르티 대학병원 방문, 2010년 한·독·미·일 4개국 초청 병원 인력 국제 세미나 개최, 2013~2014년 독일 국제노동대학 연수 등을 진행한 바 있으며, 이를 통해 한-독 산별노조 교류와 상호 의료제도를 이해하고 개선하는 활동에 많은 도움을 받은 바 있습니다. 그런 성과에 이은 이번 책자 발행은 독일 프리드리히 에버트 재단의 활동을 한국 노동계와 의료계에 알리고, 독일과 한국 양국의 의료제도를 상호 이해하면서, 산별노조의 사회적·공공적 역할을 높이는 데 중요한 기여를 할 것으로 기대하고 있습니다.

보건의료노조는 국민건강권 실현과 환자 권리 확보를 위해 늘 함께 고민하고 함께 실천하고 있는 영원한 동반자 한국환자단체연합회와, 그리고 우리 사회의 경제 민주주의 발전과 노동운동의 사회적 역할을 높여나가는 정치적 동지로서 독일 프리드리히 에버트 재단 한국 사무소와 앞으로도 더 많은 사업을 함께 해나가기를 희망합니다.

바쁘신 가운데서도 늘 우리 보건의료노조와 공공의료·지역의료에 대한 애정을 가지고 워크숍 참가와 이번 책자 발간에 함께해주신 많은 전문가, 교수님들께 다시 한 번 감사의 인사를 드립니다. 특히 연속 기획 워크숍과 책자 발간을 처음부터 기획하고 4개월의 일정을 차질 없이 진행해온 우리 노조 전략기획단과 정책실, 한국환자단체연합회, 매회 현장 진행을 도와준 현장 간부들에게도 깊은 감사를 드립니다. 이 모든 분들이 있었기에 연속 워크숍 대장정과 이번 책자 발간이 성공적으로 진행될 수 있었습니다.

　무엇보다 진주의료원 재개원 투쟁과 의료 민영화를 반대하는 투쟁 과정에서 우리 노조에 보여주었던 국민들의 전폭적인 지지는 한국 의료가 공공성을 더욱 확대하는 길을 가기를 희망하는 의지로 받아들이고 용기 있게 의미 있는 한걸음 내디딜 수 있었음을 고백하면서 그 감사함의 마음을 전하고자 합니다.

　다시 한 번 이번 의료공급체계 혁신을 위한 연속 기획 워크숍 대장정과 책자 발간이 성과적으로 마무리되는 데 도움을 주신 많은 분들에게 진심으로 감사드립니다. 모든 국민이 행복하고 건강한 나라, 환자 안전과 노동자 안전이 지켜지는 의료기관을 만들기 위해 모두가 손잡고 함께 나아갔으면 합니다. 이 책의 발간이 그런 세상을 만드는 작은 출발이 되었으면 합니다. 또 다른 세상은 가능합니다!

다가오는 복지국가 무상의료 시대,
우리는 무엇을 준비할 것인가?

환자 안전·노동자 안전을 위한 의료기관, 국민에게 최상의 의료 서비스를 제공할 수 있는 의료공급체계 혁신 방안을 알아본다

이주호 · 전국보건의료산업노동조합 전략기획단장

1. 현장에서 직접 쓴 최초의 의료공급체계 혁신 입문서

의료전달체계가 무너지고 있다. 빅5 병원 중심의 의료 독과점 체제가 강화되면서 지역의료·공공의료가 붕괴되고 있다. 10% 남짓한 공공의료조차 자신의 설립 목적을 망각한 채 돈벌이 병원으로 내몰리고 있다. 이런 극단적 상황에서 '환자와 노동자 모두가 행복한 병원', '환자 안전과 의료 질 향상이 실현되는 의료기관과 의료공급체계'를 꿈꾸고 이를 실천하고자 하는 사람들을 위해 이 책은 특별히 기획 제작되었다.

이 책의 주요한 내용은 지난 2011년~2012년, 보건의료노조와 한국환자단체연합회, 독일 프리드리히 에버트 재단 한국 사무소가 공동 주최한 '의료공급체계 혁신을 위한 연속 기획 워크숍' 결과를 토대로 만들어졌다. 그리고 최근 2013 진주의료원 폐업 사태를 통해본 한국 공공의료·지역의료의 현실, 제도화를 향해 급진전되고 있는 보호자없는병원 사업, 2014 의료민영화 추진을 둘러싼 쟁점을 새롭게 추가하였다. 이를 통해 2015년 한국

보건의료산업에서 의료공급체계를 둘러싼 모든 쟁점을 다루고자 노력했다. 그 결과 이 책은 1-2-3차 의료전달체계 확립의 주요 방향, 공공의료·민간병원·특수목적 공공병원 각각의 현황과 발전 전략, 의료 서비스 제공의 핵심인 보건의료 인력 확충, 보호자없는 병원 제도화, 한국 의료의 새로운 길 모색에 많은 시사점을 던져줄 선진국 사례까지를 전부 포괄하고 있다.

먼저, 이 책의 대략적인 틀과 내용을 소개하고자 한다. 이 책은 총 6부 22편으로 구성되어 있다. 머리글은 '다가오는 복지국가·무상의료 시대, 우리는 무엇을 준비할 것인가?'라는 근본적인 질문을 던지면서 지금 대한민국에서 의료공급체계 혁신이 요구되고 있는 한국 의료 현장의 현실을 비판적으로 살펴보고, 그 대안으로 공공·민간 전 의료기관을 망라한 11개의 핵심 혁신 과제를 제시한다. 혁신학교 같은 혁신병원 모델 개발과 더불어 혁신 과정으로서 주체 형성과 노사정 대화, 산별노조의 역할에 대해 적극 제안한다.

1부는 대한민국 의료혁명에 대한 총론적 성격의 글로 김용익 전 서울대학교 의과대학 교수이자 현 19대 국회의원이 무너진 의료전달체계, 병의원 경영의 어려움, 소유 구조와 규모 문제, 예방보다 치료 중심 등 '한국 보건의료공급체계의 현황과 문제점'을 살펴보고, '보장성 확대, 수가체계 재조정, 병상 총량제, 공공병원 확대, 저출산 고령화 대책 등 앞으로의 개편 방향과 핵심 과제'를 제시한다.

2부 '10%, 턱없이 부족한 공공의료, 질적·양적 확대·강화를 위하여'는 총 9편으로 구성되어 있다.

'국립중앙의료원'을 다룬 이상구 복지국가소사이어티 운영위원장의 「박근혜 정부의 공공의료 강화 정책과 국립중앙의료원의 발전 방안」, '국립대병원'을 다룬 정백근 경상대학교 의과대학 교수의 「광역거점 공공병원, 국립대병원의 현실과 과제」, '지방의료원, 적십자병원'을 다룬 문정주 서울의

대 의료관리학교실 겸임교수의 「지역거점 공공의료의 현실과 과제-지방의료원, 지자체 소속 공공병원, 적십자병원」, '보건소'를 다룬 나백주 서울시립 서북병원 원장의 「1차 의료의 현실과 과제」가 등장한다. 이상 4편은 공공의료의 기본 축인 '국립중앙의료원-국립대병원-지방의료원-보건소'라는 기본 골간 공공의료체계의 혁신 과제를 제시하고 있다.

이어서 주영수 한림대학교 의과대학 교수는 '보훈병원' 편에서 「국가유공자를 위한 보훈병원의 새로운 발전 전략과 과제」를, 임준 가천대학교 의과대학 교수는 '근로복지공단 산재의료원' 편에서 「일하는 사람을 위한 병원, 산재보험 및 근로복지공단 직영(산재)병원의 현실과 과제」를, 나백주 서울시립 서북병원 원장은 '한국원자력의학원' 편에서 「한국원자력의학원의 현실과 발전 방향: 공공의료 기능을 중심으로」를 다루고 있다. 이어서 보론 성격의 글로서 최근 원자력의학원 발전을 위한 2차 연구 과제를 시작한 이상구 복지국가소사이어티 운영위원장의 글이 이어진다. 그리고 나영명 보건의료노조 정책실장은 「혈액사업의 현황과 공공성 강화를 위하여」를 통해 의료공급의 또 다른 축인 혈액공급사업에 대해서, 「진주의료원 재개원 투쟁은 공공의료의 미래다」를 통해 홍준표 경남도지사의 일방적 폐업으로 엄청난 사회적·정치적 쟁점이 된 진주의료원 문제를 보여준다. 이상 5편은 한국 의료에서 특수한 설립 목적을 가진 특수목적 공공병원인 보훈병원, 근로복지공단 산재의료원, 원자력의학원, 혈액원의 혁신 과제를 제시하며, 한국 공공의료와 지역의료의 민낯을 그대로 드러낸 진주의료원 폐업 사태를 통해 한국 의료공급체계의 현실을 적나라하게 다루고 있다.

3부 '90% 넘는 민간의료, 시장을 넘어 공공성 강화를 위하여'는 총 7편으로 구성되어 있다.

'사립대병원'을 다룬 이진석 서울의대 의료관리학교실 교수의 「사립대병원의 현실과 공공적 발전 방안」, '민간 중소병원'에 관한 정재수 보건의료노조 정책국장의 「더 이상 늦출 수 없는 민간 중소병원의 공공적 발전 전략 모색」, 한국 병원의 새로운 모델로서 남은우 연세대학교 보건행정학과 교수의 「건강증진병원(HPH) 사업에 대한 이해」가 실려 있다. 그리고 '의료협동조합' 편은 임종한 한국의료복지사회적협동조합연합회 회장의 「의료협동조합의 현실과 과제」, '노인요양병원' 편은 임준 가천대학교 의과대학 교수의 「고령화 사회, 재활 및 의료 서비스 공급체계의 공공적 재구축을 위하여」, '정신병원' 편은 이영문 국립공주병원장 겸 충청남도 정신보건사업지원단장의 「한국 정신 보건 시스템 개혁을 위한 제언」으로 구성되어 있다.

그리고 '의료 민영화' 편에서 나영명 보건의료노조 정책실장은 「의료 민영화 No! 의료 공공성 Yes!」를 주제로 한국 의료 민영화 추진 현 단계의 문제점과 과제를 제시한다.

즉 3부에서는 지금은 비록 사립대병원, 민간 중소병원, 의료협동조합, 노인요양병원, 정신병원 등이 공공이 아닌 민간 영역에 있지만 공공적 역할을 어떻게 강화해나갈 것인지 공통의 고민을 해결하기 위한 방안들을 모색한다. 건강증진병원은 그런 대안 모색의 일환으로 제시되고 있다. 의료 민영화는 이런 모든 건강한 흐름을 일거에 무로 돌리는 반인권적·반공공적 정책이므로 그 문제점을 적나라하게 다루고 있다 .

4부에는 '환자 안전, 의료 질 향상은 사람에게 투자하는 것으로부터'라는 주제의 글 2편이 등장한다.

'보건의료 인력' 편은 이주호 보건의료노조 전략기획단장의 「'환자 안전과 의료 질 향상'은 병원 인력 충원으로부터 시작됩니다!-미국의 Ratios(간호사인력비율법)와 한국의 '보건의료인력지원특별법' 제정 운동」, '보호자없는병원' 편은 윤은정 보건의료노조 정책국장의 「보호자없는병원(포괄간호 서비스) 제도화의 현 단계와 과제」로 구성되어 있다.

4부는 의료공급체계와는 또 다른 측면에서 의료공급에 있어 중요한 요소인 보건의료 인력 확충 문제, 개인 간병 문제의 사회적 해결을 위한 보호자없는병원 제도화를 다루고 있다.

5부는 '외국 병원과 의료공급 시스템이 우리에게 주는 시사점은 무엇인가?'를 주제로 미국, 일본, 영국 총 3개국 의료공급체계 현황을 소개하고 있다.

김태현 연세대학교 보건대학원 교수는 「미국 의료공급체계가 우리에게 주는 시사점」을, 남상요 유한대학교 보건의료행정학과 교수는 「일본의 의료제도 현황과 쟁점」을, 윤태호 부산대학교 의학전문대학원 교수는 「영국 노동당 정부의 NHS 개혁」을 다루고 있다. 미국은 민간시장 주도 의료공급 시스템의 대표적인 사례로서, 일본은 한국과 유사한 의료 시스템으로서, 그리고 영국은 완전한 국가공공의료 시스템으로서 사례 연구의 의미가 있다.

마지막 6부는 지난 의료공급체계 워크숍을 총괄하면서 개최했던 마무리 워크숍 "다시 한국 의료의 길을 찾아 나선다-무상의료시대! 의료공급 체계 개편과 혁신 어떻게 준비할 것인가?"의 결과를 최종 정리한 것이다. 이 내용은 『한겨레신문』 2012년 2월 22일자 '싱크탱크 광장'에 자세히 수록되어서 이로 대신하고자 한다.

워낙 방대한 양의 내용을 정리하다 보니, 전체 논리적 일관성, 원고의 질과 양적 측면에서 편차 등 일부 미흡한 점이 있을 것이다. 한방병원, 치과병원 등은 아쉽게도 다루지 못했다. 이런 점들은 보다 많은 사람들이 의료 현장에서 이 책의 내용을 토대로 토론하면서 부족한 점들을 제기해준다면 개정판에 적극 반영할 것을 약속한다.

다음으로 이번 책을 기획 제작하게 된 문제의식과 배경을 살펴보자.

2. 왜 의료공급체계 혁신인가?

OECD 가입 국가, 세계 10대 무역 강국이라고 하는 대한민국에서 의료 문제는 여전히 후진국 수준을 면치 못하고 있다.

국민들이 병원을 찾으면서 느끼는 의료 서비스에 대한 불만과 불편함은 무엇일까?

그것은 아마도 첫째로 60%에 불과한 낮은 건강보험 보장성으로 인해 발생하는 높은 본인부담금과 비싼 진료비 때문에 가계가 파탄날 수 있다는 것이다. 둘째로 우리 집에서 가까운 지역병원에 대한 불신 때문에 제대로 된 질 높은 의료 서비스를 제공받기 위해서는 KTX를 타고 무조건 서울 대형 병원으로 발길을 돌리게 되는 형편없는 지역의료의 문제이다. 셋째로 어렵게 병원을 찾게 되면 긴 대기 시간과 짧은 진료에 불만을 가지게 되고, 그리고 입원하게 되면 환자 간병을 위해 가족 중 누군가 직장과 기존에 하던 일을 그만두고 간병에 매달려야 한다는 것이다. 그것이 어렵다면 하루에 6만~8만 원 이상 비용을 지불하고 개인 간병인을 고용해야 한다. 이렇게 되면 배(입원비)보다 배꼽(간병비)이 더 커지는 경우도 종종 발생한다.

국민 모두가 느끼는 이런 병원 이용에 대한 불편함 때문에 선거철이 다가오면 모든 정당과 후보들이 의료 공약을 쏟아낸다.

먼저 낮은 건강보험 보장성과 비싼 진료비 문제를 해결하기 위한 '무상의료' 공약이 눈에 띈다. 진보정당은 물론 제1 야당인 민주당까지도 무상의료를 주요 총선 공약으로 채택하면서 무상의료 의제는 2005년 '암부터 무상의료운동'과 2012년 '무상급식운동' 성공 이후 정치권은 물론 언론과 국민들에게 가장 큰 반향을 일으키며 보편적 복지운동의 핵심 과제로 급부상했다. 최근 모든 선거에서 핵심 쟁점으로도 급부상하고 있다.

보건의료노조와 '건강보험 하나로 시민회의'는 '1만 1천 원의 기적, 100만 원의 혁명'이라는 아주 구체적이고 명쾌한 재정 확보 방안과 목표, 무상의료 실현 경로를 제시하면서 단숨에 무상의료운동을 복지운동의 최대 이슈로 끌어올렸다. '1만 1천 원으로 무상의료 실현'이라는 단순한 슬로건으로 인해 진보 진영 내부에서 국민들의 부담을 늘려서 무상의료를 실현하자는 주장에 대한 문제 제기도 있었지만, 민주노동당이 전당적으로 '건강보험 하나로 무상의료 실현운동'에 적극 나섰다. 보건의료노조도 병원비 걱정 없는 사회를 꿈꾸며 '1-10-100' 운동을 전개해왔다. 이것은 모든 병원비를 건강보험 하나로[1], 병원비 본인부담금 10%[10], 연간본인부담 총액 상한제를 100만 원[100]으로 하자는 운동이다.

그러나 이것으로 한국의 의료 문제가 다 해결되는 것은 아니다.

한국 사회에서 무상의료가 올바로 실현되려면, 그리고 그것이 가능하기 위해서는 '건강보험 하나로 시민회의'에서 연구한 바, 최소 14조 원의 '공적 재정 확충 대책'은 물론 지금의 왜곡된 의료체계를 바로잡는 '의료공급체계 혁신'이 반드시 함께 동반되어야 한다.

즉 의원과 병원이 감기 환자와 같은 경증 환자를 놓고 서로 경쟁하는 잘못된 의료전달체계를 바로잡고, 10%에 불과한 공공의료를 대폭 확충하고, 국민들이 불신하는 지역의료의 서비스 질을 대폭 향상하는 등의 변화가 동반되지 않는다면 무상의료 실현은 오히려 한국 의료에 더 큰 해악이 될 수도 있다.

지금도 큰 병이 걸리면 일단 서울로, 서울로 향하고, 빅5 병원이란 대형 병원으로 몰려들고 있는데 무상의료가 되면 이런 현상은 더욱더 심화될 것이고, 이 경우 지역의료는 더 취약해지고 1-2-3차 의료전달체계는 더욱 왜곡될 것이기 때문이다.

'의료공급체계 혁신'은 우리나라 의료체계를 바로 세우기 위한 최종 목적지이다. 의료공급체계 혁신과 건강보험 보장성 강화를 통한 무상의료가 실현된다면 우리나라 보건의료체계의 큰 틀은 완성된다. 의료공급체계 혁신과 무상의료 실현은 서로 다른 영역 같지만, 사실 불가분의 관계에 있다. 공공의료체계 정비 없이 곧바로 무상의료로 가게 되면 낭비적 지출 구조로 인해 밑 빠진 독에 물 붓기가 되어 얼마 가지 못해 무상의료 수준이 떨어지고, 의료비 지출이 기하급수적으로 증가하게 된다. 따라서 이 둘은 반드시 같이 가야 한다.

그럼 한국 의료에서 왜 의료공급체계 혁신이 필요한지 그 현황과 문제점을 살펴보자.

먼저, 다음 표가 보여주는 것처럼 한국 의료는 1-2-3차 모든 영역에 걸쳐 민간 소유 병원이 압도적 우위(90%)를 차지하면서 열악한 공공병원 비중과 1-2-3차 단계별 기능과 역할이 미정립되어 상호 협력이 아닌 경쟁 관계를 보이고 있다. 병상과 각종 고가 의료장비가 과잉 공급되어 과잉 진료와 과잉 검사, 비보험 진료 확대 등 수익 위주의 경영 형태로 인해 국민들의 병원비 부담이 가중되고 있다.

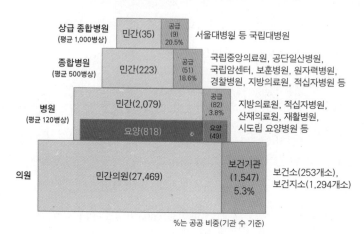

보건의료공급체계의 단계별 현황(의과계 병의원)

단계	민간	공공	공공기관 예시
상급 종합병원 (평균 1,000병상)	민간(35)	공급(9) 20.5%	서울대병원 등 국립대병원
종합병원 (평균 500병상)	민간(223)	공급(51) 18.6%	국립중앙의료원, 공단일산병원, 국립암센터, 보훈병원, 원자력병원, 경찰병원, 지방의료원, 적십자병원 등
병원 (평균 120병상)	민간(2,079) / 요양(818)	공급(82) 3.8% / 요양(49)	지방의료원, 적십자병원, 산재의료원, 재활병원, 시도립 요양병원 등
의원	민간의원(27,469)	보건기관(1,547) 5.3%	보건소(253개소), 보건지소(1,294개소)

%는 공공 비중(기관 수 기준)

자료: 건강보험심사평가원, '10년 4/4분기 요양기관 현황 자료
2011년 보건복지부 주요 통계('10년 기준)

둘째로 1차 의료가 매우 취약하기 때문에 질병을 사전 '예방'하기보다는 병이 발생한 이후에 '치료 서비스'만 제공하고 있다. 건강보험 진료비 지불체계가 행위별 수가제인 것도 치료 중심 의료의 주요 원인으로 작용하고 있다. 병원과 의원 등 의료기관이 주변에 '과잉'으로 넘쳐나지만 수익이 안 되는 건강증진사업, 사전 예방과 질병관리 서비스를 제공하는 의료기관은 절대적으로 '부족'하다. 이로 인해 국민들의 질병 발생과 악화가 그대로 방치되고 있다.

단적인 예로 우리나라는 고혈압 환자의 37.5%만 혈압을 정상적으로 관리하고 있는 실정이다. 현재와 같은 치료 중심의 의료 서비스 체계로는 고령화와 만성질환 시대에 증가하는 의료 수요와 의료비 문제를 해결할 수 없다.

우리나라의 만성질환 관리 실태

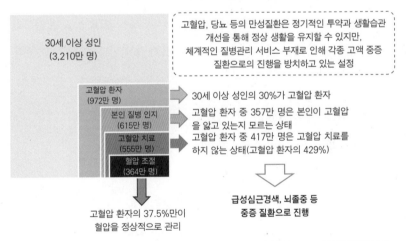

30세 이상 성인
(3,210만 명)

고혈압 환자
(972만 명)
→ 30세 이상 성인의 30%가 고혈압 환자

본인 질병 인지
(615만 명)
→ 고혈압 환자 중 357만 명은 본인이 고혈압을 앓고 있는지 모르는 상태

고혈압 치료
(555만 명)
→ 고혈압 환자 중 417만 명은 고혈압 치료를 하지 않는 상태(고혈압 환자의 429%)

혈압 조절
(364만 명)

고혈압, 당뇨 등의 만성질환은 정기적인 투약과 생활습관 개선을 통해 정상 생활을 유지할 수 있지만, 체계적인 질병관리 서비스 부재로 인해 각종 고액 중증 질환으로의 진행을 방치하고 있는 실정

고혈압 환자의 37.5%만이 혈압을 정상적으로 관리

급성심근경색, 뇌졸중 등 중증 질환으로 진행

(자료: 질병관리본부, 2009년 국민건강영양조사)

셋째로 김용익 교수의 글에 따르면, 의료기관 간, 지역 간 의료 서비스의 질적 격차가 계속 확대되고 있다. 주변에 병원은 많지만 300병상 이상 규모의 경제를 통해 제대로 된 의료 서비스를 제공하는 병원은 절대적으

로 부족하다. 2001년 이후 의료기관이 크게 늘었지만 증가한 병원의 80%는 평균 120병상 내외의 중소형 병의원들이다. 이들은 적정 규모 미달로 인한 의료비 낭비와 질 하락, 의료 자원 공급의 불균형으로 어려움을 겪고 있다. 이로 인해 지역병원 의료 질에 대한 국민들의 불신이 커지면서 지방 환자들의 수도권 대형 병원으로의 쏠림 현상은 계속 늘어나고 있다. 전체 44개 상급 종합병원 진료비 중 소위 빅5 병원이 차지하는 비중은 34.9%로 계속 증가 추세이다.

2010년 기준으로 지방 거주자 241만 명이 총 2조 1,100억 원이라는 많은 부담을 하면서 수도권 병원에서 진료를 보았다. 이로 인해 권역별 의료수지 불균형은 심각한 수준이다. 경기지역이 가장 심해 1조 1,950억 원의 의료수지 불균형 현상을 보이고 있다. 이것은 건강보험 진료비를 기준으로 한 것으로 비보험 진료비를 포함할 경우 격차는 더욱 커질 것으로 예상된다. 서울의 경우 2조 2,000억 원의 의료무역 흑자를 보고 있고 본인부담금을 포함하면 3조 원 이상의 의료무역 흑자가 추정된다. 게다가 교통비,

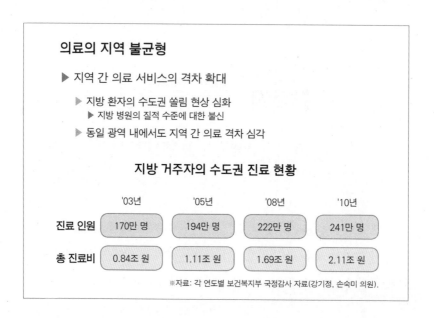

의료의 지역 불균형

▶ 지역 간 의료 서비스의 격차 확대

　　▶ 지방 환자의 수도권 쏠림 현상 심화
　　　▶ 지방 병원의 질적 수준에 대한 불신
　　▶ 동일 광역 내에서도 지역 간 의료 격차 심각

지방 거주자의 수도권 진료 현황

	'03년	'05년	'08년	'10년
진료 인원	170만 명	194만 명	222만 명	241만 명
총 진료비	0.84조 원	1.11조 원	1.69조 원	2.11조 원

※자료: 각 연도별 보건복지부 국정감사 자료(강기정, 손숙미 의원).

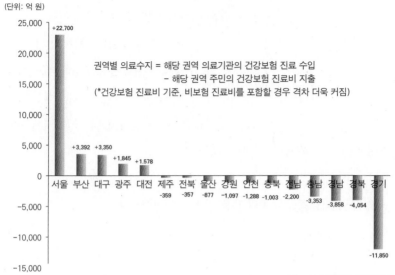

권역별 의료수지 불균형 현황

(단위: 억 원)

권역별 의료수지 = 해당 권역 의료기관의 건강보험 진료 수입
　　　　　　　　－ 해당 권역 주민의 건강보험 진료비 지출
(*건강보험 진료비 기준, 비보험 진료비를 포함할 경우 격차 더욱 커짐)

서울 +22,700　부산 +3,392　대구 +3,350　광주 +1,845　대전 +1,578　제주 -359　전북 -357　울산 -877　강원 -1,097　인천 -1,288　충북 -1,003　전남 -2,200　충남 -3,353　경남 -3,858　경북 -4,054　경기 -11,850

(자료: 2009년 건강보험통계연보)

숙박비, 시간비용을 포함하면 환자는 더 많은 추가 부담을 하고 있는 것으로 보인다. 의료 분야에서는 지역균형 발전이 거꾸로 가고 있는 셈이다.

마지막으로, 특수한 목적과 기능을 가진 의료기관들이 제대로 역할을 못하고 있다. 최근 노인요양병원이 공급 과잉되면서 부실한 기준으로 인해 의료의 질 문제가 심각하게 제기되고 있다. 2014년 5월 발생해서, 21명이 숨지고 8명이 부상당한 전남 장성 효사랑요양병원 화재사건은 노인요양병원의 현주소를 단적으로 보여준 사례이다. 일부 환자는 손이 묶인 채 '참변'을 당했다. 역시 공급 과잉 상태인 정신병원은 입소 수용 위주 서비스로 인해 지역사회와 연계된 서비스를 소홀히 하면서 평균 입원일수가 160일로 선진국의 3~5배에 달하고 있다. 공공 부문 특수 기능을 담보하는 정신·결핵병원은 수익을 낼 수 없는 기관임에도 불구하고 책임운영제를 시행하고 있고, 원자력의학원, 경찰병원, 보훈병원, 산재병원 등 특수목적 공공병원들도 특수 목적 고유 기능이 약화된 채 일반 병원 기능이 확대되면서 자기의 정체성과 존재 의미를 잃어가고 있다.

의료 서비스 제공의 중요한 영역인 인력 측면에서도 병원이 공급 과잉인 데 반해 의료 인력은 절대적으로 부족하여 노동강도가 강화되고 의료 서비스 질이 하락하고, 지방병원과 중소병원에서는 인력 공급 불균형이 더욱 심각해지고 있다. 의료장비 공급은 OECD 평균보다 훨씬 더 많지만 인력은 OECD 평균의 절반에 불과하다.

3. 한국 의료공급체계의 전면 혁신을 제안한다!
- 11대 과제를 중심으로

따라서 현재 이런 의료공급체계의 문제점을 혁신하지 않고서는 진료비 걱정 없고 질 높은 무상의료 실현은 불가능하다. 이제 치료 중심에서 예방 중심으로 전 국민 평생건강관리체계를 구축하고, 의료 사각지대 해소, 의료의 지역 균형 발전과 의료공급체계의 공공성 강화, 환자 안전과 의료 질 향상을 위한 의료공급체계 혁신 방안을 구체적으로 알아보자. 크게 11개로 분류한 다음의 혁신 방안들은 뒤에 이어질 의료공급체계 워크숍에서 발표되고 토론된 결과를 요약 정리한 것이다.

첫째, 무엇보다 우리 지역에 믿고 찾아갈 수 있는 주치의 의료기관을 만들면서 지역의료를 강화하여 가까운 곳에서부터 전 국민 평생건강관리체계를 구축해야 한다. 전 국민 주치의 제도를 실시하여 치료 중심이 아닌 예방 중심의 의료를 확립해야 한다. 학교와 직장에서 건강관리체계를 구축해야 한다. 1-2-3차 의료기관 간 기능을 올바로 정립해야 한다. 보건의료노조가 제안하고 전혜숙 의원이 2007년 발의한 「지역거점병원 지정 및 지원에 관한 법률」을 통과시켜 우리 지역에 필요한 지역거점 공공병원을 대폭 확충, 모든 지역에 분만실, 응급실, 중환자실 등 필수 의료시설을 확보해야 한다. 이를 통해 수도권 대형 병원으로 환자 집중 현상을 역전시킬 수 있을 정도로 지역의료의 질적 수준을 강화해야 한다. 농어촌지역 보건소·보건지소의 보건의료 인력 확보 및 시설 현대화로 '농어민 건강 돌봄이' 역할을 강화하고, 도시지역에 인구 5만 명당 1개의 도시형 보건지소를 설치해야 한다. 방문간호사를 인구 5,000명당 1명으로 확충해야 한다.

둘째는 다음 표에서 보는 것처럼 현재 공공의료기관은 기관 수 대비 5.6%, 병상 수 대비 10.4%에 불과하다. 이렇게 부족한 공공의료를 30% 이상으로 대폭 확충해야 한다.

〈공공의료기관 현황〉

설립 형태	근거 법령	소관 부처	의료기관
국립 -31	보건복지부와 그 소속기관직제	복지부	국립재활원, 국립정신병원(5) 국립결핵병원(2) 국립소록도병원
	경찰청과 그 소속기관직제	안행부	국립경찰병원
	법무부와 그 소속기관직제	법무부	국립법무병원
	국군의무사령부령	국방부	국군수도병원 등(20)
특수 법인 -79	지방의료원 설립 및 운영에 관한법률	복지부	지방의료원(34)
			지방의료원분원(2)
	국립중앙의료원의 설립 및 운영에 관한 법률	복지부	국립중앙의료원
	국립암센터법	복지부	국립암센터
	대한적십자조직법	복지부	적십자병원(6)
	산업재해보상보험법	노동부	산재의료관리원(10)
	한국보훈복지공단법	보훈처	보훈병원(5)
	서울대학교(치과)병원설치법 국립대학교병원 설치법 국립대학치과병원설치법	교육부	서울대병원(2) 서울대치과병원(1)
			국립대학병원(12) 국립대학치과병원(2)
	방사선 및 방사성동위원소 이용진흥법	교육부	원자력병원(2)
	국민건강보험법	복지부	국민건강보험공단 일산병원
시도립	시·도 조례	안행부	시도립병원(90)

이를 위해서는 무엇보다 먼저 공공보건의료사업의 중추 기관으로서 '국립중앙의료원'이 양적·질적으로 강화되어 하나의 병원이라는 의미를 넘어 공공의료의 중심 역할을 하도록 해야 한다. 공공의료로서 중추적 역할을 위한 중장기적 발전 전략 수립 및 예산 확보 등 활동의 기반을 마련해야 한다. 이를 위해 「국립중앙의료원설치법」에 의거하여 표준 진료 지침 등 12개 사업을 할 수 있도록 하는 실질적인 지원이 필요하다.

셋째로 광역단위에 고루 분포되어 있는 총 12개의 국립대병원(7,104병상)이 권역 내 최고 수준의 의료 안전망 병원 및 공익적 보건의료 서비스 제공 기관으로 거듭나서, 지방 환자 수도권 유출을 방지하고 권역 의료체계를 강화하는 정책 수단으로 기능할 수 있도록 위상을 높여나가야 한다. 대학병원 본연의 기능인 연구·교육 기능을 충실히 할 수 있도록 제안해야 한다.

넷째로 2차 공공병원인 지방의료원을 '지역 필수의료 제공의 보편적 거점'이자 '주민이 참여하는 공익의료의 거점'으로 자리매김해야 한다. 이를 위해 민간 위탁을 막아내고 예산 확대와 병원 현대화, 우수 의료진, 인력을 확보하면서 현재 39개에 불과한 지역거점 공공병원을 전국적으로 대폭 확대해야 한다. 특히 홍준표 경남지사에 의해 2013년 강제 폐원된 진주의료원 재개원과 주민의 힘으로 설립되는 성남의료원 개원은 지역 공공의료의 새로운 이정표가 될 것이다.

이처럼 지역 주치의 제도에 이어 '국립중앙의료원-국립대병원-지방의료원'이라는 공공의료 기본 인프라가 구축되면 막강한 공공의료 라인업을 형성하면서 의료공급체계 혁신을 주도할 수 있을 것이다.

다섯째는 특수목적 공공병원인 보훈병원(서울, 부산, 광주, 대구, 대전 등 전국 5개 병원, 3,397병상)·근로복지공단 산재병원(전국 9개 병원, 3,386병상)·한국원자력의학원(546병상)·대한적십자사(15개 혈액사업과 3개 검사센터, 1개 혈장분획센터, 6개 병원) 등이 고유의 설립 목적을 실현하면서 공공적 역할을 다할 수 있도록 수익구조 모델을 탈피하고, 정부 예산을 대폭 확대하여 거버넌스 구조 개선, 병원 독립성을 보장하고, 총정원제를 폐지하여 적정 인력을 확보하도록 해야 한다. 참고로 보훈병원의 경우 243,255명의 국비진료 대상자와 1,571,260명의 감면진료 대상자가 있고 산재병원의 경우 연평균 110만 명의 산재 환자 요양을 담당하고 있지만 108만 명가량의 환자 중 단 8만 명만 산재보험으로 치료를 받고 있다.

여섯째로 민간병원의 공공성 강화 차원에서 보건의료노조의 제안을 바탕으로 김용익 의원 등이 발의한 「사립대학병원법」을 통과시켜 사립대병원(76개 병원 40,918병상)의 위상과 역할을 바로 세워야 한다. 기업형 대형 병원 따라가기식 규모 경쟁, 병원 간 과잉 경쟁을 완화하고 '대학병원법인' 신설과 보건복지부 이관 등 행정관리체계 및 소유지배 구조를 개선하고, 공적 기능 수행을 전제로 정부 재정 지원 대책을 마련하여 중증 질환 진료, 교육, 연구 기능 중심의 '대학병원다운 대학병원'으로 거듭나도록 해야 한다.

일곱째는 민간 중소병원의 경우, 2차 민간의료기관은 2,079개 병원(평균 120병상)과 223개의 종합병원이 있다. 먼저 전문병원·요양병원 전환 유도 등 기존의 중소병원 정책 실효성에 대해 비판적으로 검토하면서 시급한 의료 인력 수급 문제 해결을 통해 한국 의료 시스템 속에서 과도기적 지역 거점병원의 역할을 부여해야 한다. 과잉 공급된 병상을 점차 해소하기 위해 지역 병상 총량제 도입, 공공적 M&A 추진, 인력 등 자원 통제, 산별 교섭을 통해 노동자 고용 보장을 전제로 효율적이고 체계적인 진입·퇴출 전략이 마련되어야 한다. 나아가 의료기관평가인증 의무화 등을 통해 병원의 질적 수준을 높일 수 있는 유인 장치를 확보하면서 공익적 민간 중소병원을 육성하여 지역이 필요로 하는 정책의료·필수의료를 수행하고, 지역거점 종합병원의 역할을 수행하도록 한다. 또한 WHO 유럽 지역의 건강증진병원(Health Promoting Hospital)도 새로운 모델로 적극 검토해볼 만하다.

사립대병원과 민간 중소병원이 이렇게 변화되면 민간의료가 90%라는 악조건 속에서도 의료공급체계의 혁신과 공공성 강화는 더욱 확대될 것이다.

여덟 번째로 고령화 사회에 대비하여 질 낮은 의료와 인권의 사각지대에 놓여 있는 재활노인요양병원과 정신보건체계(입원과 지역관리)에 대한 감시와 참여를 확대하고, 인력 기준을 강화하면서, 공공적 서비스 제공 인프라를 확충해야 한다. 재활요양병원이 970개 병원에 총 9만 병상을 보유하고 있지만 필요한 대상자 중 서비스 충족률은 10.4%에 불과하다. 정신병원은 정신요양시설 포함 총 86,703개로 증가 추세를 보이고 있다. 정신병원과 노인요양병원은 2013년부터 의료기관평가인증원으로부터 의무적으로 평가인증을 받고 있지만 부실한 인증 기준으로 인해 획기적인 질 향상은 아직 이루어지지 않고 있다. 하지만 이를 계기로 그동안 '시설'이라는 오명에서 벗어나 '의료기관'으로 거듭나기 위해 지역사회와 연계하는 선진국형 진료 시스템으로 거듭나야 한다. 특히 환자의 생명과 안전을 다루고 있는 의료기관에서 비정규직 확대는 위험한 정책으로서 즉시 시정되어야 한다. 부족한 인력 충원의 걸림돌이 되고 있는 공공의료기관의 총정원제도를 폐지하거나 과도기적으로 탄력적 정원제를 도입해야 한다.

아홉 번째로 의료기관의 하드웨어가 아무리 잘 갖추어진다 해도 결국 의료 서비스는 보건의료 인력, 즉 사람이 하는 것이다. 병원 사용자들은 전체 매출액 대비 인건비 비중이 50%를 넘는다고 임금 인상 억제를 주장하지만 이는 거꾸로 말하면 그만큼 보건의료산업에서 사람의 역할이 지대하다는 반증이기도 하다. 이런 점에서 OECD 평균 절반에 불과한 보건의료 인력 확충에도 각별한 관심과 대책이 필요하다. 국가 차원의 보건의료 인력 수급관리를 위해서는 보건의료노조가 2012년 제안하여 국회에서 발의한 '보건의료인력지원특별법' 국회 통과가 무엇보다 시급하다. 이 법의 제정은 국가 차원에서 보건의료 인력 문제 해결의 시작이 될 것이다.

특히 환자의 생명과 안전을 다루고 있는 의료기관에서 비정규직 확대는 위험한 정책으로서 즉시 시정되어야 한다. 부족한 인력 충원의 걸림돌이 되고 있는 공공의료기관의 총정원제도를 폐지하거나 과도기적으로 탄력적 정원제를 도입해야 한다.

열 번째로 의료공급체계 전면 혁신을 위해서는 무엇보다 각 병원들이 설립 목적을 다시 한 번 돌아보면서 자신들의 위상과 역할을 바로 세워야 한다. 소관 부처별로 분산된 공공병원의 관리운영체계를 일원화하면서, 소관 부처를 보건복지부로 이관해야 한다. 그리고 지역 주민 참여형, 국민 참여형 공공의료 시스템을 확대해야 한다. 사회 각 분야에서 주민 참여 예산, 국민 참여 재판, 학교운영위원회 구성 등 국민이 참여하는 민주주의가 발전하고 있지만 의료 분야는 여전히 환자가 진료의 대상이자 객체에 머무르고 있다. 따라서 국민 스스로 공공의료·지역의료를 지키고 가꿀 수 있도록 참여 기전을 대폭 확대해야 한다. 이를 위해 2015년 '보건의료발전계획'과 '공공보건의료기본계획' 수립과정에 적극 개입해야 한다.

끝으로 열한 번째, 무상의료 실현과 의료공급체계 혁신을 위해서는 한꺼번에 제도가 바뀌어야 하지만 그 과정에서 지역과 현장에서부터 의료기관 자체의 '모범'과 '모델'을 만들려는 노력이 필요하다. 이를 위해 일본 '민의련' 활동을 주목해볼 필요가 있다. 민의련은 '민주의료기관연합회'의 약칭으로 1953년 창립되어 의료와 개호를 실천하는 진보적인 보건의료단체이다.

민의련은 병원 146개, 진료소 522개, 약국 326개, 방문간호소 313개 등 전국 1,763개 사업장에서 일하는 의사 3,102명, 간호사 23,814명, 개호노동자 11,871명 등 총 68,152명으로 구성되어 있다. 의료복지 전문가와 지역 주민 조직을 포함 340만 명의 공동 조직으로서 안심하고 살아갈 수 있는 의료복지와 마을 만들기 운동을 전개하고 있다. 강령에는 일하는 사람의 의료기관, 차별 없는 평등의료와 복지를 실현하기 위한 조직으로 그 위상을 분명히 하고 있다. 따라서 1인실과 다인실의 진료비 차이를 두지 않고 평등의료를 지향하고 있다. 일본 민의련은 한국의 보건의료노조와 원진재단 녹색병원과 교류 사업을 진행하고 있다.

한국도 의료 공공성 강화와 의료공급체계 혁신에 관심을 가지고 있는 보건의료노조와 의료협동조합(13개 지역+2개 준비위), 공공병원, 공익을 추구하고 있는 지역 민간병원 등이 초동 주체가 되어 한국판 민의련 건설을 적극 검토해볼 만하다. 진보적이고 양심적인 의사, 한의사, 치과의사, 약사 등이 운영하는 의료기관도 함께 참여하면서 주체를 확대해나가면 좋을 것이다.

의료공급체계 혁신과 관련해서 경기와 서울 등 진보적 교육감을 배출한 지역을 중심으로 돌풍이 불고 있는 '혁신학교'를 벤치마킹해서 환자(보호자) 만족, 직원 만족을 동시에 이룰 수 있는 '혁신병원' 모델 개발을 검토해볼 만하다. 사실 보건의료노조는 이전에 '환자 만족 직원 만족 좋은 병원 만들기' 캠페인을 전개한 바 있다.

혁신학교는 '학교를 새롭게, 교육을 새롭게', '활기찬 학교, 행복한 교실'이라는 캐치프레이즈 아래 공교육 정상화를 위한 새로운 길 찾기에 나서고 있다. 세부적으로는 학생, 학부모, 교사, 교장, 학교의 모든 구성원들이 참여하면서 소통하는 민주적인 학교와 교육 공동체 구현, 학생들이 존중받고 교사들은 학업 준비에 전념하면서 모두가 함께 성장하는 학교, 과밀 학급 해소, 관료주의와 엘리트주의를 극복하기 위한 시민 참여형 학교 운영 등이 바로 그것이다. 혁신학교 개념에서 학교와 교육을 병원과 의료로 바꾸고 병원에 맞는 구체적 내용을 준비하면 크게 다르지 않다. 물론 구체적 방법론에서 학교와 병원을 둘러싼 시스템이 다르기 때문에 더 많은 고민이 필요하다. 하지만 '무상교육-무상의료'처럼 '혁신학교-혁신병원', '반값 등록금 투쟁과 연간 본인부담 총액 100만 원 상한제 투쟁'

은 서로 상승작용을 하면서 좋은 진보의제 파트너가 될 수 있을 것이다.

진보개혁적인 지방자치 시대를 맞아 지역별로 보편적 의료복지와 공공의료의 성공 모델을 만들기 위해 과감한 재정 투자와 실험이 그 어느 때보다 절실하게 요구된다. 진보적인 정치인이 집권하고 있는 지역부터 ▷1지역 1의료협동조합 운동, ▷공공의료 강화, 공공보건의료사업 전달체계 정비와 노사정협의체 구성, ▷개인 간병 문제 해결을 위한 보호자없는병원 확대, 공공산후조리원, 공공노인요양원 설립, ▷기초행정단위별로 종합적인 보건, 복지, 돌봄 서비스 제공 시스템 구축, ▷보건의료 종합 전략 수립을 위한 연구용역 사업과 건강기본조례 제정, 보건의료 예산 확대 등 주민 안전과 건강을 책임질 수 있는 각종 지역 중심 보건의료 사업을 먼저 고민하고 추진해야 한다. 서울특별시 북부병원에서 시도하고 있는 의료·보건·복지 세 가지를 통합하는 보건의료복지연계센터인 '301네트워크' 운동 등에도 주목할 필요가 있다. 인천의 공공의료포럼이나 충남의 공공의료 거버넌스도 새로운 시도로서 좋은 사례이다.

그동안 진보 진영 내에서는 의료제도가 바뀌지 않으면 특정 지역과 개별 병원이 바뀔 수 없다는 판단하에 '선 의료제도 개선투쟁'에 치중해왔다면 이제는 진보적인 지역정부의 지원을 바탕으로 일부 지역에서부터 먼저 공공의료·지역의료 강화, 의료공급체계 혁신운동을 시작해야 한다. 경남지역의 경우, 야권 단일 후보로 당선된 김두관 지사가 10억 원의 예산으로 마산의료원·진주의료원에서 보호자없는병원 사업을 시행하고, 4년간 233억 원의 예산을 투입하여 노인 틀니 지원 사업을 시행한 것은 좋은 사례가 될 것이다.

복잡하게 얽혀 있는 한국 의료의 모순구조를 뚫고 의료공급체계를 혁신하면서 전 국민 평생건강관리 시스템을 구축하기 위해서는 어느 특정 조직, 특정 직종, 특정 정당의 힘만으로는 불가능하다. 1~2년 단기 계획으로도 힘들다. 바로 10년을 내다보면서 전략과 콘텐츠를 준비해야 한다. 높은 수준의 사회 의제화와 노사정 사회적 합의가 필요하다. 서구 유럽의 경험에서 볼 때 사회 의제화와 노사정 사회적 합의는 결국 얼마나 강력한 초기업노조가 존재하는지, 그리고 기업별 노사관계의 협소한 이해관계를 넘어 산업 의제·사회 의제를 다루는 초기업교섭이 얼마나 원활히 작동하는지에 달려 있다. 즉, 산별노조 성장과 산별 교섭 활성화가 바로 그것이다. 이런 점에서 사람과 재정, 의료 공공성 활동을 집중하면서 보건의료산업 70만 현장 노동자를 대표하고 있는 보건의료노조와 보험자(가입자)를 대변하고 있는 건강보험공단노동조합, 보건의료, 복지 관련된 양대 노총, 공무원노총 소속 노동조합들이 함께 활동하는 보건복지노조협의회, 보건의료 시민단체들의 역할은 아무리 강조해도 지나치지 않다.

이제 다시 2016년, 2017년, 2018년, 총선과 대선, 지방선거가 연이어 진행된다.

열려진 정치적 공간에서 의료 문제를 적극 사회 의제화, 정치 쟁점화해야 한다. 우리 모두가 '수다쟁이'가 되어 '돈벌이 영리병원 대신에 안전한 공공병원을!', '우리 지역에 질 높은 공공혁신병원을!', '고령화 사회, 나의 노후를 책임질 보건의료 인력 확충'이라는 요구를 내걸자. 총선, 대선, 지방선거 후보들에게 촉구하자. 그리고 당과 후보들의 공약을 꼼꼼히 따져보고 누가 우리 국민의 건강을 책임질 수 있는 정치세력인지 판단하고 투표하자.

올바른 정치세력으로의 권력 교체는 '환자 안전 노동자 안전, 질 높은 의료 서비스를 위한 의료공급체계 혁신'으로 나아가는 출발점이 될 것이다.

2015년 3월
봄날의 주말 영등포 사무실에서
이주호

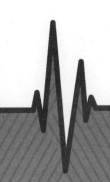

1부

왜 지금 의료공급체계가
전면 혁신되어야 하는가?

총괄
한국 보건의료공급체계 개편의 방향과 과제

총괄

한국 보건의료공급체계 개편의
방향과 과제

김용익 · 전 서울대학교 의과대학 교수, 국회의원

이 글의 목적은 우리나라 보건의료공급체계의 현황과 문제점을 살펴보고, 앞으로의 방향과 중요한 과제에 대해 생각해보는 것이다. 먼저 우리나라 보건의료공급체계의 현황과 문제점부터 검토한다.

환자의 의료 욕구는 피라미드 모양처럼 나타난다(그림 1). 단순한 증상이나 질병은 다들 흔하게 경험하게 되는데, 머리나 배가 아프고 설사가 나거나 하는 불편은 누구나 흔히 겪는 문제이다. 그보다 한 단계 위에 있는 질환으로 넘어져서 뼈가 부러졌다거나 위궤양에 걸렸다는 정도의 중간 단계 질병이 있는데, 이런 경우는 훨씬 숫자가 줄어든다. 마지막으로 뇌수술을 받아야 한다거나 암 같은 질병은 아주 드문 경우에 속한다. 3차 병원인 대학병원에 가면 중증 질환이 흔한 일처럼 보이지만 사실 그렇게 흔한 일은 아니다. 이처럼 비교적 간단하고 쉬운 진료는 수요가 많고 어려운 진료는 수요가 적기 때문에 의료 서비스도 이에 맞춰서 제공되어야 한다.

<그림 1> 보건 의료 서비스 전달 피라미드

〈그림 1〉에서 피라미드의 맨 아랫부분은 집집마다 필요로 할 정도로 수요가 많은 보건의료 서비스이다. 중간 단계 서비스, 즉 2차 병원급으로 가는 서비스는 그보다 더 적어지고, 마지막 단계인 3차 병원급으로 가는 서비스는 매우 적다. 가장 수요가 많은 서비스를 만들어내는 시설과 인력이 지역사회 서비스나 1차 서비스인데, 말하자면 가정방문 같은 일을 하는 것이다. 2차 병원은 1차 기관에 비해 훨씬 적고 3차 병원은 아주 소수가 된다. 그리고 각 단계의 기관들은 시도 단위의 대진료권, 시군구 단위의 중진료권, 읍면동 단위의 소진료권으로 연결되어야 한다.

이론적으로는 이해가 되는데, 현실적으로 의원을 제외하고는 1차 보건의료에 종사하는 사람을 보기가 굉장히 어려운 것이 사실이다. 특히 학교 보건시설, 산업 보건시설 같은 곳에서 일하는 사람은 보기 어려운 반면, 3차 병원에서 일하는 사람들이 아주 많다. 〈그림 1〉을 거꾸로 그려보면 1차 서비스는 공급 부족이고 3차 서비스는 공급 과잉인 가분수 모양이 된다. 이 점이 우리나라 보건의료공급체계의 근원적인 문제이다.

현실을 살펴보면 상급 종합병원이 무려 44개나 되고, 그 아래 종합병원이 있고, 소규모 병원이 있다. 더구나 공공·민간으로 나눠보면 공공 기관 비중이 매우 적다. 특히 1차 서비스 제공 단계에서 공공보건의료기관은 보건소 정도밖에 없는 형편이다. 이러한 서비스 제공 단계별 문제 외에도 의료기관의 공급 규모, 분포, 소유 구조 등도 함께 살펴보아야 한다.

이상적으로는 쉽고 흔한 대부분의 질병관리를 1차 기관에서 다 해줄 수 있어야 한다. 1차 기관에 가면 기본적인 건강관리도 되고, 질병이 있는지 없는지 검사도 받고, 웬만한 질병도 곧바로 치료받을 수 있는 것이 가장 바람직하다. 아무도 감기, 설사 같은 병으로 먼 데까지 가기를 원치 않는다. 동네 의원에서 해결을 하고 1차 기관에서 해결이 안 되는 질병인 경우에만 병원급 기관으로 가야 하는데, 현실은 그렇지 못하다.

병의원 경영이 어려운 이유는 무엇 때문일까?

보건의료공급체계 측면에서 병의원 경영이 굉장히 어렵다는 말을 많이 하는데, 그 첫 번째 원인은 공급 과잉 때문이다. 일반 병원의 경우 우리나라가 OECD 평균보다 훨씬 더 병상 공급이 많고, 요양 병상 역시 공급 과잉 상태이다. 국내에서 수요와 공급을 조사해보아도 그렇고, 외국과 비교를 해봐도 그렇다(그림 2).

공급 과잉이 되면 병원 간 경쟁이 심해질 수밖에 없고, 병원 경영이 어렵게 된다. 병원 경영이 어려워지면 자연스럽게 과잉 진료를 할 수밖에 없다. 환자들은 병원에 가면 의료인에게 의존하여 의사의 말을 자연스럽게 따르게 되는 입장이다. 병원 입장에서는 불법적인 과잉 진료는 아니더라도 가급적이면 진료량을 늘리는 방향으로 갈 수밖에 없는 것이다. 우리나라 의료공급체계의 문제점에 있어 이 점이 굉장히 중요한 바탕이 된다.

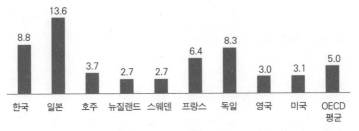

인구 1,000명당 총 병상 수

	한국	일본	호주	뉴질랜드	스웨덴	프랑스	독일	영국	미국	OECD 평균
	8.8	13.6	3.7	2.7	2.7	6.4	8.3	3.0	3.1	5.0

*자료: OECD Health Data 2012

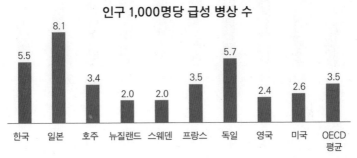

인구 1,000명당 급성 병상 수

	한국	일본	호주	뉴질랜드	스웨덴	프랑스	독일	영국	미국	OECD 평균
	5.5	8.1	3.4	2.0	2.0	3.5	5.7	2.4	2.6	3.5

*자료: OECD Health Data 2012

〈그림 2〉 인구 1,000명당 총 병상 수와 급성 병상 수

　　반면 의사 수는 OECD 평균보다 훨씬 적고, 간호사 수는 OECD 평균
에 비해 절반도 안 된다(그림 3). 병원은 공급 과잉인데 의사와 간호사는
상대적으로 적으니까 보호자 없는 병동 같은 정책도 시행하기 어렵다. 또
한 의료의 질을 높이고 의사가 환자에게 충실하게 설명을 한다거나 시간
을 들여서 진찰을 꼼꼼히 하는 것도 불가능해지는 구조이다. 말하자면 구
조적으로 의사와 간호사의 업무량이 국제 기준에 비해 훨씬 많을 수밖에
없는 것이다. 특히 간호사의 경우 근로조건이 좋은 지역이나 병원으로 집
중되어서 지방 병원이나 2차 병원에서는 간호사 충원하기도 어려운 형편
이다. 그런 이유로 의원급에서 간호사를 구하지 못하고 대개 간호조무사
를 채용하게 된다. 또 중간급 병원에서도 병상당 간호사 수가 아주 적어서

환자들이 간호사 얼굴을 보기가 쉽지 않은 상황이다. 소비자 만족도를 조사해보면 3분 진료를 한다거나 간호사가 불친절하다는 등의 불만들이 나오는데, 이런 문제가 바탕에 있는 것이다.

인구 1,000명당 활동 의사 수

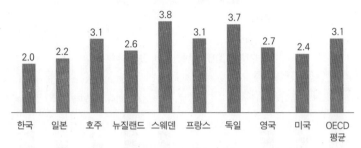

*자료: OECD Health Data 2012

인구 1,000명당 활동 간호사 수

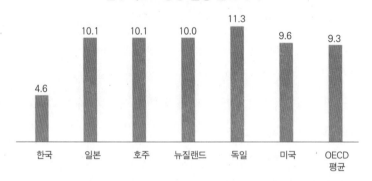

*자료: OECD Health Data 2012

〈그림 3〉 인구 1,000명당 활동 의사와 간호사 수

또 하나는 병원 규모의 문제이다. 의원은 법적으로 20병상 미만을 갖게 되어 있는데, 최근 자료를 보더라도 의원들이 무려 총 10만 병상을 가지고 있다. 병원은 20병상에서 100병상까지 가질 수 있는데, 병원이라 이름을 붙여놓고 엄청난 규모로 큰 병원도 많다. 3차 병원의 규모와 종합병원의

규모는 거의 비슷하다. 이렇게 되면 2차 기관과 3차 기관의 기능이 분화가 안 되고 1차 기관과 2차 기관도 기능 분화가 안 되는 것이다. 특히 소규모 병원은 의원도 아니고 병원도 아닌 상태가 되어버린다.

　병원에는 굉장히 많은 자본을 투자해야 한다. 투자금을 빨리 회수할 수 있을 정도의 규모가 되어야 병원의 적정한 규모가 성립되는데, 병원 경영 학자들은 "적어도 300병상이 있어야 병원에 적절한 시설 투자를 하고도 충분한 환자 확보가 된다"고 한다.[1] 우리나라의 경우 적정한 병원 규모가 최소 300병상이라는 것이다. 예를 들어 3,000만 원짜리 엑스선 검사 기구를 샀다면 큰 병원에서는 하루 종일 환자가 와서 검사를 하니까 쉽게 투자비 회수가 되는데, 100병상 규모에서는 검사할 환자가 별로 없으니까 투자 대비 이득을 얻기 힘들다. 그러면 병원은 엑스레이를 찍을 필요가 없는 환자들에게 사진을 찍게 하고, 또 기계를 살 때 3,000만 원짜리 신품을 사는 게 아니라 1,000만 원짜리 중고품을 살 수밖에 없다. 중소 병원의 경우에는 이런 식으로 원가 절감을 해야 하니, 결과적으로 의료의 질이 낮아진다.

　마찬가지 이유로 중소 병원에서는 인건비를 최대한 절감해야 하기 때문에 간호사나 의사까지도 최소한으로 줄이고 노동 강도를 높인다. 의료 인력의 노동 강도가 높을수록 환자에게 친절하거나 양질의 의료 수행을 기대하기 어렵다. 통계를 보면 300병상 넘는 병원이 우리나라에 200개 미만이다. OECD 평균에 비해 우리나라 300병상 미만 병원은 공급 과잉 상태이지만, 진짜 병원다운 병원은 별로 없다. 병원에 충분한 시설과 간호사들이 있어야 하는데 그렇지 못하다. 예를 들어 100병상짜리 병원에서 암 수술을 못하는 이유는 의사가 암 수술 기법에 익숙하지 못해서가 아니라 임

---

1 한국병원경영연구원, 「중소병원의 위기 극복을 위한 전문병원 활성화」, 『KIHM 병원경영/정책리포트』 제3호, 2009. 1. 7.

상실험이나 조기 발견 같은 기본적인 지원 체계가 갖추어져 있지 않기 때문이다. 심지어는 아주 단순한 수술을 하고 나서도 감당이 잘 안 되는 경우가 많다. 이러한 문제가 우리나라 의료체계 속에 깊게 배어 있다. 이런 측면에서 일부 소규모 병상의 병원들은 정리될 필요가 있다.

지역적으로도 수도권, 특히 서울시에는 굉장히 많은 병원이 있고 환자를 전국에서 끌어들이고 있다. 서울시 지역의 경우 외지의 환자로 인한 진료 수익이 2조 2,000억 원에 달한다. 무역수지 개념으로 보면 서울시 지역 의료기관은 흑자인 셈인데, 본인부담금까지 합하면 3조 원이 훨씬 넘는 이득을 보고 있다. 반면에 경기도 지역 의료기관은 적자이다. 왜냐하면 경기도 지역 환자가 서울시 지역 의료기관에서 진료를 받는 경우가 많기 때문이다. 마찬가지로 부산이나 대구, 광주, 대전과 같은 광역시 병원들의 진료 수익이 꽤 큰 반면 인근 시·도에 있는 의원은 대부분 적자를 보고 있다. 이른바 자체 충족률을 채우지 못하는 것이다. 그런데 단순히 서울에 있는 의료기관들이 단지 3차 의료 서비스만 가지고 이득을 보는 것만은 아니다. 경기도 일부, 강원도 일부, 충남 북부에서까지도 환자들은 2차 병원급에서 해결될 수 있는 서비스 정도로 서울 의료기관을 찾는다. 이것은 단순히 시·도의 이해, 손익 관계의 문제가 아니라 환자들의 부담이 매우 크다는 것을 의미한다. 경기도나 강원도에 있는 환자가 서울로 오는 데 교통비와 시간 비용이 많이 들뿐더러 경우에 따라서는 숙박비까지 부담해야 한다. 부산이나 대구, 광주에서 서울로 큰 수술을 하러 오는 환자를 흔히 볼 수 있는 것처럼 의료기관의 지역적 환자 분포 문제가 심각함을 알 수 있다.

공공 부문이 거의 없고 민간 부문으로 이루어진 의료기관의 소유 구조
의료기관의 소유 구조도 꽤 복잡한데, 우리나라의 경우 기본적으로 공공 부문이 거의 없고 민간 부문 위주로 이루어져 있다. 그중에 상당 부분은 애당초 개인 병원이고 개인 종합병원도 있다. 국제 기준으로 보자면 병원이 개인의 소유일 수 있다는 것은 한국과 일본, 대만을 제외하고 아주 드문 제도이다. 병원을 의사가 개인적으로 소유하는 나라가 거의 없는 것이다. 미국은 민간병원이라 할지라도 개인 소유가 아니라 지역사회 공공의 소유이다. 이사회도 이사회답게 운영된다. 예를 들어 미국의 유명한 '슬론-캐터링 암센터(Memorial Sloan-Kettering Cancer Center)'는 이사회가 모든 것을 결정한다. 실제로 이 암센터의 설립 목적에 맞는 운영을 어떻게 할 것인가를 이사회가 결정한다. 누구의 병원도 아닌데, 민간 소유인 것이다.

병원이 개인의 소유라는 것은 큰 문제이다. 의료법에 의해서 설립된 병원이고 민법에 준하는 병원이니까 비영리법인에 속하는데, 우리나라 의료법인의 법인은 사실상 개인 소유 병원이다. 의사가 원장이 되어 소유 지배를 하면서 외부인의 참여가 없기 때문에 실제 설립한 의사가 좌지우지하고 있다. 몇몇 학교법인은 미국식으로 소유자 없이 공동 법인으로 움직이는데, 그런 병원으로 세브란스 병원과 가톨릭대학 계열 병원을 들 수 있다. 하지만 이러한 몇 개 병원을 빼고 나머지 학교법인은 개인이 소유자이다. 형식은 법인인데 실질적으로는 개인이 지배하는, 그러니까 실질적 소유와 형식적 소유의 차이가 극심한 기관들이다. 이것은 한국 의료체계에서 매우 중요한 사항이다.

대학병원은 구조가 꽤 복잡하다. 학교법인의 이사회가 있고 그 밑에서 병원도 또 나름의 조직체계를 가지고 있기 때문에 노사협상을 할 때 병원장과 노사협상을 해봐야 별 소용이 없다. 왜냐하면 학교법인의 지배를 받기 때문이다. 어떤 경우에는 병원 이사진이나 원장이 사실상의 결정권을 갖기도 하는데, 대부분 병원장은 별로 실권이 없는 상황이다. 병원 경영진과 노조의 관계도 꽤 여러 가지 형태를 가지게 될 수밖에 없다.

더구나 우리나라 병원의 서비스는 치료 중심으로 제공되고 있다. 건강 증진이나 질병 예방, 재활 등의 서비스가 우리나라 보건의료 서비스 생산 체계에서는 제대로 이루어지지 못한다. 치료에만 치중하는데, 치료 중에서도 정신적인 면은 중시되지 않고 신체적 질환을 치료하는 데 대부분의 의료 활동과 재정이 쓰인다. 오래전부터 이런 지적이 계속되어와서 무감각해졌을 수도 있는데, 이제는 이 문제를 매우 심각하게 받아들여야 할 때이다. 21세기의 인구 변동 추이를 예측해보면 굉장히 빠른 속도로 고령화가 진행되고 있어서, 노인들이 얼마나 건강을 유지할 수 있느냐가 21세기의 주요 과제가 된다. 건강증진이나 질병관리를 중심으로 보건의료 활동을 전환해서 노인 인구를 건강하게 만들지 않으면, 우리나라 전체가 문제에 빠질 수 있는 상황에 접어들었다는 것이다. 이것은 우리뿐만 아니라 영국이나 스웨덴에서도 나오는 얘기이지만, 우리는 그런 나라와는 비교도 안 되게 문제가 심각한 상황이다. 더군다나 치료만 하는데 고가 장비는 훨씬 더 많이 활용되고 있다.

그러면 도대체 한국의 의료에서는 왜 고가 장비가 많이 쓰이는 것일까? 그 답은 앞에서 설명한 의료체계에 숨어 있다. 우선 수익률이 높으니까 기계를 많이 쓰는데, 사실 앞에서 말한 의사나 간호사 인력은 적고 병상 공급이 많다는 것과 밀접한 관계가 있다. 의사, 간호사 수가 적으니까 의사들이 기계에 의존해 진료하게 되는 것이다. 의사가 환자와 함께 있을 수 있는 시간이 없으니까 얼굴만 얼른 보고 나서 검사하고, 검사 결과를 보고 진료하는 게 훨씬 빠르기 때문이다. 그래서 점점 더 의사와 환자의 인간적 접촉이나 전통적인 문진, 시진, 촉진, 청진 과정은 생략되는 것이다.

보건소는 한국의 의료체계 중에서 건강관리를 해주는 거의 유일한 기관이다. 학교 보건 시스템도 있지만 약 주고 보건 교육하는 정도밖에 하지 않고, 산업보건관리체계도 대개 위탁 형태로 수행되기 때문에 건강검진 이상의 서비스를 제공하기 어렵다. 의원이나 병원에서도 건강관리 서비스를 제공하긴 하지만 양적으로나 질적으로 높다고 보기는 어렵다.

농촌 보건지소는 읍, 면, 동에 설치되어 있다. 그런데 대부분의 보건지소에 의사 인력으로 공중보건의만 배치되어 있어서, 해야 하는 활동을 제대로 못하고 있다. 한국 농촌이 유일하게 선진국을 능가하는 것이 있는데 바로 노인 인구 비율이다. 노인 인구 비율이 30%에 이르는 지자체까지 있는데, 농촌 보건지소는 노인들을 앉아서 기다리는 일밖에는 해주는 것이 없다. 시설을 엄청나게 고쳐놓고는 실제로 활동은 전혀 못하고 있는 것과 마찬가지이다. 도시 지역은 그런 정도의 형식적인 시설조차도 없었지만 최근 들어 도시지역 보건지소가 만들어지고 있는 추세이다. 질병관리나 노인 진료비 같은 문제를 생각하면 도시 보건지소는 더 늘어나야 한다.

한국 의료의 치료 중심적인 특성은 여러 가지 병폐를 낳고 있다. 의료 수요 자체를 낮추는 예방 활동이 부족하다 보니 치료에만 집중이 되고, 치료를 위해 기계에 의존하고 고가 의료 장비를 쓰게 돼서 낭비되는 부분이 많다. 낭비라고 해서 돈만 문제가 되는 것이 아니라 환자들에게도 굉장히 해로운 것이다. 똑같은 병에 대해서 검사를 늘리고 불필요한 약이나 주사를 남발하게 된다. 심지어는 수술을 하는 쪽으로 선택하기도 하는데, 이런 식의 선택도 환자 건강을 해치는 경우가 많다. 약을 많이 쓰면 몸에 좋을 리가 없고, 잦은 채혈로 인한 고통도 무시할 수 없다. 그리고 엑스선 검사 때 방사선에 노출되는 것도 필요 이상으로 반복된다면 장기적으로 위험할 수 있다. 과잉 진료나 불필요한 진료는 환자의 건강에 도움이 되는 것이 아니라 해로운 것이다. 예를 들어 제왕절개 수술 비율을 보면 한국이 세계적으로 상위에 속하는데(그림 4), 그것이 환자의 건강에 좋을 리

출생아 1,000명당 제왕절개 건수

352.2 | 312.0 | 234.9 | 168.0 | 202.9 | 314.0 | 239.9 | 329.0 | 261.5
한국 | 호주 | 뉴질랜드 | 스웨덴 | 프랑스 | 독일 | 영국 | 미국 | OECD 평균

*자료: OECD Health Data 2012

〈그림 4〉 출생아 1,000명당 제왕절개 수술 건수

가 없다. 돈 문제만이 아니라 의료의 질, 더 나아가서는 환자의 권리나 인권 측면의 문제도 있다.

공급 과잉으로 경영이 어려운 소규모 병원에서 의료 공급자가 합리적으로 환자의 이익을 옹호해주기가 쉽지 않다. 실제로 환자들에게 의료기관을 신뢰하느냐고 질문하면 못 믿겠다는 응답이 아주 높게 나온다. 그러다 보니 의료 분쟁도 심하게 벌어지곤 한다.

보장성 확대, 어떻게 가능한가?

최근 들어 '무상의료' 정책을 추진하겠다는 이야기가 나오는데, 사실 '무상'이라기보다 OECD 평균으로 보장성을 확대하겠다는 의미이다. 만약 진짜로 무상의료가 실현되면, 지방 환자의 서울 집중이 가속화될 것이다. 예전에는 의료비가 꽤 비쌌기 때문에 지방에서 해결을 했는데 공짜가 되면 서울로 더 많이 올라올 것이다. 뿐만 아니라 1차, 2차급 의료기관에서 해결될 수 있는 환자들도 3차 병원으로 더 많이 몰릴 것이다. 이상적으로 생각하면 1차는 간단한 서비스, 2차는 중간 정도의 서비스, 3차는 어려운 서비스 정도로 환자 질환의 중증도에 따라서 분포되어야 하는데, 현실적으로는 3차는 부유한 환자, 2차는 돈이 별로 없는 환자, 1차는 가난한 환자로 구분이 된다. 지방에 있는 환자도 웬만큼 돈이 있어야 서울로 왔는데 무상의료로 본인부담금이 더 내려가면 이제 지방에서도 웬만한 소득 수준의 환자까지 서울의 3차 병원으로 오게 될 것이다. 의료전달체계를 근본적으로 고치지 않고 이대로 가면 큰 문제가 발생할 소지가 있다.

보장성 확대를 위해 급여 확대를 할 때 필수적으로 추진되어야 하는 것이 바로 비급여의 전면 급여화이다. 현재 상당한 부분의 의료 서비스가 건강보험급여 대상에서 빠져 있다. 몇 가지 질병에서 중요한 검사나 수술 항목이 빠져 있고, 제일 비중이 큰 선택 진료비나 병상 선택 등이 빠져 있다. 이런 임의 비급여를 모두 다 건강보험으로 끌어들여서 전체적으로 포괄해야 비급여가 증가하는 현상을 막을 수 있다.

물론 그렇게 하면 의료기관에서 반대할 가능성이 크다. 예를 들어 자기공명영상(MRI) 촬영 비용이 현재 60만 원 정도인데 건강보험에서 50만 원 정도만 주겠다고 하면 병원에서는 감당하기 어려울 것이다. 그래서 전면 급여화를 실시하는 동시에 전체적으로 수가를 원가 수준으로 올리는 일을 해야 한다.

이렇기 때문에 무상의료 실시는 일파만파를 일으킬 수밖에 없다. 건강보험에 적용되는 서비스도 많지만 적용되지 않는 서비스도 적지 않은데, 건강보험에 적용되는 서비스의 실제 원가 수준은 수가보다 꽤 높은 것이 사실이다. 반면 건강보험에 적용되지 않는 서비스들은 시장가격으로 제공되기 때문에 당연히 가격이 높다. 이런 비급여 서비스로 인한 이윤이 있다는 것을 알고 있어서, 건강보험 자체 수가를 원가에 못 미치게 했던 것이다. 비유하자면, 탈세할 줄 알고 있기 때문에 세율을 높게 매기는 것이라고 할 수 있다.

그런데 의료기관들은 건강보험이 적용되는 서비스만 보면서 건강보험

수가가 너무 낮다고 불만을 갖는다. 물론 건강보험에서 원가에 맞게 수가를 지급했던 것이 아니니까, 실제로 수가가 낮은 것도 사실이다. 그래서 비급여 서비스로 적자를 대신 충당할 수 있는 병원은 살 만한 거고, 그렇게 못하는 병원은 진짜로 어려운 것이다. 총 이윤율은 건강보험에 적용되는 서비스와 적용되지 않는 서비스 두 개를 합쳐서 평균을 내니까 병원에 따라 이윤이 많을 수도 있고 적을 수도 있다. 중소 병원은 대개 이윤이 적기 쉽고 큰 병원은 많기 쉽다. 그런데 중소 병원이 이윤을 올리기 위해 진료량을 끌어올리려고 하기 때문에 그 과정에서 환자들은 불편을 느끼게 된다.

비급여의 전면 급여화를 위해서는 현행 비급여를 급여 영역으로 포함하면서 과도하게 높게 책정된 수가를 하향 조정해야 한다. 그리고 이와 동시에 기존의 건강보험수가를 대폭 인상해야 한다. 쉽게 이야기하면 병원이 비급여 없이 건강보험만으로 운영해도 되는 수준까지 수가를 올려야 한다는 것이다. 병원이 비급여를 생각하지 않아도 건강보험에서 진료 수익이 나온다고 생각할 수 있도록 건강보험수가를 조정해야 한다. 무상의료를 위해 급여를 확대하겠다는 것은 비급여를 전면 급여화하는 것이고, 동시에 건강보험수가를 현실화하는 것이다.

그러면 지금까지 손해만 본다고 하던 많은 공공병원도 새로운 수가체계에서는 이익을 볼 수 있게 된다. 그동안 공공병원, 지방의료원이 무리한 진료를 하지 않았기 때문에 손해를 보아왔던 것인데, 비급여의 전면 급여화와 수가 조정이 이루어지면 지방의료원도 제법 합리적 경영이 가능하게 된다. 과잉 진료를 안 하고, 허위 청구를 안 해도 병원 운영이 가능하도록 수가를 책정해야 한다.

의료공급체계, 어떻게 바꾸어야 하나?

이렇게 수가체계를 재조정한다는 전제에서, 의료공급체계를 어떻게 바꾸어야 할 것인가? 지금 전체적으로 병원이 공급 과잉이기 때문에 일부 병원은 문을 닫을 수밖에 없다. 작은 병원은 매입하든가 퇴출시켜야 한다. 망해서 문을 닫는 형식이 아니라 국가에서 보상을 해주든지, 아니면 본인이 투자한 돈을 찾아서 나갈 수 있도록 해주는 방식으로 시장에서 스스로 정리할 수 있도록 해줘야 한다. 그래서 300병상 미만급 병원을 최소한으로 줄이고, 나머지는 전문병원이 되는 방식으로 의료전달체계의 구조를 정리해야 한다. 의원은 무병상이 되고, 중간급 의료기관이 없고, 300병상 이상 기관에서는 외래 진료를 포기하는 것이다. 큰 병원은 외래를 포기하고 의원은 입원을 포기해서, 입원은 큰 병원 쪽으로 다 몰아주고 외래는 의원 쪽으로 몰아주는 식이다. 오랫동안 이런 방향의 서비스 전달체계가 논의되어왔지만 실제로는 진행되지 못했는데, 중간급 병원들이 입원 서비스도 제공하고 외래 서비스도 제공하니까 둘 중에 아무것도 포기할 수 없었던 것이다. 그러나 의료전달체계의 구조가 조정되면, 큰 병원들이 외래 서비스나 1차 의료 서비스를 제공할 필요가 없어서 큰 병원들이 제공하는 외래 서비스 수가를 낮출 수 있다. 1차 기관에서 외래 서비스를 제공하면 수가를 더 많이 주고 3차 기관에서 입원 서비스를 제공하면 수가를 더 많이 주는 식으로 진짜 기능 분할을 할 수 있게 된다. 그렇게 되면 의원도 좋고 병원도 행복해질 수 있다.

반면 없어지는 병원이 손해를 보지 않도록 해야 한다. 또 작은 규모의 병원에 있던 의사와 간호사들은 인력이 부족한 의료기관으로 옮겨 가서 병상당 의사와 간호사 수가 많아져야 한다. 그렇게 해야 보호자 없는 병동도 실현할 수 있다. 그리고 앞으로는 300병상 미만의 병원에 대한 신설 허가를 내주지 않는 방향으로 전환해야 한다. 병원 자체를 300병상 이상의 의료기관으로 정의하는 것이다.

그 후 공공병원을 설립하여 공공병원의 비중을 훨씬 더 올려야 한다. 민간병원은 버려두는 것이 아니라 민간병원이 공적인 역할을 할 수 있도록 건강증진과 질병관리 예산을 제공해주어야 한다. 민간병원에서도 건강증진이나 질병관리를 하면 돈을 받을 수 있도록 예산 항목을 새로 만들어야 한다. 정부도 병원의 공익적 활동을 위한 자본 투자 예산 항목을 따로 두어서, 병원의 공익적 활동을 위한 시설 투자를 지원해주어야 한다. 물론 공공병원을 지방에 중점적으로 설립해야 지방에 좋은 병원이 확보되어서 환자들이 서울로 집중되지 않는다.

이상의 과제들을 요약하고, 병행 추진되어야 할 과제들을 열거하면 다음과 같다. 지역별로 병상 총량제를 실시해서 불필요한 병원이 더 들어서지 못하게 하고, 한시적으로 민간병원 명예퇴출제도를 실시하여 정부가 작은 병원을 매입해야 한다. 매입한 병원은 사회복지시설이나 보건지소로 전환시켜서 건강증진 활동을 하거나 데이케어 서비스를 제공할 수 있도록 한다. 경우에 따라서는 건강증진시설이나 공공병원으로 전환시킬 수도 있을 것이다. 수가체계도 아예 의원수가집과 병원수가집을 따로 만들어야 한다. 작은 병원을 많이 줄이고, 300병상 이상의 공공병원을 많이 지어야 한다. 이렇게 한다면, 최대 9만 병상까지 감축이 가능할 것이다.

농어촌 지역에는 노인건강종합관리센터를 만들고, 방문보건요원을 도시·농촌 할 것 없이 대대적으로 확충해야 한다. 이렇게 하지 않고서는 증가하는 노인 인구를 보살피기 어렵다. 저출산 대책도 시급한데, 외국에서는 보건소에서 집집마다 임산부를 찾아가서 필요한 서비스를 제공해준다. 우리와 같은 극도의 저출산 사회에서 안 할 수 없는 일이다.

지금 있는 공공병원도 대대적으로 고쳐서 진짜 공공적인 역할을 할 수 있는 병원으로 만들어야 한다. 그리고 지금처럼 과잉 진료를 하지 않고 합리적인 표준 진료 서비스만으로 운영이 가능한 환경을 만들어주어야 한다. 그래야 의사도 편하고 병원도 편하다. 그리고 이런 병원들을 지역거점병원으로 육성하여 수도권 집중을 줄이는 역할을 맡도록 지원해야 한다.

2부

10%, 턱없이 부족한 공공의료,
질적 · 양적 확대 · 강화를 위하여

박근혜 정부의 공공의료 강화 정책과
국립중앙의료원의 발전 방안

이상구 · (사)복지국가소사이어티 운영위원장

참여정부가 출범하기 전 노무현 대통령이 후보 시절에 국립의료원을 방문하여 차기 정부의 과제로 공공의료 확충을 약속하였다. 2004년 9월 대통령 직속 고령화 및 미래사회위원회가 주관하여 범부처 통합으로 구체적인 공공의료 확충 방안을 보고하면서, 중기 재정 계획에 4.6조 원이 넘는 공공의료 관련 예산이 반영된 지 7년이 지났으나, 아직도 같은 이야기를 되풀이해야 하는 현실이 슬프고 답답하다. 참여정부 시기에 제2의 보건복지부 장관실을 국립의료원에 설치하는 등 공공의료 확충 의욕을 불태웠던 것도 이제는 흔적조차 찾을 수 없고, 이명박 정부 들어서는 국립의료원 법인화 외에는 정부의 약속이 시행된 것이 거의 없어, 착잡한 마음을 금할 수 없다. 그러나 정권을 바꾸어서라도 이 정책을 추진해야 할 이유는 왜곡된 의료 구조가 근본적인 변화 없이 오히려 더 심각해지고 있고, 따라서 공공의료 확충과 관련된 국가적 과제의 중요성도 점점 더 높아지고 있기 때문이다.

국립의료원의 역할과 기능에 대한 연구를 하면서, OECD 국가의 선진 사례를 찾아볼 수 없어, 새로이 만들어내야 하는 어려움이 있었다. 선진국의 경우 공공의료가 전부이거나, 의료전달체계의 주축을 이루기 때문에 공공의료 비중이 10% 수준에 불과한 우리의 비정상적인 상황과 비교하는 것도 어렵고, 한국에서 국립중앙의료원의 역할을 이들 나라와 같은 방식으로 설계할 수 없는 여러 가지 한계가 있었다. 또한 한국의 특수한 상황에 맞추어 시대적인 요구와 국가적인 필요성에 근거하여 국가중앙의료원의 역할과 기능을 설정해야 하는 새로운 과제가 추가로 제기되었다.

한국에서 공공의료가 뒷전이 되고 민간의료가 의료공급체계의 주축이 된 것은 역사의 과정을 본다면 사실 그렇게 오래된 것이 아니다. 〈그림 1〉에서 보듯이 경제개발에 주력하면서 의료뿐 아니라 교육, 보육 등 국가의 중요한 역할이 방기되었고 빈자리를 민간의료가 채워온 것이 30년에 불과하다. 따라서 공공의료 확충과 국가중앙의료원의 강화는 30년의 잘못된 역사를 정상화하는 역사 바로잡기의 일환이 되어야 한다.

소유 주체별 병상 비중의 변화 추이

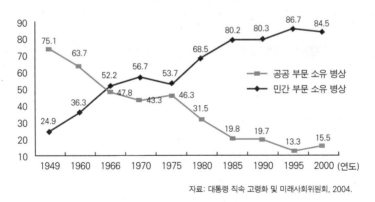

자료: 대통령 직속 고령화 및 미래사회위원회, 2004.

〈그림 1〉 소유 주체에 따른 공공과 민간의 병상 비중의 변화

민간의료가 주류가 된 것 자체가 나쁜 것이 아니라 국가가 의료공급에서 차지하는 역할을 방기함으로써 공공재인 의료가 사적 재화로 왜곡되고 그것이 여러 문제와 한계성을 도출하고 있기 때문에 지금 시점에서 민간과 공공의료의 기능 재배분을 제기하는 것이다.

그에 더해 공공의료 강화와 국립중앙의료원의 새로운 기능 설정은 잘못된 역사를 바로잡는 수준의 문제가 아니라, 이미 새로이 도출된 문제에 대한 적극적인 대응 방안이고 앞으로 당면하게 될 미래의 문제에 대한 정책 수단이 되기 때문에 중요해진다.

국민의 정부와 참여정부에서 손 놓고 있었던 거대한 민간 대학병원의 증설은 이미 한국 의료체계에 큰 영향을 미치고 있지만, 향후에 더 큰 부담을 안겨줄 것이다. 저출산뿐 아니라 인구 전체가 고령화되는 상황에서 국민의 건강을 유지하면서도 의료비 증가를 막는 것은 국방에 버금가는 중요한 과제가 될 것이지만, 공공의료가 지나치게 위축된 상태에서는 국가가 사용할 수 있는 정책 수단이 극히 제한된다.

따라서 국립중앙의료원은 단순히 국립 3차 병원이 하나 새로 만들어진다는 의미 이상의 기능과 역할을 요구받고 있다.

첫째, 국립중앙의료원은 양적으로 공공의료 확충의 중심이 되어야 한다.

공공의료 공급자의 비중이 지나치게 낮으면 의료의 근본적인 공공성을 훼손하면서, 국민들에게는 과도한 의료비 부담과 질 낮은 의료 서비스를 공급하게 될 것이다. 따라서 민간 부문과 경쟁할 수 있는 일정 비율 이상의 공공의료 비중을 확보하는 것이 필요하다. 국민들에게 민간병원과 비교할 수 있는 선택의 여지를 주고, 정부 정책이 반영될 수 있는 정책 수단이 되어야 한다.

국가적으로 중요한 질병을 관리하기 위해 질병관리본부(CDC)가 만들어졌지만, CDC만으로는 온전히 이 기능을 수행하는 데 한계가 있다. 일정 비율 이상의 공공 부문 의료공급체계를 확보하는 것이 필요하며, 보건복지부의 정책과 예산, 법률 기능에 조응하여 실무적으로 그러한 역할을 수행하는 중추 집행 기관이 국가중앙의료원이 되어야 할 것이다.

이것은 단순히 지역거점 공공병원을 확충하고, 도시형 보건소를 인구 5만 명당 하나를 만드는 것 이상이 될 것이다.

2만 6,000개가 넘는 의원들 중 일정 비율을 공공 의원으로 만들어야 한다.

민간 의원을 인수하거나, 경영이 어려워지거나 연로해서 더 이상 운영할 수 없게 된 의원들을 공공 기관에서 기부채납을 받아 활용하는 것도 가능할 것이다. 정부의 공공의료 사업을 위탁받아 수행하는 보건법인 형태의 의원들이 수익과 활동의 반 이상을 공공보건사업에 할애하게 하면서, 통제되지 않고 질 관리도 되지 않는 과도한 민간 사업자 중심의 공급체계를 정상화해야 한다.

병원과 종합병원도 마찬가지이다. 이미 중소 병원들은 병상 가동률이 60%가 되지 않는 곳도 많다. 정상적인 경제 시스템에서는 시장에서 퇴출되고 망해야 하는데 아직도 어렵지만 운영되는 것은 경영진들의 부단의 노력의 결과물이기도 하지만 의료의 경제학적인 특징 때문이다. 정보의 비대칭성과 불균등성, 그로 인한 공급자 유인 수요가 구현되고 있는 것이다. 적정한 평가 기준을 제시하여 충족시키지 못하는 병원들에 대해 건강보험급여 삭감이나 지급 중지 등의 제제 수단을 적용하여 국민들이 양질의 서비스를 받을 수 있도록 보호하는 국가의 역할을 강화하는 것과 더불어, 평가에 미달된 병원이 기부채납이나 공익 이사회 구성 등의 필요조건을 충족시킨다면 공공병원으로 활용하는 것도 적극적으로 검토해야 한다.

국방의료원 설립과 동시에 실질적인 야전 지원 기능의 강화, 건강증진

사업의 확충 등 군 의료체계도 급속하게 개선될 것이 요구되고 있다. 연구[1]에 따르면 20여 개의 군 병원 중 15개 이상(많게는 17개 정도까지)을 기능 전환을 해도 의무(醫務) 전력(戰力)이 약화되지 않으며, 실질적으로 더 강화될 수 있다는 결과가 나왔다. 이들 병원을 인수하여 소방병원이나 공공요양병원 등 국가적으로 필요한 공공병원으로 활용하는 것이 필요한데, 의료 인력과 병원 경영 경험 모두를 가지고 이들 사업을 담당할 수 있는 국가중앙의료기관은 국립중앙의료원뿐이다. 전국의 지방의료원도 경영이 어려워지고 있는데, 단순히 지역의 대학병원에 위탁 운영을 시키는 것으로는 정상화가 되지 않는다. 양질의 의료 인력이 상시적으로 공급·순환되면, 민간병원과 차별화되는 공공의료기관 역할을 할 수 있는 센터의 기능이 요구되는데, 이것도 당연히 국립중앙의료원의 기능이 되어야 한다.

따라서 국립중앙의료원을 하나의 병원으로 상정할 필요가 없다. 전국적인 지원(支院)과 분원(分院)을 가지는 시스템으로서 국립중앙의료원을 이해할 필요가 있다.

전국에 11개의 국립대학 병원이 있지만, 연구와 교육 기능을 중심으로 하는 대학병원에서 표준 진료 지침을 만들고 전국의 공공병원을 지원하고, 공공의료사업을 전개하는 것은 대학병원이라는 본래의 고유 목적 수행에 지장을 줄 수 있으므로 공공의료의 중추적인 역할을 대학병원을 통해 수행하는 것은 한계가 있다. 3차 병원으로 중증 질환을 진료하고, 첨단 의료를 연구하며 세계의 유명 의과학자들과 경쟁하기에도 바쁜 대학병원들이 공공의료의 중추 기관 기능까지 하는 것은 어찌 보면 가혹한(?) 일이다.

이렇게 하기 위해서는 공공의료 사업본부가 개별 부서마다 10여 명의 소규모 인력으로 운영되는 조직이 아니고, 전체 국립중앙의료원의 기능 중

---

1 『국방의학원 설립방안에 대한 연구』, 한국보건산업진흥원, 2009.

반 이상을 수행하는 기관으로 격상되어야 하고, 공권력을 가지고 사업을 추진하려면 종사하는 업무에 따라 공무원과 준공무원, 그리고 전문가들이 결합되어 국가의 과제를 수행할 수 있는 조직이 되어야 한다.

둘째, 국립중앙의료원은 질적으로 공공의료의 중심이 되어야 한다.

지나치게 낮은 공공의료의 비중은 공공의료가 수행해야 할 역할의 모범을 보여주기는커녕, 민간의료와 비교하여 질 낮은 의료로 인식되는 데 그치고 있다. 건강보험심사평가원이 아무리 커지고, 기능이 강화되어도 심사만으로 의료를 정상화할 수 없다. 한국의 국민건강보험이 심사조정률을 5% 수준으로 올리는 것은 불가능하다. 물론 평가 기능을 강화하여 의료의 질 관리와 진료의 정상화에 기여해야 하겠지만, 그럼에도 불구하고 85~90%는 전문가의 영역이다. 실제로 각종 검사 수치보다도 임상 의사의 판단은 존중되어야 한다. 삭감률(심사조정률)이 10%를 넘어가는 미국의 민간보험도 의료 서비스의 질적 내용을 보장하지는 못하고 있다. 따라서 의료계의 숙원인 교과서적인 진료를 시행하기 위해서도 표준 진료 지침 등을 국립중앙의료원이 중심이 되어 만들어내고, 민간의 전문가들이 참여할 수 있는 길을 열어주어야 한다.

심평원의 삭감만 비판하고, 비용 문제 때문에 필요한 조치는 외면하는 등 교과서적인 진료를 하지 않는 부분은 전문가들이 아니면 알 수 없다. 한국의 실정과 국민들의 요구에 맞고, 의학적으로도 합당한 표준 진료가 행해질 수 있도록 하는 모범을 국립중앙의료원이 중심이 되어 만들어가야 한다. 이러한 기능은 첨단 의학을 연구해야 하는 대학병원의 역할이 아니다. 일상적인 진료를 수행해야 하는 의원과 병원, 그리고 국립중앙의료원에서 이에 대한 연구와 보급을 해야 하는 것이다. 현재 상태에서 공공병원이 늘어나도, 여기에 종사하는 인력들이 민간병원과 다른 기능을 수행하기에는 한계가 있다. 공공병원의 역할과 기능에 대한 실증적인 연구나 구체적으로 배울 곳이 없기 때문이다.

우선 전국적으로 2만여 명에 이르는 149개 공공병원 종사자들에 대한 재교육을 시행해야 한다. 단기 교육도 있지만, 임상 교육은 일정 기간 이상의 장기 교육을 필요로 한다. 보건복지인력개발원이 있지만, 임상 기능이 없는 상태에서 강의실에서 집체 교육 이상을 담당하는 것은 한계가 있다. 공공병원 종사자들이 확실한 우위를 차지하는 것은 지속적인 재교육이 보장될 때만 가능할 것이다. 이를 위해서는 2만 명을 5년 내의 기간 동안에 재교육을 받도록 하여 이들의 전문 지식 수준을 높이고 합리적인 공공의료 공급자의 입장에서 일할 수 있도록 해야 한다. 향후에도 지속적으로 공공의료기관 종사자들을 재교육할 수 있는 거대한 교육기관이 필요하며, 교육 중 상당 부분은 병원에서 직접 진료를 통해서 이루어지는 임상 교육이 될 것이다. 따라서 국립중앙의료원에는 거대한 규모의 공공의료 교육 연수 부서가 만들어져야 하고, 인력 교육 기능까지 고려해서 30~50%의 추가적인 인력과 공간, 장비가 필요할 것이다. 포천[2] 등지에 교육연수원을 따로 운영하는 방안도 앞으로 구체적으로 고려되어야 한다.

병원 인력 연구에서 도출된 표준 인력 수준의 병원도 국립중앙의료원에서 구현해야 할 사항 중 하나이다. 단순히 보호자없는병원의 시범 사업이 아니라, 그렇게 많은 인력이 병원에서 무슨 역할을 하는지 우리나라 의료진은 보고 배운 적이 없다. 스테이션에서 간호사가 잠시라도 쉬고 있으면 노는 것으로 생각하는 의료 환경에서 병원 인력 확충은 과로와 교대제에 시달리는 노동자의 안타까운 외침으로 끝날 뿐이다. 충분한 인력

---

2 국공유지 60만 평 무상 제공 의사 표시가 있었으나, 진료의 기능만으로는 서울 시내 이외의 부지는 부적합하여 고려의 대상에서 제외되었다.

이 배치되어 병원의 서비스가 확실하게 좋아진다는 것을 경험할 수 있어야, 추가 인력이 건강보험수가로 반영되는 것을 국민들이 납득할 것이다.

무엇보다 중요한 것은 '모든 의료비를 국민건강보험 하나로 운동'이 결실을 맺으려면, 다음 정권 초기에 결실을 맺게 될 것인데, 여기에는 공공의료 확충이 필수적으로 동반되어야 한다는 사실이다. 의료의 특성 때문에 민간 공급자가 과도한 시장 상황에서 재원 조달 기능만으로는 한계를 가질 수밖에 없다. 기준이 될 수 있는 공공 공급자가 일정 비율을 가져야 안심하고, 건강보험급여를 확대하고 이에 소요되는 재정을 각자가 부담해 마련하자는 의견이 국민적인 공감대를 형성할 것이다. 국립중앙의료원이 먼저 모범이 되지 않는다면, 우리나라에서는 이러한 기능을 담당할 곳을 찾을 수 없을 것이다.

그 외에도 국립중앙의료원법에 명기되어 있고, 국가적으로 필요한 공공보건의료사업을 수행하는 중추 기관으로 전국의 공공병원과 보건소와 보건지소, 보건진료소를 지원해주는 공공의료전달체계의 중심 역할, 건강증진 사업과 공공 건강관리 서비스의 모범과 내용을 만들어가는 역할 등 국립중앙의료원의 역할은 공공의료가 취약한 우리의 수준만큼 반대로 급증하게 된다. 따라서 국립중앙의료원의 진료 기능은 상대적으로 덜 강조될 수밖에 없다.

교육기관과 표준을 만드는 기관으로서 양질의 서비스를 제공하고 국민들의 신뢰와 의료인들의 존경을 받기 위해서는 일정 수준 이상의 인력과 시설, 장비를 갖추어야 하겠지만, 국립중앙의료원 인력의 반 이상은 국가의 정책 사업을 위탁받아서 수행하는 데 종사하게 될 것이고, 국립중앙의료원의 운영비도 진료에 의존하는 비율은 낮을 것이다.

그런 기능을 하지 않는다면, 수천억 원의 설립비와 엄청난 운영비를 들여서 병상이 넘치는 의료 시장에 또 하나의 공급자를 추가하는 데 국민들의 혈세를 투입할 이유가 없다.

공공의료의 강화에 동의하는 박원순 서울시장의 당선으로 국립중앙의료원의 이전은 새로운 전환을 맞게 되었고, 예정되었던 대로 원지동의 부지로 이전을 구체화하였으며 현재 국립의료원의 자리는 별도의 용도로 사용하되 기존 이용자들을 위해 새로이 200병상의 서울의료원 분원이 하나 더 지어지게 되었다. 국회에서 국립중앙의료원의 예산에 대해 공공의료 확충이라는 이름으로 대폭적인 지원을 하게 되기를 바란다. 그런데 아직 보건복지부나 국립중앙의료원 종사자들은 그에 대한 대비가 없는 상태이다. 예산을 반영하고 싶어도 그것을 추진할 수 있는 주체가 없는 상태인 것이다. 물론 국가중앙의료원으로서의 기능에 대한 보장 없이 장소만 옮기는 것은 의미가 없다. 부지 이전이나 매각이 부동산 경기 등의 영향을 받아 제대로 수행될 수 없다면, 현재 부지에 50층짜리 거대한 빌딩을 지어서 20층은 상업용으로 활용하고, 나머지 30층을 국립중앙의료원으로 활용하는 방안도 기술적으로는 문제가 없다. 문제는 어디에 있는지 장소 여부가 아니라 어떤 역할을 하는지의 기능 설정이다.

이제 오늘날 대한민국에서 공공의료의 현재적 의미가 무엇인가를 재조명하면서, 앞에서 언급한 공공의료 기능 강화와 연계된 국립중앙의료원의 역할을 세부적으로 살펴보자.

공공의료란 무엇인가?

2014년 3분기 전국의 보건의료기관은 86,308개소로 상급 종합병원 43개, 종합병원 288개소, 병원 1,468개소, 요양병원 1,325개, 의원이 28,780개소이다. 치과 병원과 의원이 각각 202개, 16,080개이며, 한방 병원과 의원이 219개, 13,381개소, 약국은 21,006개소가 건강보험공단에 의료기관으로 등록되어 있다.[3] 국가나 지방자치단체, 공공 기관 등 설립 주체의 측면에서 보면 이들 병·의원 중 공공병원은 213개[4]이고, 병원 등 의료기관 외에 3,481개의 보건소, 보건지소 등의 보건기관[5]이 있다. 이들 공공병원의 병상 비율은 정신병원, 나병원, 군병원 등의 특수 기능을 포함해도 전체 병상의 11% 수준으로 유럽 지역 국가들의 90%에 비하면 8분의 1~9분의 1수준, 미국, 일본 등의 34~36%에 비해서도 3분의 1 수준이다. 그러나 민간의료기관 대비 10% 비중의 이들 공공병원조차 다수가 민간병원과 차이 없는 행태로 진료를 제공하고, 경영에 있어서도 책임 운영기관 등의 이름으로 수익성과 효율성 강화를 강요받고 있으므로, 실제로 국민들이 공공병원이라고 느낄 수 있는 병원은 그리 많지 않은 셈이다.

「공공보건의료에 관한 법률」 제2조에 따르면 '공공의료'는 국가·지방자치단체 또는 공공 단체가 설립 운영하는 공공의료기관, 이른바 국공립병원이 국민의 건강을 보호·증진하기 위하여 행하는 활동이라고 정의되어 있지만, 최근 개정된 법률에는 제4조에 공공보건의료 수행 기관에는 보건복지부 장관 및 지방자치단체와 협약을 체결한 의료기관이라는 규정을 신설하여 민간의료기관도 공공의료에 참여할 수 있는 길을 열어두고 있다. 즉, 공공의료의 기준에는 설립 주체가 누구인지도 중요하지만, 어떠한 활동을 하는지도 중요하다. 국가 및 지방자치단체, 공공 기관에서 설립하였거나 운영하고 있다고 하여도, 단순히 영리 목적의 진료를 행하거나 국민의 건강을 보호·증진하는 활동을 하지 않는다면 그 행위를 엄격한 의미의 공공의료라고 할 수 없다는 것이다. 반대로 설립 주체가 국가나 공공 기관이 아니어도 국민의 건강을 보호·증진하는 활동을 하고, 이에 대

---

3 「2014년 3분기 건강보험 주요 통계」, 건강보험공단, 2014. 11. 24.
4 「전국 공공의료기관 현황」, 2014년 12월 현재, 보건복지부.
5 「2014년 3분기 건강보험 주요 통계」, 건강보험공단, 2014. 11. 24.

해 국가 및 지방자치단체로부터 지원을 받아 운영하고 있다면 넓은 의미의 공공의료라고 할 수도 있을 것이다. 이제는 지금까지 분류의 기준으로 활용해왔던 설립 주체에 따른 '공공병원'이 아니라, 활동 내용상의 특징을 반영하여 분리하는 시각의 전환이 필요하다.

사실상 우리나라의 민간의료기관은, 본인이 의식하든 의식하지 못하든 국가가 해야 할 역할의 일부를 대신하면서 자신도 모르게 그 비용 부담도 같이 담당해온 측면이 있다.

응급의료 서비스, 국가적인 전염병 관리 등은 국방과 치안 업무와 마찬가지로 국가가 수행해야 할 기본적인 역할임에도 불구하고, 국가가 역할을 제대로 하지 않았거나 방기한 부분을 민간의료에서 일부 담당해온 것이다. 또한 민간의료기관은 소위 말하는 '수익'이 남지 않음에도 불구하고 환자를 진료하고 치료하는 역할을 수행할 수밖에 없었다.

응급실 당직 의사가 제대로 충원되지 않고, 응급의료 서비스가 부실한 중요한 이유 중 하나가 국가가 비용을 지불해야 할 공익적 서비스를 저수가로 민간에서 수행하도록 강요함으로써 민간의료기관이 이러한 서비스를 기피하게 된 것이다.[6] 이로 인해 우리나라 20대와 30대의 사고로 인한 사망률이 세계적으로 높은 것으로 지적되고 있다. 국방과 마찬가지로 비용을 들여야 할 곳에 필요한 비용을 들이지 않으면 국민은 목숨으로 그 대가를 치러야 하는 것이다. 국가적인 예방보건사업의 부실로 인해 우리나라 어린이 6명이 홍역으로 사망하는 일이 벌어졌다. 또 만성질환 관리가 부실하여 40대 사망률이 세계 1위를 기록하고 있다.

---

6 2003년 김태홍 의원 등의 발의로 응급의료법이 개정되어, 지역 응급의료센터와 권역별 응급의료센터에 국가가 응급의료기금을 투입하는 등 시설은 일정 부분은 개선되었으나, 사실상 국가를 대신하여 운영하는 응급실 인건비 등 운영비를 보전해주는 수준에는 이르지 못하고 있다.

그동안 의료인들은 전문성과 수익성뿐 아니라 의료 자체의 공익성 때문에 선망하는 직종으로 자리 잡았다. 그런데 최근 의료기관의 급속한 증가와 점차 치열해지는 생존 경쟁은 이러한 역할을 축소시키고, 민간 회사나 일반 자영업자와 마찬가지로 경영과 수익률을 중심으로 판단해야 하는 압박에 내몰리면서, 의료인들이 느끼는 자부심 또한 급격하게 감소하고 있다.

민간의료가 90% 이상인 우리나라에서, 상호 견제와 보완을 통한 균형을 위해서라도 일정 수준 이상의 공공 부문이 소유하는 병상을 늘리는 것이 선행되어야 한다. 하지만 민간의료 부분에 대한 지원과 비용 보전을 통해 민간의료의 공익적인 역할을 지원하고 키워주는 것도 중요한 정책으로 추진되어야 한다. 일부에서 이야기하는 것처럼, 민간의료가 더 효율적이고 비용도 덜 들어가니 공공의료를 전면적으로 민간의료로 대체하자는 것은 세계적으로 유례도 없고 근거도 없을 뿐 아니라 가능하지도 않고 바람직하지도 않다. 그러나 공공성을 가지고, 국민들을 위해 도움이 된다면, 의료보험의 보장성 확대와 민간의료기관에 대한 공공 사업 위탁 확대 등의 다양한 방법으로 민간의료기관의 공공성을 확대하는 방안[7]도 굳이 배척할 필요는 없을 것이다. 오히려 재원 조달 체계인 건강보험급여 체계 이외의 다양한 지원 정책을 통해 사라지고 있는 민간의료기관의 공익성과 공공성을 강화하고, 필요하면 민간병원을 인수하여 공공병원으로 전환하는 등 여러 가지 방법으로 이들을 공공의료의 영역에 참여하도록 지원해주는 역할도 필요할 것이기 때문이다.

---

7 물론 공공의료가 일정 비율을 확보하고 정착되는 등 순차적으로 추진되어야 하며, 추진 주체가 분명한 의지가 있어야 하는 등 전제조건이 있을 것이다.

왜 지금 다시 '공공의료'인가?

50대 이상이 어린 시절에 경험한 공공의료에 대한 기억은 국립의료원이 최첨단 병원이었다는 것, 젊은 사람들이 기억하는 공공의료는 도립병원이 그 지역의 최고의 병원이어서 중증 질환이 생겼을 때 도립병원에 입원해보는 것이 소원이었던 부모들의 이야기 정도일 것이다. 대부분의 국민들이 '공공의료'라는 단어에 대해 연상하는 이미지는 별로 좋은 느낌이 아닌 경우가 많다. 건물 벽의 페인트칠이 벗겨지고 퇴색한 병원 건물, 병실은 넓으나 의료 장비들은 낡았고, 전체적으로 분위기가 무겁고 복도도 어두운 병원, 의료진은 퉁명스럽거나 불친절하고 직원들도 권위적이거나 민간병원에 비해 나이가 많아 보이는 낙후된 병원을 연상하게 된다. 또한 '공공의료 확충'이라는 말을 듣는다면, 거리 곳곳에 병원 간판이 넘쳐나고, 고개만 돌리면 대형 빌딩에 첨단 의료시설을 갖춘 민간병원이 이렇게 흔한데, 굳이 국가가 나서서 병원까지 해야 하나라는 생각에, 공무원들 밥그릇 늘리기가 아닌가 하는 의구심마저 가지게 된다.

그러나 실제로 공공병원이 우리나라의 중심적인 의료공급체계였다가 민간병원이 그 역할을 대체하게 된 것은 앞의 〈그림 1〉에서 보듯이 그리 오래되지 않은 일이다.

이것은 박정희 정부가 경제개발에 치중하면서 의료에 대한 국가의 역할을 방기하여, 병상 증설을 거의 하지 않은 데 근본적인 원인이 있다. 1977년에 500인 이상 사업장을 대상으로 국민건강보험을 시작하면서 건강보험 도입 10년 만에 의료 이용량은 100배가 증가[8]하는 등 의료 이용량이 급속히 증가하자 자연스럽게 증설된 민간병원들에 그 책임을 떠넘긴

---

8 문옥륜, 『의료보장론』, 2004.

데 2차적인 원인이 있다. 특히 1989년 전국민의료보험 실시 이후 1990년 시점에서 1993년까지 약 2만 병상이 부족한 것으로 추정되면서 대진료권별 병상 수 상한제 폐지, 병상 신증설에 대한 보건사회부 장관의 사전 승인제 폐지, 의과대학 부속병원 신·증축 처리 기준 완화 등과 같은 규제완화 조치가 대대적으로 시행되고, 민간의 시설투자 자금 지원 정책이 지속되면서 민간 병상이 폭발적으로 증가[9]하였다. 이러한 정책의 시행이 20년이 지난 지금, 민간 병상 증설이 걷잡을 수 없이 너무나 과도하게 진행되어, 국가적인 위기 상황이 올 지경에 처하게 되었다.

〈표 1〉 수도권의 대형 병원 신증설 계획

지역	병원명	확대 규모	일정
서울	가톨릭대 중앙의료원	약 1,200병상	2009년 5월
서울	서울보훈병원	약 600병상	2009년 후반기
서울	중앙대병원	약 440병상	2009년 2월
서울	공단병원	약 800병상	미정
인천	인하대병원	약 1,200병상	2011년(병상 증설 포함)
인천	가톨릭대 성모자애병원	약 1,000병상	
인천	가톨릭대 성모자애병원	약 800병상	2009년
경기	가톨릭대 성바오로병원	약 500병상	2012년
경기	경희의료원	약 730병상	2011년
경기	연세의료원	약 1,020병상	2011년
경기	을지대병원	약 1,000병상	2011년 상반기
경기	아주대병원	약 1,000병상	미정
경기	한림대병원	약 700병상	2013년
경기	성남시	약 500병상	2010~13년
경기	서울대병원	약 600병상	2015년
계	약 11,370병상		

자료: 디지털 보사 기사(2008. 5)에서 이진석 등(2009. 3)이 재편집

9 문정주, 『의료 선진화 토론회 자료집』, 2009. 3.

2001~2007년 사이에 수도권에서 이미 약 6만여 병상이 신증설되었고, 이 중 종합병원급 이상 의료기관의 병상이 약 9,000여 병상이나 된다. 또한 향후 병상 신증설 계획이 있거나 이미 진행 중인 수도권 지역 대형 병원은 총 16개소나 되어, 기존 2만 병상에 더하여 약 1만 2,000여 병상이 증가하여 60%나 늘어날 것으로 예상된다.

"병상은 만들면 채워진다"는 보건경제학의 명제는, 고령화 등으로 인해 세계적인 추세로 의료비가 폭발적으로 증가하는 데 더하여, 민간 병상의 과잉 공급으로 인해 지역별 병상 총량 규제 등 특단의 조치를 취해도 이미 향후 10년 이상, 엄청난 의료비의 증가로 인한 부담을 국민들이 져야만 한다는 사태가 예견되고 있다. 향후 엄청난 국가적인 부담과 과잉 진료와 중복 의료 이용 등으로 국민들의 불편함이 늘어날 뿐 아니라, 민간의료기관들도 과도한 경쟁에 시달리게 될 것 또한 경고하고 있다. 지금까지 병원들의 과도한 몸집 불리기가 당사자인 의료기관들에게도 편한 것만은 아니었다. 제대로 환자 진료에만 열중할 수 없고, 병원의 수익을 생각해야 하며, 투자된 자본을 조기에 회수하려고 이전에는 해본 적이 없는 병원 이미지 광고와 스타급 유명 의사(?) 영입 등을 통한 홍보도 강화해야 했다.

의원이든, 병원이든 의료기관의 경영을 맡고 있는 분들이 무엇보다 힘들게 느끼는 것은, 이러한 경향들이 앞으로도 나아질 전망이 보이지 않는다는 것이다.

저출산으로 전체 인구 증가가 둔화된 수준을 넘어, 진료 대상 인구 감소가 상당한 수준에 이른 산부인과와 소아청소년과는 이미 폐업과 자신의 전공이 아닌 비보험 진료과목으로의 업종 전환이 상당히 진행되었다. 하지만 고령화나 질병 양상의 변화, 건강보험의 경직성보다 더 경영 환경을 압박하는 것은 급속히 늘어나는 의료기관과 병상들로 인한 상호 경쟁과 초대형 종합병원들과의 무한 경쟁이다. 이로 인해 의료계는 약육강식의 아수라장이 되고 있다. 내가 살아남기 위해서는 다른 병원을 망하게 하지 않으면 안 되는 구조에서, 이미 몇 년째 자본력이 약한 중소 병원들부터 매년 10% 이상 의료 시장에서 퇴출되고 있다. 대학병원들 간에도 경쟁이 심각하여 자금력이나 명성이 빅(big) 4에 미치지 못하는 나머지 병원들은 능력을 뛰어넘는 과도한 자금 투입과 시설 확장으로 이들을 따라잡아보려고 하지만, 결국 3차 병원으로서의 위상을 내어주고 2차 병원 수준의 지역 병원으로 전락하고 있다. 이미 서울에 있는 대학병원들 중에서 이화여대, 중앙대, 한양대, 건국대, 동국대, 경희대 병원 등 다수의 병원들이 소재하고 있는 지역과 인근 지역 환자 진료를 주요 업무로 하는 2차 병원 수준으로 기능이 조정되어, 3차 진료를 받기 전 단계에 거쳐 가는 곳으로 바뀌고 있다.

지방에서도 같은 도시에 소재하고 있는 대학병원들끼리 경쟁을 하면서, 지금까지의 1,000병상 규모를 넘어 2,000병상 수준으로 키우는 경쟁을 벌이고, 감히 빅4 병원들과 경쟁하기 위해서가 아니라 살아남기 위한 몸부림으로 첨단 시설을 갖춘 대형 빌딩을 지어야만 하게 되었다. 심지어는 일반 진료와 상관없이 군 복무 중인 현역 군인들과 장교, 군무원과 그 가족들에 대한 진료를 담당하던 군 병원들조차, 연간 30% 이상 늘어나는 외부 병원으로의 위탁 진료를 줄이고 민간의료를 선택하고자 하는 병사들 때문에, 1,000병상 이상 거대 규모로 3차 병원 수준의 국방의학전문대학원 설립과 부설 국방의료원 신설을 추진할 수밖에 없을 정도이다.

자금력이나 인적 자원이 약한 곳들이 먼저 뒤처지고 도태되면, 나중에는 광역 단위로 한두 병원만 살아남게 되고, 그중 살아남은 병원조차 서울의 빅4 병원에 환자를 내주면서 점차 2류가 될 것이다. 마치 한정된 식량과 공간에 몰아넣어진 쥐들이 결국 서로 잡아먹거나 싸워서 대부분 사망하게 되는 실험을 보는 것 같다. 이제 10년 이내에 한두 마리만 살아남는 실험의 최종 결과와 같은 상황이 우리나라 의료계에서도 벌어질 것이다.

이 과정에서 입원 환자를 대형 병원에 빼앗기고, 외래 환자마저도 의원과 대학병원에 내어주면서 샌드위치 신세가 되는 중소 병원들이 먼저 고사할 것이며, 융자금뿐 아니라 이자액 상환도 어려울 정도로 2 : 8의 양극화가 심화되는 개원 의원들의 경쟁은 결국 전체적으로는 국민들의 의료비 증가를 초래할 것이다. 깨끗한 현대식 병원 건물에서 첨단 기기를 통한 검사는 많이 하는데, 실제로 환자들이 진료나 치료 과정에서 느끼는 서비스 개선은 의료비와 비례하지 않고, 의료비 증가에 비해 health outcome의 개선은 이루어지지 않는 상황이 만들어질 것이다.

최근 미국의 사례에서 보듯이 민간보험 중심의 자유방임형 의료체계 속에서, 급증하는 임직원에 대한 의료비 부담 증가와 이로 인해 직원들뿐 아니라 국가적인 공보험 체계가 없어 퇴직자들의 의료보험료 부담까지 회사가 지게 되면서, 정부의 공적 자금 지원을 받아야 할 정도로 회사 경영이 어려워지고, 세계시장에서의 가격 경쟁력을 상실하고 공장 문을 닫아야 하는 미국 자동차 회사들의 사태가 우리나라에서도 예견되는 것이다. 한미 FTA로 인한 자동차의 가격 경쟁력보다, 우리나라 국민건강보험이 주는 가격 경쟁력이 훨씬 높다는 것을 기획재정부의 관리들과 경제학자들은 외면하고 있는 것이다. 세계적으로 유행하고 있는 인플루엔자 A가 뉴욕에서 발생하자 건강보험에 가입되어 있지 않은 5,000만 명의 미국민과, 자신은 직장에서 제공하는 의료보험에 가입되어 있으나 가족까지는 보장되지 못하는 국민들이 거리에서 전국민의료보험 실시를 요구하며 시위를 하는 것이 뉴스에 보도되었다. 미국에서도 의료보장의 미비와 과도한 민간보험으로 인한 문제와 폐해 때문에 오바마 정부 출범 이후 의료보험 개혁과 의료보장을 최우선 정책 과제 중 하나로 추진하고 있다.

다행히 우리나라는 국민건강보험제도가 있기에, 미국과 같이 파국적인 상황으로까지 사태가 악화되지는 않겠지만, 과도한 민간 공급자 비중과 급속한 고령화, 세계 최고 수준의 낮은 출산율, 비용 유발적인 지불제도와 대형 종합병원의 급속한 확대는 의료비 급증을 가속화시킬 것이다. 영리 병원 도입과 민간보험의 확대로 인해 속도와 정도의 차이는 있어도 미국 과 같은 의료비 급증 상황이 도래할 수도 있다. 이러한 상황을 최소화하는 방안으로 국민건강보험의 보장성 강화와 더불어 공공의료의 비율 확대가 거의 유일한 대안으로 제시되고 있다.

참여정부 이래로 공공의료 확충이 중요한 정책 어젠다로 떠오른 것은, 이전 정부들의 의료에 대한 과도한 규제 완화 정책에 따른 후과(後果)로 인해 민간의료의 과잉이 초래되고, 이러한 상황이 국가 전체적으로 바람 직하지 않은 효과를 내고 있기 때문에 지금 다시 공공의료 확대의 주장 이 제기되는 것이다.

공공의료 부족으로 인한 또 하나의 문제는 의료공급 기능을 민간에 방 치하게 되면서, 의료 자체의 공공적인 특성 상실이 급속하게 진행되고 있 어, 그에 대한 대응의 필요성을 그 이유로 꼽을 수 있을 것이다.

우리나라에서 공공의료 확충의 보건경제학적인 의미

공공의료기관은 가난한 사람들도 경제 수준에 관계없이 아플 때 필요 한 치료를 받을 수 있도록 의료에 대한 접근성 보장과 의료 이용의 형평 성을 제고하는 것, 도시뿐만 아니라 도서 지역, 낙후 지역 등 거주지에 상 관없이 가까운 의료기관을 이용할 수 있도록 의료에 대한 지리적 접근성 을 보장하는 것, 결핵과 같은 전염병이나 AIDS, 또 최근에 급속히 유행해 국민들을 공포에 떨게 한 SAS와 AI, 현재에도 유행하고 있는 신종 인플루 엔자 등 국가적인 질병관리를 위한 공공 인프라 역할을 하는 것 등이 공 공의료에 요구된 전통적인 역할이었다. 하지만 이제부터는 이러한 전통적인 공공의료의 역할에 더하여, 과도하게 팽창하여 통제와 균형을 상실한 민간의료에 대한 균형자로서의 역할과 국민건강 증진을 위한 공익적인 조정자로서의 역할까지 공공의료에 요구되고 있다.

① 민간의료에 대한 균형자로서 공공의료의 역할

정상적인 수요와 공급에 따라 가격이 결정되는 시장원리가 통하지 않는 의료의 특수성 때문에, 양질의 서비스를 저렴한 가격에 공급하는 공익적인 공급자가 시장에 나타나면, 이들이 제시하는 저렴한 가격을 기준으로 소비자가 선택하거나 비교할 수 있게 되면서 공급자 독점 체계였던 시장에서 불필요한 가격 급등을 방지할 수 있다. 또한 영리적인 목적이 아니라, 학문적으로 검증된 교과서적인 의료 서비스를 공공의료기관이 제공함으로써, 항시적으로 수익 창출 압박을 받으면서 불필요한 중복 검사 및 첨단 장비를 활용한 진료 등 돈이 되는 부분에 대한 과잉 진료를 줄일 수 있고, 수익에 도움이 되지 않는 부분도 감안함으로써 환자들에게 피해를 줄 수 있는 과소 진료를 방지하는 등 민간의료 부분에 대한 견제 기능을 하게 된다.

공공의료기관을 통해 제공되는 표준적인 진료는 전문 분야에 대한 정보의 불균등성으로 인해 소비자의 선택권이 제한되는 의료의 특징 속에서도 소비자인 환자들에게 비교 기준이 될 것이다. 즉, 앞으로 우리나라의 공공의료기관은 시장에서 건전한 공급자로서 민간의료의 과도한 영리성에 대한 견제 기능과 적정 가격의 본인부담금 수준 등 가격 비교를 통한 불필요한 의료수가 인상 방지 기능, 교과서적인 표준적이며 바람직한 진료 서비스 제공을 통한 과잉 진료 및 과소 진료 방지 등 의료의 질적 수준 보장, 병상당 적정 숫자의 의사와 간호사, 각종 의료기사의 확보 등 제대로 된 의료 인력 고용 수준의 달성을 통한 의료 서비스 수

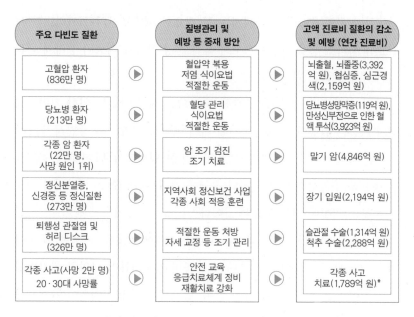

주요 다빈도 질환		질병관리 및 예방 등 중재 방안		고액 진료비 질환의 감소 및 예방 (연간 진료비)
고혈압 환자 (836만 명)	▶	혈압약 복용 저염 식이요법 적절한 운동	▶	뇌출혈, 뇌졸중(3,392억 원), 협심증, 심근경색(2,159억 원)
당뇨병 환자 (213만 명)	▶	혈당 관리 식이요법 적절한 운동	▶	당뇨병성망막증(119억 원), 만성신부전으로 인한 혈액 투석(3,923억 원)
각종 암 환자 (22만 명, 사망 원인 1위)	▶	암 조기 검진 조기 치료	▶	말기 암(4,846억 원)
정신분열증, 신경증 등 정신질환 (273만 명)	▶	지역사회 정신보건 사업 각종 사회 적응 훈련	▶	장기 입원(2,194억 원)
퇴행성 관절염 및 허리 디스크 (326만 명)	▶	적절한 운동 처방 자세 교정 등 조기 관리	▶	슬관절 수술(1,314억 원) 척추 수술(2,288억 원)
각종 사고(사망 2만 명) 20·30대 사망률	▶	안전 교육 응급치료체계 정비 재활치료 강화	▶	각종 사고 치료(1,789억 원)*

자료: 『고령 사회 대비 공공의료 확충 방안』, 대통령비서실, 2004.

〈그림 2〉 고액 진료비 유발 질환의 예방 및 관리를 통한 의료비 절감액 추정

준 향상 기능 등 공공의료기관들에게도 아직은 생소한 새로운 기능 수행이 요구되고 있다.

이러한 역할은 세계 다른 나라에서는 비교해보거나 배울 수 있는 사례가 많지 않다. 또한 지금까지 약간은 편하고 나태하게 지내온 공공의료기관들에게도 최고 수준의 서비스와 의학적인 진료 수준을 갖추어야 하므로 쉽지 않은 일이 될 것이다. 하지만 민간의료 비중이 너무나 비대한, 또 이들의 경쟁이 점점 치열해서 국민들에게 부담으로 다가올 우리나라 의료의 특성 때문에 익숙하지 않은 기능을 수행할 것이 요구되는 것이다.

② 국민 건강증진을 위한 공익적인 조정자로서 공공의료의 역할

공공병원은 병원의 경영 수지에는 크게 도움이 되지 않아 민간에서는

제공하지 못하지만, 국민들에게는 꼭 필요한 예방보건의료 서비스와 보건교육 서비스 등을 제공함으로써 국민 건강 향상과 의료비 증가에 근본적인 대응을 하는 기능도 수행할 수 있다.

특히 건강증진, 질병관리, 재활, 응급의료 제공 강화를 위한 기반으로서의 기능은 질병이 발생하기 전에 미리 예방하고, 건강을 증진시키는 예방보건 서비스가 국민의 건강 보호에 미치는 영향이 매우 크지만, 공익성은 높으나 수익성은 낮아 시장의 공급에 기대하기 어려운 분야이기에 공공 부문의 역할이 더욱 중요한 것이다.

건강증진과 질병관리는 급속한 고령화 시대에 빼놓을 수 없는 필수 서비스이다. 보건소 등의 보건기관 및 공공병원과 더불어 다양한 민간병원들도 참여하여 공공적인 역할을 할 수 있도록 재정적인 지원이나 제도를 만들어야 실질적인 정책 효과를 기대할 수 있을 것이다.[10]

고혈압, 당뇨병 등 만성질환 관리체계 강화와 암 조기 검진, 적절한 산전 진찰, 각종 사고 예방 체계 구축, 정신질환에 대한 포괄적인 예방과 관리체계 구축을 통해 고액 진료비를 유발하는 다빈도 질환의 감소 및 예방으로 전체 진료비 중 38% 정도까지 절감할 수 있다는 정부의 보고도 있다.

더 이상 국민 건강은 개인의 책임이 아니라 국가의 역할이라는 공익적 측면뿐 아니라, 비용 효과라는 경제적인 측면에서 보아도, 공공의료기관을 중심으로 민간의료기관까지 참여하도록 하는 데 국가가 투자를 아낄 이유가 없는 것이다.

---

10 문정주, 「의료 선진화를 위한 토론회」, 한국보건산업진흥원, 2009. 3.

공공의료가 실제로 민간의료에 비해 비효율적인가?

공공의료라고 하면 낙후되고 관료화되어 경직되고 불친절하다는 느낌을 대다수 국민들이 갖고 있지만, 실제로 의료의 질이 떨어진다는 증거는 거의 없다. 오히려 공공의료기관의 질이 높다는 연구 결과는 쉽게 발견할 수 있다.

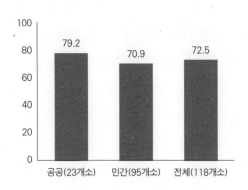

〈그림 3〉 2006년 의료기관 평가 결과(260병상 미만) 비교

이진석(2009) 등의 외국의 공공과 민간의료기관들의 질에 대한 연구에 따르면, 상대적으로 긴 재원 기간 등 관리 측면의 비효율이 일부 존재하는 것은 사실이지만, 전반적인 공공병원의 성과가 민간병원에 비해 크게 뒤처지는 징후는 발견할 수 없었고, 일반적인 통념과는 달리 공공병원의 질적 수준은 민간병원에 비해 오히려 높은 것으로 나타났다. 연구 결과에 따르면 의료산업화의 대표적인 나라인 미국에서도 영리병원보다 비영리병원이 의료의 질이 더 높고, 민간의료기관보다는 공공의료기관이 기술 수준이나 의료 서비스가 더 우수한 것으로 보고되고 있다.

우리나라의 경우도 마찬가지다. 교육과 연구 중심의 병원으로 상대적으로 국가의 지원을 받는 공공병원으로 질이 높을 수밖에 없는 국립 의과대학 부속병원들을 제외하고 살펴보아도, 전국의 병원들을 상대로 실시한 의료기관 평가 결과[11]를 보면 국제적인 평가 기준을 적용한 수백 가지 항목에 대한 평가에서 공공병원인 지방의료원의 평균 점수가 전체 병원 평균과 민간병원 평균보다 상대적으로 높은 것으로 나타났다. 특히 중환자 관리 부분, 질 향상 부분, 의무기록과 입원생활, 감염 관리 등의 영역에서 공공병원의 성과가 민간병원에 비해 높은 것으로 나타났다.

이렇게 실제로 질적 수준이 높음에도 불구하고, 민간의료기관에 비해 공공의료기관이 경영적인 측면에서 수익성이 낮은 것도 사실이다. 하지만 이것은 국민들을 상대로 돈벌이를 적게 하고, 진료를 통해 수익을 내기보다는 공적인 역할을 충실히 해왔다는 증거라고도 볼 수 있을 것이다.

예를 들어 국내의 대표적인 병원 중 하나인 서울대병원이 공공병원이라는 이유 때문에 그 의료의 질에 문제를 제기하는 국민들은 없다. 서울대병원은 국립서울대학교 특별법에 따라 설립된 의료기관이고, 우리나라의 대표적인 의학교육기관이라는 특수성 때문에 다른 공공병원들에 비해 제대로 투자가 이루어진 것이 질적 우수성의 중요한 원인 중 하나일 것이다. 또한 국립암센터의 경우, 암 진단과 치료에 있어서는 4차 병원으로 지칭될 만큼 국민들의 신뢰를 얻고 있다. 열정적이고 탁월한 최고 책임자의 역할도 있었지만, 국립의료기관이라는 자부심과 의무감, 그리고 지속적인 정부 지원 등의 시스템이 이 분야에서 인정받는 최고의 병원을 만든 것이다.

공공의료기관의 수익성이 아니라 효율성은 사실은 공공의료기관 자체의 문제가 아니라, 평가와 관리의 문제이며, 경영자를 선발하는 시스템의 문제인 경우가 많다. 우리나라 공공의료기관 중에 제대로 투자나 지원을 받아본 적이 있는 기관이 많지 않은 것은 물론이고, 제대로 된 평가나 관

---

11 『의료기관 평가 결과』, 보건복지가족부, 한국보건산업진흥원, 2006.

리를 받아본 기관 또한 많지 않다. 민간 기관에 비해 인건비를 많이 지출하고 있으며, 직원들의 이직이나 퇴직이 적어 고용이 안정적이라는 것, 그리고 진료 등에 소요되는 각종 소모품들을 법에 정한 대로 아끼지 않고 사용하는 것을 빼면, 행정 관리 자체가 비효율적이라는 증거 또한 별로 많지 않다. 공공의료기관의 경영자 선발도, 의료 기술이 우수하고 환자들에게 잘하는 좋은 임상 의사가 전문 경영 능력까지 갖추는 것은 실제로 쉽지 않은 일이다. 또한 공공병원의 경영이 환자를 많이 보아 수익을 많이 남기는 것으로 평가되는 것이 옳은가에 대한 논의도 해결되지 않고 있다. 수십 년을 그 병원에서 환자 돌보는 일만 하신 임상 의사들에게 병원 경영을 맡기고, 병원 경영이 비효율적이라고 비난하는 것은 관리 주체인 정부나 지방자치단체의 책임이 더 큰 측면이 있다. 공공이든 민간이든 경영의 효율성 문제는 개설 주체나 기능보다는 평가관리체계와 경영자의 문제일 가능성이 높다. 병원의 소유주가 동시에 병원의 경영자인 민간병원이나, 성과 평가를 통해 냉정하게 경영진을 갈아치우는 병원들에 비해, 상대적으로 공공병원들의 경영에 대한 압박이 적은 것은 사실이다. 향후 경영 부분 효율화의 과제는 공공의료 확충을 위한 전제조건이며, 동시에 진행되어야 할 과제일 것이다.

국민들은 보통 세금을 적게 내기를 바라는데, 의료에 있어서 본인부담을 더 많이 하면서도 질은 그에 비례하여 실제로 더 높다는 증거가 없는 민간의료기관을 선호하게 된 것은 어째서일까. 그것은 의료에 대한 평가 결과가 잘 알려지지 않은 점도 있지만, 첨단 의료기기 사용과 많은 검사를 남발하는 고비용 의료가 좋은 것이라는 잘못된 인식에도 기인할 것이다.

지금까지 정부에서 공공의료 시설 개선이나 장비 현대화를 위한 투자를 제대로 한 적이 있는가? 국가에서 필요한 투자를 민간병원 수준으로 하지 않으면서, 공공병원이 낙후되었다고 말하는 것은 누가 보아도 앞뒤가 바뀐 것이다.

대학도 사립대학보다는 국립대학을 선호하고, 어린이 집 등의 보육 시설도 사립보다는 구립이나 공립 시설을 선호하여 대기 명단에 올려놓고 1년을 기다리더라도 자리만 나면 공립 시설로 옮긴다. 민간 시설 대비 30%의 공공 보육 시설 확충을 요구하는 여성계에서, 생애 전 기간에 걸쳐 본다면 보육 시설보다 이용할 기회가 훨씬 더 많은 보건의료 시설에 대해서는 공공의료기관 30%를 요구하지 않는 것 역시 민간의료에 대한 잘못된 믿음에 기인한다고 생각한다.

심지어 직장도 공무원이나 공공 기관 취업을 선호하고, 신이 내린 직장 또는 신이 감추어둔 직장이라는 공기업에 대한 취업 재수생들의 선호는 수십 대 일의 경쟁률과 몇 년을 기다리는 수고를 감수하고라도 갈 만한 가치가 있는 것으로 평가된다. 보험도 공보험인 국민건강보험은 관리 운영비는 민간보험의 10% 수준에 불과하지만, 납부금액 대비 환급률은 120%에 달해, 실제 납부금 대비 돌려받는 금액의 비율이 30% 미만인 민간보험과 비교하면 국민건강보험의 수익자 환원율이 5배 이상이나 된다. 그런데 유독 의료에서는 공공의료보다 민간의료가 더 우수하다는 잘못된 인식이 국민들 사이에 형성되어 있다.

공공 기관의 수익성이 낮고, 수익률로 바라보는 효율성이 낮은 것도 사실이지만, 다른 공공 기관과 마찬가지로, 보건의료도 기관의 수익성만으로 그 효율을 평가하는 것은 적절하지 않다. 구청의 공무원들이 공공 서비스 제공을 줄여가면서 흑자 경영으로 수익을 많이 남겼다면, 언론과 국민들은 오히려 해당 구청과 지자체를 비난했을 것이다. 왜 같은 잣대를 공공의료기관에는 적용하지 않는지 알 수가 없다.

현대적 의미의 공공의료 발전을 위한 세부 추진 방향

1) 공공의료 관련 예산의 확보

현재 우리나라의 공공의료와 관련된 예산은 그 규모도 크지 않지만, 예산의 구분도 불명확한 상태이다. 그리고 아직도 상당 부분은 건강증진기금에 의존하고 있다. 이미 참여정부 시기에 4.6조 원의 예산을 공공의료 확충과 관련하여 투입하기로 중기 재정계획에 반영했다가, 정권이 바뀌면서 무산된 경험도 있으므로, 여기에서는 공공의료와 관련된 현재의 보건복지부 등의 구체적인 예산 액수를 언급하기보다는 예산의 원칙과 재원 마련 방안을 제시하고자 한다.

첫째, 공공의료 예산은 기본적으로 국가의 기본 예산으로 편성되는 것이 옳다. 국방비를 국민 세금을 기반으로 지출하는 것과 같이, 외국에 나가 있는 대사관의 운영비를 국가 예산으로 지출하는 것과 같이, 공공의료는 시설과 기반을 확충, 운영 예산을 국가에서 지출하는 것이 당연하다. 특히, 현재와 같이 공공의료의 부족으로 인한 의료비 증가, 국민들의 부담이 크고 직접적인 피해가 생기는 상황에서 단순한 전염병 관리 관련 예산만을 국가가 지출하도록 하는 논리는 더 이상 설득력이 떨어진다. 이전에 진보적인 진영에서 논의된 적이 있는 특별세 신설도 원칙적으로는 바람직하지 않다고 본다. 예산 회계의 원칙과 논리, 그리고 헌법에 보장된 국민의 권리와 정부의 역할에 따라 공공의료의 확충과 운영은 기본적으로 국가의 일반회계에서 지출하는 일반적인 국가의 사업이 되어야 한다. 그러나 이명박 정부와 박근혜 정부에서 급속하게 증가한 국채 규모뿐 아니라 기초연금과 4대 중증 질환에 대한 국가 보장 등 중요한 대통령 공약도 축소, 왜곡하고 있는 현 정부에서 공공의료 부분에 예산을 할애해주리라고 기대하는 것은 어려울 것이다.

두 번째, 현실적인 방안의 하나로 이미 법안이 통과된 국립중앙의료원 법에 따라 건강증진기금으로 편입되어 별도 계정으로 운영하게 되어 있는 국립의료원 관련 예산을 활용하는 방안도 생각할 수 있다. 현재의 국립의료원 부지는 단순 매각할 경우 4,000억 원 수준이나, 개발 후 매각을 할 경우 1.5조 원 정도 규모로 확충할 수 있으며, 이 중 개발 비용이나 관련 수익을 빼고도 8,371억 원의 수익이 남는 것으로 추정[12]된다. 민간의 관련 업체는 현재 대상 지역의 부동산 시세로 볼 때 이보다 더 늘어날 가능성이 매우 높다고 한다. 우리는 이 재원을 국립의료원 이전에만 활용하는 것이 아니라 국가 전체적으로 공공의료를 확충하는 데 활용할 수 있을 것이다. 예를 들어 지역거점병원을 신축하면서, 국립의료원 분원 등의 이름을 붙인다면 법적으로도 문제될 것이 없을 것이다.

세 번째, 법에 보장된 건강보험에 대한 국고 지원을 대체하기 위해 기획재정부에서 결정하여 건강보험지원금으로 활용되는 것이 아니라는 전제하에 담뱃값 인상을 통한 공공의료 확충 관련 예산을 활용하는 방안도 가능할 것이다. 그동안 진보 진영이 담뱃값 인상에도 소극적이었고, 건강증진기금을 활용한 적극적인 공공의료사업의 활성화를 공론화하지 못하였기 때문에 이번에 2,000원이나 인상된 담뱃값에는 건강증진기금이 차지하는 부분이 오히려 줄어들어버렸지만, 차기 정부에서도 담뱃값은 어느 정도 인상될 것이고, 이미 인상된 가격으로 조성된 재원의 용도를 건강증진을 중심으로 조정하는 것도 국민의 동의가 있다면 불가능한 것은 아닐 것이다. 궁극적으로 담배 소비자인 흡연자들을 위한 사업, 간접흡연 등으로 인한 건강의 위해를 방지하는 사업 등은 대부분 공공의료의 예방 보건

---

12 한국자산관리공사 평가 자료, 2007. 12.

과 건강증진, 그리고 치료 사업들이므로 담뱃값 인상을 통해 조성된 건강
증진기금을 활용하는 방안도 법리로 보거나 국민 정서에도 부합할 것이
다. 특히, 세계적인 수준과 비교해보아도 지나치게 낮은 담뱃값은 청소년
들의 흡연을 부추기는 중요 요인 중 하나가 되고 있으므로, 금연 정책 중
가장 효과적인 것으로 분류되는 가격 정책, 즉 담뱃값 인상을 통한 금연
유도 정책을 적극적으로 고려하지 못할 이유가 없다.

그 외에도 다양한 재원 조성 방법[13]이 있으나, 공공의료 확충을 통한 국
민건강관리가 국가의 기본 역할이라는 국민들의 공감대가 있을 때 이러
한 주장들은 실질적인 실행력을 가지게 될 것이다.

2) 국립중앙의료원의 기능 강화 및 공공의료사업본부로의 실질적인 확대 개편

지금까지 국립의료원 관련 논의들이 대부분 또 하나의 병원으로서의
국립의료원 이전, 신축을 벗어나지 못하고 있다. 이러한 논리라면 민간병
원들이 과잉된 상태에서 국가가 수도권에 추가적인 병원을 신설해야 하
는 당위성을 설명하기에 설득력이 약할 것이다.

참여정부에서 정리된 국립의료원은 국가중앙의료원으로서 공공의료의
중심 기관으로서 기능하도록 설계되었다. 그러나 2011년 통과된 법안은 그
러한 내용이 빠지고 국립중앙의료원으로 역할과 기능이 한정되어버렸다.

지금 추진되는 국립중앙의료원의 기능이 필요 없다는 것이 아니고, 단
순히 그 기능만으로는 국가가 재정을 투입해 별도의 병원을 설립해야 한
다는 주장도 설득력이 약하고, 이렇게 설립된 병원이 다른 병원과 차별된

---

13 주류에 대해 세금을 인상하고, 건강증진기금을 부과하는 방법도 거론된 적이 있으나, 어찌 된 일인지
전혀 이러한 주장은 힘을 받지 못하고 있다. 건강에 대해 미치는 피해가 담배보다도 덜하다는 증거가 없는
데도 불구하고, 이 부분의 정책이 추진되지 않는 것도 한번 살펴볼 일이다.

역할과 기능을 하는 것은 불가능하며, 무엇보다도 신설될 970병상의 병원의 정상적인 운영이 어려울 것이라는 현실을 주목해야 한다.

국립중앙의료원 내에는 국립의료원이라는 병원 조직과 공공의료본부라는 공공 사업을 담당하는 조직이 같이 운영되도록 설계되어 있다. 그러나 특수법인으로 전환된 국립중앙의료원에는 공공의료본부는 공공의료지원센터로 시작하여 본부로 이름을 바꾸기는 하였으나 본래의 기획된 역할을 하기에는 어렵도록 조직도 축소되고 기능도 달라져버렸다. 또한 공공 기관이 아니라 현재와 같은 민간인 신분으로 구성된 기관으로는 그 역할과 기능이 정상적으로 발휘될 것을 기대하는 것은 한계가 있다. 공권력을 가진 공무원 신분으로 집행해야 할 역할들이 상당수 존재하는 것이다.

예를 들어, 질병관리본부와 같이 신종인플루엔자를 관리하는 사업을 하고, 통제와 검역을 하는 데 필요한 의료적인 지원과 역할을 하기 위해서는 공무원 신분이 아니면 어려운 것이 많다. 위험 지역에 파견하거나 감염 가능성이 높은 환자를 진료하도록 하는 것은 공무원 신분이라는 강제력이 있어야만 원활하게 수용될 수 있다. 전국에 있는 170여 개의 공공의료기관들에 대한 평가 및 지원·관리 등의 역할도 현재의 국립중앙의료원의 기능에는 빠져 있다. 10여 개의 부처에 흩어져서 서로 간에 연계가 되지 않고, 보건소 보건지소, 보건진료소와도 소통되지 않는 공공의료기관들에 대한 연계와 지원 업무도 공조직의 이름으로 시행되어야 할 것이 많다.

공공의료기관이 민간의료기관에 비해 낙후된 느낌을 주는 가장 중요한 이유 중 하나가 공공의료기관에 근무하는 분들에게 임상적인 기술에 대한 재교육의 기획가 별로 없다는 것이다. 공공의료기관에 근무하는 2만여 명의 인력에 대해서 보건복지인력개발원과 나누어 실시하는 임상 교육은 하루나 일주일 정도의 단기간이 아니고 임상 교육의 특성상 6개월에서 길게는 1년 이상 소요되는 교육이 필요하다. 이들을 공공의료기관에서 빼내어 재교육하기 위해서도 이러한 공공 기관에서의 연수 발령이 가능하기 위한 법적 근거가 있어야 한다. 포천이나 양주군 등 서울 인근에 광대한 국유지를 공공 기관을 위해 무상으로 제공하겠다는 지방자치단체와 협력하여 공공의료와 관련된 연수원을 운영하고, 국립 중앙의료원 내에는 교육 시설을 운영하는 등 공공의료교육원을 설립하는 것도 필요한 사업이 될 것이다.

공무원연수원이나 국방대학원은 공조직으로 운영하면서, 국립중앙의료원의 공공사업본부를 단순히 민간인 신분으로 운영할 이유가 없다.

또한 공공 MSO를 설립, 운영하는 방안도 검토 가능하다. 의료 민영화 방안으로 자칫 전체 의료계의 혼란을 야기할 수 있는 민간의 영리 기업형 MSO를 하기보다는 운영 기술이나 능력이 낙후된 다양한 공공의료기관을 위탁 운영하거나, 운영 자문, 경영 지원, 인력 지원 등을 해주는 공공 부문의 MSO 설립을 국립중앙의료원의 공공의료사업본부에서 담당하여 전국 공공병원들의 질을 높이고 운영을 효율화하는 방안을 시행할 수 있을 것이다. 민간병원들도 공공 MSO를 통해 경영 지원이나 위탁 운영을 하는 방식으로 공익성과 효율성을 같이 높이는 방안도 있다.

국가적으로 국립중앙의료원의 역할이 요구되는 분야는 여러 곳이다.

예를 들어 우리나라가 OECD DOC 국가가 되면서, GDP 대비 ODA(공적대외개발원조) 액수를 2015년까지 연간 3.5조원 수준으로 증가시키겠다고 국제적으로 약속하였다. UN의 권고에 따르면 이 중 30%는 지역개발로, 또 다른 30%는 교육 사업으로, 나머지 30%는 의료사업으로 투입될 것이다. 문제는 현재에도 연간 1.2조 원이 넘어가는 ODA를 담당할 전문 의료기관이 없다는 것이다.

보건 관련 의약품이나 의료기기, 의료 인력 교육 및 예산을 지원하는 소규모 사업은 KOICA나 국제보건의료재단 등이 담당할 수 있다. 그리고 병원을 건축하는 것은 한국보건산업진흥원에 전문가들이 있다. 그러나 새로 지은 병원이 제대로 기능을 하려면 지속적인 의료 인력 교육, 장비의 유지 보수, 그리고 구체적인 경영 자문과 위탁 경영 등이 뒤따라야 하는데, 운영 수익을 내어야 하는 민간병원에서 그러한 역할을 담당하는 것은 한계가 있다. 이미 아프리카와 동남아에는 700병상 규모의 거대한 대학병원이 세워졌고, 지금도 설계를 하는 등 여러 개의 병원이 개원될 예정이다. 소규모 병원은 전문가 파견으로 자문을 통해 운영 지원을 할 수 있지만, 국가중앙병원이나 교육 병원 수준이 된다면 그러한 방식으로는 한계가 있다. 수조 원에 이르는 정부 지원 예산이 제대로 활용되려면 이에 대한 전문성과 인력을 갖춘 공공의료기관의 지속적인 관리와 지원이 필요한데, 우리나라에는 국립중앙의료원 외에는 그러한 기능을 담당할 수 있는 여건이 되는 곳이 없다. 국립중앙의료원의 국제 의료팀을 확대 개편하여, 상시적으로 ODA 사업을 담당하는 기관으로 활용하는 것이 수조 원의 ODA를 효율적으로 만드는 데 기여할 것이다.

국립중앙의료원 국제보건의료팀 발전 방안

보건의료 ODA 사업의 바람직한 발전 방향
- 대한민국의 국가 수준에 걸맞은 사업 수행을 위해서는 보건의료 ODA 분야의 특성을 감안한 전략적 접근이 요구된다.
- 일관성 있고 지속가능한 사업 모델을 선정하여 수행하고 사업 경험들을 체계화해야 하며 이를 위해서는 연구 기능 및 사업 기획 능력이 강화되어야 한다.
- 물자 지원이나 병원 건축 일색의 지원 방식에서 탈피하여 수원국 측의 capacity building 지원 및 이를 통한 Korea-friendly human

network 구축을 지향해야 한다.

- 최근 전 세계적으로 문제가 되고 있는 열대 질환 및 신종 전염병 연구를 위한 전진기지로 ODA 사업을 활용해야 한다.

보건의료 ODA 사업의 국립중앙의료원 참여의 필요성

- 보건의료 ODA 사업은 대표적인 공공의료 분야로서 사업의 일관성이나 지속가능성 측면에서 민간 기관보다는 공공의료기관이 주도하는 게 바람직하다.
- NMC의 재도약을 위해서는 타 기관에 비해 비교우위가 있는 분야를 중점적으로 육성하여 기관 발전을 견인해나가는 방식의 모델 설정이 필요하다.
- ODA 사업은 예산 규모가 빠르게 증가하고 있어 예산 확보가 용이하며 국제보건의료 및 열대의학 연구 분야는 국내 의학계의 틈새 분야로서 NMC에 비교우위가 충분하다.
- NMC는 병원 기관을 보유하고 있어 이를 잘 활용할 경우 국격에 걸맞은 최고의 보건의료 ODA 전문기관으로 발전해나갈 수 있다.
- 성공적인 보건의료 ODA 사업 수행을 위해서는 여러 분야의 전문가들이 다양한 방식으로 참여해야 하며 이를 위해서는 NMC와 같은 공공기관이 주도하는 것이 바람직하다.

국방의학대학원과의 연계 가능성

- 대한민국의 국격에 걸맞은 군진의학 육성 및 미래 통일 국가에 대비하기 위해서는 우리도 미국의 Walter Reed Institute 수준의 연구소를 갖추어 운영해야 한다.
- 열대의학은 대표적인 군진의학 분야로서 미군은 연구 예산의 상당 부

분을 열대의학 연구에 투입하고 있으며 해외 주둔 미군기지 내에 여러 곳의 관련 연구 시설을 운영하고 있다.

- 한국군도 유엔평화유지군과 같은 해외 파병이 늘어나고 있으나 현실적인 여건상 해외 연구 시설 운영은 어렵다.
- 보건의료 ODA 사업의 수행을 통해 축적된 열대의학 연구 시설, 경험 및 노하우를 신설될 국방의학대학원과 연계할 경우 국격에 걸맞은 군 진의학 육성에 기여할 수 있다.
- 또한 이를 민간 분야에 활용할 경우 700만 재외 국민 및 1,300만 해외 여행객의 건강 보호에도 기여할 수 있다.

3) 병상 총량제와 지역거점 공공 병상의 확충

현재 우리나라 의료 서비스는 양적 통제는 불가능하고, 급여 항목에 대한 단가 통제만이 가능한 행위별수가제의 특성상, 보험자는 건강보험수가 통제에 더욱 치중할 수밖에 없다. 특히 행위별수가제와 광범위한 비급여 진료의 존재는 3차 대형 병원의 병상 신증설을 뒷받침하는 물질적 토대로 작용하고 있으며, 3차 대형 병원의 무제한적인 병상 신증설과 외래 진료 확장으로 인해 대형 병원으로의 환자 쏠림 현상이 심화되고 있다.

2001년부터 2007년까지 전국적으로 종합병원 이상 의료기관의 급성 병상은 108,224병상에서 125,840병상으로 17,616병상이 늘어났으며, 이 중에서 52%에 해당하는 9,223병상이 수도권 지역에서 늘어났다. 향후 수도권 지역에서만 13,000여 병상이 추가로 신증설될 예정이다. 이에 따라 2001년부터 2007년 사이에 3차 대형 병원인 종합전문요양기관의 전체 건강보험 진료비 수입 대비 외래 수입 비중은 29%에서 34%로 증가했다. 같은 기간 동안 건강보험 입원 진료비 수입은 96% 늘어났으나, 외래 진료비 수입은 146% 늘어나는 등 양적으로 질적으로 편중이 심화되고 있다.

3차 대형 병원 위주로 의료공급체계가 재편되는 것은 국민 입장에서 볼 때에도 결코 바람직하지 않다. 특히 동일 중증도를 보이는 동일 질병인 경우에도 3차 대형 병원은 다른 병원에 비해 진료비가 1.5~2배 가까이 비싸며, 의료에 대한 거리 접근성과 가격 접근성이 낮아져 의료 이용의 형평성이 점점 악화될 것으로 전망된다.

이러한 상황은 이제 우리나라도 지역 단위로 병상 총량제를 실시할 때가 되었음을 말해준다. 병원협회(특히 중소병원협의회) 등 공급자 단체에서도 병상 총량 규제를 주장하는 목소리들이 점점 커지고 있다. 병상은 만들면 채워진다는 법칙은 보건경제학에서 아주 보편화된 진리이며, 지역별 병상 총량 규제를 하지 않는 나라는 찾기 힘들 정도로 OECD 국가들에서는 보편화된 정책이다. 병상 증설에 대한 규제가 자유로운 경제행위를 막는다고 주장하는 것은, 이제는 그 유용성을 후진국들 이외에는 찾아보기 힘들 정도로 선진국에서는 지역별 병상 총량 규제는 보편화된 이론으로 자리 잡았다.

이러한 정책은 기존에 병상을 가진 병원 소유주들에게 단기적으로는 이권으로 작용할 수 있으나, 궁극적으로 전체 병상 증설을 억제하게 되어 전체적인 의료비 감소를 가져올 것이다.

지역거점병원 확충 정책을 의료계의 동의와 참석을 통해 추진할 수 있을 것이다. 다수의 의료계 인사들도 3차 병원의 거대화 및 무분별한 증설로 심각한 위협을 느끼고 있다. 3차 병원의 1차 질환에 대한 단순 외래 진료 기능 축소와 중증 질환에 대한 입원 진료 중심으로의 개편, 투입 대비 수익률이 낮고, 경쟁이 안 되는 의원급 입원 병상 폐쇄를 통한 외래 확보와의 빅딜 제안으로 역할과 기능의 분담이 가능할 것이다. 또한 의료전달체계 정상화라는 명분을 통한 공공 병상의 확보가 가능할 것이다. 국민건강보험공단에서는 공단의 채권, 신용과 보험금 등을 담보[14]로, 망해가는 병원을 인수하는 방안이나, 부실 은행에 지원했던 공적 자금 같은 것을 의료기관에 지원하고, 동시에 이사회의 의결권을 획득하는 방식으로 공공 병상을 확충하는 정책도 추진해볼 수 있다. 또한 기존의 낙후된 공공병원들의 리모델링과 재투자를 통한 기능 정상화도 추진되어야 한다. 현재 침체되고 낙후된 지역의 다양한 공공병원들에 대해 지자체의 지원과 보증 아래 BTL 사업 등 증축과 개축 추진이 가능할 것이다.

최근 매년 60개 이상의 병원이 문을 닫고, 부도 처리가 되면서 이들 시설을 국가나 지방자치단체에서 인수하여 지역에 필요한 장기요양 병상이나 지역거점병원으로 운영해야 한다는 목소리가 다양하게 나오고 있다.

또한, 국회에 제출되어 있거나 논의되고 있는 여러 가지 공공의료에 관한 법률 개정안의 논의와 심의과정에 앞에서 언급된 국립중앙의료원의 다양한 역할과 기능들이 분명하게 포함되어야 한다.

예를 들어 지역거점병원을 설립할 때 실질적인 운영과 질적 우수성을 담보하기 위해 국립중앙의료원 분원으로 설립하는 방안을 검토할 수 있다. 앞에서 언급한 민간병원을 인수해도 실질적인 운영이 어려울 수 있으므로 국립의료원에서 인력을 파견하고 실질적인 운영을 담당하는 것이 가장 효율적인 방안일 것이다. 지역의 대학병원들에 위탁을 맡긴 지방공사 의료원조차도 제대로 운영되지 않는 사례[15]가 허다하다. 가장 큰 이유는 공중보건의사의 파견에도 불구하고, 이들 지역에서는 좋은 의료 전문인을 확보

---

14 현재의 국민건강보험법에는 가입자가 납부한 보험료를 직접 담보로 제공하지 못하도록 되어 있다.

할 수 없기 때문이다. 국립중앙의료원에 채용된 우수한 전문 인력을 몇 년에 한 번씩 지방으로 파견하는 방안이 대안이 될 수 있다. 국방의학원 설립에 따라 전국 20여 개 군 병원의 6,990여 병상 중 축소 및 전환하기로 한 15개 병원을 맡아서 국립의료원 분원으로 운영하는 것도 가능할 것이다.

국가의 직영 병원을 국립중앙의료원으로 운영하거나 지방자치단체의 지역거점병원을 국립중앙의료원과 공동으로 설립하는 방안, 국민건강보험공단 병원으로 운영하거나, 건강보험심사평가원의 부설 병원으로 운영하는 방법 등 다양한 공공 기관에서 인수하여 운영하는 방안도 가능[16]할 것이다. 미국의 기본 의료제도로 자리 잡은 HMO 체제는 보험회사가 병원을 직접 소유하거나 연계하는 것을 기본으로 하므로, 민간보험의 과감한 도입을 주장하는 분들이라도 보험자인 국민건강보험공단이 지역별로 직영 병원을 가지거나, 보험금을 담보로 부실 병원을 인수하여 경영하는 것을 반대할 명분은 없을 것이다.

국가나 지방자치단체, 각종 공공 기관 및 국민건강보험공단 등에서 병원을 운영할 경우, 기존 병원에서 나오는 재정 수익으로 수지 균형을 맞추는 것이 아니라, 해당 기관에서 수행하는 다양한 가입자 지원 사업이나 각종 보건사업, 공익을 위해 필요한 각종 연구사업 등을 통해 재정 적자 문제를 상당 부분 해소할 수 있으며, 시설과 장비의 재배치와 활용의 증가에 따른 역할 재배분으로 인력과 장비 활용도도 높아질 수 있을 것이다.

또한 국가나 지방자치단체가 민간병원에 시설과 장비를 지원해주면서, 지분을 확보하는 것도 유용한 방법이다. 지금까지는 지역 응급의료센

---

15 경북의대에서 운영하고 있는 울진의료원의 경우, 한수원의 전폭적인 지원에도 불구하고 울진군은 매각이나 운영권 이전을 추진하고 있는 실정이다(「울진의료원 한국수력원자력 책임 운영 방안에 관한 연구」, 한국보건산업진흥원, 2009).
16 「보험자 직영 의료기관 설립에 관한 연구」, 한국보건산업연구원, 2007.

터 등으로 민간병원에 지원을 해도 아무런 연고권을 주장하지 않았으나, 향후에는 전략적으로 지원을 하고, 대신 의료법인의 경우에는 법인 이사회 참여 보장, 개인 병원의 경우에는 병원 운영위원회 참여 보장 등으로 병원의 경영에 공익성과 투명성을 확보하는 방안이 가능할 것이다. 정부나 지자체에서 파견하는 이사는 해당 분야의 전문가나 명망 있는 사람이 선정되도록 하여 실질적인 병원의 질 관리와 경영의 투명성을 개선해나 갈 수 있을 것이다.

4) 민간병원의 기능 전환을 통한 공공성 강화 및 보건사업에 대한 중앙과 지방 정부의 역할 강화

공공병원을 새로이 짓는 것도 중요하지만, 기존의 민간병원을 공공 부문에서 인수하거나, 공공병원으로 전환하는 작업도 동시에 진행되어야 한다. 현재의 경직된 의료보험체제와 낮은 수가 문제뿐만 아니라, 의료가 본질적으로 가지는 공공적인 특성으로 인해 개인의 영리를 목적으로 하는 병원은 경영 수지를 맞추어나가기가 쉽지 않다. 따라서 공공병원 및 공공 기능 병원에 대해 공공적인 운영을 하는 조건으로 전체 수입에서 적자가 되는 부족분[17] 운영비를 지원하도록 하여 공공성을 강화하는 방법도 가능하다. 대신 민간병원이 이를 유용하지 않도록 확실한 성과 관리가 필요하다. 현재 우리나라는 세계적으로 전 국민 건강검진을 실시하는 유일한 나라임에도 불구하고, 검진 결과가 제대로 활용되지 않고 있다. 검진 결과 이상 발견자에게 재검을 통보하나, 재검을 받는 비율이 낮을 뿐 아니라 질병

---

17 한국보건산업진흥원의 연구에 따르면, 지방공사 의료원은 의료보호 환자의 진료 비중이 높거나 민간의료기관에 비해 상대적으로 비보험 수가 항목이 적은 표준 진료 제공 등으로 공공병원은 공공적인 역할을 함으로써 민간에 비해 약 10% 정도의 수익 감소가 발생하는 것으로 나타났다.

이 발견되어도 실질적인 치료로 연결되는 경우가 높지 않은 실정이다. 고액 진료비를 유발하는 중증 질환의 경우 국립중앙의료원에서 국민건강보험공단과 연계하여 거주지에 따라 환자를 배분하고, 이들의 질환이 제대로 관리되는지 여부를 고혈압 환자의 평균 수축기와 이완기 혈압의 감소와 투약 순응도, 당뇨병 환자의 경우 혈당 조절 정도 등으로 판단하는 등의 전문적인 작업을 할 수 있을 것이다. 이를 위해 전국의 보건소와 보건지소 등과의 연계와 역할 분담이 가능할 것이다. 현재 질병관리본부가 만성질환 관리사업을 하고 있으나, 지역의 대학병원들에게 만성질환관리센터 설립을 지원하는 수준에 그치고 있어, 의학적인 전문성을 가진 기관의 기술적 지원과 지도가 병행되는 것이 필요한 실정이다.

지난 국민의 정부와 참여정부에서는 중앙과 지방의 균형 발전이라는 명제 아래 수도권 규제와 공공 기관 이전을 비롯해 중앙정부의 각종 권한을 적극적으로 지방정부에 이양하는 사업을 추진하였다. 이 중에 사회복지 사업 등 일부는 지방에서는 아직 받을 준비가 되지 않은 상태에서 너무 빨리 예산과 권한만 이관하여 여러 가지 부작용을 초래하기도 했다. 그러나 그 큰 방향은 옳았다는 것이 국민들의 일반적인 인식이다. 무엇보다 지역 주민의 요구에 가장 충실하게 반응할 수 있는 곳은 지방자치 정부라는 의미에서 주민 생활과 밀접한 관련이 있는 보건 사업의 지방 분권화는 모든 정부에서 적극적으로 추진되어야 할 것이다.

중앙정부가 갖고 있는 보건사업 권한과 책임을 점진적으로 지방에 이양하는 것과 동시에, 이에 대한 지방정부의 수행 능력 강화와 중앙정부의 평가 및 관리 능력 배양도 같이 진행되어야 실수를 되풀이하지 않을 수 있을 것이다.

중앙정부는 국가보건사업의 목표와 목표 달성을 위한 사업의 표준을 제시하고, 사업 실적에 대한 평가와 모니터링 기능을 확대 강화하며, 지자체는 지역사회의 수요 분석 및 지역 보건계획에 근거한 병원 신축과 병상 계획 수립, 지자체의 요구와 인구 규모에 따른 보건사업의 배치, 농촌 보건지소의 기능 전환, 의료 수요에 따른 도시형 보건지소 확충 등을 할 수 있어야 한다.

중앙정부의 보건사업 평가 기능 확대를 위해, 보건사업에 대한 평가 지표 개발을 통해 실질적인 역할을 할 수 있는 '지역 보건지표'를 만들어내어야 한다. 지역 내 보건 인프라, 건강증진 행위 실천율, 질병관리율 등을 종합적으로 평가할 수 있는 지표를 개발[18]하며, 자치단체별 지역 보건지표 공개도 병행되어야 한다.

◆**지역 보건지표 구성:** 부문별 점수와 합계 점수를 각각 산출
- 보건 인프라 부문: 시설, 인력, 예산
- 보건사업 부문: 지역 보건의료 사업의 양과 질적 수준
- 보건 관리 부문: 급성질환 발생률, 만성질환 관리율 등
- 학교 보건 부문: 학교 보건 관련 시설, 인력, 학교 보건사업, 학생 건강
- 산업 보건 부문: 근로자의 급성질환 발생률, 만성질환 관리율 등도 포함

◆**지역 보건지표 산출 단위:** 16개 광역/245개 보건소 단위 지자체

또한 보건지표 평가 결과 공표를 통해 자치단체 간 보건사업 수행 및 보건사업 인프라 구축에 경쟁을 유도하고, 각종 교부금 등에 대한 차등 지원을 실시하며, 언론에 지자체의 보건의료 시설 비교 및 건강관리 결과

---

18 지표 산출을 위해 보건복지부, 행정자치부, 통계청, 국민건강보험공단 등과 T/F를 구성하여 각종 지표를 통해 실시간으로 성과 평가 가능.

(health outcome)를 공개하여 지역 주민에 의한 지자체 간의 보건의료 서비스 개선에 대한 경쟁 유도, 책임성 강화가 가능할 것이다.

이러한 지역 보건지표의 개발이나 개발된 지역 보건지표에 따른 광역과 기초지자체의 보건의료 사업에 대한 평가의 실무를 국립중앙의료원의 전문 인력들이 담당해야 한다. 그리고 평가 결과 미흡한 지자체에 대해서는 공공의료 인력에 대한 교육, 공공의료 사업비의 지원 강화, 공공의료 사업에 대한 기술 지원 등 직접적인 지원을 통해 소외되거나 낙후된 지역이 없도록 실질적이고 구체적인 지원을 통해 우리나라 어디에 살더라도 국민들이 양질의 보건의료 서비스를 받도록 하는 것도 국립중앙의료원이 해야 하는 일이 될 것이다.

광역거점 공공병원,
국립대병원의 현실과 과제

정백근 · 경상대학교 의과대학 교수

국립대병원은 해당 권역에서 대부분 최상위 수준의 의료 서비스를 제공하고 있으며 권역의 거점병원 역할을 하고 있다. 전국 16개 시·도 중 분원을 포함한 국립대병원이 없는 시도는 인천광역시, 울산광역시, 충청남도뿐이기 때문에 국립대병원은 전국적인 연결망을 가지고 있다. 또한 대부분의 국립대병원이 권역 응급의료센터로 지정되어 있다. 권역 응급의료센터는 상태가 심각한 중증 응급환자를 진료하는 최종 단계의 응급의료기관을 의미하기 때문에 국립대병원들은 응급의료 서비스 제공에 있어서도 최고의 위상을 가지고 있다.

국립대병원의 위상

2012년 12월 현재, 분원을 제외한 국립대병원의 평균 병상 규모는 958병상인데, 이는 우리나라 병원급 이상 의료기관 전체 병상의 약 3%, 전체 공공병원 병상의 약 16%에 해당된다. 그러므로 공공병원들만을 두고 본다면 국립대병원들의 병상 규모는 적지 않은 비중을 차지하고 있다. 그러나 사립대병원이 보유한 총 병상 규모는 우리나라 병원급 이상 의료기관 전체 병상의 약 20%에 해당하기 때문에 병상 규모로 볼 때 국립대병원은 사립대병원에 비해서 취약한 실정이다. 이 같은 상황은 사립대병원의 병상 증가가 국립대병원보다 급격하게 이루어졌기 때문인데, 지난 30여 년 동안 사립대병원의 병상은 약 6.2배 증가한 데 비해 국립대병원의 병상 증가는 약 3.3배에 그쳤다.

2008년 현재, 국립대병원의 100병상당 건강보험 입원 환자는 연간 평균 약 2,957명이고 2004년부터 2008년까지 평균 증가율은 4.9%였다. 국립대병원의 100병상당 건강보험 외래 환자는 연간 평균 14,837명이며 2004년부터 2008년까지 평균 증가율은 6.5%였다. 이와 같이 국립대병원은 건강보험의 경우 입원 환자 증가율보다 외래 환자 증가율이 더욱 높은 경향을 보인다. 이러한 경향들은 진료비 수입에서도 그대로 나타나는데 2004년부터 2008년까지 건강보험 입원 진료비 증가율은 연평균 14.6%이나 외래 진료비 증가율은 연평균 21.6%였다. 이 기간 동안 입원 환자 증가율이 외래 환자 증가율보다 높았던 기관은 2개 기관이었고 입원 환자 진료비 증가율이 외래 환자 진료비 증가율보다 높았던 국립대병원은 조사 대상 한 개 기관뿐이었다. 이는 국립대병원의 외래 환자 규모가 지속적으로 커지고 있음을 의미한다. 대부분의 선진국들은 대학병원이라고 하면 입원 서비스를 중심으로 운영되는 것이 보통인데, 우리나라 국립대병원들의 외래 규모가 갈수록 커지는 것이다. 이런 경향은 필연적으로 외래를 중심으로 운영되는 의원급 의료기관들의 운영에 부정적인 영향을 미쳐서 우리나라 보건의료에 나쁜 결과를 초래할 가능성이 높다. 반면, 국립대병원의 입원 환자와 외래 환자의 의료급여 환자 비율은 2006년을 기점으로 점차 감소하는 경향을 보이는데, 2012년 현재 국립대병원의 입원 환자 및 외래 환자의 의료급여 환자의 비율은 각각 평균 6.4%, 4.4%를 보이고 있다.

교육, 진료, 연구 모든 부분에서 공공성은 담보되어야 한다

한편, 국립대병원은 교육 병원이면서 수련의 및 전공의를 대상으로 하는 훈련 병원이다. 뿐만 아니라 연구가 주된 설립·목적이다. 그럼에도 불구하고 국립대병원이 교육과 훈련에 투입하는 예산은 너무나도 미흡하다. 2008년 현재 국립대병원의 의료비용 중 100병상당 교육훈련 예산 비율은 0.3%인데, 이는 평균 6,500만 원에 해당한다. 또한 2008년 현재 국립대병원의 의료비용 중 100병상당 연구 예산 비율은 평균 1.5%이며, 평균 약 3억 원에 불과하다. 결론적으로 국립대병원의 의료비용 중 교육 훈련 및 연구에 투입되는 예산의 비율은 평균 1.8%에 불과한 것이다. 이 정도의 자원을 투입하면서 교육연구 병원이라고 할 수 있는지, 이런 부분에 대한 명확한 기준을 도출하는 것도 국립대병원의 정체성을 확립하고 개혁하는 데 있어서 중요한 과제일 것이다.

공공보건의료사업과 관련된 내용들도 살펴보아야 할 필요가 있다. 국립대병원은 공공병원이기 때문에 공공보건의료사업 영역에서만 공공성을 이야기해서는 안 된다. 교육, 진료, 연구 모든 부분에서 공공성은 담보되어야 한다. 국립대병원의 공공성이 너무 취약하다는 사회적 논의가 진행되면서 2008년부터 보건복지부는 국립대병원의 공공성 강화를 위해 공공보건의료 전담 부서에 대한 운영비 지원을 시작하였다. 이러한 과정을 통해 모든 국립대병원에 공공보건의료사업실이라는 이름의 공공보건의료 전담 부서가 설치되었고, 운영비 지원은 국립대병원의 공공보건의료사업계획 및 실적을 평가하여 차등 방식으로 이루어지고 있다. 그러나 가장 우수한 평가를 받은 국립대병원에 대한 지원 금액이 2009년에는 9,000만 원, 2010년과 2011년에는 6,000만 원, 2012년과 2013년에는 5,000만 원으

로 줄더니, 급기야 2014년에는 4,500만 원으로 줄었다. 이상과 같은 지원
예산의 지속적 감소에도 불구하고, 분명한 것은 어쨌든 정부의 노력을 통
해 모든 국립대병원에 공공 사업 전담 부서가 생겼다는 것이다. 모든 국립
대병원 안에 공공의료를 지속적으로 논의하고 실천할 수 있는 터가 마련
되었다는 점에서 이는 큰 의미를 가진다. 이와 함께 참여정부 때부터 추
진되어온 지역 균형 발전의 맥락에서 지방 국립대학교 병원 중심으로 암
센터, 권역 심뇌혈관질환센터, 전문질환센터, 노인보건의료센터, 어린이
병원 등 많은 정책의료센터가 설치되었고, 각 센터에서는 공공보건의료
사업을 시행하도록 권고하고 있다. 그러나 국립대병원에 지나친 특혜를
주고 있다는 여론을 기반으로 일부 정책의료센터의 경우에는 사립대학교
병원에도 설치가 되었다.

이상과 같이 국립대병원과 사립대병원 간 기능과 역할에서 큰 차이가
없다는 논리는 국립대병원을 수단으로 하여 의료공급체계를 바꾸어보려
는 논의를 진행할 때, 분명 큰 걸림돌이 될 수밖에 없다. 그러므로 그 기
능과 역할에 있어서 국립대병원이 사립대병원과 어떤 면에서 차이가 있
는지를 파악하는 것은 향후 국립대병원의 역할 설정에서 중요한 의미를
가질 것이다.

국립대병원과 사립대병원의 차이

국립대병원과 사립대병원의 기관당 건강보험 평균 입원 환자 수는 거
의 차이가 없다. 2008년 현재 국립대병원은 기관당 연간 24,687명이었으
며, 사립대병원은 25,132명이었다. 그러나 국립대병원의 평균 건강보험 입
원 환자 수 증가율은 7.3%로서 사립대병원의 3.0%의 두 배가 넘는다. 100
병상당 건강보험 평균 입원 환자 수의 경우에는 지속적으로 국립대병원
이 사립대병원보다 많을 뿐만 아니라 100병상당 건강보험 평균 입원 환자

증가율도 국립대병원은 4.9%로서 사립대병원의 1.9%보다 두 배 이상 높다. 전체적으로 건강보험 가입자들의 입원의료 이용량은 사립대병원에 비해 국립대병원에서 커지고 있고 그 차이는 더욱 벌어질 것으로 판단된다. 중증도를 보정한 건강보험 입원 진료비는 국립대병원이 사립대병원보다 전반적으로 적다. 또한 중증도를 보정한 입원 환자의 재원 기간 역시 국립대병원이 사립대병원보다 전반적으로 짧다. 국립대병원은 사립대병원들보다 중증 환자의 구성비가 전반적으로 높다. 100병상당 건강보험 입원 수입은 국립대병원이 사립대병원보다 다소 많은 상황인데, 건강보험 100병상당 입원 수입 증가율이 국립대병원은 14.6%, 사립대병원이 10.0%로 높기 때문에 그 격차가 다소 커질 가능성이 높다. 이는 외래의 경우에도 마찬가지이다. 기관당 평균 외래 환자 수는 국립대병원이 사립대병원보다 다소 많은 양상을 보이고 있다. 그러나 국립대병원의 외래 환자 수 증가율은 9.0%이고 사립대병원의 외래 환자 수 증가율은 4.0%이기 때문에 이 격차는 앞으로 더욱 커질 가능성이 높다. 1인 1일당 외래 진료비는 큰 차이가 없으며 1인 1일당 진료비 증가율은 국립대병원 9.7%, 사립대병원 9.0%로서 오히려 국립대병원이 다소 높은 양상을 보인다. 100병상당 건강보험 환자 외래 수입은 국립대병원이 사립대병원을 크게 앞지르며 증가율 역시 국립대병원 21.6%, 사립대병원 12.6%로 그 격차는 앞으로 더욱 크게 벌어질 가능성이 높은 것으로 판단된다.

기관당 평균 의료급여 입원 환자 수는 국립대병원이 사립대병원을 지속적으로 상회하고 있으며 전체 입원 환자 중 의료급여 환자 비율 역시 2008년 현재, 국립대병원은 9.0%, 사립대병원은 6.6%로 국립대병원이 높다. 그러나 국립대병원과 사립대병원 모두 2006년 이후에는 그 비율이 지속적으로 감소하고 있다. 외래의 경우에도 기관당 평균 의료급여 환자 수는 국립대병원이 사립대병원보다 항상 많으며 외래 환자 중 의료급여 환자 비율 역시 지속적으로 높은 양상을 보인다.

교육훈련의 영역을 보면, 병상당 교육훈련 예산은 국립대병원은 6,800만 원, 사립대병원은 3,500만 원으로서 국립대병원이 약 2배 정도 많다. 전임교원 1인당 연구비 수주액은 국립대 의대가 5,200만 원, 사립대 의대가 2,700만 원으로 국립대 의대가 약 2배 정도 많다. 전임교원 1인당 논문 실적도 2009년을 기준으로 했을 때, 국립대가 1.1편으로 사립대 0.8편 보다는 다소 많은 양상을 보인다.

인력의 경우, 국립대병원은 조정 환자 100명당 전체 인력이 사립대병원에 비해 1.7명 정도 많다. 의사직, 레지던트, 약사는 국립대병원이 더 많으나, 간호직은 사립대병원이 더 많다. 이런 이유 때문에 사립대병원은 국립대병원보다 간호등급이 전반적으로 높은 양상을 보인다. 조정 환자 1인당 의사와 간호사의 인건비는 사립대병원이 국립대병원보다 1.5배 정도 많다.

〈표 1〉 국립대병원과 사립대병원의 인력 비교

(단위: 명)

항목	국립대병원	사립대병원
조정 환자 100명당 전체 인력	137.5	135.8
조정 환자 100명당 의사직 전체	37.3	34.2
조정 환자 100명당 전문의	15.0	15.0
조정 환자 100명당 레지던트	17.6	16.0
조정 환자 100명당 간호직 전체	54.3	61.3
조정 환자 100명당 간호사	45.0	50.6
조정 환자 100명당 약사	2.2	1.9
조정 환자 100명당 의료기사	14.9	14.8
조정 환자 100명당 사무기술직	15.3	16.0
조정 환자 1인당 의사 인건비(원)	31,943	45,102
조정 환자 1인당 간호사 인건비(원)	33,974	51,981

공공보건의료사업의 경우에는 국립대병원이 사립대병원보다 여러 가지 면에서 우위에 서 있다. 2008년부터 보건복지부의 국립대병원에 대한 공공보건 전담 부서 설치 및 운영비 지원을 통해 모든 국립대병원이 공공보건의료사업 전담 부서를 두고 직원들을 배치하여 다양한 공공보건의료사업을 진행하고 있다. 그러나 사립대병원들은 이러한 체계를 제대로 갖추고 있지 못하다. 이러한 이유 때문에 국립대병원들은 상대적으로 안정적인 상황에서 다양한 공익적 사업을 수행하고 있다. 그러나 최근 사립대병원들도 공공보건의료사업을 전담하는 조직을 확충하고 있을 뿐만 아니라 국립대병원이 하고 있는 많은 공익적 사업들을 사립대병원도 수행하고 있다.

이상과 같이 국립대병원은 의료체계 내에서의 위상 저하, 교육연구 병원, 공공병원으로서의 정체성 부족이라는 문제점이 있지만, 사립대병원에 비해서 적정 진료 서비스 제공, 의료 안전망 역할, 공공보건의료사업 수행의 측면에서 상대적으로 나은 양상을 보이고 있다. 그러나 간호사 인력 부족 등 상대적으로 뒤떨어진 측면이 있을 뿐만 아니라 사립대병원들보다 양호한 평가를 받고 있는 영역들도 질적으로 특별하다고 할 수는 없다는 것이 문제이다. 그러므로 무상의료 시대의 의료공급체계 혁신의 맥락에서 국립대병원의 개혁을 사고할 때는 국립대병원의 권역거점병원으로서의 위상, 교육훈련 병원으로서의 위상, 공공병원으로서의 위상 정립을 포함한 보다 근본적이고 다각적인 방안이 마련되어야 한다.

국립대병원의 개혁 방향

무상의료 시대에 걸맞은 의료공급체계 혁신을 염두에 둘 때 국립대병원의 개혁 방향은 교육연구 병원으로서의 위상 정립, 무상의료를 위한 의료재정체계 개혁을 선도하는 정책 수단으로서의 위상 정립, 권역의 공공의료체계 강화 수단으로서의 위상 정립, 권역 내 최고 수준의 의료 안전망

병원 및 공익적 보건의료 서비스 제공 기관으로서의 위상 정립, 지방 환자의 수도권 유출을 방지하여 권역 의료체계를 강화하는 정책 수단으로서의 위상 정립 등 다섯 가지로 설정할 수 있다.

첫째, 교육연구 병원으로서의 위상을 정립해야 한다.

국립대병원, 사립대병원 모두 보건의료 종사자의 교육, 훈련, 의학 발전을 위한 의학연구 활동 등 교육연구 병원으로서의 위상을 가지고 있다. 이 중 국립대병원은 국가가 재정을 투입해서 설립한 국가기관이기 때문에 정부의 보건의료정책 수행과 관련된 기초 및 임상 연구, 관련 인력 및 지역 주민에 대한 교육훈련 프로그램 개발 및 수행을 위한 일차적인 정책 수단으로 활용해야 한다. 이를 위해서는 관련 교육연구 예산이 확충되어야 할 뿐만 아니라 관련 인력에 대한 보강이 이루어져야 한다. 또한 국립대병원들을 수단으로 활용하여, 국립대병원 및 국립대 의과대학 교수요원들을 중심에 세워서 시행해야 할 연구 영역들을 설정해야 한다. 특히 무상의료와 관련된 담론 수준이 그 어느 때보다 높은 상황에서 무상의료를 강화하고 무상의료 시행 시 발생할 수 있는 문제점을 미리 파악하는 연구들이 대거 수행될 필요가 있다. 여기에 해당하는 것들은 주요 질환별 양질의 적정 진료 지침, 비급여 서비스의 급여 전환 시 수가 인상 방안 및 본인부담금 수준, 실질적인 진료비 상한제의 작동에 필요한 진료비 상한 설정, 진료비 지불제도의 변화에 따른 진료 행태 변화 등이 될 수 있을 것이다.

이 외에도 권역 내 공공의료 전달체계 구축 및 경쟁력 확보 방안, 국립대병원에서 시행할 수 있는 공공보건의료사업, 권역 내 취약 계층에 대한 의료 안전망 역할 수행 방안 등도 이와 관련된 주요 연구 주제가 될 수 있다. 이러한 연구 성과물들을 교육훈련의 맥락에서 국립대병원이 소재하고 있는 권역 내에 전파하는 역할 역시 국립대병원들이 수행하게 함으로써 국가의 주요 정책연구 병원으로서의 위상과 권역의 거점 교육훈련 병원으로서의 위상을 제고할 수 있다. 정부가 보건의료체계에 큰 영향을 미치는 정책을 수행할 때, 항상 듣는 비판이 실제 임상 현장에서 나온 구체적인 근거를 가지고 하느냐는 것인데, 만약 대학병원급에서 그것이 가능하다는 구체적인 근거가 나온다면 전문가들의 반발과 저항에 대한 중요한 무기를 확보하는 것이 된다. 만약, 연구 결과물 중 바로 실행에 옮길 수 있는 사업들은 국립대병원들을 시범사업 기관으로 설정한다면 국립대병원들은 주요한 정책 수단이 될 수 있을 뿐만 아니라 연구 결과의 실제 적용 가능성을 높이는 수단이 될 수 있는 것이다. 이와 함께 교육 및 연구병원으로서의 대학병원의 요건을 보다 명확히 해야 할 필요가 있다. 대학병원은 교육 및 연구와 관련하여 구체적으로 어떠한 업무를 해야 하며, 어느 정도 자본 투자를 해야 하는지, 대학병원이 아닌 수련 기관들과 어떠한 차별성을 지녀야 하는지 구체적인 기준을 정립해야 한다. 이러한 요건들이 명확하다면 국립대병원들이 사립대병원들과 차별성을 기할 수 있는 영역이 구체화될 것이다.

둘째, 무상의료를 위한 의료재정체계 개혁을 선도하는 정책 수단으로서의 위상을 정립해야 한다.

무상의료가 당장 시행된다고 했을 때 의료재정체계 개혁에서 핵심은 비급여의 급여 전환, 서비스 이용자 본인부담금의 획기적 감소, 실질적인 진료비 상한제의 작동일 것이다. 이러한 사항들을 실현시키려면 관련 내용이 준비되어 있어야 하고 현실적으로 실현 가능하다는 근거가 있어야 한다. 앞에서도 언급하였듯이 무상의료를 위한 의료재정체계 개혁의 핵심이 되는 사항들은 국립대병원에서 연구되어야 하고 그 결과물은 국립대병원에 적용되어야 한다. 특히, 국립대병원은 대부분이 상급 종합병원이기 때문에 본인부담금 수준이 가장 높다. 그러므로 국립대병원에서 시행할 수 있는 재정적 측면의 무상의료 실현 방안은 세부 내용만 다듬는다면 전국적으로 적용할 수 있는 가능성이 매우 높다. 이러한 과정들은 무상의료를 위한 의료재정체계 개혁에 대한 사회적 공감대를 넓히면서 사립대병원을 비롯한 민간병원을 압박하는 효과를 발휘할 것이다. 만약 전국적으로 한 번에 이를 시행하지 못할 경우에는 국립대병원들에 우선적으로 적용하는 방안도 강구해볼 수 있다. 진료비 지불 제도의 개편 역시 동일한 맥락에서 추진될 수 있다. 국립대병원들은 권역 내에서는 이미 최상급 의료기관으로 평판이 나 있기 때문에 이러한 조치가 권역의 보건의료체계에 미치는 영향력은 매우 막강할 것이다. 또한 이러한 조치들은 국민들에게 무상의료의 맛을 보여주기 위하여 국립대병원을 정책 수단으로 활용할 수 있는 좋은 계기가 될 것이다. 국립대병원과 함께 모든 공공병원을 이러한 정책 수단으로 활용한다면 무상의료를 위한 의료재정체계 개혁은 보다 용이해질 것이다.

셋째, 권역의 공공의료체계 강화 수단으로서의 위상을 정립해야 한다.

권역 차원에서 본다면, 특수 목적 공공병원을 제외한다면 핵심 공공병원은 국립대병원과 지방의료원이다. 참여정부 이후, 일부 사립대병원을 제외하고는 지역 암센터, 권역 심뇌혈관질환센터, 권역 전문질환센터, 어린이병원, 권역 재활병원 등 대부분의 대규모 정책의료센터들이 국립대병원에 설치되었다. 이러한 조치들이 기존의 국립대병원의 지역 내 위상을 더욱 높였음을 부인할 수 없다. 또한 대형 정책의료센터의 지방 설치가 환자들의 수도권 집중을 다소 완화시켰다는 평가가 있는 만큼 이러한 조치들이 권역의 의료체계의 경쟁력을 제고하는 데도 어느 정도 역할을 했다고 평가할 수 있다. 그리고 각 센터들마다 지역 보건사업 등 다양한 공공보건사업을 진행하는 부서들을 갖춤으로써 지역 보건소들과의 연계체계가 더욱 강화되고 지역 주민들과의 접촉 면적도 넓어진 효과를 거두었다. 문제는 국립대병원에 대한 투자가 국립대병원으로 끝나버리고 권역의 공공의료체계 강화에는 큰 영향력을 미치지 못하고 있다는 것이다. 가장 이상적인 형태는 국립대병원에 대한 투자가 지방의료원의 진료 역량 및 공공보건사업 역량 강화로 이어지게 하는 것이다. 이렇게 해야 권역의 공공의료체계가 강력해질 수 있는데, 사실 현실을 들여다보면 국립대병원에 대한 투자가 국립대병원과 보건소의 관계 강화로는 이어지지만 지방의료원은 철저하게 배제됨으로써 이러한 효과를 거두는 데 상당한 어려움들을 초래하고 있다. 가령 부산대학교 병원에 권역 심뇌혈관질환센터가 설치되었다면 부산광역시의 지방의료원인 부산의료원은 지역 심뇌혈관질환센터로 우선 지정되어 관련 시설, 장비, 인력의 확충이 이루어지게 해야 한다. 이와 동시에 권역 심뇌혈관질환센터와 지역 심뇌혈관질환센터의 구체적인 역할 분담에 따라서 심뇌혈관질환 관리사업이 이루어지게 해야 한다. 그러나 현재는 이러한 조치들이 전무한 상황이다. 만약 이러한 연계체계를 구축하려고 시도한다 할지라도 일부 지방의료원의 경우에는 정부의 대형 정책의료센터의 관련 과가 없거나 관련 과가 있더라도 적절한 진단과 시술을 시행할 시설, 장비가 없는 곳도 있다. 이 경우 당장 이러한 연계체계가 현실화되지 못하는 것이다. 현재 일부 지역거점병원 역할을 하는 지방의료원을 제외하고는 지역 내에서 평판이 좋은 지방의료원은 많지 않다.

대부분의 지역 주민들은 지방의료원이 저소득층을 위한 의료 안전망 역할은 하고 있다고 생각하지만 좋은 병원이라고 생각하지는 않는다. 지방의료원들은 저소득층이 가는 질 낮은 병원이라는 평가 대신 지역의 거점병원으로서의 위상을 얻기 위해 노력해야 한다. 그러나 현재로서는 지방의료원들은 다양한 문제점이 있기 때문에 그 자체만을 육성 발전시키려는 노력으로는 지방의료원의 위상을 제대로 제고할 수 없다. 지방의료원은 중앙정부와 지방정부의 정책 병원으로 육성해야 하며, 지방의료원에 대한 투자는 선택과 집중을 하되 이는 권역 국립대병원과의 연계 속에서 사고되어야 한다. 이 과정에서 국립대병원들의 지방의료원에 대한 인력 및 기술 지원이 일상적으로 이루어져야 한다. 이러한 노력은 권역 공공의료체계의 경쟁력을 높임으로써 권역 내 과잉 공급된 병상 퇴출을 보다 용이하게 하는 결과를 낳을 것이다. 전국의 34개 지방의료원을 활용하여 이러한 정책 효과를 얻기에는 정책 수단이 지나치게 취약하나 이미 존재하는 정책 수단들을 최대한 활용한다는 측면에서 시도해볼 만한 일이고 상황에 따라서는 의미 있는 성과들을 낼 수 있다.

이러한 역할 외에도 국립대병원은 지방의료원을 지원함으로써 권역 공공의료체계의 경쟁력을 향상시킬 수 있다. 2009년에 공공병원들을 대상으로 시행한 설문조사를 살펴보면, 지역의 공공병원들은 권역 국립대병원에게 다양한 지원을 원했는데, 그중에서 가장 시급한 것이 인력 지원이라고 하였다. 2011년도부터 '지역거점 공공병원 파견 의료 인력 지원 사업'이란 이름으로 이와 관련된 지원이 시작되었으나 연간 5억 원이라는 적은 예산 때문에 큰 효과를 발휘하지는 못하는 상황이었다. 그러나 2013년 진주의료원 사태를 계기로 공공의료에 대한 사회적 관심이 폭발하면서 2014년에는 50억 원으로 예산이 10배 증가하게 되었다.

넷째, 권역 내 최고 수준의 의료 안전망 병원 및 공익적 보건의료 서비스 제공 기관으로서의 위상을 정립해야 한다.

현재도 공공병원들은 민간병원들에 비해서 의료 안전망 역할을 충실히 수행하고 있으며, 국립대병원도 마찬가지이다. 그러나 중증 질환일수록 비급여 본인부담금이 높기 때문에 대학병원급 의료기관에서 관리해야 할 취약 계층 환자들이 대학병원을 쉽게 이용하기는 힘들다. 암 환자들 중에서 많은 의료급여 수급자들이 국립대병원에 가서 필요한 서비스를 마음껏 받지 못한다. 왜냐하면 암은 중증 질환이고 비급여 진료비가 많이 나오는데 비급여 진료비는 의료급여 수급자라도 건강보험 환자처럼 전액 본인이 부담해야 하기 때문이다. 먹고살기 빠듯한 상황에서, 다른 가족들도 살아야 하는데, 치료비를 마음껏 지출할 수 없는 것이다. 이러다 보니 어쩔 수 없이 중소 병원에서 기본적인 치료만 받다가 사망하는 경우가 많다.

이런 문제들을 해결하기 위해서는 지역의 의료 취약 계층이 국립대병원에서 양질의 의료 서비스를 제공받을 수 있는 시스템을 마련해야 한다. 지역 내에서 체계를 만들 때는 일차적으로 공공병원과의 관계를 합리적으로 설정하는 것이 중요하다. 진료 대상 질환은 권역 국립대병원으로 의뢰할 수 있는 중증 질환 상병으로 정하고, 이들 질환에 이환된 의료급여 수급권자, 차상위 계층, 공공병원 진료 의사가 추천하는 취약 계층을 대상으로 집중 치료하여 지역 공공병원으로 의뢰 또는 재의뢰하는 방식을 취하는 것이 좋다. 이때 재원은 중앙정부, 지방정부, 국립대병원들이 공동으로 조성한 의료안전망기금을 통해 조달하는 것을 검토해볼 만하다. 실질적인 무상의료가 가능해질 때까지 의료안전망기금은 한시적으로 지역의 중증 취약 계층 환자들이 충분한 의료 서비스를 이용할 수 있도록 지원될 수 있도록 해야 한다. 의료안전망기금은 중증 취약 계층 환자들의 본인부담금, 간병비에 투입되고 국립대병원은 취약 계층을 위한 병상들을 일정하게 유지해야 할 것이다.

국립대병원과 국립대 의대 교수들은 진료뿐만 아니라 보건사업의 영역에서도 권역 내에서 가장 많은 전문가들을 보유하고 있다. 최근 국립대병원에는 공공보건 전담 부서가 운영되고 있을 뿐만 아니라 대형 정책의료센터 내에서도 관련 지역 보건정책 협의 및 보건사업을 전담하는 부서들이 운영되고 있다. 그러나 국립대병원 안에서도 각 부서 간 공동 활동이 어려울 뿐만 아니라 이들이 지역의 공익적 보건의료 서비스 제공과 관련해 협력할 수 있는 시스템도 없다. 이런 상황에서 다양한 영역에서 다양한 성격의 공공보건사업이 진행되고 있긴 하지만 효과성과 효율성을 제고하는 데 한계가 있을 수밖에 없다. 이러한 문제들을 해결하고 조정하는 데 있어서 광역 지방정부와 국립대병원의 역할은 매우 중요하다. 광역 지방정부와 권역 국립대병원들은 최근 들어 공공보건사업과 관련해 이전보다는 매우 빈번하게 공동 활동을 수행하고 있지만, 권역 국립대병원들이 일상적으로 광역 지방정부의 보건정책 및 보건사업에 대해 자문 및 기술 지원을 할 수 있는 법적·제도적 기반이 없는 상태이다. 광역 지방정부와 권역 국립대병원 간 연계체계를 굳건히 할 수 있는 법적·제도적 정비와 함께 권역 국립대병원 내 공공보건 관련 부서들의 체계 정비를 통해 권역 내 공익적 보건의료 서비스 제공 및 조정의 중심 역할을 권역 국립대병원들이 수행할 수 있도록 해야 한다.

다섯째, 지방 환자의 수도권 유출을 방지하여 권역 의료체계를 강화하는 정책 수단으로서의 위상을 정립해야 한다.

지방 환자의 수도권 유출은 매우 심각한 상황이다. 이는 재벌 병원의 시장 진입 이후 가속화된 환자 유치 경쟁의 결과이다. 그러나 다른 한편으로 생각하면, 지방 환자가 수도권으로 가는 이유는 단적으로 자기 지역의 국립대병원을 못 믿기 때문이다. 자기 지역의 국립대병원을 믿는다면 시간과 비용을 들여서 먼 곳까지 갈 이유가 없다. 이러한 문제점을 해결할 수 있는 거의 유일한 방법은 권역 의료체계의 경쟁력을 강화함으로써 지역 주민들이 수도권으로 가지 않아도 지역 내에서 자신의 의료 문제를 해결할 수 있다는 신뢰감을 줄 수 있는 조치를 취하는 것이다. 이러한 상황에서 국립대병원은 지방 환자의 수도권 유출을 막는 핵심적인 수단이 될 수 있다. 이미 대부분의 국립대병원은 권역 내에서는 맹주 역할을 하고 있기 때문에 이것이 완전히 불가능하지는 않다. 특히 무상의료에 대한 담론 수준이 그 어느 때보다 높은 지금, 의료 서비스 공급체계의 제대로 된 혁신 없이는 지방 환자의 수도권 유출이 더욱 가속화될 수도 있다는 점에서 국립대병원을 중심으로 지역 보건의료체계를 강화하기 위한 노력이 그 어느 때보다 절실하다.

이러한 노력들을 진행하기 위해서는 우선 지역별 병상 총량제와 고가 의료 장비 도입을 규제함으로써 수도권의 병원들, 구체적으로는 빅4 병원이 더욱 커지지 않도록 묶어놓아야 한다. 이러한 조치들은 국립대병원이 권역 공공의료체계를 강화하는 중심 기관으로서의 위상을 공고히 하는 데 있어서 간접적인 기여를 함으로써 국립대병원을 중심으로 하는 권역 공공의료체계가 해당 지역의 과잉 병상을 퇴출하는 것을 보다 용이하게 할 가능성이 높다. 이와 함께 전략적으로 빅4 병원과의 차이를 염두에 두면서 국립대병원에 집중적인 투자를 해야 한다. 상급 종합병원들 중 서울대병원을 제외한 지방 국립대병원의 평균 병상 수와 전문의 수는 각각 1,023병상, 112명인 반면, 빅4 병원들은 평균 2,310병상에 기관당 평균 전문의 수는 755명이었다. 뿐만 아니라 간호등급을 보면, 상급 종합병원들 중 서울대병원을 제외한 지방 국립대병원들은 대부분 3등급인 반면, 빅4 병원들은 한 개 기관을 제외하고는 모두 1등급이었다.

이상과 같이 인력, 시설, 장비의 양적인 측면에서 엄청난 차이가 날 뿐만 아니라 실질적인 의료의 질에서도 차이가 나는 상황에서 지역 환자들의 수도권 유출 및 빅4 병원으로의 환자 집중은 해결할 수 없다. 이러한 차이들은 의료 인력의 질이 좌우하는 측면도 있겠으나 핵심적인 것은 자본 투자 능력의 차이다. 그러므로 정부가 수도권 및 빅4 병원과의 차이를 유발하는 지표를 중심으로 집중적인 투자 및 모니터링을 하면서 실제적인 차이를 없애고 이를 국민들에게 인정받아야 한다. 이 단계가 되면 진료권을 명확히 설정하여 지역의 의료 문제들을 지역 안에서 해소하려는 조치를 취할 수도 있을 것이다. 만약 수도권 및 빅4 병원과의 차이가 없음을 국민들이 인정하지 않는 상황에서 진료권을 설정한다면 국민들의 엄청난 반발을 모면하기 힘들 것이다.

국립대병원을 개혁하기 위한 제도적 환경 조성

이상의 다섯 가지 방향으로 국립대병원을 개혁하기 위해서는 다양한 제도적 환경이 조성되어야 한다.

먼저, 국립대병원의 소관 부처를 보건복지부로 이관해야 한다.

국립대병원은 향후 의료 서비스 공급체계 개편에서 매우 중요한 위상을 차지하고 있으며 정책 수단으로 적극적으로 활용해야 한다. 그러나 현재와 같이 교육부가 소관 부처인 이상 이러한 시도에는 한계가 있을 수밖에 없다. 교육부는 보건의료에 관한 전문성이 취약하며, 보건복지부가 국립대병원에 설치한 대규모 정책의료센터의 시설, 장비와 연관된 연구비 지원을 할 수 있는 역량이 부족하다. 또한 지방의료원, 공공보건기관을 포괄하는 공공의료 강화를 일차적인 의제로 설정하기 힘들다. 그러므로 국립대병원의 소관 부처를 보건복지부로 이관하는 작업이 매우 중요하다.

그리고 보건복지부의 부서 간 연계체계를 확립하거나, 이것이 힘들면 공공의료추진본부와 같이 공공의료정책을 전담하는 높은 단계의 조직을 만들어야 한다.

보건복지부는 다양한 부서들이 있지만 일상적인 연계가 어렵다. 공공의료체계 강화를 위해 국립대병원을 활용한다는 맥락에서도 공공보건정책관 산하의 공공의료과, 질병정책과, 응급의료과, 건강정책국 안의 건강

정책과, 건강증진과 등 여러 과가 다 같이 걸려 있다. 그러나 이 부서들이 국립대병원을 중심으로 한 의료 서비스 공급체계의 개혁을 중심으로 함께 테이블을 구성하기는 힘든 상황이다. 가령 지방 대학교 병원을 대상으로 설치한 권역 심뇌혈관질환센터는 질병정책과와 질병관리본부가 진행하는 사업이며 총 9개 센터 중 7개 센터가 지방 국립대병원에 설치되었음에도 불구하고 공공의료과의 사업과 맥을 같이하기는 힘든 상황이다. 이러한 문제를 해결하려면 부서 간 연계체계를 강화하는 특단의 대책이 필요하다. 만약 이것이 힘든 상황이고, 의료 서비스 공급체계 개혁을 공공의료기관 중심으로 진행하는 것이 매우 중요하다는 것을 전제로 한다면, 공공의료과와 같이 한 과에서 업무를 진행하기보다는 이를 격상시켜 가칭 공공의료추진본부와 같은 특별 체계를 꾸리는 것을 검토해보아야 한다.

국립대병원과 광역 지방정부의 일상적 연계를 위한 제도적 기반을 구축하는 것도 해결해야 할 중요한 과제이다.

국립대병원들은 권역의 거점병원이라고 불리면서도 광역 지방정부와 직접적 연계를 위한 제도적·법적 기반이 없는 상태이다. 이를 「공공보건의료에 관한 법률」 또는 「국립대학병원 설치법」 개정 등의 작업을 통해 명확히 하는 것이 중요하다. 이러한 작업들은 국립대병원이 광역지방정부와의 협력관계를 통해 권역의 공공의료체계를 강화하는 것을 용이하게 할 것이다. 국립대병원과 광역 지방정부와의 일상적 연계를 위해서는 보건복지부의 노력도 중요하다. 앞에서 언급했듯이 보건복지부 내에 공공의료 관련 역량이 강화되었다면 지방의료원에 대한 개입의 범위도 넓혀야 하며 이를 위한 제도적 기반을 마련하는 것이 필요하다. 특히 권역 공공의료체계의 경쟁력을 확보하는 데 국립대병원과 지방의료원의 연계가 중요하다는 점을 감안한다면 현재와 같은 수준의 지방의료원에 대한 개입은 매우 부족한 것이다.

국민 참여 기전을 마련하는 것도 제도적 환경을 구축한다는 맥락에서 중요하다.

국립대병원의 권역거점병원으로의 위상 확보, 이를 기반으로 한 의료 서비스 공급체계 개혁, 무상의료의 연착륙을 사고할 때 국민 참여 기전은 매우 중요하다. 가칭 주민운영위원회를 만들고 이의 대표가 이사회에 어느 정도 지분을 가지고 운영에 직접 참여하는 메커니즘을 만들 필요가 있다. 이들 주민운영위원회는 의료 서비스 공급체계 개혁, 무상의료의 연착륙에 있어서 중요한 지지 기반이 될 수 있으며 활동 주체로서의 위상도 가질 수 있다. 또한 광역 지방정부의 건강정책, 보건정책에서 주민들의 의견을 대표하는 조직으로서의 위상을 동시에 확보할 수도 있다.

마지막으로 국립중앙의료원 위상 정립과 관련된 합리적 관계 설정을 할 필요가 있다. 의료 서비스 공급체계 개혁에서 국립대병원의 위상을 사고할 때 국립중앙의료원과의 관계를 명확히 해야 한다. 국립중앙의료원이 국가중앙병원으로의 위상을 가질 수 있을지는 명확하지 않으나 국립대병원의 개혁은 국립중앙의료원의 발전에 시너지를 줄 수 있어야 한다. 「국립중앙의료원의 설립 및 운영에 관한 법률」 제5조에서 국립중앙의료원의 사업 중 대부분은 국립대병원에서 수행해야 할 역할들이며, 이에는 다음 사항들이 포함되어 있다.

- 공공보건의료에 관한 임상 진료 지침의 개발 및 보급
- 노인성 질환의 예방 및 관리
- 희귀 난치성 질환 등 국가가 특별히 관리할 필요가 있다고 인정되는 질병에 대한 관리
- 전염병 및 만성질환의 예방과 관리
- 민간 및 공공보건의료기관에 대한 기술 지원

- 진료 및 의학계, 한방 진료 및 한의학계 관련 연구
- 전공의의 수련 및 의료 인력의 훈련
- 「장기 등 이식에 관한 법률」 제9조에 따른 장기 등 이식에 관한 각종 사업의 지원
- 「응급의료에 관한 법률」 제25조에 따른 응급의료에 관한 각종 사업의 지원
- 그 밖에 공공보건의료에 관하여 보건복지부장관이 위탁한 사업

이런 맥락에서 볼 때 국립중앙의료원은 국립대병원이 수행하는 진료 사업, 연구 사업, 정책시범 사업, 보건 사업을 공동으로 수행하거나 이의 기반이 되는 표준을 생산하는 역할을 수행할 수 있을 것으로 판단된다. 특히, 국립중앙의료원이 표준을 생산하는 역할을 맡은 사업에 있어서는 국립중앙의료원이 중앙 센터로서의 위상을 가질 수 있도록 하는 것이 합당하다.

이상과 같이 국립대병원의 개혁은 무상의료를 준비하는 의료 서비스 공급체계 개혁에서 매우 핵심적인 수단이다. 이를 위해서는 다각적인 제도적 환경 조성과 함께 국립대병원을 정책 수단으로 활용하기 위한 구체적인 과제들을 설정하고 이를 실현시켜야 한다. 국립대병원들은 우리나라 최고의 의료기관이면서 교육연구 기관, 공공 기관이 되어야 한다. 또한 권역의 공공의료체계를 강화함으로써 지방 환자의 수도권 유출을 줄이고 무상의료를 선도하는 수단으로 자리 잡아야 한다. 이런 노력들이 성공한다면 국립대병원 개혁에 기반을 둔 의료 서비스 공급체계 개혁은 예상보다 쉽게 달성될 수 있을 것이다.

지역거점 공공의료의 현실과 과제: 지방의료원, 지자체 소속 공공병원, 적십자병원

문정주 · 서울의대 의료관리학교실 겸임교수

지방의료원은 우리 사회에서 가장 잘 알려진 공공병원이다. 전국 주요 도시 30여 곳에 있고, 대부분 100년 가까운 역사를 지녔으며, 흔히 발생하는 질병을 진료하는 종합병원이다.

1. 일본 강점기에 시작된 100년의 역사

19세기 말 개항과 더불어 부산, 인천 등의 일본인 거류 지역에 일제가 설치했던 관립 제생의원과 1920년 이후 일본 총독부가 전국 주요 도시에 설립했던 관립 자혜의원에 상당수 기관이 뿌리를 두고 있다. 의정부, 포천, 속초 등 경기 북부와 강원도 일부에서는 1950년대 한국전쟁 시기의 미군 야전병원이 한국 정부에 이양되어 민간인을 위한 공립병원으로 전환되기도 하였다. 우리의 공익을 위한 자율적 발의에 의해서가 아니라 점령국 등 외세에 의한 이식으로 시작된 것이 바로 공공병원인 것이다.

1950~60년대에는 경제 부문의 황폐화, 빈약한 국가 재정, 의료 전반에 대한 정부의 무관심으로 이 병원들이 공공 기관으로서 운영되지 못하고 대부분 개인 의사에게 임대나 위탁으로 맡겨졌다. 1970년대 후반에야 시·도청이 시·도립병원으로 직영하기 시작하였다.

2. 지방의료원에 대한 정부 정책

1) 1980~90년대, 병원에서 기업으로, 경영 효율 우선

1983년에 정부가 시·도립병원을 지방공기업법에 근거한 법인체 지방공사 의료원으로 전환하게 하였다. 시·도립병원이 관청 소속 기관으로서 공무원에 의한 행정기관의 성격이 강했다면 지방공사(地方公社)는 관청이 설립하였으되 기업의 기능을 담당하기 위해 민간화한 이른바 반관반민 기구라 할 수 있다. 지방공사가 되면서 처음으로 공무원이 아닌 소속 직원을 보유하고 법인 정관에 근거하여 예산 및 조직을 관리하게 되었다.

1989년에 의료보험 수혜 대상이 전 국민으로 확대되면서 의료비 지불의 안정성이 커졌다. 이에 따라 민간 자본이 투자되기 시작하여 전국적으로 사립 병상이 크게 늘고 대학병원이 우후죽순으로 설립되면서 시설장비 수준이 경쟁적으로 높아졌다. 그러나 불행히도 지방공사 의료원은 같은 기간에 상대적으로 낙후하는 길을 걸었다. 정부가 토목과 건설, 교통과 통신 등에 많은 투자를 하였던 반면 의료에 대한 공공 투자에 매우 소극적이었기 때문이다.

시·도립 병원을 지방공사 의료원으로 전환한 정부의 의도는 의료 기능을 강화하려는 것이었다고 한다.[1] 그러나 실제 지방 공기업 관리체계에서는 기업의 경영 효율과 이익 창출을 우선시하였다. 매년 실시한 경영 평가에서 상당수 의료원에 최하위 등급이 매겨졌으며 대부분의 시·도가 지방의료원에 대해 단기적 수익 개선을 요구하기에 급급하여 의료 기능 강화를 위한 장기적 투자에 소홀하였다. 그 결과, 과거에 대표적 지역 병원으로 큰 역할을 하던 의료원이 점차 그 위상을 잃게 되었으며 의료의 수준이 상대적으로 낮아졌다.

2) 2000년 이후, 공공의료에 대한 재조명

IMF 경제위기와 2000년 의약분업 도입에 관련된 의료기관 폐·파업 등을 경험하면서 사립병원에 절대적으로 의존한 우리나라 의료의 문제점과 공공의료의 중요성이 재조명되었다. 정부, 학계, 국회 등에서 공공의료의 기능 및 강화 방안에 관한 논의가 전개되고 다양한 보고서가 저술되었으며[2] 이를 바탕으로 2005년에 정부가 「공공보건의료 확충 종합대책」(이하 공공 확충 대책)을 발표하였다. 이 대책의 비전은 공공보건의료를 확충하여 보건의료를 지속 발전 가능한 체계로 개편함으로써 합리적 수준의 국민 의료비를 유지하고 국민건강권을 보호하는 것이다. 그리고 이 대책의 추진 전략은 공공보건의료체계 개편 및 효율화, 예방 중심의 질병관리체계 확립, 고령 사회 대비 공공보건의료 역할·투자 확대, 필수 보건의료 안전망 확충이다. 같은 2005년에 「지방의료원의 설립 및 운영에 관한 법률」(이하 법률)도 제정되어 기존 지방공사 의료원이 지방의료원으로 변경되어 행정자치부가 아닌 보건복지부의 관리를 받게 되었으며, 시·도에서도

---

1 서울대학교병원 부설 병원연구소, 「시도립병원 운영 개선 방안」, 1981.
2 한국보건산업진흥원, 「공공보건의료기관이 수행해야 할 사업 검토 및 평가체계 개발 연구」, 2000. 11. / 전국보건의료산업노동조합, 「지방공사 의료원의 구조조정 민간 위탁 민간 매각의 문제점과 노동조합운동의 대응 방안 연구」, 2001. 11. 13. / 김용익, 「보건의료 시장 개방에 대비한 보건의료체계 공공성 강화 방안 연구」, 국회보건복지위원회, 2002. / 한국보건산업진흥원, 「공공의료기관 공공성 강화를 위한 소요 비용 추계」, 2003. 7. / 김창엽, 「공공병원 확충 방안 개발에 관한 연구」, 보건복지부, 2004. 2.

투자 담당 부서가 아닌 보건정책 부서가 의료원 관리를 담당하게 되었다.

3) 지방의료원 강화 정책: 지역거점병원으로 육성

정부는 공공 확충 대책에 근거하여 지방의료원을 '지역거점병원'으로 육성하는 정책을 추진하기 시작하였다. 지역거점병원이란 인구 5만~30만의 지역에서 의원급 의료기관의 위 단계인 2차급 진료를 제공하는 종합병원으로, 우수한 시설 장비를 갖추고 지침에 따른 적정 진료를 시행하고, 응급의료·재활·호스피스·가정간호 등 다양한 서비스를 통합적으로 제공하며, 보건소·복지관 등과 연계하여 지역 보건의료사업도 제공하는 기관으로 정의되었다(공공보건의료 확충 종합대책, 2005).

정책은 크게 세 가지로 구분된다. 첫째, 지역별 수요를 반영하여 장기 발전 계획을 수립하고 국립대병원과 협력하여 우수 의료진을 확보한다. 둘째, 시설 장비를 현대화하고 병원별 300병상 수준으로 증축을 지원한다. 셋째, 민간병원과 차별되는 공공성 강화를 위해 지침에 따른 양질의 진료, 공공성과 효율성을 조화시킨 정기 평가, 공공의료사업 전담 부서 운영 등을 추진한다. 이에 따라 보건복지부는 2011년 말까지 약 2,700억 원의 국고를 지방의료원 시설장비 현대화 및 신·증축에 지원하였고, 경영 상태와 공익적 기능을 동시에 평가하는 '지역거점 공공병원 운영 평가'를 매년 실시하여 성과가 부진한 병원에 대해 컨설팅 성격의 운영 진단을 제공하며, 취약 계층 건강보호 및 지역 보건의료사업 등 공공보건 프로그램을 지원하고 있다.

4) 지방의료원 약화 정책: 공공보건의료체계가 허울에 불과하다

공공 기관의 중요한 특성 중 하나가, 넓은 의미의 정부 조직체계 안에서 여러 기관이 수직·수평적 관계를 맺고 협력할 수 있다는 점일 것이다. 이

체계가 관리·감독이라는 다소 옥죄는 기전이 될 수도 있으나 기능 분담 및 협력을 가능케 한다는 점에서 큰 장점이 될 수 있다. 특히 건강과 질병이라는 넓은 스펙트럼을 갖는 보건의료에서 어느 한 병원이 전체를 아우르는 서비스를 제공할 수는 없으니 다른 기관과 연계 협력은 필수이며, 체계적으로 여러 기관과 협력한다면 작은 병원이라도 큰 힘을 낼 수 있을 것이다.

그러나 지방의료원이 처한 현실에서 이러한 체계는 보이지 않는다. 같은 지역 안에서 긴밀히 협력해야 할 보건소는 기초자치단체에 소속된 지방보건행정기관으로서 광역자치단체 산하 기관인 지방의료원과 별다른 관계를 갖지 않는다. 보건소에게 지방의료원은 지역 내 민간병원과 마찬가지로 행정의 대상일 뿐이다. 같은 시·도에 위치하여 지방의료원과 가장 가까운 공공병원인 국립대학 병원은 시·도에 다만 위치할 뿐 교육부 산하 법인체로서 보건복지부의 정책이나 지방자치단체의 사업에 거의 관계하지 않는다. 공공 확충 대책 발표 후 보건복지부가 지방 국립대학병원에 재정을 지원하며 협력을 유도하고 있으나 아직은 성과가 미약하다. 국립결핵병원·국립정신병원·국립암센터·국립재활원 등 보건복지부 소속 혹은 산하 병도 지방의료원 등 다른 공공병원과 협력이 거의 없으며, 노동부와 보훈처 관할인 산재병원·보훈병원도 마찬가지다. 앞서 공공 확충 대책이 '공공보건의료체계 개편 및 효율화'가 최우선 전략임을 분명히 하였고 이 체계의 한 요소로서 지역거점병원 육성을 제시한 것이나, 지금까지 이 전략 추진이 미흡하였다고 할 수 있다.

5) 지방의료원 약화 정책: 의료전달체계가 무력하다

지방의료원이 지역거점병원으로 육성되기 위해서는 의료전달체계가 필수적이다. 공공 확충 대책의 문구에서도 드러나듯이 애초에 지역거점병원이란 의료의 1차·2차·3차 기관이 각기 제 기능에 충실하도록 관리하는 의료전달체계가 있을 때 큰 몫을 할, 중간 단계의 종합병원이다. 그러나 우리 사회에서는 3차급인 대학병원도 가벼운 질환의 진료를 두고 소규모 병의원과 무한 경쟁을 벌이며 1차급인 의원이 입원과 수술 등 큰 시설이 요구되는 영역까지 시술하기도 한다. 특히 대형 대학병원은 중증 환자 치료 및 연구에 매진하는 대신 재벌기업의 문어발 사업 확장에 버금가는 경영 행태로 1차·2차급 기관의 담당 영역까지 차지하여 수익을 올리려 하는 등 의료전달체계를 무색하게 하고 있다.

최근 정부가 의료기관의 기능 재정립을 시도하고 있다고 하나[3] 2차급 지역 병원에 대한 정책은 여전히 빈약하여 대형 병원의 기능 과잉이 개선될 전망이 보이지 않고, 고혈압·당뇨병·감기 등 일부 질환에 한하여 1차급 의원의 약제비 본인부담금 비율을 낮춘 것으로는[4] 의료전달체계 확립의 효과가 미약하다.

6) 지방의료원 약화 정책: 병원 수·병상 수 증가 현상을 관리하지 않는다

병원 신규 설립 및 병상 증축을 규제할 정책 수단이 없다. 영리법인 병원 설립만 불가할 뿐, 병원 수가 계속 늘고 병원 규모가 더 대형화하면서[5] 환자 유치를 둘러싼 경쟁도 더욱 심해졌다. 고급 시설·첨단 장비·세분화된 전문 인력을 구비한 병원이 첨단 시술을 선도하고 언론매체를 통해 이에 관한 정보가 확산되면서, 중증 질환은 수도권 대형 병원이 흡수하고 수익성이 높은 수술 환자는 소형 전문병원을 선호하는 양상이 자리 잡

---

3 보건복지부(건강지킴이 1차 의료 개선 TF), 「보도자료-의료기관 기능 재정립 구체화 속도 낸다」, 2011. 4. 28.
4 보건복지부(보험급여과), 「보도자료-약국 본인부담률 차등 적용 대상 질병 확정」, 2011. 8. 2.
5 2000년에 종합병원 285개, 병원 581개(총 866개)로 21만 473개 병상의 규모에서 2009년 말에는 종합병원 269개, 병원 1,262개(총 1,531개-요양병원 제외)로 26만 3,261개 병상이 되었다(건강보험심사평가원 요양기관 현황 자료). 겨우 9년 동안 병원 수 77%, 병상 수 25%가 늘어난 것이다.

게 되었다. 이 같은 고급화·전문화 경쟁에서는 공공과 민간에 관계없이 2차급 진료를 제공하는 지역 종합병원의 수익성이 나빠지고 타격을 입어 (박형근, 2010) 종합병원의 기능 축소나 폐쇄에 의한 지역의료체계 위축과 기형화가 우려된다. 이런 우려가 현실이 될 경우에 종합병원 진료를 이용하기 위해 다른 지역으로 이동해야 하는 주민은 큰 부담을 져야 하고 건강에 피해를 입을 수 있다.

지난 30~40년 동안 의료기관의 양적·질적 확대를 통해 우리나라 의료가 성장한 것도 사실이다. 그러나 공급이 수요를 추월한 2000년 이후까지 이와 같은 양적 팽창이 지속되면서 각종 부작용이 양산되고 있다. OECD 국가 중에서 유일하게 급성기 병상이 늘고 있는 국가가 바로 우리나라이다.[6] 이런 경쟁적 시장 환경에서 병원의 공공적 기능 수행을 기대하기란 불가능하다. 지역별 병상 총량제 등 병원과 병상의 규모를 합리적으로 관리하는 정책이 하루빨리 추진되어야 할 것이다.

3. 지방의료원은 어떤 병원인가

1) 전국에 34개소

① 시·도당 평균 2.1개소, 시·군·구당 평균 0.15개소가 있다

지방의료원이 우리나라의 대표적 공공병원이라고 할 수 있으나 광역자치단체인 시·도당 평균 2.1개소, 기초자치단체인 시·군·구당 평균 0.15개밖에 되지 않을 정도로 적다[7](그림 1). 25개 구로 구성된 서울에 겨우 1개소가 있어 구당 평균 0.04개소인 셈이고, 경기도에 가장 많아서 6개소가

---

6 OECD 국가의 1990년 이후의 단위 인구당 급성기 병상 수 증감. OECD Health Data 2010.

있다고 하나 도내 31개 시·군당으로는 평균 0.19개소이며, 도서벽지를 여러 곳 포함하는 전라남도와 경상북도에도 시·군당 평균 0.14개소와 0.17개소에 그칠 뿐이다. 광주·대전·울산광역시에는 아예 없다.

② 개소 수가 너무 적어 정책적 역할이 어렵다

공공 확충 대책에는 '보건소—지방의료원—지방 국립대학 병원'의 공공보건의료체계를 구축한다는 내용이 있다. 보건소가 지역 보건행정과 1차 보건의료를, 지방의료원이 지역거점으로서 급성기 2차 진료와 포괄적 서비스를, 지방 국립대병원이 광역거점으로서 3차 진료를 담당한다는 체계로서 이론적으로 타당하다. 그러나 이를 현 상황에 대입하면 모든 시·군·구에 1개소씩 설치된 보건소가 자기 지역의 보건사업을 담당하는 데 반해, 시·군·구당 0.15개소에 불과한 지방의료원은 병원당 3~25개 보건소의 의뢰 업무를 수용해야 한다는 것을 뜻한다.[8] 지방자치의 회복과 더불어 보건소 업무가 대폭 확대된 지금, 지방의료원 1개소가 다른 지역까지 포함된 다수 보건소의 의뢰 업무를 담당한다는 것은 비현실적이다. 따라서 위의 정책을 구현하려면 지방의료원이 지금처럼 소수가 아니고 훨씬 더 많아야 한다.

시·도에서도 같은 이유로 지방의료원에 대한 정책을 추진하기가 쉽지 않다. 개소 수가 너무 적다 보니 지방의료원에 관련된 정책은 시·도 내 시·군·구 중 일부만 대상으로 할 뿐 넓은 지역의 많은 주민에게 골고루 혜택을 주는 보편성을 지닐 수 없기 때문이다. 일부 시·도에서 지방의

---

7 지방의료원은 대개 광역지자체의 산하 기관이지만, 목포시와 울진군에서는 기초지자체가 설립 운영하고 있다.
8 보건복지부의 지역거점병원 육성 대상에 적십자병원도 포함되나 이 병원도 전국에 겨우 6개 있을 뿐이다.

료원 지원과 관련하여 내부적 어려움에 부닥치는 이유가 주로 이것이다.

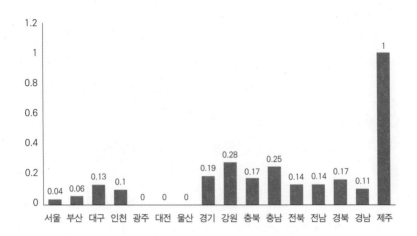

〈그림 1〉 시도별 시 · 군 · 구당 지방의료원 평균 개소 수

자료: 2011 지역거점 공공병원 운영 평가 병원 현황표(2010년 말 기준).

2) 지배구조와 리더십

① 지방자치단체가 지배하나 장기 발전 계획은 없다

법률에 근거하여 각 지방자치단체가 지방의료원을 관리·감독한다. 지자체장은 지방의료원의 통합이나 분원 설치, 이사 추천 승인과 감사 임명, 임원추천위원 추천 및 위원장 지명, 원장 임명과 해임, 자금 차입의 승인 및 보증, 예산 및 결산 승인, 업무의 지도 감독, 공무원 파견, 위탁 운영 결정 등 폭넓은 권한을 행사한다. 보건복지부가 지방의료원 업무를 관할한다고 하나 중앙정부 내 역할일 뿐이며 실제 지방의료원 운영을 쥐락펴락하는 권한은 지방자치단체에 있다.

현실적으로 지방의료원 거의 모두가 자체 수입만으로 비용을 충당할 수 없어 경상비 보조를 필요로 하는데, 경상비 보조에는 국고가 지원되지 않아

오로지 지자체 예산으로 배정하기 때문에 지자체장의 권한이 상대적으로 더욱 강하게 작용한다. 지방의회의 협력까지 확보한다면 지자체장은 지방의료원에 대해서 존립이나 변경 등 무엇이든지 결정하고 집행할 수 있다.

지자체의 권한은 확고하나 지방의료원의 기능에 대한 이해, 이를 바탕으로 한 장기 발전 계획은 미흡하다. 지역 보건의료계획[9]이 보건의료에 관한 지자체의 대표적 중기 계획인데 시·도의 이 계획에 지역 공공의료의 비전과 전략이 담긴 예는 찾기 어렵다. 장기 계획이 분명하지 않은 상태에서는 지방의료원에 대한 관리 감독도 임기응변으로 처리될 우려가 크다.

② 이사회 구성이 권위적이다

현재 지방의료원에서 흔히 볼 수 있는 이사회의 구성 사례를 소개하였다(표 1). 현직 공무원 4명, 의사 3명, 도(道)의원인 관변단체장 1명, 회계사 1명으로 구성되어 지자체의 뜻을 전적으로 대변하는 도구 이상이 되기 어려울 것을 보여준다. 법률이 '소비자 관련 단체가 추천하는 자' 1인을 이사에 포함하게 하였는데 여기서는 이에 해당되는 이사에 사립 병원장인 의사를 임명하여 지방의료원을 이용하는 시민의 목소리를 대변할 이사가 없다.

〈표 1〉 00 의료원 임원 구성 현황

연번	이사/감사	추천 기관	현 직업(직위)	경력
1	이사장 김00	추천위원회	의사(원장)[10]	개원의
2	박00	도지사	공무원(도 예산담당관)	–
3	박00	도지사	공무원(도 보건위생과장)	–

---

9 지역보건법에 의해 지방자치단체가 4년마다 수립한다. 현재 제5기(2011~2014년) 계획 시행 중이다.
10 법률 제8조 5항에 근거하여 이사장을 원장이 겸한다.

4	김OO	도지사	공무원(OO시 보건소장)	-
5	이OO	OO시 보건의료계	의사(ㅅ사립 병원장)	-
6	김OO	소비자 관련 단체	의사(ㅎ사립 병원장)	-
7	우OO	도의회	OO시 새마을회장	도의원
8	문OO	원장	공인회계사	-
9	감사 하OO	도지사	공무원(도 감사관)	-

법률 제8조 4항[11]은 이사회를 다양한 이해 관계자로 구성하여 의사결정 권한을 배분하게 하고 있다. 다양한 주체의 참여, 공공 목적을 위한 권한 배분, 조정과 협력을 특징으로 하는 권한 구조인 이른바 '거버넌스'를 구현하려는 것이다. 그러나 현장에서는 이러한 참여 민주주의 대신 과거 권위적인 시대의 관행이 여전하여 시민에게 권한을 개방·공유하는 사례를 아직 찾기 어렵다.

③ 원장의 리더십이 취약하다

지방의료원 원장은 법률에 따라 이사장까지 겸임하므로 역할이 매우 크다. 임원추천위원회의 추천에 의해 지자체장이 원장을 임명하며 임기는 3년이다. 2011년 말 현재 공석 상태인 2개소를 제외하면 30개소의 원장이 의사 출신이며 2개소는 각기 정무직과 행정관료 출신이다. 수년 전 충청남도에서 군(軍) 의정장교 출신을 원장으로 등용하였으나 지금은 모두 의사 출신 원장으로 바뀌었고, 경상남도에서도 일반 기업 사장 출신이 원장

---

11 「지방의료원의 설립 및 운영에 관한 법률」 제8조(임원) ④ 이사에는 다음 각 호에 해당하는 사람을 포함하되, 추천의 절차 등 필요한 사항은 보건복지부령으로 정한다.
    1. 지방자치단체의 장이 추천한 지방자치단체 소속 공무원 2명(지역의 보건소장 1명이 포함되어야 한다)
    2. 지역 보건의료계가 추천하는 사람 1명
    3. 소비자 관련 단체가 추천하는 사람 1명
    4. 지방의회가 추천하는 사람 1명

에 등용되었다가 사임한 후 최근에 의사 출신으로 새로 임명되었다. 비(非) 의사 출신이 원장직을 유지하기가 쉽지 않음을 보여준다.[12]

32개소의 현재 원장 중 초임이 22명(69%)이고 재임 이상의 임기에 있는 원장이 10명(31%)이며 3임 이상은 그중 2명(6%)에 불과하다. 원장 대부분이 1회 임기로 마치며 재임에 성공하지 못하는 셈이다. 이는 지방의료원에 대한 장기 발전 계획과 실행 전략이 마련되지 않은 상태에서 불가피한 현상이라 할 수 있다. 기관 운영의 목표가 분명치 않으니 어떠한 전문성 및 지향성을 갖춘 사람이 적임자인지 판단하기 어려워 지자체장의 재량에 의해 선발될 수밖에 없고, 임기 말 경영 성과를 평가할 때에도 성취해야 할 성과가 과연 무엇인지부터 불분명하니 평가가 주관적일 수밖에 없다. 이러한 여건에서 뛰어난 리더십이 발휘되기를 바란다면 지나친 일이다.

리더십은 매우 중요하나 공공 기관인 지방의료원에서는 원장 개인의 역량이나 경영 기술은 리더십의 일부 요소일 뿐 전부가 될 수 없다. 먼저 지역사회가 공감하는 장기 발전 계획, 이를 추진할 원장을 임용하는 공정한 절차, 객관적 성과 지표 및 연임 기준, 평가 방안 등이 준비되어야 한다. 이런 기반 위에서 적임자를 선발하고 평가할 때 지방의료원에 리더십 확립을 기대할 수 있을 것이다.

3) 의료 경쟁력[13]

① 종합병원으로서 상당한 수준의 의료를 제공한다

내과·외과·정형외과·산부인과·소아청소년과·신경과·신경외과·비뇨기과·치과·영상의학과·마취통증의학과 등 종합병원의 진료과목이 대

---

12 공공보건의료지원단 내부 자료.
13 2011년 「지역거점 공공병원 운영 평가」 자료를 분석함.

부분 개설되어 있다. 응급실과 수술실을 모든 지방의료원이 운영하나 중환자실은 24개소(70%)에, 분만실은 19개소(56%)에만 있어 급성기 진료 기능이 다소 제한적이다. 병원당 평균 253개 병상을 보유하며 정신·감염격리·호스피스·진폐증 등 특수질환 병상을 별도로 갖춘 곳이 절반 정도로, 병원당 평균 27개의 특수 병상을 보유하여 민간 종합병원의 평균 13개보다 2배 이상으로 많다.

건축 경과 연수가 평균 20년으로 길고 20년을 넘긴 건물을 쓰고 있는 곳이 22개소(65%)나 되어 낙후한 이미지가 여전하다. 국고 지원 사업이 진행되고 있으나 예산 제한으로 투자 진척이 늦다. 첨단 의료 장비로 MRI 평균 0.79대, CT 1.21대 등을 보유하여 우리나라 종합병원의 MRI 평균 1.3대에 견주면 적은 편이다.[14]

시설과 장비에 한계가 있음에도 지방의료원 의료에 대한 평가 결과는 나쁘지 않다. 보건복지부가 매년 실시하는 '지역거점 공공병원 운영 평가'에서 환자 만족도가 2007년 이후 80점 수준을 유지하며, 3년 주기로 실시했던 '의료기관 평가'에서도 지방의료원의 점수가 유사 규모 민간 종합병원에 견주어 전반적으로 높았다. 2006년에 의료기관 평가의 모든 분야에서 지방의료원이 민간 종합병원보다 우수하였고[15] 2009년에는 그 격차가 일부 완화되었으나 여전히 감염 관리, 시설 안전, 질 향상, 의무기록, 약제 관리 등에서 지방의료원이 민간보다 우수하였다.[16] 지방의료원의 평가 결과가 우수한 데에는 민간병원과 달리 직원 중 장기 근속자가 많아서 업무 숙련도가 높은 것의 영향이 클 것이다.

---

14 우리나라가 고가 장비 과잉 상태임을 고려해야 할 것이다. 2009년에 인구 100만 명당 MRI 보유 대수가 19.0대이나 OECD 국가 평균은 10.6대, 유럽 국가에서는 5~8대에 불과하다(오영호 등, 2011).
15 260병상 미만의 종합병원 119개소 대상(보건복지부 보도자료, 「2006년 의료기관 평가 결과」, 2007. 5. 23).
16 260병상 미만의 종합병원과 300병상 미만 병원 합계 128개소 대상(보건복지부 보도자료, 2010. 7. 8).

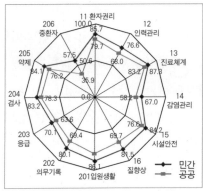

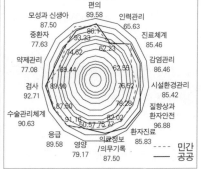

〈그림 2〉 2006년 의료기관 평가 결과   〈그림 3〉 2009년 의료기관 평가 결과

② 환자 수는 민간병원과 비슷하나 의료 수익은 적다

재원 환자가 100병상당 연간 3만 1,000명, 병상 이용률 약 84%로 진료 실적은 유사 규모 종합병원 평균과 거의 같다. 그러나 의료 수익이 100병상 당 연간 67억 원으로 유사 규모 종합병원 평균인 79억 원[17]의 85%에 머무 른다. 환자 수와 병상 이용률이 거의 같은데도 의료 수익에서 차이가 나는 것은 제공된 진료의 강도가 비교 병원보다 낮기 때문이다. 이는 지방의료 원이 민간병원과 달리 과잉 진료를 삼가고 적정한 진료를 하였다고 해석될 수 있으나, 저소득층이 많이 이용하는 지방의료원에서 환자의 경제력 부족 으로 필요한 진료를 충분히 할 수 없는 실정을 반영하는 결과일 수도 있다.

③ 적정 진료 실천에서는 미흡하다[18]

우리나라 민간병원의 이윤 추구 경향이 강하여 국민 의료비 증가를 부 추긴다. 공공병원인 지방의료원이 적정 진료로 모범을 보이고 잘못된 의

---

17 한국보건산업진흥원, 「2009 병원경영분석 자료」, 160~299병상의 민간 종합병원의 평균.
18 국립중앙의료원 · 보건복지부, 「2011 지역거점 공공병원 운영 평가 결과 보고서」, 2011. 12.

료 관행을 바로잡는 데에 기여해야 할 것이나 현재로는 이 점에서 미흡하다. 건강보험심사평가원의 진료 적정성 평가 결과를 보면 2010년에 급성 상기도감염 환자에 대한 외래 진료에서 항생제를 처방한 비율이 지방의료원에서 평균 47.4%로 유사 규모 종합병원의 평균 45.9%보다 오히려 높다. 외래 진료에서 환자에게 주사제를 처방하는 비율도 지방의료원에서 14.2%로 유사 규모 종합병원의 8.8%보다 훨씬 높다. 이에 따라 처방건당 약품목수와 투약일당 약품비(費)도 지방의료원의 평균값이 유사 규모 종합병원의 평균보다 6~10% 더 많다.

2005년 정부의 공공 확충 대책에서 지역거점병원이 진료 지침에 근거한 표준 진료를 제공하는 병원이어야 함을 분명히 하였고 이 확충 대책에 따라서 지난 7년간 지방의료원을 육성하고자 여러 사업이 추진되었으나, 진료 관행을 개선하는 데에는 성과가 미흡하였다. 적정 진료를 유도하기 위한 정책이 요구된다.

④ 의사가 부족하다

병원당 전문의 수가 평균 23명이며 내과(3~4명)와 정형외과(2명) 외에는 과별 전문의가 1명뿐인 진료체계가 보통이다. 병상 규모 기준으로는 100 병상당 전문의가 9.7명으로 유사 규모 종합병원 평균인 12.1명[19]에 미치지 못한다. 게다가 고용된 전문의 대부분이 1~2년의 계약직 신분에 있어, 대학병원의 교수직에 견주면 신분의 안정·사회적 대우·장기적 발전 등 모든 면에서 고용의 질이 낮다. 인턴, 레지던트는 100병상당 각기 0.5명, 0.9 명으로 거의 없다고 할 수 있는 정도이며 따라서 각 과 전문의가 외래·입

---

19 한국보건산업진흥원, 「2009 병원경영분석 자료」, 160~299병상의 민간 종합병원의 평균.

원·응급·수술 등 진료 전반을 혼자 도맡아야 하고 모든 의무기록을 혼자서 완성해야 한다. 근무 강도가 높으면서도 전문의로서 역량을 발휘하기는 힘든 여건이니 전문의 연간 이직률이 약 24%에 달한다.

높은 수준의 의료를 자랑하는 대형 병원일수록 인턴, 레지던트, 전임의 등 젊은 의사의 역할이 크다. 이 젊은 의사들은 임상적 성과가 뛰어난 선배 전문의로부터 배우고자 수련 병원을 선택한다. 지방의료원과 대형 병원 사이의 의료 수준 격차는 바로 이러한 의사 인력 격차에서 비롯된다고 볼 수 있다. 더욱이 지방의료원은 그동안 전문의 중 30% 정도를 공중보건의사로 충당하였으나 최근 공중보건의사 배출도 줄어들어 의사 확보를 위한 대안 마련이 불가피한 시점에 있다.

⑤ 간호사가 부족하다

간호사가 100병상당 38.4명으로 지방의료원 직원 중 가장 큰 비율을 차지하나 간호 서비스 제공에는 부족한 수준이다. 건강보험심사평가원이 정한 기준으로 간호 인력의 병원별 등급[20]을 보면 지방의료원 중에는 3등급(1개소)이 가장 높고 대개는 4~6으로 낮은 등급에 해당한다. 평균으로는 5.3등급으로 이는 전체 종합병원 평균인 4.8등급[21]에 미치지 못한다.

지방의료원의 간호 인력이 전체 종합병원의 평균보다 적은 것은 일부

---

20 간호 인력 확보 수준에 따른 입원 환자 간호 관리료 차등제(건강보험 요양급여 비용, 2011. 1): 일반 병동 병상 수 대비 평균 간호사 수에 따라 구분한다. 일반 병동은 응급실, 중환자실, 인공신장실 등을 제외한 병상이다.

등급	1	2	3	4	5	6	7
종합병원 이하	2.5:1 미만	3:1 미만 2.5:1 이상	3.5:1 미만 3:1 이상	4:1 미만 3.5:1 이상	4.5:1 미만 4:0 이상	6:1 미만 4.5:1 이상	6:1 이상
상급 종합병원	2:1 미만	2.5:1 미만 2:1 이상	3:1 미만 2.5:1 이상	3.5:1 미만 3:1 이상	4:1 미만 3.5:1 이상	4:1 이상	–

21 심평원 병원 상세 정보 및 복지부 내부 자료('10년) (종합병원 기준).

농어촌 지역에서 간호사를 구하기 어렵고 이직률도 높은 현실을 반영한다. 그러나 더 큰 이유는 경영수지 개선을 목표로 간호사 정원을 줄이거나 억제하도록 요구하는 지자체의 관리 방침에 있다. 경영적자 상태인 지방의료원으로서 지자체의 요구를 거부할 수 없어 간호사를 줄이게 되면 결과적으로 간호의 질뿐 아니라 의료의 질도 낮추고 경영도 악화시키게 된다. 중증 환자의 예측할 수 없는 변화에 대한 병원의 대응력이 낮아지면서 의료사고 발생 위험이 커져, 의사의 진료 의욕이 낮아짐에 따라 경영수지도 오히려 더 나빠지는 악순환이 이어지기 때문이다.

간호 인력의 양과 질은 병원 의료 서비스의 기반이다. 지방의료원의 간호사 정원을 늘리고 근무 여건을 개선해야 할 것이다. 또한 농어촌 지역의 간호사 구인난을 해소할 방안이 반드시 필요하다.

4) 공익 기능

① 취약 계층의 의료 안전망이다[22]

지방의료원은 의료급여 환자, 행려 환자, 독거노인, 소년소녀 가장, 외국인 근로자 등 취약 계층이 활발하게 이용하는 병원이다. 사회복지사가 환자 상담을 전담하는 등 지원 업무 체계를 갖추고 있으며 지역 보건소나 사회복지기관과 협력한다. 2009년에 의료급여 환자가 지방의료원 입원 환자 중 평균 34.5%를 차지하여 전체 종합병원 평균인 20.5%의 1.7배로 높다.

특히 대도시 지방의료원은 50~70병상 규모의 별도 병동을 갖추고 행려 환자 진료를 도맡다시피 한다. 서울·부산·대구·인천시의 지방의료원에서는 행려 환자가 입원 진료 인원의 평균 8.7‰를 차지하나 해당 지역의 민간 종합병원에서는 평균 0.1‰에 불과하여 지방의료원이 행려 환자 진

---

22 건강보험심사평가원 급여 자료(종합병원, 입원, 2009).

료에 민간병원보다 수십 배나 더 기여함을 볼 수 있다.

② 진료비가 적다

입원 진료비(1인 1일당)가 약 13만 원으로 유사 규모 민간 종합병원의 18만 5,000원의 71% 수준이며, 외래 진료비(건당)도 약 3만 7,000원으로 민간 종합병원의 5만 1,000원의 74%에 불과하다.[23]

상급 병실 차액은 우리나라 병원의 대표적 수입원이다. 입원 환자가 기준 병실을 이용하면 추가 부담이 없으나 상급 병실을 이용할 때에는 병원이 정한 병실료를 부과할 수 있기 때문이다. 지방의료원은 상급 병상이 평균 16.5개이나 전체 종합병원에서는 평균 27.8개로 훨씬 더 많아[24] 지방의료원이 환자의 병실료 부담을 줄이고 있음을 알 수 있다.

③ 저수익 필수의료 분야에 충실하다

대표적 저수익 분야인 응급의료에 충실하다. 응급의료는 필수의료이나 경영으로 보면 적자 분야이다. 의사를 포함한 다수의 전문 인력이 휴일 없는 24시간 근무체계를 유지해야 함에 따라 수익보다 더 큰 비용이 요구되기 때문이다. 이러한 사정으로 응급실을 폐쇄한 병원이 많아서 전국에 응급의료기관은 459개로 전체 병원 1,531개의 30%에 불과하다.[25] 그러나 지방의료원은 34개 중 대다수인 31개소(91%)가 응급의료기관으로서 진료한다.

감염병 격리 병상과 호스피스 병상을 운영하는 것도 저수익 서비스이다. 격리 병상은 감염병 외 일반 진료에 활용할 수 없어 수익을 기대할 수

23 「지방의료원의 2009년도 결산서 분석」, 민간 종합병원에 대해서는 한국보건산업진흥원의 위 자료에 근거.
24 「2010 지역거점 공공병원 운영 평가 현황 자료」, 전체 종합병원에 대해서는 보건복지부 보도자료('10. 7. 29) 근거.
25 보건복지부 중앙응급의료센터, 「2010년 응급의료기관 평가 보고서」, 2011. 5.

없으며, 호스피스도 임종 환자를 위해 병상과 부대시설을 갖춘 별도 공간을 제공해야 하므로 수익보다 더 큰 비용을 쓴다. 전체 종합병원의 감염병 격리 병상이 평균 3개에 미치지 못하나[26] 지방의료원은 평균 10개를 보유하고, 전체 종합병원의 호스피스 병상이 평균 1개에 불과하나[27] 지방의료원은 평균 4개를 운영한다.

지방의료원은 이 외에도 지역의 수요에 따라 공공보건 프로그램을 다수 운영하는데, 여기서도 수익은 없다. 대표적인 것이 남원의료원이 보건소와 협력하여 운영하는 치매 주간 보호, 포천의료원의 취약 계층 대상 가정간호, 수원의료원의 고혈압·당뇨병 교육상담 프로그램 등이다.

④ 농어촌 취약 지역에서도 필수 진료과를 충실히 운영한다

산부인과, 소아청소년과는 명백히 필수 진료과목이다. 그러나 고령화가 심하고 인구가 줄어든 농어촌에서는 수익보다 더 큰 비용이 요구되는 진료과로서 병원 경영의 짐이다. 따라서 농어촌 취약 지역에 소재한 민간병원 중 산부인과, 소아청소년과를 개설한 곳은 각기 24%, 49%뿐이다. 그러나 같은 취약 지역에서 지방의료원은 각기 80%, 100% 개설하였으며 전문의가 진료하고 있다.[28]

농어촌 취약 지역에 소재한 지방의료원이 9개소인데 각기 몇몇 진료과에 대해서는 지역에서 유일한 전문의 진료를 제공하고 있다. 이에 해당되는 과목으로 산부인과와 소아청소년과가 대표적이나 일부 지역에서는 신경과, 비뇨기과, 정신과 등도 포함되어 9개 지방의료원을 합하

---

26 건강보험심사평가원 요양기관 현황 자료(종합병원, '09).

27 보건복지부 질병정책과 내부 자료(종합병원, '11).

28 소득세법 시행규칙 제7조 제4호의 취약지에 한정함. 심평원 요양기관 현황 자료(병원급 이상, 2010. 6) 근거.

면 34개 과목에 이른다.[29] 34개 진료과 대부분에서 수익보다 더 큰 비용을 사용한다.[30]

5) 경영[31]

① 적자 경영하는 곳이 대부분이다

지방의료원 중 의료수지에서 흑자인 곳은 없고 장례식장 등에서 얻은 흑자로 의료에서 발생한 적자를 메우는 방식으로 경영한다. 연간 결산액 규모 평균이 개소당 221억 원이며 매년 5~6개소 외에는 모두 당기순손실 상태, 즉 경영수지 적자를 보이며 개소당 평균 적자액이 14억 원이다. 병상 기준으로는 민간 종합병원이 100병상당 평균 2억 2,000만 원의 흑자를 얻는 데 비해 지방의료원은 100병상당 평균 6억 4,000만 원의 적자를 보인다.

최근 5년간 경영수지가 개선된 곳이 15개소, 악화된 곳이 19개소이다. 악화 요인은 저수익 의료 기능 확대(대도시), 대중교통 이용이 불편한 곳으로 신축 이전, 대규모 시설공사로 진료에 차질, 지역개발기금 채무 누적 등이다.

② 적자가 공공성에 기인한다

▷ 의료 수익 적음

민간 종합병원과 환자 수, 병상 이용률이 거의 같으면서도 100병상당 의료 수익은 연간 67억 원으로 민간 종합병원 79억 원의 85%에 머문다.

---

29 「건강보험심사평가원 요양기관 현황」, 2011년 4/4분기 자료 재분석.
30 보건복지부·국립중앙의료원, 「2011 지방의료원 운영 진단 및 활동기준 원가분석 보고서」, 2011. 12.
31 「지방의료원 결산서」, 한국보건산업진흥원 병원경영 분석 자료(2009년, 160~299병상의 민간 종합병원의 평균).

▷ 공익 기능에 따른 결손이 병원당 연간 수십억 원임[32]

2010년에 3개 의료원에 대한 활동 기준 원가분석 결과, 저수익 필수의료 시설(행려 · 격리 · 호스피스 · 분만 · 신생아실 등) 운영에 평균 14억 9,000만 원 소요, 저수익 필수 진료과(산부인과, 응급의학과) 운영 손실이 평균 9억 3,000만 원, 지역 보건 프로그램 운영이 평균 3억 원, 의료급여 환자의 종별 가산율 차이가 평균 3억 원,[33] 의료급여 정신과 수가 차이가 평균 1억 6,000만 원[34]으로 합계 평균 약 32억 원이 공익적 기능에 따르는 결손액이었다.

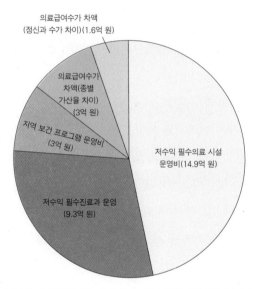

출처: 「2010년 지방의료원 운영 진단 보고서」(부산, 대구, 남원 의료원의 활동 기준 원가분석 결과)

〈그림 4〉 지방의료원의 공익적 기능에 따른 결손액

---

32 「2010년 지방의료원 운영 진단 보고서」(부산, 대구, 남원 의료원의 활동 기준 원가분석 결과).
33 의료급여 환자 진료에 대한 요양기관 종별 가산율(18%)이 건강보험 환자에 대한 가산율(25%)의 72%에 불과한 데에서 비롯되는 수익 차액. 취약 계층이 많이 이용하는 병원의 주요 적자 요인이다.
34 의료급여 환자의 정신과 수가는 입원의 경우 건강보험 환자의 63%(30,800원~51,000원), 외래는 80%(27,700원)로 의료급여 정신과 환자가 많을수록 큰 적자 요인이다.

▷ 직원 인건비 수준이 상대적으로 높음

인력 규모는 민간 종합병원 대비 적으나(100병상당 103명/민간 108명) 인건비 수준은 지방의료원이 훨씬 높다(3,800만 원/2,600만 원). 장기근속 직원이 많은 것의 영향이 클 것이다.

③ 경상 운영비 지원이 빈약하다

공익 기능을 유지하기 위해서는 경상비가 지원되어야 할 것인데 중앙정부는 시설·장비에 대한 투자만 지원하며 경상비는 지방자치단체가 지원한다. 서울 등 대도시와 수도권에서는 지자체의 재정 상태가 좋으나 강원도 등 농어촌 지역에서는 지자체 재정이 열악해, 경상비 지원에서 시·도 간 격차가 아주 크다.

2010년에 각 지자체가 지방의료원에 지원한 경상운영비가 개소당 평균 8억 원이지만 서울과 광역시를 제외한다면 개소당 3억 4,000만 원에 불과하다.[35] 공익적 기능에 따르는 결손액이 개소당 30억 원을 웃도는 것을 감안할 때 경상비 지원 확대가 반드시 필요하며 지자체의 재원이 제한적이므로 중앙정부의 지원이 필요하다. 지역거점병원 육성 정책 사업에 시설·장비 지원에 더하여 공익적 기능을 위한 운영비 지원이 포함되어야 할 것이다.

④ 위탁의 효과가 제한적이다

전라북도가 군산의료원을 1998년부터 원광대학교 병원에 위탁 중이고, 경상남도가 마산의료원을 1997년부터 경상대학교 병원에 위탁하고 있다. 각 대학이 소속 교수를 지방의료원장으로 임명하고 교직원 일부를 지방

---

35 「지방자치단체의 경상비 지원 현황」, 2012년 지역거점 공공병원 국고지원사업 신청서에 근거.

의료원에 근무하게 한다. 위탁의 가장 큰 효과는 대학병원의 교수진 혹은 여기서 배출된 우수한 의료진이 지방의료원에서 진료하여 의료 서비스의 질을 높이는 것이다. 한편으로, 지방의료원의 공공적 특성과 지역사회에 대한 책임을 대학병원이 낯설게 여기며 쉽게 수용하지 못하는 점은 부정적 측면이라 할 수 있다. 과거에 경기도가 이천의료원을 1998년부터 고려대학교 병원에 위탁하였다가 2003년에 해지하였고 경상북도 울진군이 울진군의료원을 2002년에 경북대학교 병원에 위탁하였다가 2010년에 해지하였다. 위탁을 해지한 지자체에서는 애초 기대했던 효과를 얻지 못했던 것으로 알려져 있다.

현재 위탁 중인 군산·마산의료원의 1인 1일당 평균 진료비가 건강보험·의료급여 양쪽에서 비(非)위탁 의료원의 평균보다 30%가량 더 높고, 진료 환자 중 의료급여 환자의 비중은 비(非)위탁 의료원 평균의 66%밖에 되지 않는다.[36] 위탁 의료원에서 저소득 계층의 이용이 줄어든 것이 환자의 경제적 부담 때문일 가능성을 보여준다. 또한 위탁 의료원은 지역사회 대상의 공공보건 프로그램을 추진하는 데에 소극적 경향을 보인다. 대개 지방의료원이 어려운 경영 여건에도 불구하고 공공보건사업 전담 부서를 별도 설치하고 치매 환자 주간 보호, 취약 계층 가정간호, 만성질환 관리 등 지역 보건 프로그램을 수행하는 데에 상당한 열의를 보이나 위탁 의료원에서는 이와 같은 활동이 미흡하며 진료 외에 지역사회와 관계에서 상대적으로 소원한 편이다.

---

36 「2008~2009 지방의료원 결산서」 분석.

4. 정책 과제

1) 공공보건의료체계 개편 및 효율화

① 공공보건의료 기본계획

공공보건의료 서비스에 대한 정부의 관리 및 지원 행정을 체계화한다. 보건복지부가 공공보건의료 정책의 중심 부처[37]로서 정부 내 7개 부처의 조정협의 체계를 구축한다. 최근 개정된 「공공보건의료에 관한 법률」(2011. 12. 30. 개정)에 의하면 정부가 공공보건의료 기본계획을 5년마다 세우고 추진하게 되어 있으므로[38] 공공보건의료체계 전반의 개편 및 효율화 방안을 수립하고 이를 기본계획에 반영한다.

정부의 공공의료 정책이 지역 현장에서 구현되게 한다. 「공공보건의료에 관한 법률」에 의해 시·도 및 공공 단체[39]도 정부의 공공보건의료 기본계획에 근거하여 시행계획을 수립하게 되어 있다. 시·도 및 공공 단체가 지역 혹은 관련된 대상 인구의 보건의료 수요와 공급을 파악하고 이에 근거한 공공보건의료 시행계획을 수립하게 한다.

② 공공보건의료기관 간 연계 협력

공공보건의료기관 간 기능 연계 및 협력체계를 강화한다. 공공보건의료기관에는 국립병원, 국가가 설립한 법인체 병원, 시·도립병원, 지자체가 설립한 법인체 병원, 공공 단체에 소속된 병원, 보건소 등이 있다.

---

37 정부 부처 중 공공보건의료기관을 소속 혹은 산하 기관으로 두고 운영하는 7개 부처는 보건복지부, 교육과학기술부, 노동부, 보훈처, 행정안전부, 법무부, 국방부이다.
38 「공공보건의료에 관한 법률」 제4조 1항.
39 공공 단체는 공공병원을 운영하는 근로복지공단, 한국보훈복지의료공단, 대한적십자사 등이다.

각기 소속된 부처·부서·조직이 다르고 담당하는 보건의료의 분야·단계·대상이 다르다 하더라도 서비스 제공을 위해서는 폭넓게 연계 협력할 수 있도록 제도적 방안을 마련한다.

2) 공공의료 의사 · 간호사 공직 신설

① 전국 혹은 권역 단위로 임용하는 공직

의사·간호사가 안정적으로 공공의료 분야에 소속되어 일할 수 있도록 공직 제도를 신설한다. 현재와 같은 병원 단위의 1~2년 단기 계약직이 아닌, 전국 혹은 권역 단위로 안정된 신분으로 장기 임용하는 의료인 공직을 신설하여 젊고 우수한 전문인이 선호하는 직제로 발전케 한다. 보건복지부 소속 혹은 산하 기관에 직제 운영의 중심을 둔다.

② 의료인과 의료기관의 동반 발전

공직에 소속된 의사·간호사에게 개인의 발전 기회를 보장한다. 젊고 의욕적인 의료인이 공공의료를 직장으로 선택하였을 때 업무적 성취와 더불어 학문적 성과까지 생산할 수 있도록 제반 여건을 제공하여, 이를 거름으로 공공의료가 발전하며 의료인 개인도 사회적 지위를 누릴 수 있게 한다. 특히 취약지, 취약 분야에서 일정 기간 근무한 의료인에게 우선적으로 발전 기회를 제공하여 공공의료에 대한 헌신과 기여에 대해 그 보상이 상응하게 한다.

3) 지역거점병원 육성 강화

① 지역거점병원 확대

지방의료원과 같은 지역거점 공공병원을 인구 5만~30만 혹은 시·군·구 단위로 설치한다. 지역거점병원은 급성기 2차 진료와 포괄적 서비스를 제공하며, 시·군·구 보건소와 함께 정부 및 지자체의 정책을 수행한다. 현재 급성기 병상이 과잉 상태임을 감안하여 공공병원의 신설 또는 민간병원의 공공화 등 지역 여건에 따라 다양한 방안으로 추진한다. 이를 가능케 할 재원을 정부의 중기 재정 계획에 반영한다.

② 양질의 의료, 적정 진료

지역거점병원이 양질의 의료를 제공하여 신뢰받는 종합병원이 되게 한다. 높은 수준의 의료를 제공할 수 있도록 의사·간호사를 충분히 확보하고 전공의 수련과정을 운영하며 대학병원과 교류 협력하고, 훌륭한 치유 환경을 갖출 수 있도록 시설·장비를 정부 및 지자체가 지속적으로 지원한다.

적정 진료를 실천하여 이윤 추구적 진료 관행을 개선하는 데에 모범이 된다. 진료 현장에 필요한 지침이 제공되게 하고 의료진에게 적정 진료를 장려할 경영 여건을 조성하며 정기적으로 평가한다.

③ 저수익 필수의료

응급, 감염병 진료, 호스피스, 재활 등 저수익 필수의료를 제공하는 거점이 된다. 지역이나 여건에 따라서는 중환자 진료, 분만, 신생아관리, 소아청소년과 진료도 필수의료에 포함되어야 하며 만성질환자의 자가 관리를 위한 교육상담 등도 저수익 필수의료에 포함한다.

④ 지역 보건 프로그램 제공 및 취약 계층 지원

보건소의 지역 보건사업에 협력하며 취약 계층을 지원한다. 지역에는 다양한 계층과 대상이 존재하여 다양한 사업을 요구하나 보건소가 이를 다 감당할 수 없다. 치매환자 관리, 취약 계층의 가정간호, 지역 정신보건, 지역 재활, 빈곤 아동의 건강 보호, 사각 계층의 의료 지원 등 여러 사업에서 전문의·가정간호사·영양사·물리치료사·사회복지사 등 전문 인력을 보유한 종합병원이 필요하므로 지역거점병원이 협력 지원한다.

⑤ 공익적 기능에 대한 운영비 지원

저수익 필수의료, 지역 보건 프로그램, 취약 계층의 의료 안전망 등 공익적 기능의 비용을 정부와 지자체가 지원한다. 저수익 혹은 비수익의 공익적 보건의료 서비스의 범주를 정의하고 지역별 여건 및 병원의 활동량에 근거한 운영비 산출 기준을 마련하여 국비·지방비 재원의 비용 지원을 제도화한다. 이를 가능케 할 재원을 정부의 중기 재정 계획에 반영한다.

⑥ 시민 참여 공공의료

지방의료원 법률이 명시한 이사회의 거버넌스를[40] 활성화한다. 소비자를 대표하는 이사를 선임하여 의료를 이용하는 시민의 목소리가 병원 운영에 반영될 수 있게 한다. 시민이 사업계획·시행·평가에 이르기까지 여러 과정에 폭넓게 참여하여 지역거점병원이 개방적 방식으로 투명하게 운영될 수 있게 한다.

---

40 「지방의료원 설립 및 운영에 관한 법률」 제8조.

4) 의료전달체계 강화

① 동네 의원, 2차 병원, 3차 대형 병원의 단계별 기능 정립

보건의료 서비스 전달의 단계별 기능을 구분하고 각 기관은 자기 해당 단계의 기능에 충실하게 한다.

② 건강보험수가 체계에 의료전달체계 반영

병원이 의료전달체계의 자기 기능에 적합하게 진료하였을 때 가장 높은 수익을 올릴 수 있게 수가 체계를 운영한다.

5) 지역별 병상 총량 관리

① 상당한 규모 이상이라야 입원 병상을 운영 가능

상당한 규모 이상의 병원에 한하여 입원 진료를 제공하도록 한다.

② 지역별 병상 총량 관리

지역별 인구 및 이용량에 근거하여 병상 총량을 관리한다.

지역거점병원의 기능 목표

지역 필수의료 제공의 보편적 거점

- 급성기 2차 진료: 응급, 분만과 신생아, 수술과 입원
- 만성질환의 중증화 차단: 조절율 관리, 자가 관리를 위한 교육상담
- 감염병 집단 발생에 대한 지역 단위의 대응 거점

● 예방과 재활: 정기 건강검진, 장애인 재활치료

적정 진료 선도의 거점

● 진료행태 적정화 유도와 모니터링
● 건강보험 지불제도 개선을 위한 시범 기관

건강 격차 해소의 거점

● 취약 계층의 의료 안전망
● 지역 복지 서비스에 대한 의료 협력

보건소-공공병원 협력의 거점

● 보건소의 지역 보건 프로그램(건강증진 · 질병관리 등)을 협력 · 지원
● 국립대학 병원 등 공공병원 간 기능 협력

주민이 참여하는 공익 의료의 거점

● 의료 주민(시민)위원회 등, 주민 참여 활성화
● 계획, 사업 수행, 평가, 대안 제시 등 과정 전반에 주민이 참여

공익 의료에 대한 공적 자금 지원의 거점

● 비수익 필수의료에 대한 인정 기준 및 비용 산출 기준 확보
● 정부와 지자체로부터 비용 지원

참고문헌

관계 부처 합동, 『지속가능한 보건의료체계 구축 공공보건의료 확충 종합대책』, 2005. 12. pp. 67-73.
김용익 등, 『보건의료체계 공공성 강화 방안 연구』, 국회 보건복지위원회, 2002. 4.

김용익 등, 『사립대병원 발전 방안』, 전국보건의료산업노동조합 · 서울대학교의학연구원 의료관리학연
　구소, 2010.

박형근, 「지역거점 공공병원 발전 방향과 과제」, 전현희 의원실 주최 토론회, 2010. 12.

보건복지부 · 국립중앙의료원, 「2010년 지방의료원 운영 진단 및 개선 방안 연구-부산의료원 · 대구의
　료원 · 남원 의료원」, 2011. 8.

보건복지부 · 국립중앙의료원, 「2011년 지역거점 공공병원 운영 평가 결과 보고서」, 2011. 12.

보건복지부 · 국립중앙의료원, 「2011년 지방의료원 운영 진단 및 개선 방안 연구」, 2011. 12.

서울대학교병원 부설 병원연구소, 『시도립병원 운영 개선 방안』, 1981.

정영호 등, 『보건의료 부문의 거버넌스 현황과 발전 방향』, 한국보건사회연구원, 2006.

Arnstein, Sherry R., A Ladder of Citizen Participation, Journal of the American Institute of Planners
　1969; 35(4); 216-224.

OECD 2007 Health Data.

OECD 2010 Health Data.

[참고] 전국 지방의료원 현황

연번	시도	지방의료원			시·군·구[41]	
		병원명	종별	병상 수	수	지방의료원 평균 수
1	서울특별시	서울의료원	종합병원	500	25	0.04
2	부산광역시	부산의료원	종합병원	558	16	0.06
3	대구광역시	대구의료원	종합병원	497	8	0.13
4	인천광역시	인천의료원	종합병원	181	10	0.10
-	광주광역시	-	-	-	5	0
-	대전광역시	-	-	-	5	0
-	울산광역시	-	-	-	5	0
5	경기도	경기의료원 이천병원	병원	125	31	0.19
6		경기의료원 수원병원	종합병원	148		
7		경기의료원 포천병원	종합병원	167		
8		경기의료원 안성병원	종합병원	151		
9		경기의료원 의정부병원	종합병원	244		
10		경기의료원 파주병원	종합병원	110		

11	강원도	원주의료원	종합병원	250	18	0.28
12		강릉의료원	종합병원	108		
13		속초의료원	종합병원	180		
14		영월의료원	종합병원	190		
15		삼척의료원	종합병원	130		
16	충청북도	청주의료원	종합병원	480	12	0.17
17		충주의료원	종합병원	257		
18	충청남도	천안의료원	종합병원	120	16	0.25
19		공주의료원	종합병원	227		
20		홍성의료원	종합병원	435		
21		서산의료원	종합병원	240		
22	전라북도	군산의료원	종합병원	460	14	0.14
23		남원의료원	종합병원	350		
24	전라남도	순천의료원	병원	317	22	0.14
25		강진의료원	병원	133		
26	전라남도 목포시	목포의료원	종합병원	220		
27	경상북도	포항의료원	종합병원	264	23	0.17
28		안동의료원	종합병원	271		
29		김천의료원	종합병원	193		
30	경상북도 울진군	울진의료원	병원	105		
31	경상남도	마산의료원	종합병원	231	18	0.11
32		진주의료원	종합병원	247		
33	제주도	제주의료원	병원	297	2	1.00
34		서귀포의료원	종합병원	212		
평균				253		0.15

자료: 2011 지역거점 공공병원 운영 평가 병원 현황표(2010년 말 기준).

---

41 행정안전부. 지방자치단체 홈페이지(www.mopas.go.kr).

1차 의료의 현실과 과제

나백주 · 서울시립 서북병원 원장

왜 1차 의료가 중요할까? 보건의료란 병을 치료하는 측면도 있지만 병이 생기지 않게 하는 것도 중요한 임무이다. 아픈 사람을 치료하는 것도 중요하지만 아프지 않도록 도와주는 것도 중요하다. 특히 질병은 주민들이 생활하고 있는 생활 현장에서 비롯되기 때문에 생활 현장에서부터 적극적으로 막아내는 것이 최선이라고 할 수 있다.

한국 사람들은 흔히 1차 의료 하면 의원 진료실에서 의사가 하얀 가운 입고 앉아 찾아 오는 환자를 진찰하는 모습을 생각한다. 가정이나 직장에 찾아가 직접 건강관리를 해주는 것도 1차 의료로 생각하는 사람은 많지 않는 것이 현실이다. 그러다 보니 지역사회에 병이 생기는 원인은 뒷전으로 밀리고 병원에 찾아오지 않는 다수의 만성질환자나 잠정적 건강 고위험자는 보건의료 영역에서 사각지대에 놓여 있다.

의사는 다리가 튼튼해야 한다

「간장선생」이라는 일본 영화에서 주인공 의사는 이런 말을 한다.

"의사는 다리가 튼튼해야 한다. 의사는 주민들이 힘들어하는 현장 곳곳에 가서 치료를 하고 교육도 해야 하니까 의사한테는 다리가 생명이고 다리가 아주 중요하다."

2009년 국민건강영양조사 결과에 의하면 30세 이상 성인 가운데 고혈압에 이환되어 있는 것으로 추정되는 인구는 약 972만 명이다. 그 가운데 적절히 조절되는 사람은 단지 37.5%로, 그 나머지는 고혈압을 모르거나 알아도 치료받지 않는 사람인데 이 인구 규모가 약 400만 명으로 나타나고 있다.

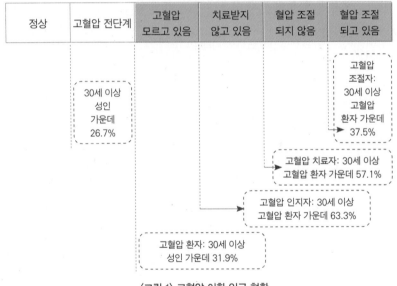

정상	고혈압 전단계	고혈압 모르고 있음	치료받지 않고 있음	혈압 조절 되지 않음	혈압 조절 되고 있음

30세 이상 성인 가운데 26.7%

고혈압 조절자: 30세 이상 고혈압 환자 가운데 37.5%

고혈압 치료자: 30세 이상 고혈압 환자 가운데 57.1%

고혈압 인지자: 30세 이상 고혈압 환자 가운데 63.3%

고혈압 환자: 30세 이상 성인 가운데 31.9%

〈그림 1〉 고혈압 이환 인구 현황

자료원: 2009년 국민건강 영양조사 결과

이는 만성질환자들이 스스로 건강 상태를 점검하지 않고 있으며 의료 이용 과정에서도 체계적인 관리가 되지 않고 있음을 보여주고 있다.

당뇨를 예로 들어보면 한국은 OECD 국가 가운데 당뇨 사망률이 2위를 차지하고 있다.

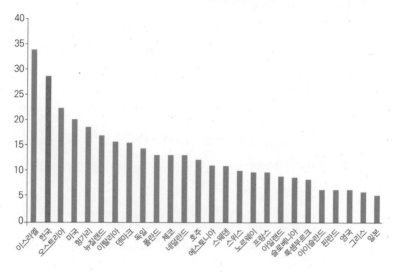

〈그림 2〉 OECD 국가들의 인구 10만 명당 당뇨 사망률

*자료: OECD Health data 2010.

2009년 국민건강영양조사 결과를 보면, 의사에게 당뇨로 진단받은 30세 이상 성인 가운데 당뇨 합병증 검사를 받은 사람들 비율은 약 36%에 불과하다. 2005년 국민건강영양조사 자료에서는 현재 당뇨 치료 중이라고 응답한 사람 가운데 당뇨병 교육을 전혀 받아본 적이 없다고 한 사람이 70%나 되었다고 한다.

실제 주변의 당뇨 환자 가운데서 유명한 대학병원 의사에게 당뇨약을 처방받지만 워낙 환자를 많이 보기 때문에 진료실에서 체계적인 당뇨 교육을 기대하기 어렵다고 하소연하는 경우를 흔히 볼 수 있다. 그렇지만 고이태석 신부의 활동을 떠올려보면 진짜 1차 의료가 무엇임을 쉽게 짐작할 수 있다. 그는 진료실에 앉아 환자를 기다린 것만이 아니라 지역의 환자들을 찾아다니며 직접 약도 주고 교육도 하는 모습을 보여주었다. 물론 지금도 일부 의사 및 보건소가 진료와 예방을 결합하기 위해 노력하고 있지만, 앞에서 여러 수치로도 확인했듯이 한국의 1차 의료 관련 시스템 및 문화는 매우 척박한 실정이다.

주민생활을 중심으로 생각하는 1차 의료

1차 의료의 중심은 보건의료기관인가? 아니면 주민인가? 이는 1차 의료를 정의하는 데서 매우 중요한 개념이다. 사람들은 흔히 1차 의료라고 하면 보건의료기관을 중심으로 생각하기 쉬운데 이는 문제가 있는 접근이다. 즉, 1차 의료를 보건의료기관, 즉 병의원 및 보건소를 중심으로 생각하면 주민이 치료를 받아야 할 사람인지 여부를 판단하는 문지기 기능을 중요한 기능으로 여기기 때문이다. 하지만 주민을 중심으로 1차 의료를 생각하면 바람직한 건강 지식과 습관을 형성하는 데 필요한 정보 채널을 문지기 기능으로 파악하게 된다. 이는 중요한 구분이다. 보건의료기관을 중심으로 한 1차 의료 개념이 주민을 대상화하는 것이라면 주민을 중심으로 한 1차 의료 개념은 주민이 건강정보 생성과 유통의 중심이기 때문에 그들의 건강습관과 지식을 변화시키기 위해 주민을 이해하는 것과 주민의 눈높이에 따른 보건의료 접근이 강조되기 때문이다.

이와 비슷하게 새로운 개념 정립이 필요한 것이 '보건의료 전달체계'이다. 환자가 의원에 왔으면 다음에는 병원에 가고, 그것도 안 되면 종합병원에 가고, 그것도 안 되면 큰 대학병원에 보내는 것을 전달체계로 생각하기 쉽지만 보건의료 전달체계의 본래 의미는 주민들이 지금 생활하고 있는 삶의 현장에서 충분한 보건의료 서비스를 누릴 수 있도록 보건의료 서비스를 체계적으로 조직화하는 것이다. 그러한 조직화 과정에서 1차 의료는 주민이 생활하는 삶의 현장에서 가장 가깝게 보건의료 서비스를 제공하는 역할을 담당하고 있다. 따라서 단순히 경증 질병을 치료하고 중증 여부를 판단하는 것만이 아니라 주민의 건강 인식과 태도를 평가하고 나아가 다양한 보건사업과 환경 개선을 함께 제공하는 것이야말로 진정한 1차 의료라고 할 수 있다.

고혈압, 당뇨 등 만성질환에 대한 1차 의료를 예로 들어보면 지역사회에서 고혈압, 당뇨에 대한 지식수준을 높여 지속 치료 및 합병증 검진율을 높이는 활동을 모두 1차 의료 활동이라고 할 수 있다. 이렇게 보면 1차 의료라는 말은 의원을 뜻하는 것이기보다는 전체 주민들에게 기본 의료를 제공하는 것에 더 가깝다.

한국의 1차 의료는 활성화되어 있는가?

한국의 1차 의료 상태를 점검하기 위해서는 크게 의원급 보건의료기관의 기능과 주민의 건강관리 수준을 점검하는 것이 핵심 접근이라고 할 수 있다.

구체적으로 살펴보면 2000년 전체 의료기관의 외래 진료비에서 의원 외래 진료비가 차지하는 비중은 53.5%였으나, 2010년 통계에서는 28.4%로 크게 줄어 의원급 의료기관의 위상이 줄어들었음을 보여주고 있다. 이는 같은 기간 의원의 진료비 증가폭이 약 2배인 것에 비해 상급 종합병원, 종합병원, 병원의 외래 진료비 증가폭이 약 3배로 훨씬 높은 것을 볼 때도 분명히 알 수 있다(표 1).

〈표 1〉 2000년과 2010년의 요양기관 종별 외래 진료비 비중과 내원 일당 진료비 비교

	2010년				2000년			
	외래 진료비(A)	총 외래 진료비 가운데 비중	내원 일당 진료비(B)	A/B	외래 진료비(A)	총 외래 진료비 가운데 비중	내원 일당 진료비(B)	A/B
상급 종합병원	2,543,390,633	8.7	76,170	33,391	912,293,323	11.7	55,478	16,444

종합병원	2,342,035,573	8.0	47,099	49,726	898,987,741	11.6	33,707	26,671
병원	1,288,322,396	4.4	26,626	48,385	376,337,878	4.8	20,429	18,422
의원	8,306,693,633	28.5	16,513	503,045	4,160,198,388	53.5	12,822	324,458
보건기관	172,643,209	0.6	10,318	16,732	149,662,737	1.9	8,092	18,495
총 외래	29,189,524,791	100.0			7,773,493,250	100.0		

자료원: 2000년, 2010년 『건강보험통계연보』.

　이러한 1차 의료의 기능 약화는 특히 저소득 계층 및 노인 계층 등 보건의료 취약 계층의 의료 이용과도 밀접한 관련이 있다. 구체적으로 기초생활보장 수급자들이 주로 대상이 되는 의료급여비 보조 제도의 운영 위기를 들 수 있다. 2011년 10월 이후 의료급여비 지출 규모가 책정한 예산 규모를 상회하여 연말 미지급액이 4,000억 원에 이를 것으로 예상되는데, 이는 2010년에 비해 약 1,000억 원이 늘어난 규모이다. 이는 병원 진료비의 증가에 기인한 부분이 크며, 의료급여 수급자도 1차 의료기관보다 2·3차 의료기관을 더 많이 이용했기 때문이다. 실제 2011년 총 의료급여 비용의 구성을 살펴보면 의원을 이용한 비용은 14.37%, 보건기관을 이용한 비용은 0.24%인데 반해 병원은 34.74%, 종합병원은 21.55%로 대부분을 차지하고 있다. 이러한 진료비 비중은 2010년에 비해 의원은 1.1% 증가한 것인데, 이는 병원이 9.16%, 종합병원이 1.24% 증가한 것에 비해 미미한 증가라고 볼 수 있다.[1]

　한편 주민의 건강관리 수준이 낮은 것은 한국이 아직도 높은 남성 흡연율을 보이고 있고[2] 나날이 청소년 비만율이 급격히 높아지고 있는 점 등을 사례 가운데 하나로 들 수 있다.[3] 이외에도 한국인의 만성질환으로 인

---

1 http://www.medifonews.com/news/article.html?no=88353.
2 보건복지부 2011년 7월 20일 대한민국 성인남성 흡연율 관련 보도자료.

한 입원율이 OECD 국가들 가운데서 3번째로 높으며 조절되지 않는 당뇨 입원율이 OECD 국가에서 가장 높은 것 등은 바로 이러한 한국의 1차 의료 기능 문제를 단적으로 보여주는 것이다.

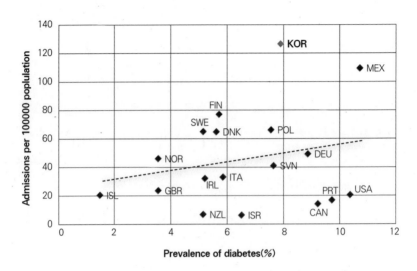

OECD 국가 가운데 조절되지 않는 당뇨 질환 입원율과 당뇨 유병율

자료원: International Diabetes Foundation(2009) for prevalence estimates; OECD Health Data 2011 for hospital admission rates.[4]

그렇다면 한국의 1차 의료가 부진한 이유는 무엇일까? 다양한 원인이 있을 수 있지만 치료와 예방 서비스의 연계 및 통합이 미흡함을 핵심 요인으로 들 수 있다. 즉, 치료 서비스는 제공되고 있지만 예방 서비스가 부족하며 설사 이 두 서비스가 지역에 제공되고 있다 하더라도 체계적으로 통합 연계되고 있지 못하기 때문이다. 한국에서 의원 등 1차 의료의 대부

3 2012 청소년 통계. 통계청. 여성가족부.
4 김선민. 「OECD가 본 한국의 의료제도」. 2012년 4월 17일 한국농촌의학지역보건학회 춘계학술대회 발표자료에서 재인용.

분을 담당하는 보건의료기관은 의원에 내원하는 환자들에 대해 치료 서비스를 위주로 제공하고 있고 예방 및 보건교육 서비스 제공은 미흡한 실정이다. 한편 만성질환이 있더라도 검진을 통해 파악하지 못하거나 혹은 만성질환 보유를 알고 있더라도 관리받지 않고 있는 주민에 대한 상담 등 서비스는 주로 보건기관 등이 맡고 있다. 하지만 도시지역은 인구수에 비해 보건기관이 너무 적어 치료 서비스는 충분하지만 예방 서비스를 접할 수 있는 기회가 매우 빈약하다. 한편 농촌지역은 읍면 단위까지 보건지소가 설치되어 있지만 주로 치료 서비스에 중점을 두고 있고 예방 서비스는 미약한 실정이다. 보건기관이 가까이에서 검진 여부를 파악하고 검진에서 이상 소견을 상세히 설명해주면서 생활습관 개선을 지도해주고 주민이 직접 문제를 깨닫고 개선할 수 있도록 도와주어야 한다. 또한 의료 이용이 필요함에도 의료 이용을 하지 않는 사람들에게 적절한 의료 이용을 안내해주고, 지속적인 의료기관 이용이 이루어지도록 지지를 하는 것도 필요하다. 무엇보다 지역 주민들이 스스로 건강관리에 나서도록 다양한 주민조직을 만들고 주민 활동이 활발하게 되도록 여건을 만들며 보건교육을 시행한다면 관내 주민들의 건강은 크게 향상될 수 있을 것이다.

이 외에도 지역사회에 1차 의료를 적절히 지원하는 지역거점 공공병원이 부족한 것도 문제이다. 단순한 병원이 아니라 1차 의료의 다양한 예방활동을 지원하는 병원, 즉 예방 중심의 2차 병원도 1차 의료 활성화에 중요한 역할을 한다. 일선 보건소 직원들은 만성질환 관리사업을 시행할 때 대상 환자에게 합병증이나 다른 중증 질환이 의심될 경우 전문 의사가 있는 종합병원 등의 자문이 아쉬울 때가 많다고 한다. 그런데 보건소에서 관리 중인 만성질환자는 대부분 가난한 분이 많아 스스로 병원에 가지 못하는 경우도 있고 또 보건소 간호사들도 종합병원 전문 의사는 매우 바쁘고 쉽게 만날 수 없다는 인식을 가지고 있기 때문에 자문받기가 어렵다고 한다. 건강관리 중간에 적절한 전문 의료 서비스 연계를 제공할 수 있는 예방 중심의 병원이 중요한 이유이다. 이러한 병원은 원래 지역의 공립병원(지방의료원 등)이 수행해야 하지만 공립병원도 일반 민간병원과 비슷한 구조를 가지고 운영하고 있어 당연히 보건사업 지원 등을 수행하지 못하고 있는 실정이다. 따라서 기존 지방의료원 등 국공립병원의 공공보건사업실을 중심으로 새로운 보건사업의 모델을 만드는 것이 필요하다고 할 수 있다.

한국에서는 환자가 병원에서 퇴원할 때 입원했던 그 병원 외래로 계속 내원하기를 요청하는 경우가 흔하다. 그 환자가 사는 동네의 의원이나 보건소에서 관리하도록 배려하는 경우는 매우 드물다. 이 경우 보통 의원보다 병원은 환자 거주지로부터 거리가 먼 경우가 많아서 환자 입장에서는 병원까지 이동에 따른 비용도 많이 들어갈 뿐 아니라 환자 생활과 밀착된 건강관리가 되지 않을 가능성이 높다. 한국 사회에서 1차 의료가 어려운 이유 중에 지역거점 공공병원, 즉 예방 활동을 중심으로 운영되는 공공병원이 부족한 것도 포함되는 이유가 여기에 있다. 지역의 국공립병원의 공공보건사업 기능도 중요한 1차 의료 모델의 구성 요소임을 알아야 한다.

저소득 계층에 대한 1차 의료는 특히 사회복지 시스템과 협력 연계가 필수적인데 이러한 부분도 취약하다. 즉, 사회복지를 담당하는 공무원 인력도 부족하여 생활보장 수급자의 행정 처리에 급급한 실정이기 때문에 저소득 계층 거주 여건 및 생활을 고려한 예방적 건강관리가 어렵다.

이상의 이유들이 1차 의료의 위기를 초래하는 원인을 구성하고 있다. 1차 의료의 기능 약화는 환자가 느끼는 1차 의료의 매력이 감소된 것으로 표현될 수 있다. 환자가 생각할 때 1차 의료 영역에서 건강 문제가 돌봄을 받는다고 생각하면 구태여 2·3차 의료기관 이용을 선호하지 않을 것이기 때문이다. 따라서 1차 의료 활성화를 위해서는 간단한 질환에 대한 상급 종합병원 외래 이용 진료비를 인상해서 못 가게 하는 규제 위주 접근보다는 오히려 1차 의료에 대한 기능 강화에 투자를 해서 1차 의료 영역을 매력적으로 하는 것이 필요하다.

앞으로 1차 의료를 어떻게 할 것인가?

1차 의료를 강화한다는 것은 관리 의료(Managed Care)를 강화한다는 의미를 가지고 있다. 즉, 경증질환 치료를 포함한 건강관리 영역은 사는 곳과 가까운 1차 의료기관에서 의료 이용을 하도록 관리하는 개념이다. 하지만 이제까지 한국의 환자들에게는 자유롭게 의료기관을 선택하는 환자의 의료기관 선택권이 발달해왔다. 환자의 자유로운 선택이 나쁜 것은 아니지만, 이를 너무 방치하다 보면 꼭 필요한 건강관리 안내가 제대로 되기 어렵다. 그렇다고 해서 억지로 제한하는 것은 시대적 흐름과 방향이 맞지 않는 문제를 가지고 있다.

따라서 1차 의료를 강화하기 위해서는 1차 의료기관이 편하고 유익하다는 인식을 주민들에게 알려 자연스럽게 이용하도록 하는 것이 필요하다. 이를 위해서는 보건기관에서 지역사회와 밀착하여 건강관리를 담당하는 전문 인력을 양성하여 배치하는 한편 1차 의료기관에 정기적으로 찾아가 해당 의사와 협조하여 잘 관리하지 않는 만성질환자들에 대한 체계적 관리를 시행하는 등 민관 협력적 1차 의료 강화 노력이 이루어져야 한다. 이러한 시스템은 읍면동에 보건소 방문건강관리 인력을 정규직화해서 전진 배치(소속이 읍면동에 있거나 혹은 보건소에 소속되지만 읍면동에 매일 출장하는 형태도 가능)해야 할 필요가 있다. 또한 지역 내 공공병원을 강화하여 동네의원 및 보건소와 진료 및 보건사업 측면에서 자문 및 지원이 일어나도록 하는 것도 매우 중요하다. 동네 의원 및 보건소 진료실은 치료를 받으러 오는 사람을 대상으로 체계적인 진료 및 건강관리를 제공하고, 보건지소 및 주민자치센터 기반 건강관리 서비스는 질병이 있으되 치료받지 않는 만성질환자, 질병 위험 요인 보유자, 미검진자 등을 대상으로 적절한 치료 권유와 건강한 생활습관을 지도하는 개념이 도입되는 것이 바람직하다. 이러한 진료 기반 건강관리를 '주치의 제도'라고 하고, 읍면동 단위 보건지소 및 주민자치센터 기반 건강관리 서비스는 '지역사회 건강관리 제도'라고 하여 양자의 조화를 이루어가는 것도 좋겠다.

주치의 제도와 지역사회 건강관리 제도

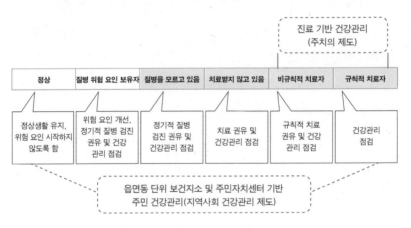

〈그림 3〉 주치의 제도와 지역사회 건강관리 제도의 역할 분담 개념도

주치의 제도는 의미가 매우 큰 제도이다. 안정적으로 의사를 찾아서 꾸준히 건강관리를 할 수 있도록 도울 뿐 아니라 주치의가 적절한 검사와 입원 수술 등 2·3차 의료 이용의 안내자가 되는 역할을 제도화하자는 것이다. 이는 환자의 불필요한 의료 이용을 최소화하면서도 꼭 필요한 의료를 이용하도록 하자는 취지이다. 또한 환자와 지속적인 관계를 맺어 환자를 가장 잘 아는 의사가 주도하여 건강관리를 하자는 것이다. 그러나 지역

사회의 모든 환자가 의사를 방문하는 것이 아니기 때문에 주치의라 할지라도 의료 이용을 안 하는 환자나 혹은 흡연이나 과음 등 건강 위험 요소를 가지고 있는 정상인들에게는 영향을 미칠 수 없다는 단점이 있다. 따라서 지역사회 건강관리 제도가 주치의 제도와 더불어 정착되는 것이 중요하다. 건강 문제는 개별적인 것으로 파악되지만 동시에 지역사회 인구집단의 건강 문제와 밀접히 관련되어 있다. 지역사회 주민들의 건강에 대한 태도 혹은 문화가 바람직한 것으로 전환되면, 각 개인에 대해 보건교육과 상담을 하는 것보다 훨씬 빠르고 광범위하며 지속적으로 건강 행태가 개선될 수 있다. 이때 지역사회 건강관리를 활성화하기 위해서는 주민 참여를 통한 보건사업이 중요하다. 그동안 보건사업 역사에서 주민을 동원하는 등 일방적인 보건사업 추진이 대부분 실패하거나 일시적 성과를 거두는 데 그쳤으며 윤리적으로도 부적합하다는 한계를 보여주고 있기 때문이다. 3,000~2만 명의 인구 규모를 갖는 행정단위가 이러한 정부 주도 지역 주민 참여 행정에 적합하다는 연구가 제시되고 있어,[5] 읍면동 단위 보건지소 및 주민센터 기반 건강관리 서비스의 가능성을 보여준다.

도시지역 보건지소 확충 및 주치의 제도 시행은 물론이고 지역거점 공공병원 등을 추진하는 것은 모두 입체적인 1차 의료 체계의 구축 전략이라고 할 수 있다. 이를 위해서는 1차 의료 기능 강화를 위한 연구 및 시범 사업과 교육훈련이 활성화되어야 한다. 1차 의료 영역도 연구할 분야가 많다. 예를 들어 고혈압 환자한테 계속 혈압약 복용 문제만 관심을 가졌는데 그 사람이 나중에 우울증 때문에 자살하는 경우가 있다고 가정을 해보자. 이는 1차 의료 영역에서 환자의 종합적인 건강문제를 파악하는 데

---

5 Peter Somerville, 2011. 곽현근의 「근린지방자치와 공동 거버넌스」, 2011년 지방행정학회지에서 재인용.

실패하여 이에 관한 적절한 건강관리 전략을 구사하지 못한 것과 관련이 있다. 이처럼 1차 의료 영역에서 정신건강 영역을 방치할 경우 어떤 문제가 생기는지 고민하는 것도 중요한 1차 의료 연구 대상이 될 수 있다. 또한 이러한 문제 해결을 위해서는 단순히 의학적인 측면만이 아니고 건강보험수가나 기타 행정 문제가 어떻게 변화해야 할 것인가 하는 문제도 검토되어야 한다. 이처럼 1차 의료 영역은 세부 전문 의학 분야 간의 협력은 물론이고 행정적인 측면까지 함께 검토해야 하기 때문에 그에 따른 전문적 연구가 필요하다고 할 수 있다. 또한 지역사회 주민 참여를 통한 보건사업도 지속적인 연구 개발이 필요한 영역이다.

농촌 보건지소, 도시 보건지소, 지역산업보건센터, 별도의 예산 편성……

보건지소 진료 분야도 연구와 교육이 필요하다. 농촌 보건지소에 가보면 공중보건 의사는 주로 대부분 지소에 내원한 환자를 진료하고 있다. 하지만 실제 지역사회에 내원하지 않는 환자가 더 많다. 주민 건강 문제는 생활 현장에 있기 때문에 공중보건 의사가 내소자 진료만이 아니라 지역사회 방문진료 및 건강관리를 적절히 할 수 있도록 정부 차원의 대책이 시급하게 나와야 한다. 그저 의사가 없는 무의면에 의사 한 명이 가 있으면 1차 의료가 해결된다고 보는 것은 이제 극복되어야 한다. 사실 지금 보건소 진료 문제가 중요하다. 보건소 진료가 전체 진료에서 차지하는 비중은 매우 작지만 빈번하게 문제가 되는 것은 보건소 진료의 질이 낮다는 데 있을 가능성이 높다. 또한 보건소 진료수가가 민간 의원 진료수가보다 낮은데 일부 보건소는 보건소 내소 노인 환자만 노인 약제비 무료 사업을 시행하다 보니 민간 의원으로부터 불만의 대상이 되기도 한다. 여러모로 1차 의료의 모범이 되는 보건소 진료가 되어야 하는데 철학도 없고 원칙도 없다 보니 내외부의 비판 대상이 되고 있는 실정이다.

이뿐만 아니라 영세 사업장이 많은 동네에도 일본처럼 지역산업보건센터가 만들어져야 할 필요가 있다. 이런 지역산업보건센터는 도시지역에서도 2~3개 구청이 동시에 관여하게 되어 있어 일개 구청장이 설립하고 운영하는 데 문제가 있을 수 있기에 광역자치단체 차원에서도 도시 보건지소를 설립할 필요가 있다. 그 외에도 보건지소 기능을 보건소와 별개로 독자적인 지역사회 건강관리 기능을 수행하는 것으로 하는 개정이 필요하다. 현재는 보건소의 기능을 똑같이 수행하는 것으로 설정되어 있다. 즉, 보건소가 미치지 못하는 소외 지역에 보건소 기능을 축소하여 설치하는 일종의 출장소 개념이 보건지소인데, 이는 적절하지 못하다. 시군구 지방자치단체의 보건의료 행정 기능 및 특정 질병 고위험자에 대한 특화된 예방관리가 주된 기능으로 설정된 현재의 보건소 기능과는 구분되는 지역사회 주치의와 건강관리를 현장에서 결합하도록 하는 기능이 별도로 설정되어 이 기능을 보건지소에 특화하는 것이 필요하다.

또한 모든 동에 도시 보건지소를 설립하는 것보다는 일부 지역은 의료협동조합이나 혹은 뜻있는 지역 의사단체가 연계하여 주치의 제도와 지역사회 건강관리 제도를 연계한 모델을 갖추는 것도 바람직하다. 정부는 이러한 기관에 예산을 주고 해당 의료기관이 직원을 뽑아서 도시 보건지소의 기능을 수행하는 방법이다. 다만 정부는 해당 의료기관의 회계가 투명한가, 의사가 지역사회 활동을 할 수 있을 만큼 관계가 형성돼 있고 여력이 있는가 하는 문제 등을 평가하고 인증하고 모니터링해야 한다.

또한 의사회가 1차 의료와 관련해서 많은 역할을 할 수 있도록 정부가 배려해야 한다고 생각한다. 특히 지역 의사회가 지역사회 흡연율을 낮추는 문제, 모유 수유율을 높이는 문제에 대해서 주도적인 역할을 할 수 있도록 하는 동시에 보건소의 파트너로서 자기 역할을 할 수 있도록 정부 차원의 지원이 필요하다.

마지막으로 중앙정부 차원에서 1차 의료 기능 활성화를 위한 별도의 예산 편성이 필요하다. 대형 병원의 건강보험수가를 높이거나 1차 의료 기관의 수가를 낮추는 것만으로는 해결이 어렵다. 1차 의료 기능 활성화에 대한 전략적 투자가 있어야 한다. 특히 지방자치단체가 안정적으로 보건사업을 전개할 수 있도록 별도의 지방 보건 예산을 편성할 수 있도록 제도적 고민이 필요하다. 즉, 지방자치단체로 하여금 보건사업에 쓸 예산을 규모 있는 보건사업 포괄보조금 제도나 혹은 지방자치단체 건강증진기금 제도를 통해 확보하는 한편, 중앙정부는 이러한 예산의 집행이 잘 되도록 계획서 수립 및 평가와 주민 건강 수준 향상(만성질환 합병증 입원율 등) 평가를 적극 시행하고 이를 예산의 집행에 연계하도록 하는 것도 바람직하다.

국가유공자를 위한 보훈병원의 새로운 발전 전략과 과제

주영수 · 한림대학교 의과대학 교수

1. 우리나라 보훈의료의 일반 현황(2009년 현재)

보훈정책은 국가가 위기에 당면했을 때 국가를 위해 희생한 사람들을 대상으로 그들의 희생과 공헌에 상응한 보상과 예우를 위한 정책을 담고 있다. 국가에서는 이러한 보훈정책을 위해 「독립유공자 예우에 관한 법률」, 「국가유공자 등 예우 및 지원에 관한 법률」, 「참전유공자 예우에 관한 법률」, 「5·18민주유공자 예우에 관한 법률」, 「고엽제후유의증 환자 지원 등에 관한 법률」, 「특수임무수행자 지원 및 단체설립에 관한 법률」, 「제대군인 지원에 관한 법률」, 「한국보훈복지의료공단법」 등을 제정하여 제도적으로 뒷받침하고 있다.

보훈병원 진료 대상자는 국비진료 대상자와 감면진료 대상자로 나뉘는데, 애국지사, 국가유공자 중 상이자, 경도 이상의 고엽제후유의증 환자는 모든 질환에 대하여 국비진료가 가능하며, 고엽제 등외자와 경상이군인은 승인 상병에 대해서만 국비진료가 가능하고, 그 외의 보훈 대상자들은 유형에 따라 차등 감면진료가 제공되고 있다. 보훈의료 대상자에게 의료 서비스를 제공하기 위해 전국에 5개 보훈병원과 251개 민간위탁 지정 병원이 있으며 의료 서비스 외에도 재활의료센터, 보장구센터 등을 운영함으로써 보훈 대상자들의 재활을 지원하고 있다. 2009년 1월 1일 현재 243,255명의 국비진료 대상자가 있으며, 1,571,260명의 감면진료 대상자가 있다. 국비에서는 고엽제의증, 감면에서는 유가족의 증가가 두드러진다.

보훈 대상자는 2008년 말 기준으로 평균연령이 65.9세로 노령화가 이미 진행됐으며 이러한 경향은 보훈의료 수요에도 반영되어, 2007년 서울 보훈병원 국비 입원 환자 중 60세 이상이 73.5%에 이르고 있다. 1966년 대규모 월남 파병이 이루어진 것을 감안하면 월남 파병 세대는 이미 60세 이상 연령으로 접어들었으며, 보훈 대상자의 노령화는 당분간 지속되고 심화될 것이다.

1) 관리운영체계

보훈의료를 총괄하는 한국보훈복지의료공단은 국립보훈병원과 국립직업재활원 등 현업 기관과 국가유공자단체후원회와 보훈장학회 등의 국가유공자단체, 그리고 정부가 직영 관리하던 서울목공 등이 합쳐져 1981년 11월 2일 설립되었다. 사업 내용은 크게 국가유공자를 위한 진료, 재활, 복지를 포함한 목적 사업과 유통, 건제, 봉제 사업을 포함하는 수익 사업으로 이루어져 있다. 2008년 말 기준으로 3,147명의 인원이 근무하고 있다.

2) 보훈병원 운영 현황

한국보훈복지의료공단은 「한국보훈복지의료공단법」 제6조에 의해 전국적으로 5곳에 보훈병원을 운영하고 있다. 5개 병원 총 병상 수는 2,710

개이며 광주를 제외하면 외래 및 입원 진료에 상당한 일수의 적체가 나타나고 있다. 5개 병원 모두 높은 병상 가동률을 보이나 평균 재원 일수가 길고 병상 회전율이 낮아 급성기보다는 요양 중심 병원의 모습을 보이고 있다. 2008년도 진료 인원은 국비가 4,558,430명, 사비가 1,216,231명으로 전체 인원 중 국비가 차지하는 비율이 79%에 이르며 진료 금액으로는 국비가 411,763,000,000원, 사비가 111,970,000,000원으로 전체 금액 중 국비가 차지하는 비율 역시도 79%에 달한다. 보훈병원 진료의 대부분을 국비가 차지함을 알 수 있다.

3) 위탁진료 운영 현황

위탁진료 사업은 「국가유공자 등 예우 및 지원에 관한 법률」에 의해 1987년부터 진행된 사업으로 보훈병원이 없거나 원거리에 위치할 경우, 보훈진료 대상자의 편의를 위해 보훈병원 이외의 병원을 지정하여 진료를 받게 하고 위탁진료비를 국가가 부담하는 사업으로, 크게 네 가지로 구분된다. 위탁병원은 해마다 증가하여 2009년 6월 기준으로 251개의 병원이 위탁병원으로 지정되었고 823,000명이 진료를 보았으며 74,798,000,000원의 진료금액을 기록하였다. 위탁진료 예산은 해마다 증가하여 2009년 예산에서는 국비진료 예산과 상응하게 된다.

4) 지불-보수체계

국비수가 중 급여 부분은 보험수가에 일정률을 가산하고 비급여 부분은 국가보훈처장의 승인에 의해 결정한다. 국비환자의 보훈병원 진료비의 경우 2008년 1월 이전에는 보훈처에서 사전에 예산을 받는 총액 예산제였으나 진료비 심사의 투명성을 확보하기 위해 건강보험심사평가원에 위탁하여 심사받은 후 진료비를 정산하고 당해 연도 잔여분 또는 부족분은 차년도 예산에 반영하는 후불제로 바뀌었다.

2. 우리나라 보훈의료체계의 문제점 및 개선 방안(직원 대상 초점집단 면접조사 결과)

1) 인력 관리/병원 운영 현황 및 문제점

인력 관리 측면을 보면, 공단 행정부서 중심의 인력 운영이 비합리적이며 문제가 되고 있다. 행정직은 다른 부서 직원에 비해 경력 인정 및 재입사 과정에서 특혜가 주어지고, 낙하산 인사도 이루어진다. 그리고 병원에서 필요한 의료(지원) 인력은 증가하는 업무량에 맞추어 늘어나지 않아, 병원 규모에 비해 의료(지원) 인력 부족이 심하여 휴가를 사용할 여력조차 없다. 정규직과 비정규직의 직장 내 대우는 예전에 비해 많이 좋아졌으나, 급여와 복지 부분에서 여전히 차이를 보이고 있다. 이 밖에도 정책 결정이 공단이라는 상급 기관에서 이루어져서 현장의 문제들이 잘 반영되지 못하는 문제도 있다.

병원 운영 현황을 보면, 첫째로 의료의 질이 떨어지는 것이 문제점이다. 중증 질환의 경우 환자나 직원들이 보훈병원의 의료진을 신뢰하지 못하고 있다. 직원 혹은 그 가족들이 중증 질환이 있을 경우 대체로 다른 큰 병원에서 진료를 받고 있고 보훈병원 의사 중에서도 소견서를 주면서 다른 병원을 권유하는 경우도 많다. 위탁병원제도 또한 문제점이 있어 가정 간호 혜택이나 호스피스의 확대가 요구되고 있다. 대학병원급 위탁병원의 경우 환자의 급성기적 문제만 해결되면 빨리 퇴원시키려 하고, 이 과정에서 환자들의 만족도가 떨어져 다시 보훈병원을 찾는 경우가 많다. 다른 문제점으로 의료진이 진료 지침을 정하거나 처방을 내릴 때 환자(보훈 대상자)의 요구를 의학적 판단과 관계없이 그대로 반영하는 경우가 많다. 보훈 대상자들이 약을 달라는 대로 약 처방을 해주는 경우, CT 검사 후 곧바로 MRI를 요구하면 그대로 검사하는 경우 등 불필요한 의료 행위가 많이 발생한다. 장기 환자도 문제가 된다. 장기 환자의 경우 3개월 이상 입원할 수 없게 되어 있는데, 이를 편법을 이용하여 입원 상태를 유지하고 있다. 그 결과로 입원 기간이 1,000일 이상인 경우도 있고, 더 길게는 10년이 넘는 경우도 있다. 이 밖에도 간병비 부담 문제, 환자들의 불만이나 요구 사항이 적절히 반영되기 위한 시스템이나 규칙의 부재, 직원들의 잦은 이직 등이 문제이다.

2) 보훈병원 개선 방안

의료의 질을 향상시키기 위해서는, 실력 있는 의사들이 병원에 남지 않아 진료 능력이 갈수록 떨어지므로, 유명 의사 유치도 언론을 통한 홍보도 필요하지만 의사의 급여를 현실화하는 방안이 필요하다.

관리운영체계 측면에서 보면, 다섯 개 보훈병원이 공단에서 분리되어 병원의 정책 결정이나 인사 결정 과정이 공단으로부터 독립적으로 되어야 할 것이다. 현재의 공단 주도적 공단-병원 관계 때문에 병원에서는 진료나 간호부서가 행정직의 눈치를 보는 일도 생기고, 병원 수익이 병원 재투자에 쓰이지 못하고 공단 적자를 메우는 데 사용되는 경우도 있다. 그리고 병원장의 권한이 커져야 하는데, 예산에 대한 권한이나 인사와 관련된 권한 모두를 병원장이 가지고 있어야 한다.

인적 자원에 대한 관리 또한 필요하다. 사실 절대 인력이 부족한 상황에서 인력 조정이 이루어진다면 이는 저임금 비정규직으로 대체될 수밖에 없는 상황이다. 현재 병원에서 부족한 인력을 대체하기 위해 공익요원들이 남자 기능직 직원의 업무를 대신하여 수행하고 있기도 하고, 일부는 의료 행위에 직접적으로 참여하는 경우가 있기도 하다. 사실 공익요원들이 병원 내 부족한 노동력을 상당 수준 대체하는 역할을 하고 있으나 기본적인 자격 조건조차 갖추지 못하고 있다.

3. 외국의 보훈의료체계

1) 미국의 보훈의료체계

미국의 보훈체계는 3개의 하위 분야(VA Business Lines)로 구분되는데, 장해연금 등을 다루는 'Veterans Benefits Administration' 분야와, 의료를 다루는 'Veterans Health Administration', 그리고 국립묘지를 관리하는 'National Cemetery Administration'로 나뉜다.

① VISN(Veterans Integrated Service Network)[1]

2009년 현재 의료 분야(Veterans Health Administration)는 21개의 네트워크를 기본 단위로 하여 관리·운영되는데, 이를 VISN(Veterans Integrated Service Network)이라고 한다. 각 VISN들은 고유한 이름을 갖고 있는데, 지역 혹은 역사적 특성이 반영된 이름으로 불린다. 예를 들어서, 첫 번째 VISN은 뉴잉글랜드 지역 6개의 주(메인, 버몬트, 뉴햄프셔, 매사추세츠, 로드아일랜드, 코네티컷)를 하나로 묶어서 운영되는 것으로서, 'VA New England Healthcare System'이라고 불린다. 또한 11번째 VISN은 3개 주(미시간,

---

1 출처: [미래위총서 15] 『미래사회 대비 평생건강관리체계구축을 위한 지역보건사업 강화 방안』 중에서 197~201쪽[이신호 등, 『보훈의료발전 방안 연구』(한국보건산업진흥원, 2004)에서 재인용한 것임]. 또한 http://www.aamc.org/advocacy/library/va/testimony/2002/091202.htm에 기술된 내용 중 일부를 번역하여 인용 문단 중에 삽입하였다.

인디애나, 일리노이)로 이루어져 있으며 'Veterans In Partnership'이라는 이름으로 불린다.

1996년에 미보훈부와 미연방재정국은 보훈의료 시스템에 대해 전례가 없는 대대적인 리엔지니어링을 시작하였다. 이 새로운 변화를 겪으면서, 독립적이거나 때로는 경쟁적인 커다란 의료기관들을 22개의 통합 서비스 네트워크로 묶었으며, 이러한 새로운 네트워크를 VISN(Veterans Integrated Service Network)이라고 불렀다. VISN은 네트워크 내의 몇 개의 보훈의료 기관들 그리고 그들과 협약을 맺은 의과대학이 서로 협력하여 필요한 의료 서비스를 해당 지역에 거주하고 있는 제대군인들에게 제공하는 방식을 채택함으로써 그간의 비효율과 중복을 줄이고 보건의료 자원의 효율적 활용을 극대화하였다. 또한 의료 서비스 적정성 모델(VERA, Veterans Equitable Resource Allocation)을 22개의 VISN에 채택하게 함으로써, '의료 서비스 제공을 가장 우선적으로 필요로 하는 제대군인의 숫자'에 따라서 재원이 배정되게 하는 등 합리적이고 예측 가능한 방식의 재정 지원 방안을 마련케 하였다. 또한 시설보다 인구집단에 강조를 두는 방향, 즉 상대적으로 큰 의료기관에 의존하던 과거의 시스템으로부터, 외래와 포괄적 1차 의료를 기반으로 하는 지역 보건의료체계에 의존하는 시스템으로 전환하였다.[2]

그 결과, 보훈 대상자들의 의료 이용 양상이 상당히 변화되었는데, 1994년에 비해 1996년의 입원은 13%가 줄었고 외래는 18%나 증가하였으며, 입원일수도 1994년에 1,000명당 3,527일에서 1996년에 2,525일로 무려 32%나 줄어들었다. VISN을 통해 보훈의료체계는 새로운 협력 문화를 발전시켰으며, 네트워크에 기초한 서비스는 과거의 시설과 입원진료 중심의

---

2 전직 'VA Under Secretary for Health'인 'Kenneth Kizer, M. D., M. P. H.'가 주도함.

Veterans Integrated Service Networks:

VISN 1: VA New England Healthcare System
VISN 2: VA Healthcare Network Upstate New York
VISN 3: VA NY/NJ Veterans Healthcare Network
VISN 4: VA Stars & Stripes Healthcare Network
VISN 5: VA Capitol Health Care Network
VISN 6: VA Mid-Atlantic Health Care Network
VISN 7: The Southeast Network
VISN 8: VA Sunshine Healthcare Network
VISN 9: VA Mid South Healthcare Network
VISN 10: VA Healthcare System of Ohio
VISN 11: Veterans In Partnership
VISN 12: VA Great Lakes Health Care System
VISN 15: VA Heartland Network
VISN 16: South Central VA Health Care Network
VISN 17: VA Heart of Texas Health Care Network
VISN 18: VA Southwest Health Care Network
VISN 19: Rocky Mountain Network
VISN 20: Northwest Network
VISN 21: Sierra Pacific Network
VISN 22: Desert Pacific Healthcare Network
VISN 23: VA Midwest Health Care Network

〈그림〉 현재 미국의 21개 VISNs(13, 14번은 없음)

서비스를 대치하여, 환자 중심과 그들의 자원을 조화·협력하는 시스템으로 바꾸어놓았으며 동시에 엄격하게 비용을 관리하였다.

　VISN은 또한 불필요한 행정조직을 없애기 위한 노력을 기울였는데, 행정조직을 수평화했으며 의사소통을 늘리도록 하였다. 각 VISN은 인력 감축을 단행하는 과정에서 매해 1,800만 달러의 예산을 절감할 수 있었으며 또한 권력의 중앙 집중화를 해소하여 본부와 일선의 책임 권한을 재정립하였다. 그 결과 시의적절한 의사결정이 가능해졌으며 용이한 의료 접근, 양질의 의료, 행정의 효율성, 날씬한 행정체계가 가능해졌다. 미 보훈의료체계의 목표는 ① 비용, ② 기술적 질, ③ 접근성 향상, ④ 서비스 만족, ⑤ 기능적 안정으로 정의되었다.

　한편 미보훈부 본부에서도 구조조정을 실시하였는데, 1995년과 1996년에 수립한 구체적인 행동 목표는 다음과 같다. ① 규모를 25%만큼 줄인

Click on the state or the visn number for information about facilities there.

다. ② 정보 담당관, 네트워크 담당관, 재정 담당관, 원격의료 담당관 등의 부서를 신설한다. ③ System Performance를 모니터링하고, 평가하는 전담하는 부서를 신설한다. ④ 실무자를 교육·훈련시킬 수 있는 VALU(VA Learning University)를 신설한다. ⑤ 임상과 연관된 프로그램은 전략적 보건의료 그룹(Strategic Health Care Groups, SHGs)으로 통합한다.

미 보훈의료체계의 구조조정 과정에서는 두 가지 상이한 입장이 경쟁을 하였는데, 하나는 지역사회를 기반으로 하는 근본적인 차원의 변화를 꾀하는 것이고, 다른 하나는 기존의 보훈의료 시스템의 장점(기술적으로 우수함)을 극대화하는 것이었다. 이러한 두 가지 관점은 신진세력과 구세력 간의 역동적인 긴장관계를 형성하였고 결국은 그 과정을 통해 보다 환자 중심의 체계로 거듭나는 계기가 되었다.

역사적으로 과거 50년 동안 미 보훈의료체계는 미국 내 다른 병원들처럼 환자보다는 병원이나 의사 등 서비스 제공자에 더 적합하도록 발전해 왔으며, 서비스의 체계적 연계 등에 초점을 맞추지 않았었다. 보건의료가 기술적인 측면에서만 발전하고 이를 조정해주는 시스템이 없다면 환자들은(의사들도 마찬가지지만) 효율적이고 효과적인 방법으로 의료 이용을 하기 어려워진다. VISN은 특히 복합적이고 만성적인 질환을 가진 사람들의 치료 성적을 향상시켰으며 비용을 낮추고 만족도를 향상시켰고 무엇보다 건강증진과 질병 예방의 혜택을 향상시켰다. 보훈의료체계의 기본 단위인 VISN은 그 자체의 네트워크 안에서 모든 범위의 서비스를 적시에 제공하는 것을 책임지고 해당 네트워크의 예산을 관장하며 각 개별 치료기관의 연결과 각 기관의 임무를 조정하여 인력 활용을 극대화하였다. 또한 비보훈 의료 제공자들과 의료와 비의료 서비스의 계약을 담당하였고 게다가 보훈부 내 다른 부서와의 연결도 해결했었다.

VISN에는 상당한 권한을 지역에 이전시키고 각 지역의 업무 수행에 유리한 환경을 조성하기 위해 '관리지원위원회(Management Assistance Council)' 라는 유연한 조직을 두었고, 전략적으로 4개의 지역에는 '서비스지원센터 (Support Services Center)'를 만들어 VISN의 관리 · 행정 조직을 최소화하면 서도 간부들의 자료 수집, 재정 평가, 기타 필요한 기술적 지원을 규모 있게 할 수 있도록 하였다. 또한 '업무 성과 측정'에 대한 강조가 매우 커졌으며, 특히 엄격한 성과 측정에 대한 필요성이 인식되면서 시스템이 제공하는 서비스가 지역사회 표준을 만족하는지에 대한 점검이 이루어졌다.

② VISN 1 - VA New England Healthcare System(VA NEHS) 소개[3]

VA NEHS는 VISN 1(21개 VISN 중에서 첫 번째)으로, 미국 동북부의 뉴잉글랜드 6개 주(메인, 버몬트, 뉴햄프셔, 매사추세츠, 로드아일랜드, 코네티컷)를 포괄하고 있으며, 8개 구역에 11개의 병원(Medical Centers)과 38개의 지역사회 기반 외래 환자 클리닉(CBOCs, Community Based Outpatient Clinics)[4]과 2개의 독립형 외래 환자 클리닉(Independent Outpatient Clinics), 6개의 요양원(nursing home)[5]과 2개의 가정형 돌봄시설(domiciliary)[6]을 가지고 있다.

VA NEHS는 대략 130만 명의 제대군인이 있는 지역을 관장하고 있으며, 약 1만 명의 직원들을 고용하고 있다. 게다가 많은 임상수련 및 행정수련 참가자들이 의료 서비스 제공과정에서 그들을 지원하고 있다. 매년

---

3 VISN 1으로 VA New England Healthcare System라고도 함(연락처: 200 Springs Road Building 61, Bedford, MA 01730 / http://www2.va.gov/directory/guide/facility.asp?ID=1001).

4 Houlton Satellite Clinic(Houlton, ME)과 Portland Mental Health Clinic(Portland, ME)임.

5 요양원(nursing home)은, '수발과 의료'의 복합시설로서 의사는 상주하지 않더라도 전문 간호사가 담당 의사와 수시로 연락하면서 의료 서비스를 제공해주므로, 환자들로서는 병원에 입원해 치료를 받는 것과 거의 비슷한 수준의 서비스를 받을 수 있는 시설이다.

6 가정형 돌봄시설(domiciliary)이란, '가정에서 스스로 일상생활을 하면서 돌봄을 받게 한다'는 개념을 적용한 시설로서, VA에 의해서 구축된 가정형 돌봄시설을 의미한다. 주로는 '약물중독이나 심하지 않은 정신 질환자를 대상'으로 하여 2개월까지 거주할 수 있게 해주고, '스스로가 일상생활을 수행'하면서 정신 · 사회적인지지 서비스를 제공받도록 해준다.

VA NEHS 는 24만 명의 제대군인을 치료하고 있다. 또한 연인원 250만 명의 외래 환자가 병원(medical centers)과 지역사회 기반 외래 환자 클리닉(CBOCs)을 방문하고 있다. VA NEHS에는 급성기 내·외과 및 정신보건 관련 입원 병상(inpatient beds for acute medical/surgical and mental health)이 총 1,084개이며, 731개의 요양원 침상(nursing home care beds), 그리고 110개의 가정형 돌봄시설 침상(domiciliary beds)이 있다. VA NEHS는 특별한 프로그램들(Blind Rehabilitation, Post Traumatic Stress Disorder, Seriously Mentally Ill, Spinal Cord Injury and Substance Abuse, etc)을 제공하고 있는데, 그중에서 8개의 프로그램이 '2002년도 뛰어난 VA 프로그램(2002 VA Clinical Programs of Excellence)'으로 선정되기도 하였다. 이 프로그램들은 국가적인 인정을 받은 임상 프로그램들로서 VA 요양 프로그램 중에서 최고임과 동시에 그 분야에서 세계 수준의 리더임을 보여주었다.[7]

또한 VA NEHS에는 'MIRECC(Mental Illness Research, Education and Clinical Centers: 정신질환연구·교육·임상센터)'가 있는데, 이는 현재 10개 VISN(1, 3, 4, 5, 6, 16, 19, 20, 21, 22)에만 설치되어 있는 센터로서 주로 정신질환(정신분열병, PTSD, 중증정신질환, 자살 등)의 원인 규명과 치료 방안에 대한 연구를 목적으로 설립되었고, 교육을 통해 임상적 치료와 관련된 새로운 지식을 제공하고 있다.

---

7 ① Cardiac Surgery: VA Boston Healthcare System, West Roxbury campus
  ② Post Traumatic Stress Disorder : National Center for PTSD at VA Boston HCS
  ③ Renal Dialysis: VA Connecticut Healthcare System, West Haven campus
  ④ Seriously Mentally Ill: Errera Community Care Center at VA Connecticut Healthcare System
  ⑤ Seriously Mentally Ill: Mental Health Intensive Care Management (MHICM) program at Bedford VA Medical Center
  ⑥ Seriously Mentally Ill: Community Support Program at VA Boston Healthcare System, Brockton campus
  ⑦ Women Veterans: VA Boston Healthcare System
  ⑧ Substance Abuse: VA Boston Healthcare System

③ 미국 방문 조사 결과

●VA Boston Healthcare System[8]

VA NEHS(New England 지역인 미 동북부의 6개주를 포괄하는 VISN으로서, VISN 1이라고도 함)는 미국 전체 21개의 VISNs 중에서 보훈의료와 관련된 예산을 가장 많이 배정받는 VISN으로서 미국 전체 보훈의료 예산의 약 30%를 배정받고 있으며, 이 VA NEHS(VISN 1)를 구성하고 있는 하부 8개 구역 시스템 중 하나인 'VA Boston Healthcare System'의 경우는 '1년간 보훈의료 예산'으로 대략 5억 달러(약 5,750억 원) 정도를 배정받는 것으로 추정된다.[9]

미국 VA 의료체계에서는 일반적으로 전체 직원의 약 90%는 공무원 신분이고 나머지 10% 정도는 계약직(의과대학, 지역의 상업적 시스템에 의한 고용 형태라고 함)이며, 월급은 직종에 따라서 적게는 4,000~5,000달러에서부터, 7,500달러, 15,000달러와 같이 여러 등급으로 지불되고 있으며(의사의 경우는 전공에 따라서도 다소 차이가 있음), 업무 성과가 높을 경우에는 인센티브(gift card 형태)로 연 5,000달러 정도까지 받기도 한다.

모든 VA 의료기관들은 주어진 예산 안에서 완벽한 자율권을 행사할 수 있는데(정원 관리 같은 권한은 없음), 예산을 초과해서 집행하는 것은 절대 있을 수 없는 일로 여겨지고 있다. 만약에 예산보다 초과되는 지출이 이루어진다면 특별한 사유가 없는 한 매우 심각한 문제로 여겨질 수 있으며, 만약에 정당한 지출 초과 상황이 발생한다면 일단 소속 VISN이 보유

---

8 여기에 기술한 내용은, Dr. Arthur Robbins 라는 VA Boston Healthcare System의 Assistant Chief of Staff와의 면담 과정에서 파악된 내용이다. 이 시스템은 VA NEHS(VISN 1)를 구성하고 있는 8개 구역 시스템 중에서 주로 '보스턴(Boston)' 지역을 담당하고 있는 시스템으로, 3개 병원(Jamaica Plain, West Roxbury, Brockton divisions)과 6개 지역사회 기반 외래 환자 클리닉(Causeway Street, Dorchester, Framingham, Lowell, Quincy, Worcester CBOCs)으로 구성되어 있다.
9 1달러를 1,150원으로 환산한다.

한 예비비로 1차 보전을 하고, 그래도 부족할 경우에는 중앙정부의 예비비로 보전하게 되어 있다.

보훈의료 예산 이외에 의료기관이 얻을 수 있는 수입원이라고 한다면, 환자가 가입되어 있는 민간보험회사로부터 들어오는 보험료 급여 수입인데, 2008년도에 VA Boston Healthcare System이 이들로부터 받았던 액수는 그리 크지 않은 대략 360억 원 정도였던 것으로 추정된다. 예산의 경우는 '치료 대상 환자가 늘어나면 예산도 자연히 늘어나야 한다'는 정책적 원칙에 따라서 결정되며, 수년간 이라크전쟁 등으로 젊은 환자가 늘고 있기 때문에 VA 보훈의료 예산도 적지 않게 늘어나는 등, 최근의 경제위기와 상관없이 결정되는 경향을 보였다.

보통 VA 의료기관 의사들의 임금은 미국 내에서 최상위 수준은 아니지만 매우 안정적인 연구 환경으로 인해 인기가 높은 편이다. 또한 VA 의료 시스템 내에서도 의료기관의 위치 지역에 따라서 의사들 임금을 그 의사가 가지고 있는 시장가치를 반영하여 어느 정도 보전해주는 데 반하여, Boston 지역의 경우는 다행히도 대학병원들이 많아서 학구적인 욕구를 해결해주는 덕분에 다소 낮게 책정해서 지급해도 잘 수용되고 있는 상황이다.

각 기관을 평가하는 평가 요소 중에서 가장 중요하게 여겨지는 부분은 '실제로 환자에게 도움이 되는 진료 측면의 성과(performance)가 얼마나 달성되었는가'로서, 이러한 성과 평가를 위하여 약 15년 전부터 100여 가지에 이르는 '임상성과 평가기준(performance standard)'을 만들어서 적용하고 있다.[10] 물론 그 외에 행정적 평가기준도 있기는 하지만, 그렇다 하더

---

10 예를 들어, 환자의 당뇨수치가 어느 정도로 유지되고 있는지를 HbA1C 값으로 평가하거나, 예방접종 건수가 얼마나 되는지 등과 같은 medical performance로 평가한다. 이 부분은 '부록'에 평가항목 목차를 첨부하였다.

라도 미국의 VA 의료체계가 급격히 발전한 데에는 '임상성과 평가기준'을 만들어 적용시킨 것이 매우 중요하고도 효과적이었다고 한다.[11]

현재 미국 VA 의료 시스템의 핵심은 외래 진료(outpatient clinic)의 활성화이다. 1970년대 중반까지만 해도 VA 의료 시스템은 병원에서 평가한 후 주로 입원시키는 입원 중심의 시스템이었지만(외래 통원 치료는 잘하지 않았음), 지금은 상당한 병상 수를 줄이고 대다수의 서비스를 외래 클리닉 중심으로 개편하였다.

보스턴 외곽에 있는 West Roxbury Division(병원)은 130병상을 갖고 있으며, 전체 직원이 1,000명(의사 제외) 정도인데, 그중에서 간호사가 약 500명 정도 된다. 이 병원에서 일하는 의사는 약 750명 정도로 이는 수련의와 전공의가 모두 포함된 숫자이다.[12]

Jamaica Plain Division(병원)은 보스턴 시내에 있으며, 큰 건물로 이루어져 있으나 입원 병상이 아예 없다. 전체 직원은 약 1,000명 정도이며 오로지 연구실과 외래만 있다.

Brockton Division(병원)은 치매 환자와 호스피스 환자 등을 관리하며, 총 300개 정도의 입원 병상 중에서 160병상은 치매, 120병상은 정신과에서 사용하고 있다. 역시 이 병원에서 일하고 있는 직원 수는 대략 1,000명 정도이다.

---

11 앞서 언급한 바 있는, Dr. Kenneth Kizer(전직 VA 의료 부문 director)가 VISN과 performance standard 등의 도입을 통해 획기적 개선을 이끌어낸 덕분에 지금과 같은 수준으로 발전하게 되었다고 한다.
12 West Roxbury VA hospital은 VA Boston Healthcare System의 중심으로서, 1930년에 설립되어, 1946년에 재건설된 병원이다. 현재 하버드의대(Harvard Medical School)와 보스턴대학교 의과대학(Boston University School of Medicine)의 교육·수련병원(teaching hospital)으로서도 역할을 하고 있다. 연구진이 방문한 병원으로서, 본 보고서에서 언급한 제반 미국 VA 의료 시스템에 대한 설명 및 면담이 이루어졌다.

● Edith Nourse Rogers Veterans Memorial Hospital(Bedford VA Hospital)[13]

이 병원은 총 500병상으로 이루어져 있으며, 급성기 병상은 27개 정도이다. 대부분의 병상은 정신과적 문제가 있는 환자로서 채워져 있으며 약 70%가 약물중독 환자이다. 약물중독 치료를 위한 별도의 프로그램이 존재하며, 최종적으로 집에서 생활하는 것을 도와주는 프로그램까지도 있다. 미국도 우리나라처럼 11월 이후(겨울)에 제대군인 중에서 입원을 하는 사람들이 생겨서 환자가 느는 경향이 있다고 한다.

병원에서 일하는 전체 직원은 1,300명 정도이며 이 중 70%가 간호 인력(nursing staffs)이다. 보통 간호 인력은 총 5단계로 되어 있는데, 간호사(RN) 밑으로 4개의 보조 인력 체계가 존재한다. 보통 병동당 30~40병상으로 관리되고 있으며, 낮(day) 근무를 간호사 1인에 보조 인력 4~5명으로 운영하고 있고, 오후(evening) 근무는 간호사를 포함하여 총 4인, 야간(night) 근무는 간호사를 포함하여 총 2인 형태로 근무하고 있다. 현재 기본적인 처치가 가능한 응급실과 후송체계, 그리고 이비인후과(ENT), 신경과(Neurology), 치과(Dentistry) 등 상황에 따라서 필요한 기본적인 진료과를 일부 운영하고 있다. 주로 입원 환자에 대한 일반적인 요양 서비스를 제공하고 있었고, 상대적으로 활동이 가능한 소수의 환자에게는 병원 내에서 할 수 있는 일을 부여하고 약간의 임금을 지급하는 '참여형 프로그램'을 가동하고 있어서 실제 약 20여 명의 환자가 소정의 임금을 받으면서 조경, 건축 보수 등의 일을 하고 있다. 또한 상태가 양호한 환자를 활용

---

13 VA NEHS(VA New England Healthcare System, VISN 1)을 구성하고 있는 하부 8개 구역 시스템 중 또 다른 하나로서, 'VISN 1' 본부의 주소지로 되어 있는 병원이다. 해당 주소지는 앞서 언급한 바 있듯이, MA주의 Bedford이다.

하여 다른 환자를 돕는 방식의 치료법을 도입해서 환자들이 심리적 안정을 찾는 데 많은 도움을 받고 있다.

환자들에 의한 다양한 방식의 폭력에 대한 '대응, 처방, 임상, 행정 등'을 취급하는 별도의 위원회가 있어 병원 내에서 발생하는 모든 폭력에 대한 대응 매뉴얼과 처리 방안 등을 논의하고 있다.[14] 실제로 대단히 위험한 수준의 폭력이 1년에 25회 정도 발생하고 있는데 이는 주로 정신과적 문제로 야기되며, 아마도 마약 등 약물중독과 관련성이 깊어 보인다.

2) 대만의 영민의료체계[15]

대만은 제대군인지원협조조례에 "질병이나 부상을 당한 제대군인을 위해, 퇴제역관병보도위원회는 마땅히 영민의원을 설립해 무료 혹은 비용 할인을 통해 이들을 치료해야 한다"고 규정함으로써 위의 보훈기관이 대만의 북부, 중부, 남부의 대도시와 전국 각지에 영민의원 등을 설립해 제대군인에 대한 의료봉사를 제공토록 하고 있다. 영민의원의 봉사 대상은 영민이나 그들의 권속으로서 대만 제대군인의 전속 병원이라고 칭할 수 있으나, 그렇다 하더라도 일반 국민들도 모두 이 영민의원을 이용할 수 있고 또한 일부 영민의원의 경우는 나름대로 특정 영역에 상당한 전문성을 갖추고 있었으므로, 대만 전체 의료망 중에 상당히 중요한 역할을 담당해왔다. 그러나 15년 전까지는 이러한 '영민의원의 제대군인에 대한 의료사

---

14 Disruptive Behavior Committee라는 위원회가 10년 전부터 운영되었는데, 경찰관, 자경대(self defense), 의무기록 직원, 안전관리자 등으로 구성되어 있다. 이 위원회에서는 임상적, 행정적 의사결정을 한다. 이 위원회를 통해 화난 환자, 환자끼리의 싸움, 인지장애 환자의 문제 등에 대하여 체계적으로 접근하고 있다(특히, 문제 환자를 별도로 관리하는 프로그램도 있고, 병원 직원을 대상으로 문제 발생 시 대처하는 방법 등을 교육해주는 프로그램들이 가동되고 있다고 함. 특히 21년 경력의 '환자 안전관리 전담 간호사'가 배치되어 있었음).
15 대만에서는 '報勳醫療'를 '榮民醫療'로 표기함. 따라서 여기서는 '영민의료체계'라는 한글 표현을 사용하기로 한다.

업'이 독립적인 보훈제도 내의 지원 사업이었지만, 1995년 3월에 사회보험인 '전국민건강보험제도'가 전면적으로 실시되면서는 일반 국민뿐만 아니라 제대군인이나 현역 군인 모두 이 의료보험에 편입되면서 보훈제도상의 영민의료 지원은 사회보험제도와 완전히 결합되었다.[16]

① 대만 영민의료 전달체계

대만의 영민의료 전달체계는 3단계로 이루어져 있다. 급성기 중증 환자를 예로 들자면, 먼저 3차 기관인 '영민총의원'에서 시급한 고난이도의

영민의료체계 - 3단계 전달체계

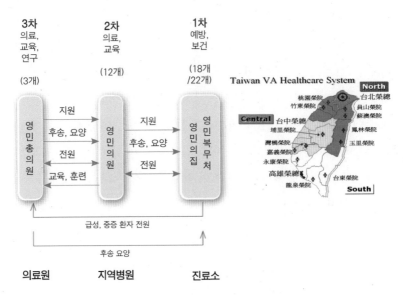

〈그림 2〉 대만의 영민의료 체계 및 지역별 분포

---

16 '보훈기관'인 퇴제역관병보도위원회의 의료기구 설립은 1955년 9월 국방부 소속의 10개 의료기구를 인수받으면서 시작되었다. 출처 『국가보훈처. 외국의 보훈제도(대만·호주)』, 보훈교육연구원(2005. 12. 28)의 내용을 발췌하여 인용했다.

서비스를 제공받은 후, 이후의 중간 단계 요양관리를 2차 지역 병원에 해당하는 '영민의원'에서 제공받도록 하고, 최종적으로는 1차 진료소에 해당하는(그러나 실제적으로는 요양원과 유사한) '영민의집'에서 장기적인 요양관리를 받도록 하는 체계이다. 물론, '영민의집'에서부터 '영민의원', '영민총의원'으로 전원되는 상향식 체계도 작동한다. 즉, '영민'의 질병 상황에 따라서 단계별로 서비스가 제공되는 '전달체계'를 가진 비교적 합리적인 모형으로 판단된다.

'영민총의원'은 모두 3개가 있으며, 의료 서비스, 교육, 연구 기능을 모두 갖추고 있다. '영민의원'은 모두 12개가 있으며 의료 서비스와 교육 기능을 갖추고 있다. '영민의집'은 모두 18개가 있으며 질병 예방 및 보건 서비스를 제공하고 있다(고는 하나 실제로는 상당수 장기 환자 대상의 요양원 기능을 담당하고 있다). 지역적으로는 3개로 나뉘어 의료체계가 구축되어 있는데, '타이페이 영민총의원'을 중심으로 하는 북부지역 체계와, '타이중 영민총의원'을 중심으로 하는 중부지역 체계, 그리고 '카오슝 영민총의원'을 중심으로 하는 남부지역 체계로 구분할 수 있다. 북부지역 체계에는 영총 산하에 6개 '영민의원'과 7개의 '영민의집'이 배치되어 있고, 중부지역에는 영총 산하에 3개의 '영민의원'과 4개의 '영민의집'이 배치되어 있으며, 남부지역에는 영총 산하에 3개의 '영민의원'과 7개의 '영민의집'이 배치되어 있다.

② 대만의 의료공급체계와 전국민의료보험제도[17]

대만의 의료공급체계는 크게 나누어 국립대병원, 보훈병원, 민간자본 병원, 종교단체 병원 등으로 구분할 수 있으며, 전반적으로는 국립대병원과 보훈병원이 공정한(fair) 의료 서비스를 제공하면서 질이 높다고 인식되어 있고, 나머지 병원들은 비록 의료 서비스의 질이 높더라도 영리적 성격이 강하다고 인식되어 있다. 전체 의료기관 중에서 대략 30% 정도가 공공이고 70% 정도가 민간이다. 공공병원은 국립대병원, 보훈병원, 보건부 운영 병원, 시립병원, 군인병원 등이며, 전국민의료보험의 당연 적용을 받고 있다.

대만의 의료공급체계는 1, 2, 3차를 포함하며 매우 체계적이다. 또한 2003년의 '사스(SARS)' 유행으로 인해 공적 대응 시스템에 대하여 심각하게 위기감을 느낀 적이 있어, 공적 체계에 대한 사회적 공감대가 형성되어 있다. 물론 대만과 우리나라의 의료 환경이 다르므로 그대로 반영할 수는 없지만, 대만이 우리보다 좀 더 적극적인 공공의료 시스템을 가지고 있고 그 한 축에 역사적 특성으로 인해 보훈의료체계가 상당히 비중 있게 존재해왔으므로, 향후 우리의 보훈의료체계 발전 방안을 고민할 때 충분히 고려해볼 만한 사례가 될 수 있을 것으로 판단된다.[18]

대만의 전국민의료보험제도는 1995년 3월에 도입되었다. 최근의 통계에 따르면, 대만의 전체 보건의료 재정 규모는 GDP의 6.5% 수준이며, 그 중에서 의료보험 재정은 GDP의 4% 수준인 것으로 알려져 있다. 사실 대만은 비교적 최근에 모범적으로 국가의료보험을 구축한 사례로 잘 알려져 있으나, 실제로는 적은 보험 재정으로 보장성을 90%까지 올려 운영함으로써 보험 재정이 거의 파산 직전이라고 알려져 있다. 그럼에도 불구하

---

17 '전국민건강보험제도'가 시작되면서, 군인이나 제대군인도 역시 의료보험 대상에 편입되면서 대만의 보훈의료제도는 상당한 변화가 있었다. 전국민건강보험제도 실시 전의 영민에 대한 의료 혜택의 내용은, 퇴제역관병보도위원회의 '제대군인의료방법'에 의거하여 영민이 영민의원에서 진료나 치료를 받을 경우 모두 무료였으며, 기타 공립 병원에서 진료를 받을 경우 의약비는 퇴제역관병보도위원회가 지급해왔고, 벽지나 영민 의원이 없는 지역의 영민을 위해 군 각급 병원 및 국군진료소가 협조해 그들의 진료나 치료를 담당케 했다. 그러나 전국민건강보험제도가 실시된 후, 건강보험법의 규정에 따라 영민이나 그 권속이 반드시 보험에 가입되어야 하므로 그에 상응하는 새로운 규정을 적용토록 하였다.

18 그러나 전쟁 이후 가족을 본토에 두고 온 국가유공자(榮民)들이 대부분 독신이었기 때문에 그들을 수용할 수 있는 생활 공간이 필요했고, 그래서 만들어진 것이 사실상 집단적 주거시설 개념이 강한 1차 의료기관인 '영민의집'이었으므로, 대만의 '영민의집'은 가족 중심으로 문제를 해결해온 우리나라에서는 그대로 따라 하기 어려운 구조로 생각됨. 아마도 우리나라에서는 요양원(nursing home) 개념으로 재정립해야 할 것으로 보인다.

고 현재의 정부나 정치권에서는 필요한 재정 대책(예, 국민들이 내는 보험료를 인상하거나, 의료보험의 보장성을 낮추는 대안 등)을 마련하지 않고 방치하고 있는 상태로서 국가의료보험이 위기에 처해 있다는 평가가 지배적이다. 피보험자가 수진 시 내어야 할 본인부담금 상한선은 진료비의 10%를 넘지 않도록 되어 있다.

③ 영민의료 실태

대만에서도 우리나라와 마찬가지로 영민의료체계의 성립기나 발전기와는 다르게 급성기 환자가 지속적으로 줄어들고 장기 요양 환자가 늘어나면서, 국가 정책에 있어 영민의료의 우선순위가 밀리고 있으며 이와 더불어 다각도의 국가 지원도 줄어들고 있는 상황이다. 그러나 이미 양적으로 비대해진 대만의 영민의료기관은 일반 환자에 대한 대량 진료를 통해 수익을 발생시켜 이를 극복하려는 시도를 적극적으로 모색하고 있다. 또한 2008년 이후부터 정부의 직접적 재정 지원이 없어진 상황에서(현재 진행 중인 '타이페이 영민총의원'의 보수 공사에 대한 예산 지원을 끝으로), 대만의 영민의료체계는 병원 조직을 통합하고 각 병원을 임상 영역에 따라서 전문화함으로써 위기를 극복하려 시도하고 있다.

2010년 1월 현재, 전체 '영민'의 숫자는 모두 47만 명인 것으로 파악된다. 그러나 65세 이상인 고령층이 27만 명으로 전체의 57.5%를 차지하고, 이들 노령층을 중심으로 그 숫자가 급속히 줄어드는 까닭에 전체 '영민'의 숫자는 매년 1만 명씩 감소하고 있다.

또한 2010년 1월 말 현재, 3개의 '영민총의원'의 경우 '국가가 비용을 부담하는 영민 환자 대상 입원 병상'이 전혀 없음을 통해 미루어 짐작할 수 있듯이, 영민의료체계가 사실상 '일반의료 공급자'로 전환되고 있음을 눈치챌 수 있다. 물론, 아직 외래 환자를 진료하고 있으며, 산하 '영민의원'

들이 70% 정도의 입원 병상을 아직도 영민에게 할애하고 있으므로 완전히 영민의료를 포기했다고 볼 수는 없지만, 최근의 구조조정의 방향(영민의원들의 통합 혹은 전문화)으로 보아서도 이들의 '일반의료 공급자'화는 머지않았음을 쉽게 추측할 수 있다.

통계를 통해 보면, 영민 환자들의 외래 의료 이용 횟수가 연 31.8회로서 일반인의 15.4회에 비해 두 배 이상 많으며, 총 외래 의료비는 32,354($NTD)로서 일반인의 10,950($NTD)보다 3배 많다. 입원의 경우는 재원 기간이 12.8일로서 일반인의 8.0일보다 길고, 입원 의료비도 54,102($NTD)로 일반인의 38,587($NTD)보다 1.5배 정도 많다. 전체적인 의료비는 일반 환자가 13,796($NTD)인 데 반하여, 영민 환자가 44,159($NTD)이다.[19]

영민 환자들의 흔한 상병을 1위부터 10위까지 순서대로 나열하면, 1위 감기, 2위 예방접종, 3위 결막·각막염, 4위 소화기관 염증, 5위 퇴행성관절염, 6위 본태성 고혈압, 7위 백내장, 8위 피부염, 9위 요통, 10위 2차성 고혈압 등이다. 대부분 고령자에게 흔히 있는 급·만성적인 질환이며, 이를 통해 판단해보면 대부분의 영민의료기관들이 실제로 상당한 수준의 입원 병상 수를 가지고는 있으나, 사실상 외래 중심의 일반적인 1차 의료 서비스를 주로 제공하고 있음을 짐작할 수 있다.

④ 대만 방문 조사 결과

● 타이페이(台北) 영민총의원

타이페이 영민총의원은, 전체 2,865병상(특수 병상 457개 포함)을 보유하고 있으며 총 직원 수가 5,486명인 대만에서 두 번째로 큰 병원이다. 직

---

19 환율: 1 대만달러($NTD)는 우리 돈으로 35원 정도이다.

원 중에서 의사는 994명인데, 551명의 레지던트와 나머지 국립양명대학교 의과대학 겸직 교수들로 이루어졌고, 그 외에는 간호사 2,263명, 기술직 1,142명 등으로 구성되어 있다.

병원은 진료, 연구, 교육 기능을 활발하게 수행하고 있는데, 1일 외래 환자가 보통 9,000명 정도로 상당히 많다고 하나, 병원 소개 자료의 환자 상병 구성을 보면 상당수가 1차적인 진료 정도를 필요로 하는 환자인 것으로 추정된다. 주 5일제가 정착되었다고 하나, 타이페이 영민총의원의 경우 외래 야간 진료(일부)와 토요일 오전 진료도 열고 있었다(월~금: 8시~17시, 토: 8시~12시). 평균 재원 기간은 10일 정도이며, 외래는 29개과가 열린다.

류머티즘 내과 병동을 실제로 돌아본 결과, 주로 4인실과 2인실 병상으로 운영되고 있으며 4인실은 보험이 적용되나, 2인실의 경우는 NTD로 1일당 1,900달러, 1인실의 경우는 3,500달러(우리 돈으로 대략 8~16만 원 정도)의 추가적인 자비 부담을 해야 한다. 해당 병동의 간호 인력은 오전(day) 근무가 7명(간호사 6명으로, 1명당 환자 7명씩 담당+책임 간호사 1명), 오후(evening) 근무가 3명(간호사 3명으로, 1명당 환자 14명 담당), 야간(night) 근무가 2명(간호사 2명으로, 1명당 환자 21명 담당)으로 총 38병상을 담당하고 있었고, 입원 환자 중에서 정작 영민(국가유공자)은 한 명도 없었고 모두 일반인 환자들이었다. 병동에 배치된 간호 보조 인력은 없었으며, 환자 이송팀은 중앙 콜제 형식으로 운영하고 있었다. 환자들의 병원생활을 돕기 위해 대부분 보호자가 반드시 있어야 하는 실정이었고, 실제로 병동에서 확인되는 모습도 환자 반, 보호자 반이었다. 물론 유료 간병인 제도를 운영하고 있었는데, 대부분의 간병인은 동남아시아(인도네시아 등)에서 온 외국인이 많다고 하였다.

직원 중에서 일정한 분율은 비정규직으로 유지하며(항상 16%로서, 의사도 예외가 없다. 운영 예산이 그렇게 정해져 있으므로 비정규직 비율을 지켜야 재정의 균형을 맞출 수 있다. 사립 병원과 경쟁하기 위하여 사립 병원 운영 방식을 채택하면 서부터 이런 제도가 시작되었다), 정규직의 경우 임금체계는 '공무원 기본급' 과 '개인별 성과급'으로 이루어져 있고, 개인별 성과급의 경우는 '환자 만 족도, 부서장 평가, 업무량 평가 등'으로 등급을 매긴다고 한다. 의사, 간 호사, 행정직원 순으로 성과급이 차지하는 비중이 줄어드는데, 의사직에 서 성과급의 비중이 가장 크다. 또한 영민체계에서는 '영민행정'과 '영민 의료'가 완전히 분리된 시스템으로 위치하며 서로 독립적으로 운영되고 있었고 운영의 자율성을 최대한 보장받고 있음을 확인할 수 있었다(퇴역 군인 관련 위원회가 행정 영역을, 병원은 의료 영역을 운영함).

일반적으로 병원의 수입 중 99%가 전국민의료보험에서 나온다. 대만 내에 있는 대형 병원은 거의 모두가 의료보험에서 수입을 얻고 있다. 아직 까지 타이페이 영민총의원의 경우는, 비보험 진료비 및 본인부담액(증가하 는 추세임)과 병원 내 시설 및 설비의 아웃소싱(병원 1층에 푸드코트 설치, 주차 비 등) 수입, 그리고 기부금 및 은행 이자 등에서 수익을 얻어, 의료보험 수 입의 부족분과 밸런스를 맞추어서 경영 적자를 해소해왔기 때문에 적자 가 발생하지 않았으나, 지방에 있는 영민의원의 경우는 만성적인 적자 상 태에 있는 경우가 많아 현재 적절한 해결 방안을 모색 중이다(실력 있는 의 사를 파견하거나 이익을 낼 수 있는 방침을 지도한다고 함). 또한 매년 수진 환자 양을 통계로 산출하고 있으며, 매년 행정기관으로부터 연례 평가를, 매 3 년마다 의료기관 평가를 받고 있다.

● 웬산(員山) 영민의원

웬산 영민의원은 '일란' 시내에서 20킬로미터 정도 떨어진 곳에 위치 하는, 외래보다는 입원을 중심으로 하는 병원으로서 총 555병상을 보유하 고 있었으며, 그중에서도 만성적인 정신과 환자 병동이 298병상이었고 급성기 200병상(내과, 외과 등 140병상과, 급성기 정신과 환자 60병상), 그리고 중기 요양병동(intermediate care unit)으로 30병상 정도를 운영하고 있었다. 주로 정신보건, 중장기 재활, 노인의학, 지역사회 의료 등으로 특화된 기능을 수행하는 병원으로 운영되고 있었다. 대부분의 진료 과에서는 입원 환자의 90%가 영민, 나머지 10%가 일반인으로 구성되어 있었으나, 만성적인 정신과 환자 병동은 10% 정도만 영민이고 90%가 일반인으로 되어 있었다. 따라서 전체 병상의 50% 정도만 영민으로 채워져 있었다. 병원 전체의 의사는 대략 30명 정도, 간호사는 150~160명 정도였다. 영민의원에 대한 직원들의 자부심이 강한 것을 느낄 수 있었다. 만성적인 정신과 환자 병동의 경우, 대부분의 환자가 약물로 통제 가능한 환자인 이유로 반개방적인 형태로 운영하고 있었는데, 월, 수, 금 격일로 병동을 오픈하고 가까운 거리는 외출도 허락하는 방식이었다. 원내에서는 간이 농사 등 일상생활과 연계된 치료 활동도 병행되고 있었다.

이 병원이 가지고 있는 특징적이고 실험적인 병동이 중기요양병동인데, 보통의 의료체계(예, 우리나라)에는 없는 특이한 단계의 치료 프로그램과 입원 병상을 30개 정도 운영하고 있었다. 일단, 급성기 종합병원(예, 타이페이 영민총의원)에서 치료가 끝났으나 귀가시킬 수는 없는 추후 관리가 필요한 환자를 인계받아, 평균 한 달 정도의 추가적인 집중 치료를 시행하면서 수시로 별도의 평가 집단(전문 의사 및 분야별 의료 인력)의 평가회의를 통해 환자의 치료 상황을 파악하여 최종적으로 귀가시킬지 아니면 다른 요양기관으로 후송할지를 결정하는 시스템을 갖추고 있다. 이 중기요양병동 시스템은 대만에서도 시작한 지 얼마 안 되는 아주 실험적인 시스템이라고 한다(현재 여기에 들어와 있는 환자의 90% 정도는 영민이라고 함). 실제 중기요양병동을 살펴본 결과, 고령자가 많았고(환자들의 평균연령이 83세라고 함) 현재 총 30병상 중에서 17명의 환자가 입원해 있다고 하였다. 이 중기요양병동은 고령 인구가 많은 지역적 특성을 감안하여 노인성 질환자를 주 대상으로 하는 체계적인 관리 시스템을 구축한 것으로서, 이는 우리나라 내 비슷한 환경의 지역 혹은 기관에도 적용해볼 수 있을 듯하며, 잘 운영할 경우 불필요한 장기 입원을 막고 의료전달체계를 효과적으로 기능토록 하는 데 도움이 될 것으로 판단된다.

● 수아오(蘇澳) 영민의원

수아오 영민의원은 총 444병상을 보유하고 있으며, 신경재활, 호흡기 질환, 직업재활 전문병원으로 특화되어 있었고, 특별히 정신과 병동으로도 100병상 정도가 운영되었다(추가로 38병상 증설을 예정하고 있음. 이는 바닷가 휴양지에 위치하고 있다는 특성을 살려서 요양과 휴양의 개념을 적용한 병동으로서 새롭게 만드는 것이라 함). 전체 병상 중에서 급성기 병상은 60병상 정도로 운영되고 있었다. 이는 소도시라서 인근에 다른 큰 병원이 없어서 급성기 기능이 일부 작동하고 있는 것으로 판단되었다. 과거에는 병원장을 두고 독립된 체제로 운영하였으나, 현재는 웬산 영민의원을 모병원으로 하여 조직적으로 통합되어 있고 수아오병원에는 부원장이 책임을 맡고 있다. 여기서도 역시 영민의원에 대한 직원들의 자부심이 강한 것을 느낄 수 있었다.

순환기, 소화기, 신장, 감염 내과를 포함하는 내과계, 일반외과, 정형외과, 성형외과, 소아과, 산부인과, 비뇨기과, 신경과, 이비인후과, 안과, 치과 등 기본적인 진료를 위한 전문과를 운영하고 있었으며, 지역 보건 활동 기능도 있어서 실제 지난해 태풍 피해로 인해 지역 의료봉사를 전개한 바도 있다. 전반적으로 요양 성격이 강한 병원이라는 판단이 들었고, 실제로 보기에도 상당히 적은 인력으로 운영하고 있는 것으로 생각되었다. 따라서 인력 운영 실태 관련 자료가 크게 의미가 없을 듯하여 구체적인 파악은 하지 않았다(기초 데이터는 '현황' 자료 참조).[20]

4. 바람직한 보훈병원 발전 모형

1) 보훈의료와 관련된 '조직 및 질 향상' 체계 정립

① 보훈복지의료공단으로부터 '의료사업' 독립

● '병원장들의 권한'이 사실상 거의 없다. 특히, 병원 운영 혹은 진료와 관련된 정책 결정 권한, 진료 관련 예산과 인사에 관한 결정 권한 등을 실제로 병원장들(혹은, 병원장 협의체나, 의료원 시스템)이 가지고 있어야 질 높은 의료 서비스가 창출되나 그러하지 못하다. 물론 당연히 '다섯 개 병원들도 서로 유기적으로도 연계되지 못하고' 있다.

● 일선 현장의 의사들도, 병원 내 의사결정 과정에 참여하거나 제대로 전문적 자율성을 보장받고 있지 못하기 때문에, 환자 진료 업무나 진료의 질 향상을 위한 노력에 수동적이고 방어적으로 대처하고 있다.

● 각종 '병원 운영 혹은 진료와 관련된 정책'이, 공단이라는 '비의료직군인 행정직 중심의 상급 기관'에 의해서 일방적으로 결정·하달되기 때문에, 실제로 일선 진료 현장에 맞는 의사결정이 이루어지기 어렵고 또한 현장의 의견이 반영될 여지가 거의 없으며, 오히려 조직적 차원에서는 '행정직 주도 분위기'로 인하여 일선 진료·간호 부서가 원내 일반 행정직들의 눈치까지 보기도 한다.

● 공단 행정부서 주도의 '비합리적이고 부적절한 조직 운영의 예'로서, 진료 현장에서는 증가하는 업무량에 맞추어 필요한 의료(지원) 인력

---

20 실제 연구진이 미리 조사한 중간 단계의 영민의원 규모를 살펴보면, 타오웬-685병상-직원 수 500명, 주동-860병상-직원 수 367명, 쟈이-754병상-직원 수 473명 등 급성기 질환 중심이 아니라 뚜렷하게 요양병원에 가까운 인력 운영 특징을 보여주었다.

을 늘리기가 쉽지 않으나, 행정 부문에서는 진료 부서에서의 원칙과는 다르게 쉽게 인력 충원이 이루어지고 있는데, 특히 낙하산 인사, 느슨한 경력 인정, 유연한 재입사 등까지 가능한 상황이다.[21]

- 보훈병원을 이용하는 환자들의 60% 정도도, 현재의 보훈복지의료공단이 병원 사정을 잘 알지 못하며 환자에게 직접적인 도움이 되지도 않고 인사행정에서의 불공정성 등을 유발할 우려가 있으므로 현 공단 운영 체계에 변화가 필요하다고 생각한다.

- 병원에서 발생하는 제반 진료 수익이 진료 개선 과정에 재투자되지 못하고, 사용처가 분명치 않은 공단 쪽으로 귀속되는 등, 재정 운영에서의 불합리성도 중요한 문제이다.

- 의료사업의 '전문성'과 '복잡성'은 의료 관련 인력이 아니면 통제할 수 없기 때문에, 이미 미국의 경우는 1996년 이후 VISN의 설치, 행정과 의료의 분리, 조직, 인사, 예산, 평가(performance standards), 각종 정책 결정 등 의료와 관련된 모든 문제에 대하여 완벽하게 '의료사업의 주체'가 전적으로 결정 권한을 행사해왔다. 대만 또한 영민의료체계에 대해서는 영민총의원이 중심이 되어 전적으로 독립된 의사결정을 해오고 있다.

- 또한 현재의 공단 업무를 구분해보면, '국가유공자 등의 가료 보호 및 의학적, 정신적 재활과 진료'와 '국가유공자 등 복지시설의 운영'의 경우는, 타 사업들과 차별성이 있으면서도 두 부분 간에 상당한 '연계성'이 있는 업무들로서, 결국 하나의 '사업'으로 합쳐져서 독

---

21 인터뷰를 통해 확인한 의사들의 입장도, 공단을 없애고 오히려 필수적인 행정 기능만 아웃소싱하는 것이 더 효율적이지 않을까 했다. 의사들조차도 지난해 정부의 '공기업 구조조정 정책'에 대해서는, '이미 공단 안에 필요 없는 행정직들이 많은데 그 줄여야 할 행정직들은 안 줄이고, 환자들에게 직접적으로 서비스를 제공하고 있는 꼭 필요한 현장 기능직만 자르려고 하니 참으로 답답하다'는 의견을 보였다.

립되는 것이 바람직할 것으로 보인다.

② '의료사업'과 '복지사업'의 통합을 통한 새로운 '의료 부문' 구축
● 현재 복지사업이 사실상 장기요양체계로 기능하고 있으므로, 이를 명실상부하게 의료체계 안에 끌어넣어 적극적으로 활용할 필요가 있다.[22]
● 현재의 '국가유공자 및 그 유·가족 대상의 복지사업'은, 주로 치매·중풍 등 중증 노인성 질환을 가진 국가유공자를 위한 보훈요양원, 무의·무탁 노령 국가유공자 및 유족과 미성년 자녀 양로·양육보호를 위한 보훈원, 무주택 고령 국가유공자 및 그 유족을 위한 전용 주거시설인 보훈복지타운, 미망인 및 국가유공자 휴양시설인 보훈휴양원 등을 운영·지원하는 것이고, 각각의 시설은 미국과 대만의 보훈의료전달체계에서 이미 확인된 바 있는 '요양원(nursing home), 가정형 돌봄시설(domiciliary), 영민의집' 등에 상응하므로 향후 우리 보훈의료체계의 중요한 전달 시스템으로 활용도가 매우 높을 것으로 판단된다.[23]
● 현행 보훈복지의료공단의 '의료사업본부'를 독립시키되, 그 산하에 '5개 보훈병원과 3개 보훈요양원', 그리고 '보훈원, 보훈휴양원, 보훈교육연구원'을 모두 묶어서 하나의 '보훈의료원' 체계로 묶어주는 것이 바람직할 것으로 판단된다. 이 '보훈의료원' 모형은 기존의 공단과는 완벽하게 독립되면서 보훈 대상자를 중심으로 수평적으로 상호 보완해주는 역할을 하도록 한다. 물론 '보훈의료원'이 이를 통해 보훈 대상자의 의료 문제를 전적으로 책임지도록 한다.

---

22 반면에 수익사업, 즉 유통사업단(판매업), 봉제사업단(제조업), 건제사업단(제조업)은 현 체계를 유지하도록 했다.

③ 의료 서비스의 '질 향상' 모색

● 미국의 보훈의료체계 개혁과정에서 언급된, 구체적인 행동 목표에서 일부 중요한 힌트를 얻을 수 있을 것으로 판단된다.

  - 정보 담당관, 네트워크 담당관, 재정 담당관, 원격의료 담당관 등의 부서를 신설한다.

  - 성과(system performance)를 모니터링하고, 평가하는 전담 부서를 신설한다.

  - 실무자를 교육·훈련시킬 수 있는 VALU(VA Learning University)를 신설한다.

● 특히, 임상적 성과지표(performance standards)를 개발하고 그를 중심으로 하는 합리적인 평가 시스템(과 인센티브 시스템)을 구축하는 일이 매우 중요할 것으로 보인다. 이는 의사와 의료진들에게 합리적 의료 서비스 제공의 동인(motivation)을 유발할 수 있을 것이다.

● 병원(혹은, 의료원) 자체적으로 Critical Pathway 등 적정 진료를 위한

---

23 현재 가동되고 있는 수원보훈요양원과 광주보훈요양원은, 장기요양이 필요한 사람들을 대상으로 하여, 보훈병원 전문의 소견에 의거 '보훈요양원 운영심의위원회'에서 입소 대상으로 결정된 사람들에게 제공되고 있음. 현재 각 요양원의 입소 정원은 200인(1인실 8실, 4인실 48실)으로, 요양실, 일광욕실, 프로그램실, 물리치료실, 작업치료실, 어린이집(유치원) 등이 설치되어 있다.

보훈원은 국가유공자 및 유족 중 무의탁, 생계 곤란자와 국가유공자의 자녀 중 무의탁 생계 곤란자 등을 대상으로 하여, 모두 150개(총 250명 수용)의 양로시설(부부 세대, 독신 세대)과 요양시설(2~4인실) 등을 제공하고 있으며, 의식주, 생필품 지원, 의료 보호, 취미생활, 종교 활동 지원과, 사망 시 국립묘지 등을 제공하고 있고, 대학 졸업까지 교육 보호 및 직장 알선을 지원하는 것으로 되어 있다.

보훈복지타운은, 만 60세 이상 고령 국가유공자 및 그 유족으로 부양의무자가 없는 무주택자, 부양의무자가 있더라도 자녀 갈등 등으로 유기상태에 있는 무주택자 중 보훈(지)청 추천자, 위 요건자 중 기동 능력이 있는 독신 또는 부부 세대에게, 주거 시설(아파트 7개동 452세대)과 부대시설(식당, 사우나, 슈퍼마켓, 건강상담실, 시청각교육실, 취미교실, 도서실, 빨래방, 체력단련실 등)을 임대해주는 사업으로서 저렴한 보증금과 관리비를 부담하게 하는 사업이다. 이 역시 의식주, 생필품 지원, 의료 보호, 취미생활, 종교 활동 지원과, 사망 시 국립묘지 등을 제공하고 있고, 대학 졸업까지 교육 보호 및 직장 알선을 지원하는 것으로 되어 있다.

보훈휴양원은 콘도형 숙박시설 60실(200인 이용 가능)로서 국가유공자 및 그 유족들이 저렴한 객실이용 요금을 부담하고 휴양할 수 있는 시설이다.

기전 마련이 필요한데, 이는 병원장(혹은 의료원장) 차원에서 적극적으로 드라이브를 걸어주어야 할 것이다.

● 기존 병원의 경우 '진료 업무와 관련된 직접 서비스 제공 인력을 늘리고(예, 간호사 증원을 통한 간호의 질 향상과 간호등급 상향 조정 등)', 동시에 보훈요양병원 신설을 통해 의료·사회적 재활과 문화적 콘텐츠 제공을 포함한 요양병원에 대한 새로운 모형을 제시하며, 향후 보훈 대상자의 변화 양상을 예측하면서 '유연하면서도 새로운 시스템의 구축 가능성'을 타진해볼 수 있도록 한다. 물론 이러한 '질 높은 서비스 개발과 기전 마련'을 위해서는 적절한 수준의 국가 재정 지원이 필요하다.

● 잘되는 (진료) 영역을 찾아내어, 적극적인 홍보를 시행한다(직원들 입장에선 자부심도 생기고, 대외적으로도 어필할 수 있을 것이다. 홍보를 하지 않기 때문에 병원 내부에서도 어디가 잘하는지 모르는 경우가 많다).

　- 제공받아왔던 의료 서비스 절대량 축소로 인한 '보훈 환자들'의 저항에 대해서는, '입원 중심의 현 상황을 점진적으로 조정해나가면서 결국은 외래 중심의 체계'로, '병원 중심에서 결국은 다양한 단계의 전달체계 시설(외래 환자 클리닉, 요양원 등) 중심'으로 변화시켜나가면서 완화하도록 해야 할 것으로 보인다.

　- 보훈 단체에서 운영하는 회사 혹은 업자가 보훈의료 관련 제반 입찰(운영) 과정에 들어와서 영향을 끼치는 문제에 대해서는 제도적으로 '단호한' 그러나 '단계적'인 조처가 뒤따라야 할 것이다. 이 부분을 그냥 방치할 경우에는 입찰 과정의 불투명함으로 인한 논란과 과다한 비용 발생 문제 등, 보훈의료체계 전반의 질 향상을 절대로 꾀할 수 없고 결과적으로 보훈 환자들에게 피해로 돌아갈 것이다.

④ 보훈의료의 '사명과 비전'에 대한 공감대 형성

● 5개의 보훈병원 모두에서 직원들을 대상으로 '보훈의료의 의미 혹은 보훈의료의 공공성'에 대한 교육 등이 거의 제공되지 않고 있었다. 보훈이 꼭 철학적으로 보수적인(conservative) 것이 아니라 '공적인 희생'의 의미가 강하므로 이에 대해 존중하는 직업윤리와 개인인식이 함양되어야 할 것이다.

● 보훈의료는 단순히 신체적인(physical) 의학적 내용만을 포괄하는 것이 아니라, 보훈 상황이 발생했던 극단적인 상황에서 한 인간이 겪었을 수 있는 다양한 측면들, 특히 정서적 혹은 심리적인 측면들을 심도 깊게 이해하고 접근하는 자세와 훈련이 필요하다.

● 게다가 보훈 대상자들을 직접적으로도 지지해주지만, 대상자들 스스로가 상호 간에 지지할 수 있는 환경을 가질 수 있도록 측면에서 지원하는 노력도 필요하다.

  - 2017년쯤에 가면 국가유공자 수가 줄어들 것이라고 예측된다. 첫 번째 세대인 광복 애국지사는 300~400명 정도 남아 있으며, 그다음 6·25 참전 세대가 70대이고, 고엽제 세대가 60대이기 때문에 자연적으로 2010년대 말까지는 그 수가 많이 줄어들 것이다. 그런데 국가유공자는 줄어들지만, 혜택이 유지되는 광범위한 계층의 사람들이 늘어날 것이라는 예측도 있는데, 예를 들어 60% 감면되는 국가유공자의 가족들은 앞으로는 점점 더 늘 것이므로 아직까지 보훈의료의 전체 수요 변화를 정확하게 예측하기가 어렵다. 향후 유가족들 대상의 홍보 및 제도 개선이 적극적으로 이루어진다면 의료 수요는 줄지 않을 수도 있다.

2) '보훈중앙의료원'의 위상과 역할

① 의료 기능

● 현재 척추센터, 인공관절센터, 심혈관센터, 소화기센터, 암센터 등 '질환에 따라 특화된 임상센터' 형태로 의료원을 구상하고 있으나, 앞서 언급한 바와 같이 '미국의 보훈의료체계'에서 채택하고 있는 '전략적 보건의료 그룹(Strategic Health Care Groups, SHGs)' 등 외국의 접근 전략에 대한 면밀한 검토를 통해 새로운 가능성을 타진해볼 필요가 있다.

● 조직도 상으로 보훈의료전달체계의 '꼭짓점'에 위치시킬 수는 있으나, 현실적으로는 지리적 접근성으로 인해 그렇게 배치하기가 어렵다. 따라서 '보훈중앙의료원'은 일부 '전문 진료 기능'을 중심으로 최후의 '종합전문기관'의 역할을 하되, 오히려 '수련과 연구'의 기능을 중심으로 하여 구축할 필요가 있다.

● 보훈병원 혹은 의료원이 '의과대학'을 설립하는 일은 불가능하다고 판단되므로, 우리나라 40여 개의 의과대학 중에서 지리적으로나 역량적으로 충분히 숙고하여, 상호 간에 실제적인 인센티브를 주고받을 수 있는 대학을 선정하고, 그(들)와 구체적인 협약(affiliation)을 진행하는 게 좋을 것으로 보인다. 이는 결국 '수준 높은 임상 의사 확보'와 중장기적인 '인력 수급 및 인력 개발' 문제를 해결할 수 있는 유일한 방안일 것이다.

② 행정 및 정책 기능

● 의료 영역이 공단으로부터 '분리 · 독립'됨을 전제로 하면, 보훈 정책 중 '의료 부문'을 실제적으로 관할하는 역할을 의료원(혹은 의료원의 의사결정 구조)이 가져야 하는데, 이때는 앞서 언급한 바 있듯이, 의

료 부문의 '조직, 인사, 예산, 평가(performance standards), 각종 정책 결정 등'을 직접적으로 담당해야 한다.

● 따라서 행정 및 정책을 제대로 구상·집행할 수 있는, 제대로 된 '기획·행정조직'을 의료원(혹은 의료원의 의사결정 구조) 내부에 구성해야 한다. 이 조직은 '의료원'에 철저히 소속되어 있어야 하고, 의료 부문에 도움을 주는 종속적 관계에 있어야 한다.

3) '지역 보훈병원'의 기능 재정립

① 병원별 기능 재편과 연계

● 현재의 보훈병원들은 모두 '급성기 병원' 모형에 기반을 두고 있으나 이를 현재의 상황을 토대로 재분류해보면, 급성기 병원으로서 기능을 하고 있는 경우, 급성기 병원으로서 능력은 있으나 지역 내에 경쟁력 있는 공급자이 많아서 실제로 기능을 제대로 수행하지 못하는 경우, 급성기 병원으로서 능력이 현저히 떨어지는 경우 등으로 나눌 수 있다(물론 일부는 비교적 급성기 병원과 요양병원 기능을 병행하여 잘하고 있는 곳도 있음). 이에 병원별 기능을 효과적으로 재구성하고자 한다면, 이들을 '급성기 병원'과 '요양병원'으로 재편하는 방안에 대하여 심도 깊게 고민해보아야 할 것이다. 단, 여기서 말하는 '요양병원'의 경우는, 현재의 '급성기 병원'이 가지고 있는 시설·설비·인력을 줄여서 비용·효율적으로만 만든 형식적인 '요양병원'이 아니라, 보훈의료체계에서 요청되는 의료적 요구에 부합하는, 잘 구성된 '요양 서비스 제공 의료기관'으로서 역할을 할 수 있도록 새롭게 만들어지는 '요양병원'이다. 이러한 질 높은 요양병원의 경우는 현 수준의 '급성기 병원'보다 필요에 따라서는 더 많은 시설·설비·인력이

투입될 수 있어야 한다.

② 병원 간 연계체계 구축

● 현재 5개 보훈병원 사이에는 거의 교류가 없으며, 상호 간에 매우 독립적이다(수직적 관계나 수평적 관계 모두 없음). 물론, 현 시점에서 이들 간에 전달체계를 임의로 만드는 것은 바람직하지 않으나, 향후 적절한 기능 정립을 통해 각 병원마다 '특화된 전문 기능'이 정착될 경우, 필요에 따라서는 어떤 특정한 범주의 환자들을 전원시키거나, 의료진 및 병원 인력이 '상호 교류'하는 방식의 연계가 반드시 필요할 것으로 판단된다.

4) '보훈중앙의료원-지역 병원-요양시설' 간 전달체계 구축

① 의료 서비스의 중심축 설정

보훈의료 시스템 내부(행정·관리적 개념 축으로는)에는 '보훈중앙의료원-급성기 병원(지역)-요양병원(지역)'의 체계를 갖추되, 지리적 접근성 등 여건에 따라서 실제적 전달체계는 유연하게 운영되어야 할 것이다. 예를 들어 수도권에서 지리적으로 멀리 떨어져 있는 '광주'지역은 이미 '보훈중앙의료원'을 대신할 수 있는 큰 규모의 대학병원들이 있으므로 '광주보훈병원'의 경우는 '2차 수준의 급성기 병원' 기능을 중심으로 하되, 일부 '요양병원'의 기능을 부가적으로 수행하는 것으로 설정할 수 있다.

(※대만에서 시도되고 있는, '중기요양병동intermediate care unit' 시스템의 경우도 의료 서비스의 중요한 한 축으로서 적극적으로 배치할 만하다고 판단된다.)

② 의료 서비스와 복지 서비스 간 연계 축 설정

우리나라의 경우, 이미 '주로 치매·중풍 등 중증 노인성 질환자를 보호하고 있는 보훈요양원(nursing home), 양로·양육 보호를 위한 보훈원, 전용 주거시설인 보훈복지타운, 휴양시설인 보훈휴양원'과 같은 복지 서비스가 운영되고 있다. 이러한 복지 서비스가 앞에서 언급한 의료 서비스 체계와 연계되는 것은 매우 바람직하며 환자 관리·요양을 중심으로 볼 때 그 운영 결과는 상당히 효과적일 것으로 판단된다. 여기서 중요한 부분은, 병원(보훈중앙의료원-급성기 병원-요양병원)의 배후 시스템으로서 복지 서비스가 배치되어야 한다는 점이다.

(*가능하다면, 미국의 '가정형 돌봄시설domiciliary'에 상응하는 복지 서비스 개발이 향후 활용도 면에서 많은 도움이 될 것으로 판단된다.)

5) '효과적인 위탁제도'에 기초한 전달체계 구축

● 현행 위탁제도는 악용이 심해서 재정 낭비 요소로 작용하고 있다. 향후에는 주로 1차 의원급을 중심으로 '근접 위탁' 진료기관을 구성하고, 현재 위탁제도에 들어와 있는 병원이나 종합병원들은 보훈병원과 기능·역할이 상당 수준 중복되므로 근접 위탁 진료기관으로는 지정하지 않도록 한다. 따라서 새롭게 계약이 이루어지는 이들 '1차 의원'급들로 하여금 '보훈의료전달체계'의 '외래 환자 클리닉' 기능을 상당 수준 수행할 수 있도록 요구하는 것이 바람직하다(가칭 '위탁 의원'이라고 정의). 그러나 아주 예외적인 경우(다루는 질병이나 시설의 특이성에 따라서, 혹은 지역 내 일반 의료 자원 분포가 취약한 경우)에서는, 일부 병원이나 종합병원을 '전문 위탁'으로 지정하여 한정적으로 운영할 수 있도록 한다(가칭 '위탁 병원'이라고 정의). 물론, 이러한 경우에는

합리적 위탁제도 재정 운영을 위하여, '전문 위탁 심의위원회' 같은
기구를 만들어서 제대로 된 위탁이 진행될 수 있도록 심의·관리·감
독할 필요가 있다.

- ● 의료전달체계에 대한 제안
  - ▶ 급성기 환자 전달체계: 위탁 의원 → 보훈병원 → 보훈중앙의료원
  - ▶ 만성기 환자 전달체계: 보훈중앙의료원 또는 보훈병원 → 보훈요
    양병원 → 보훈요양원
  - ▶ 재가 환자 지원 시스템: 보훈병원 혹은 보훈요양병원에서 제공하
    는 방문보건 서비스
  - ▶ 장기요양 및 주거지원 시스템: 보훈요양원, 보훈휴양원, 보훈원,
    보훈복지타운

[참고자료]

http://www.aamc.org/advocacy/library/va/testimony/2002/091202.htm
http://www.e-bohun.or.kr/070corporation/0501organization.php
http://www.e-bohun.or.kr/070corporation/0503mission.php
http://www.pressian.com/article/article.asp?article_num=60090810101807&Section=03
http://www.vac.gov.tw/en/cxls/index.asp?pno=55
http://www1.va.gov/vetdata/
http://www4.va.gov/budget/report/index.htm
http://www4.va.gov/performance/
http://www.e-bohun.or.kr/070corporation/0503mission.php
http://www.newengland.va.gov/locations.asp
http://www2.va.gov/directory/guide/facility.asp?ID=1001
Office of Quality and Performance (10Q) : -FY 2010 Q1-Volume 1-Executive Career Field (ECF)
Specification Manual
국가보훈처, 『2008 보훈연감』, 2009.
국가보훈처, 『예산안분석자료』, 2008. 9.
국가보훈처, 『예산안분석자료』, 2009. 4.
국가보훈처, 『외국의 보훈제도(대만·호주)』, 보훈교육연구원, 2005. 12. 28(107~142쪽).

미래병원경영컨설팅,『보훈중앙병원 기본운영계획 수립보고서』, 2009. 4.
미래위총서 15,『미래사회대비 평생건강관리체계구축을 위한 지역보건사업 강화 방안』,
서울보훈병원, 실적 자료, 2008.
서울보훈보훈병원노조, 내부 자료, 2009. 1.
이신호 등,『보훈의료발전 방안 연구』, 한국보건산업진흥원』, 2004.
한국보건사회연구원,『보훈병원 의료수가 기준 개선 방안』, 2007.
한국보건산업진흥원,『보훈중앙병원 신축 타당성 조사 연구』, 2004. 2.
한국보훈복지의료공단, 국감 자료, 2009. 10.
한국보훈복지의료공단, 직제 규정, 2008.

일하는 사람들을 위한 병원,
산재보험 및 근로복지공단
직영(산재)병원의 현실과 과제[1]

임준 · 가천대학교 의과대학 교수

전쟁 같은 노동은 과거의 일인가?

박노해 시인의 『노동의 새벽』이라는 시집이 있다. 그중에서 「손 무덤」 은 전쟁 같은 노동으로 손이 잘려 나가는 현실을 어떠한 통계 자료보다 더 생생하게 고발한 시다. 그런데 이러한 전쟁 같은 노동의 현실은 과거 1970년대 전태일 열사의 시대와 민주노동조합 운동이 본격적으로 전개된 1980년대에 국한된 문제일까? 노동조합이 제 목소리를 본격적으로 내기 시작한 1990년대 이후로 전쟁 같은 노동, 즉 노동자의 손과 생명이 잘려 나가는 소름끼치는 현실은 반성해야 할 과거의 문제로 치부해도 되는 것 일까? 가끔 TV나 신문지상에서 화재 폭발 사고나 직업병 이야기가 나오 지만, 어쩌다 생기는 일이고 미국과 같은 선진 외국도 가끔 발생하는 일

---

1 이 글에서는 독자들이 병원의 성격을 보다 쉽게 이해하는 데 도움을 주기 위해 '근로복지공단 직영병 원'이라는 현재의 병원 명칭 대신에 워크숍 개최 당시 명칭인 '근로복지공단 산재의료원', '산재병원'을 그 대로 사용한다.

이기 때문에 그냥 일상의 일로 덮어버려도 되는 우연한 사고일 뿐이라고 생각해도 되는 것일까?

단연코 전쟁 같은 노동은 지금도 진행되고 있다. 그리고 더 은밀하게 더 구조적으로 그리고 더 차별적으로 진행되고 있다. 2004년 젊은 태국 이주여성 노동자에게 가해진 직업병으로 인한 하반신 마비의 고통은 이것의 단적인 예에 불과하다. 비극적 사건을 하나하나 나열할 필요도 없이 산업재해로 사망한 노동자의 숫자만 보더라도 얼마나 많은 소중한 생명이 이 땅에서 소멸해갔는지를 한눈에 알 수 있다.

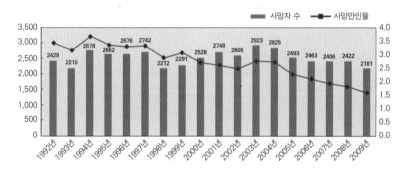

〈그림 1〉 산업재해로 인한 사망자 수 및 사망만인율

자료: 노동부, 산업재해 분석, 각 연도.

이것이 전쟁이 아니고 무엇인가? 어떻게 일 년에 2,000명이 넘는 노동자가 일하다가 죽을 수 있단 말인가? 어떻게 1,500명이 넘는 노동자가 직업병이 아닌 단지 사고만으로 일터에서 생명을 잃을 수 있단 말인가? 선진 외국에 비해 사망 위험도가 수십 배가 넘는 나라임을, OECD 국가에서 수위를 차지할 정도로 산재가 만연한 산재 왕국이라는 사실을 굳이 들먹이지 않더라도 가장 극단적인 위험의 공간인 전쟁과 비교하여 결코 뒤지지 않는다는 사실에 어떻게 분노하지 않을 수 있는가? 그런데, 직업과 관련된 수많은 질병으로 인한 사망이 직업병으로 인정받지 못하고 직업으로 인한 사망에서 배제되고 있는 현실을 감안한다면 이러한 죽음은 빙산의 일각일 뿐일지 모른다.

건강보험으로 치료받는 산재 환자

이처럼 사망만인율이 OECD 평균에 비해 3배나 높을 정도로 많은 노동자가 죽고 있음에도 불구하고 업무상 사고와 질병 전체를 볼 때는 선진 외국에 비해 오히려 낮은 수준이다. 업무상 사고 또는 직업성 손상률만 보면 OECD 평균의 5분의 1 수준에 불과하다. 어떻게 이러한 일이 있을 수 있을까? 전반적으로 재해율은 낮은데, 중대 재해 또는 사망 재해만 높다는 것은 가능한 일일까? 사망 재해나 중대 재해가 발생하기 위해서는 그것을 예고하는 위험한 행동이나 사건이 발생해야 한다는 하인리히 법칙을 들지 않더라도 상식적으로 불가능한 일이다. 그보다는 사망 재해가 아닌 일반 재해의 경우 대부분 산재보험의 적용을 받지 못하는 것이 아니냐는 의심이 더 타당한 생각이다.

임준 등(2007)의 연구에서 이러한 의심이 사실임이 입증되었다. 연구에 의하면 2006년 기준으로 일과 관련하여 손상을 입은 환자 수는 284만 명 정도로 추정되는데, 그중에서 산재보험의 적용 대상이면서 건강보험에서 치료를 받은 환자 수가 107만 명 정도로 추정되었다. 이와 유사한 결과는 응급실을 기반으로 한 신상도 등(2010)의 연구에서도 밝혀졌다. 이 연구에서는 응급실을 통해 확인할 수 있는 직업성 손상자 수가 1년 간 21만 명 정도인 것으로 추정되었는데, 당해 연도에 공식적인 산재 환자, 즉 산재보험의 급여를 받은 환자는 8만 명이 채 되지 않았다.

이러한 결과에 비추어볼 때 재해율이 낮다는 것은 실제 산재 발생이 적음을 의미하는 것이 아니라 산재보험급여를 받지 못한 채 건강보험의 급여를 받고 있거나 의료기관에서 일반 환자로 처리가 되어 아예 건강보험이나 산재보험의 적용을 받지 못한다는 노동자가 절대 다수라는 사실을 의미할 뿐이다. 이처럼 산재보험의 적용을 마땅히 받아야 하는 업무상 재해 및 질병 치료가 사업주 부담인 산재보험의 적용을 받지 못하고 노동자의 개인 부담이 매우 큰 건강보험으로 그 치료를 받게 되어 사업주에서 노동자로 부담이 전가되는 일이 발생하고 있다. 산재 환자가 산재보험으로 치료를 받지 못하고 건강보험으로 치료를 받는 문제는 현행 법률 위반에 해당할 뿐 아니라 건강보험의 재정 건전성에 부정적 영향을 미칠 수도 있다.

그런데 산재보험으로 치료받아야 할 노동자가 건강보험으로 치료를 받게 될 경우 무엇보다도 노동자 건강에 치명적인 영향을 미칠 수 있다는 점에서 심각한 문제를 안고 있다. 산재보험으로 치료를 받지 못하여 발생하는 노동자 건강의 문제는 건강보험의 보장성 문제와 밀접하게 관련되어 있기 때문이다. 현행 건강보험은 적용 대상의 보편성 등을 제외하면 보장성 수준이 매우 낮아서 질병으로 인하여 발생하는 치료비 부담으로부터 가계를 보호하는 데에 심각한 장애를 갖고 있다.

사실 질병으로 인하여 발생하는 환자의 부담이 어찌 치료비뿐이겠는가! 아파서 병원에 상당 기간 입원하거나 진료를 받아야 하는 상황이 발생하면 당연하게 직장에 다니기 어려워지고 별도의 보장을 하지 않는 직장에 근무할 경우는 임금을 받지 못해 소득의 손실이 발생할 수밖에 없다. 대부분의 나라는 산재보험과 같이 의료보험에서 소득 보장을 해주는 것을 당연하게 받아들이고 있다. 그러나 한국의 건강보험은 소득 손실에 대한 보장 기능이 전혀 없다.

이렇게 소득 보장을 해주지 않기 때문에 기업에서 별도의 소득 손실에 대한 보장 규정이 없는 직장에 다니는 임금노동자들은 일정 기간 재활과 요양이 필요한 상황이라 하더라도 치료비 부담뿐 아니라 소득 손실에 대한 대안이 없기 때문에 중도에 치료를 포기하게 되고 서둘러 직장으로 돌아가게 된다. 특히, 대부분의 산재 환자가 산재병원 등과 같이 직업 재활 프로그램을 갖춘 병원을 이용하지 못하고 건강보험으로 일반 병의원을 이용하기 때문에 제대로 회복이 되지 않은 상황에서 일터로 돌아가는 문제가 발생한다. 결국 상황이 더 악화될 수밖에 없고, 돌이킬 수 없는 상태에 도달하게 된다. 직장으로 돌아갈 수 없는 상황에 되어서 산재보험으로 처리되는 경우가 많은데, 산재보험이 산재 환자의 조기 직장 및 사회 복귀라는 애초의 목적을 전혀 실현하지도 못하였을 뿐 아니라 노동자가 영구적인 장애로 고통스러운 삶을 살아가게 되는 상황을 방조하는 데에 일조하였다는 혐의를 벗기 어렵다.

산재 환자를 구조적으로 배제하는 산재보험

일반적으로 사회보험은 노령, 질병, 산재, 실업 등의 사회적 위험에 의하여 발생한 손실에 대하여 국민 또는 그 사회 구성원에게 보험급여의 제공을 원칙으로 하고 있다. 이것은 사회보험에서 규정하고 있는 급여 수급자격 조건만 만족하면 적용에 있어서 차별을 받지 않고 보편적으로 적용된다는 것을 의미한다. 그러나 산재보험은 이러한 원칙이 거의 적용되지 않는 유일한 사회보험이라 해도 과언이 아니다. 현행 산재보험은 사고성 재해와 직업성 질환으로 치료를 받게 된 노동자가 산재의 적용을 받기 위해서는 본인 또는 보호자가 산재보험 업무를 취급하고 있는 근로복지공단에 산재 신청을 하게 되는데, 실제 급여 혜택을 받으려면 사전에 승인 절차를 밟아야 한다. 즉, 재해가 업무 때문에 발생하였는지, 업무를 수행하는 중에 발생했는지를 따져서 인과관계가 명확해야 산재로 인정해주고 있다. 이와 같이 사전 승인 절차가 있다는 사실과 업무 관련성에 대한 입증을 재해 노동자가 직접 해야 한다는 점 등 여러 이유로 인하여 재해를 입었음에도 불구하고 산재보험의 적용을 받지 못하는 노동자가 대량으로 발생하고 있다.

이처럼 현행 산재보험은 재해 노동자에게 업무 관련성의 입증을 요구하고, 근로복지공단에 의한 사전 승인 절차를 거치도록 하고 있다는 점에서 노동자의 권리를 보장해주는 사회보험이라 보기 어려운 제도다. 이런 제도하에서는 산재 이후 긴급하고 적절한 치료 및 재활 서비스를 받아야 할 수급권자의 권리를 침해할 수밖에 없고, 결국 의료 이용의 제한을 받게 되어 건강이 악화되는 상황에 이르게 될 수밖에 없다. 또한 사업주의 측면에서 보면 산재 은폐를 하도록 유인하는 효과가 존재한다. 산재가 많으면 감독이 강화되는 상황에서 산재를 인정해달라고 확인을 요청하는 재해 노동자에게 흔쾌히 날인을 해주는 사업주는 거의 없을 듯싶다. 정부와 보험자 입장에서는 단기적으로 보험 재정을 아낄 수 있다고 좋아할지 모르겠지만, 산재보험이 노동자의 건강 안전망으로서 제 기능을 하지 못할 경우 장기적으로는 사회 전체적인 질병 부담이 증가하게 된다. 당연히 보험 재정에 부정적 영향을 끼칠 수밖에 없다. 결코 정부와 보험자인 근로복지공단에 유리하다고 볼 수 없다.

결국 산재 환자를 산재보험으로 치료를 하지 못하는 현재의 체계는 어느 주체도 도움이 되지 못한다. 일부 대기업의 경우는 산재보험료를 줄이는 효과가 발생하겠지만, 전체적으로 산재로 인한 비용이 너무 커서 궁극적으로 자본이 부담하는 비용이 커질 수밖에 없다. 엄청난 개혁이 필요한 것이 아니다. 지극히 당연한 산재 환자를 산재보험으로 치료하기 위한 제도 개선이 필요하다.

산재전문병원도 지역거점병원도 아닌 산재병원

현재 전국에 소재해 있는 8개 산재병원과 1개 산재요양병원은 산재 환자에 대한 최초 치료부터 재활 및 직업복귀에 이르는 과정에 이르기까지 중심적 기능을 수행하지 못하고 있다. 주로 산재 환자의 재요양을 담당하는 정도의 기능만을 수행하고 있다고 보는 것이 맞을 것이다. 그렇다고 해서 지역사회에서 거점 역할을 하는 공공병원의 기능을 수행하고 있지도 못한 형편이다.

먼저, 인천산재병원은 평균적인 종합병원에 비해 진료의 난이도가 낮고, 산재 환자의 구성을 볼 때 재요양이 목적인 환자가 대부분이다. 또한 인근 지역 주민에 대한 지역 친화도가 낮고, 높은 수준의 종합병원 기능을 수행하는 데에 필수적으로 요구되는 응급실, 중환자실, 수술실 등 관련 시설 인프라를 갖추지 못하고 있다. 그뿐만 아니라 비슷한 병상 규모의 공공병원뿐 아니라 민간병원에 비해서도 인력 기준이 형편없이 낮은 수준이다.

안산산재병원도 인천산재병원과 동일하게 산재 환자에 대한 진료의 난이도가 매우 낮고, 상당수가 일차로 안산산재병원에 오는 환자라기보다 주로 재요양 환자가 주를 차지하는 병원이다. 지역거점병원의 역할을 수행한다고 보기 어려울 정도로 지역 친화도도 낮다. 시설 및 인력 인프라 역시 비교 병원에 비해 좋지 않다.

대전산재병원 역시 평균적인 종합병원에 비해 진료의 난이도가 매우 낮은데, 정부의 지속적인 투자 외면으로 급성기 역량을 갖추지 못하게 된 결과 재요양 환자의 구성이 주를 이루고 있는 병원이다. 그런데 대전산재병원은 대전시에서 지역 친화도는 점차 낮아지고 있지만, 대덕구에서는 지역거점병원의 역할을 할 수 있을 정도로 상대적 의미에서 높은 지역 친화도를 보이고 있다. 그렇지만 병원 건립 이후 정부가 시설 및 인력 인프라를 강화하기 위한 노력을 기울이지 않은 결과 점차 지역거점병원으로서 위상이 낮아지고 있는 추세다.

태백산재병원은 태백시 지역 친화도가 상당히 높은 병원으로 지역거점병원의 위상을 갖고 있는 병원이다. 그렇지만 의사 수 및 병원 인력수가 다른 종합병원에 비해 상당히 낮고, 그 결과 진료의 난이도가 평균적인 종합병원에 비해 낮은 수준이다.

창원산재병원 역시 동일 규모의 종합병원 수준에 미치지 못하는 인력 및 시설 기준을 갖고 있어서 급성기 환자보다는 재요양 또는 재활 목적으로 방문하는 환자를 대상으로 서비스를 제공하고 있다. 당연히 진료의 난이도도 매우 낮은 수준이다. 창원시에 대한 지역 친화도 역시 지역거점병원의 역할을 전혀 하지 못하고 있을 정도로 매우 낮은 편이다.

순천산재병원은 인력 및 시술 기준이 동급의 종합병원에 미치지 못할 정도로 낙후되어 있다. 그 결과로 급성기 환자를 진료하지 못하고 주로 재요양 목적의 입원 환자를 주로 보고 있고, 진료의 난이도가 상당히 낮은 수준이다. 역시 순천시에 대한 지역 친화도가 낮고 양질의 종합병원으로서 갖추어야 할 시설과 인력을 확보하지 못하고 있는 등 지역거점병원의 역할을 하지 못하고 있는 실정이다.

동해산재병원은 동해시에 대한 지역 친화도가 점차 높아져서 일정 정도의 지역거점 역할을 하고 있지만, 전반적으로 급성기 병상이 많아 지역거점병원의 역할을 하는 데에는 한계가 존재한다. 진폐 환자를 제외하면 산재 환자의 수요가 거의 없어서 주로 일반 환자의 재활 및 재요양 목적의 병원으로서 기능하고 있다.

정선산재병원은 관내에 별다른 의료기관이 없음에도 불구하고 지역 친화도가 높지 않은 병원이다. 이것은 정선산재병원이 양질의 지역거점병원으로서 갖추어야 할 기본적인 인프라를 갖추고 있지 못함을 의미하는 것이기도 하다. 다른 산재병원과 마찬가지로 동일 규모의 종합병원에 비해 진료의 난이도가 상당히 낮다. 특히 지역거점병원의 역할을 하기 어려운 인력 기준을 갖고 있는데, 단독으로 종합병원을 유지하기 어려운 지역적 특성이 있다.

'모든 산재 치료비를 산재보험 하나로!'

모든 산재 환자가 산재보험의 치료를 받을 수 있도록 하기 위해서는 근로복지공단으로부터 승인을 받는 사전 승인 절차를 없애고 별도의 절차 없이 재해 노동자가 산재보험으로 치료를 받을 수 있도록 제도를 개선해야 한다. 재해 노동자가 반드시 산재를 신청해야만 급여 절차가 시작되는 제도를 바꾸어야 한다. 즉, 건강보험처럼 의료기관에게 산재 환자의 청구를 대리하게 만들면 문제를 쉽게 해결할 수 있다.

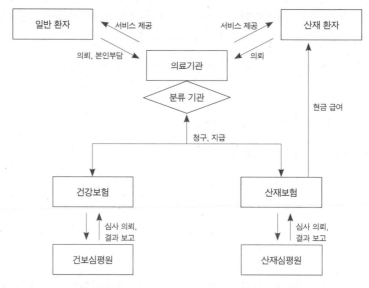

〈그림 2〉 제도 개선에 따른 산재보험 및 건강보험의 급여 제공 체계

즉, 의사에게 직업 관련성에 대한 평가를 하도록 하면 된다. 구체적으로 살펴보면, 산재보험 적용 대상자인 노동자를 진료실 또는 응급실에서 만나게 될 경우 '건강보험으로 적용을 받아야 하는지', '산재보험으로 적용을 받아야 하는지'를 일정한 기준에 의거하여 분류하도록 만들면 된다. 만약 산재보험으로 분류될 경우 의료기관이 환자를 대신하여 근로복지공

단에 청구를 대리하도록 하고, 분류와 동시에 산재보험으로 치료를 받을 수 있도록 하면 된다. 현행 산재보험제도는 산재 환자에게 스스로 산재임을 입증하도록 하고 있는데, 제도 개선을 통해 근로복지공단 또는 제3기관에게 반증의 책임을 지우도록 하면 된다. 단, 최초 분류에 대한 조정이 있을 수 있기 때문에 일차적으로 요양급여를 우선 제공하고 최종 판정이 난 후 휴업급여 등 현물급여가 제공될 수 있도록 하면 제도 변화로 인한 마찰을 최소화할 수 있다.

이러한 제도가 되려면, 전제가 될 것이 건강보험과 마찬가지로 모든 의료기관을 대상으로 산재보험요양기관당연지정제도가 만들어져야 한다. 이와 더불어 그동안 근로복지공단과 재해 노동자 간에 주요한 갈등 요인이었던 현행 자문의제도와 업무상질병판정위원회제도 등을 함께 바꿔야 한다. 산재보험요양기관당연지정제도가 마련되면 산재보험의 청구와 수급 절차가 대폭 간소화되어 재해 노동자의 접근성을 비약적으로 높일 수 있다.

이렇게 산재보험제도가 개선될 경우 나타날 수 있는 정책 효과를 의료 이용의 접근성 측면, 재정 또는 국민 의료비 측면, 제도 수용성 측면, 관리 운영의 효율성 측면에서 살펴보면 다음과 같다.

첫째, 치료비의 본인부담 경감을 통해 재해 노동자의 의료 이용 접근성이 획기적으로 개선될 수 있다. 건강보험에서 치료를 받던 산재 환자가 산재보험의 적용을 받게 되면 그동안 받지 못하였던 휴업급여를 받게 되어 건강 안전망이 획기적으로 강화될 것이 예상된다. '비급여의 급여화'로 요약될 수 있는 건강보험의 보장성 강화가 현실화되더라도 건강보험에서 상병수당 등이 도입되지 않는 한 현 체계로는 안정적인 치료와 재활이 힘들 수밖에 없다. 산재보험제도가 개혁될 경우 휴업급여가 보장되어 재해 노동자의 치료와 재활에 있어서 경제적 장벽이 상당 부분 해소될 수 있다.

둘째, 재정 또는 국민 의료비 측면에서 나타날 수 있는 정책 효과를 살펴보면, 먼저 단기적으로 산재보험 재정 규모가 커지게 되어 사업주 부담이 증가하는 효과를 생각해볼 수 있다. 그런데 이러한 효과는 산재보험제도 개혁을 통해 사업주 부담이 줄어드는 효과를 같이 고려해보아야 한다. 그동안 건강보험의 치료를 받았던 산재 환자가 산재보험으로 제자리를 찾아가는 과정에서 건강보험의 재정이 줄어들 것이다. 이 과정에서 건강보험의 사업주 부담이 줄어드는 효과가 발생한다. 또한 건강보험에서 치료를 받더라도 개별 회사 규정에 의하여 일정 기간 동안 유급 병가를 주는 경우, 건강보험으로 처리하지 않더라도 사업주가 치료비를 직접 부담한 경우, 그리고 산재보험료는 산재보험료대로 부담하면서 별도의 민간보험을 들어 산재 부담을 해결했던 사업주의 경우 등에서 사업주 부담이 줄어드는 효과가 발생하게 된다. 따라서 산재보험제도 개혁이 산재보험 재정 부담 증가와 사업주 부담 증가로 이어지겠지만, 사업주의 건강보험 부담 감소와 직접 부담 감소 등을 고려할 때 총 사업주 부담의 증가 폭이 산재보험의 재정 증가 폭만큼은 크지 않을 것으로 보인다. 더욱이 사업주가 부담하는 산재보험료를 일종의 사회적 임금의 한 부분으로 해석할 수 있다는 점에서 개별 노동자와 가계에 전가되었던 비용이 전체 노동자가 함께 공동 부담하는 방식으로 해결된 것으로도 볼 수 있다. 이래저래 사업주가 걱정할 문제가 아니다.

다음으로, 산재가 발생할 경우 상당 부분을 담당했던 개별 재해 노동자와 가계의 재정적 부담이 획기적으로 줄어들 것으로 보인다. 이것이 제도 변화가 필요한 가장 큰 이유다. 산재보험료도 사회임금의 일부분이라고 할 때 개별 재해 노동자의 경제적 부담이 전체 노동자의 산재보험료 증가로 나타나 수평적 이전이 이루어진 것으로도 볼 수 있다. 그렇지만 직접적인 보험료의 본인부담이 없다는 점에서 노동자의 직접적 부담은 줄어들 것이 확실하다. 특히, 산재보험제도 개선은 건강보험의 재정 부담 완화 효과가 있어서 노동자들의 건강보험료 부담을 줄여주는 효과도 나타날 것이다.

이와 더불어 국민 의료비는 단기간 증가하는 효과가 있을 수 있다. 건강보험에서 산재보험으로 제자리를 찾아가는 과정에서 본인부담 때문에 미충족 상태에 있었던 서비스 요구도가 증가하여 과거 체계보다 총 의료비는 증가할 수 있다. 그렇지만 산재보험제도 개혁이 산재보험의 입구만 넓히는 것이 아니라 원직장 복귀를 목표로 한 재활체계 강화를 통해 출구도 넓힐 수 있다는 점에서 중장기적으로는 제도의 효율성을 높여 직접 의료비뿐 아니라 간접 의료비의 감소를 가져올 수 있을 것이다. 이와 더불어 사업주의 재정적 부담도 초기에 증가할 수 있지만, 제도의 효율성이 높아져서 중장기적으로 적정 부담으로 갈 수 있을 것이다.

셋째, 제도의 수용성 측면에서 살펴보면, 노동자의 경우는 산재보험제도에 대한 수용성이 좋아지고 권리의식이 확대될 것으로 보인다. 바야흐로 산재보험이 사회보험의 지위를 실질적으로 획득하는 계기가 될 것이다. 건강보험제도의 경우도 직접적인 효과는 아니겠지만 건강보험에 해당되는 환자만 건강보험제도에 포함되어 전체 국민들의 건강보험제도에 대한 수용성 제고에 보탬이 될 수 있다. 또한 보험료 부담 완화 효과와 함께 건강보험 보장성 확대에 대한 수용성도 좋아질 수 있을 것이다.

다음으로, 사업주의 경우는 산재보험제도에 대한 수용성에 있어서 업종과 사업장 규모 등에 따라 다른 양상을 보일 수 있다. 산재보험의 범위가 확대되고 보험료율 산정 등에서 사회보험적 성격을 강화할 경우 그동안 산재보험의 부담이 적었던 대기업과 비제조업 분야의 경우는 부담이 늘어나기 때문에 제도 변화에 대한 부정적 인식이 클 수 있다. 반면, 제조업과 중소사업업장의 경우는 그동안 산재보험료 부담이 컸을 뿐 아니라 별도의 부담을 했던 상황에서 부담이 산재보험으로 통합되고 부담의 크기도 상대적으로 줄어들 여지가 크다. 따라서 제도 변화에 대한 거부감이 상대적으로 적을 것이 예상된다. 그렇지만 자본 전체가 부담해야 할 비용이 커진다는 점에서 제도에 대한 부정적 인식이 클 것으로 예상된다.

정부는 경총 등 사업주 측의 반대 등을 이유로 제도 변화에 부정적일 수 있다. 또한 그동안 통계로 잡히지 않았던 재해가 통계로 잡히게 되어서 사회적으로 큰 부담을 안게 될 수 있다는 점에서도 부정적일 수 있다. 그러나 생각을 달리하면 긍정적으로 볼 부분이 많다. 최소한 고용노동부는 부정적으로 볼 일이 아니다. 산재에 대한 사회적 심각성이 현실적인 무게로 등장할 수 있는 계기가 됨으로써 그동안 산재 예방 정책에 대한 정책 당국의 비협조 내지 우선순위 저하 문제를 해결할 수 있는 긍정적 정책 환경이 조성될 수 있기 때문이다. 물론 그동안 산재보험제도 개혁에 가장 반대했던 정부 부처가 고용노동부였다는 점에서 현실적으로 반대의 목소리가 클 것이 예상된다.

그동안 의료 공급자는 산재보험에서 부차적인 영역에 머물러 있었는데, 산재보험 청구 절차의 개선으로 직접적인 당사자로 부각되는 한편, 이것이 갈등의 소지가 될 수 있다는 점, 그리고 행정 행위의 위탁이 의료기관에게 부여된다는 점에서 부정적인 인식이 클 것으로 보인다. 다만, 질병의 직업성 판단이 의료 행위과정과 떨어질 수 없는 문제이고 본질적으로 의료 전문가의 업무 영역에 포함된다는 점에서 의료 전문가의 권한을 일정 부분 강화시키는 계기가 되는 현 제도에 대해 긍정적으로 생각할 여지도 존재한다.

넷째, 관리 효율성 측면에서 정책 효과를 살펴보면, 먼저 그동안 근로복지공단에서 재해의 판정, 급여 심사 업무를 통합 운영했던 것을 별도의 산재심사평가원으로 독립하여 업무를 담당하게 하고 급여 절차를 개선함으로써 단기적으로는 관리 비용이 크게 증가할 수 있다. 특히, 재해 노동자에게 입증 책임을 부과하지 않고 보험자에게 반증의 책임을 부과함으로써 별도의 전문 인력을 확보해야 하기 때문에 관리 비용이 증가할 수 있다. 또한 업무량의 증가도 예상된다. 예를 들어 산재보험의 청구와 심사량이 증가할 것이 확실시된다. 또 건강보험과 마찬가지로 의료기관의 분류와 청구에 의해 급여가 개시되기 때문에 잘못 분류되어 지급된 급여에 대하여 건강보험과 산재보험 당사자가 조정하여 해결하는 방식이 일반화될 것인데, 그 과정에서 추가로 업무량이 증가하게 될 것이다. 그러나 전체적으로 기존 제도에 따른 사회적 갈등 비용이 매우 컸기 때문에 이러한 관리 비용을 고려할 때 관리 비용의 증가를 부정적 문제로만 보기는 어려울 듯싶다.

'치료부터 재활까지 국내 최고의 산재종합의료기관'으로!

독일의 산재병원은 산재 발생 후 응급수술 및 급성기 치료부터 재활에 이르기까지 의료전달체계의 전체 부분을 개개 산재병원에서 종합적으로 담당하고 있다. 그리고 독일의 산재병원은 외상센터 등을 포함하여 급성기 치료 수준이 독일 병원 중 최상위에 있을 정도로 질적 수준이 우수한 것으로 알려져 있다.

외국의 사례, 산재의료전달체계 및 공공보건의료체계의 필요성, 산재 환자 및 지역사회의 요구 등을 고려할 때 산재병원은 '치료부터 재활까지 토털 케어가 가능한 국내 최고의 산재종합의료기관'의 비전을 갖고 있어야 한다. 이러한 비전 속에서 산재 환자를 포함한 모든 환자에게 최고의 보건의료 서비스를 제공하고, 집중적인 관리를 통해 산재 환자를 조기에 직장 및 사회에 복귀할 수 있도록 지원할 수 있도록 해야 한다. 또한 산재 의료전달체계 및 공공보건의료체계 내에서 타 의료기관을 선도해나가는 역할을 수행하는 등 구체적인 미션을 실행해야 한다.

이러한 비전과 미션을 수행하기 위해 산재병원을 5가지 유형으로 재분류하고 각각의 발전 전략을 모색할 필요가 있다.

가장 우선적으로 9개 산재병원의 모병원 또는 중앙의료원의 역할을 해야 할 인천산재병원에 대해서 별도의 발전 전략을 모색할 필요가 있다.

둘째, 경기 남부지역, 남해지역, 경남지역 등 세 개의 광역진료권에서 산재종합의료기관의 위상을 갖는 안산산재병원, 순천산재병원, 창원산재병원 등을 새롭게 재구성해야 한다. 당연히 지금과 다른 별도의 발전 전략을 모색할 필요가 있다. 특히, 순천산재병원은 현재 지역적 조건과 인프라가 남해의 산재 광역진료권을 담당할 만한 상태가 아니기 때문에 별도의 장소에 새로운 병원을 신축해야 한다.

셋째, 인구 10~30만 명 정도의 중진료권에서 지역거점병원의 위상을 가질 수 있도록 대전산재병원, 태백산재병원, 정선산재병원 등에 대한 발전 전략을 수립해야 한다.

넷째, 지역적 특성으로 인하여 산재 환자의 비중 자체가 매우 낮고, 병상 수 과잉 등으로 급성기병원의 전망을 갖기 어려운 동해산재병원의 경우는 영동지역 전체를 진료권으로 하는 광역거점재활병원으로 발전 전망을 가질 필요가 있다. 특히 재활은 산재뿐 아니라 일반 환자를 포함한 재활에 초점을 맞추어야 한다.

다섯째, 중증도가 높은 장기 환자에 대한 요양에 초점이 맞추어져 있고 수도권 한 곳밖에 없는 요양병원을 조기 직업 및 사회 복귀가 어려운 산재 중증 장애인에 대한 자립 생활을 지원하는 방향으로 재설정하고 세 개의 산재 광역진료권 및 지역거점병원과 연계하여 산재장애인 요양 서비스가 제공될 수 있도록 시설을 확충하고, 전달체계를 만들어야 한다.

이러한 발전 전략하에서 산재의료전달체계 및 의료전달체계에서 산재병원의 위상을 개념적으로 정리해보면, 그림과 같다.

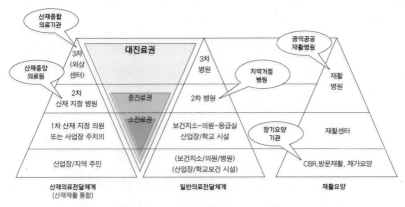

〈그림 3〉 산재 및 일반의료 전달체계에서 산재의료원의 위상 개념도

구체적으로 살펴보면, 인천산재병원은 인천광역시와 부천시의 급성기부터 재활에 이르는 종합적인 의료 요구를 실현하는 산재종합의료기관의 위상과 역할을 수행함과 동시에 9개 산재병원의 모병원 역할을 수행해야 한다.

안산산재병원은 광역응급의료센터에 준하는 응급실 및 중환자실 기능과 외상센터 설치 등 급성집중치료 기능 강화를 포함하여 안산시를 주 진료권으로 한 지역거점병원의 역할을 수행하는 방향으로 기능을 재정립해야 한다.

창원산재병원 역시 안산과 마찬가지로 광역응급의료센터 수준의 응급실 및 중환자실 기능과 외상센터 설치 등을 포함하여 급성집중치료 기능을 새롭게 갖추어야 한다. 또한 근골격계질환 등 직업성질환 등에 대한 관리 및 재활에 대한 요구가 매우 크다는 지역적 특성을 고려할 때 자체 충족형 산재종합의료기관을 지향하는 것이 바람직하다.

순천산재병원은 남해 권역에 3차 병원 수준의 응급 대응 능력과 전문적인 치료 능력을 갖춘 병원이 없다는 점에서 광역응급의료센터 수준의 응급실 및 중환자실 기능과 외상센터 설치 등을 포함한 급성집중치료 기능을 새롭게 갖출 수 있도록 신축한다. 순천산재병원은 광역거점형 재활센터의 위상을 병원 기능에 포함시키는 것이 타당할 것으로 보인다.

대전산재병원은 대덕구 및 동구 주민을 초점으로 의료적 요구를 실현하기 위한 지역거점 공공병원의 위상을 갖도록 기능을 재정립하고, 소규모 사업장 밀집 지역에 소재한 노동자의 건강 문제에 대한 2차 병원의 역할을 수행할 수 있도록 특정 대상에 초점을 맞춘 산업보건사업을 강화해야 한다.

태백산재병원은 급성기 진료 기능을 강화하여 태백시를 주 진료권으로 하고, 인근의 정선군과 삼척시 일부를 포괄하는 지역거점병원의 역할을 지속적으로 수행해야 한다. 다만 배후에 공단이 없고, 진료권 내에 의료 수요가 광범위하지 않으며, 진폐를 제외하면 산재 수요가 크지 않다는 점에서 외상센터 중심의 급성집중치료 기능을 부여하는 것은 적절하지 않은 것으로 보인다.

정선산재병원은 정선군 지역 주민의 거점 역할을 하는 의료기관이 되어야 한다. 외과계의 경우 배후 진료권이 커야 한다는 점에서 내과계 중심의 진료과목을 중심으로 진료 기능을 유지하는 것이 타당할 것이다. 또한 재활의 경우 태백산재병원과 마찬가지로 지역과 밀착해 있는 진폐 환자에 대한 재활 요양에 집중하는 방향으로 기능을 정립해야 한다.

동해산재병원은 산재와 관련된 재활은 진폐에 대한 재활요양에 초점을 맞추고 영동지역 전체를 진료권으로 하는 광역재활병원의 전망을 갖는 것이 타당할 것으로 보인다.

경기산재요양병원은 산재병원의 유일한 요양병원으로 그 기능을 유지, 강화해나가는 것이 필요하다. 재활 서비스를 프로그램에 포함시키고 강화해나가야 한다. 그리고 낮 병동 중심의 운영과 함께 요양병원 주변에 그룹 홈 등 주거시설을 건립하여 자립 생활이 가능한 방향으로 병원을 운영해야 한다.

산재보험의 과제

산재보험이 노동자 건강을 위한 안전판 기능을 담당하려면 적용 대상의 협소함과 비어 있는 부분을 개선해야 한다. 실질적으로 산재보험의 적용에서 제외되어 있는 비정규 노동자, 이주 노동자, 소규모 사업장 노동자가 포함되는 방향으로 제도 변화가 필요하다. 지금과 같이 사업주의 자진 신고로 가입을 받고 보험료를 부과하지 말고 사업체 등록이 되어 있는 모든 사업장이 자동적으로 가입될 수 있도록 하고 세금과 유사하게 보험료를 징수하는 방안을 생각해보아야 한다. 그 과정에서 보험료 부담이 어려운 사업주에 대해서는 세금 등 공공 재원으로 지원하는 제도적 보안책을 마련하면 부작용을 최소화할 수 있다. 특수고용 노동자 역시 사업주의 실효적 지배를 받아 업무를 수행하고 있기 때문에 사업자등록증이 있다는 이유만으로 산재보험 적용에서 제외하는 것은 타당하지 않다. 근로기준법의 개정이 필요하겠지만, 그 이전에라도 산재보상보험법의 개정을 통해 근로계약의 존재 유무와 상관없이 특수고용 노동자에 대한 산재보험 적용을 확대해야 한다. 보험료 부담도 실효적으로 지배하고 있는 사업주가 부담해야 한다. 또한 현재 영세 자영업자나 농작업 재해에 노출되어 있는 농민 등도 산재보험에 제외되어 있는데, 이들에 대한 적용 확대 방안을 마련하고 점차적으로 대상자를 전체 국민으로 확대해나가야 한다.

다음으로 소득 보장이 제대로 이루어져야 한다. 휴업급여의 경우 현행 평균임금의 70% 원칙을 탄력적으로 적용하여 임금 수준이 낮은 영세 사업장 노동자, 비정규직 노동자가 생계 위협을 받지 않도록 소득 보장이 강화되어야 한다. 예를 들어 휴업급여의 하한선을 대폭 인상하고 일정 급여 이하의 경우는 평균임금을 모두 보장해주는 방향으로 휴업급여를 탄력적으로 제공하는 방안을 생각해볼 수 있다. 또한 중증 장애, 저소득 산재 노동자의 소득 보장이 현실화되도록 보상체계를 개편해야 한다. 재해 노동자의 기능 손실 정도를 전혀 파악할 수 없는 현행 장해 등급 판정 체계를 개편하고 장해급여비를 현실화해야 한다. 직장 복귀가 거의 이루어지지 않고 장애인의 복지 혜택이 매우 미약한 상황에서 산재 노동자들은 소득의 대부분을 장해급여에 의존하고 있다. 특히 중증 장애인과 산재 이전 직장의 보수가 낮은 재해 노동자의 경우는 산재 후에 급격한 소득 상실이 발생하기 때문에 이를 보전하기 위한 장치가 필요하다.

현재 산재보험의 핵심적 문제로 지적되고 있는 요양의 장기화 문제는 다른 요인도 작용하겠지만, 가장 핵심적인 문제가 부실한 재활 및 사후 관리체계와 관련되어 있다. 근본적으로 직장 복귀가 이루어질 수 있도록 체계적인 직업 재활 및 고용 프로그램이 제공되어야 하고, 장애인에 대한 복지 수준이 OECD 국가 수준으로 확대 강화되어야 한다. 그래야만 요양의 장기화 문제 및 산재 장애인의 빈곤화 문제 및 건강한 삶을 보장할 수 있다. 구체적인 방안으로 산재 노동자의 특성에 맞는 직업 재활 프로그램을 개발하여 운영하고, 시설, 인력 등 기본 인프라를 갖추어야 한다. 산재병원에 재활센터 기능을 지금보다 훨씬 더 강화해야 한다. 원직장 복귀가 가능하도록 관련 제도적 장치도 마련되어야 한다. 결론적으로 산재노동자에 대해 산재 발생 시점부터 직업 복귀에 이르는 전 과정이 체계적으로 관리될 수 있도록 정책 개발이 필요하다. 근로복지공단의 전면적인 혁신을 통해 모든 산재 노동자가 원직장 복귀, 재취업, 전직, 자영업 등으로 직업 복귀가 이루어질 때까지 직업훈련과 취업 알선, 취업 후의 사후 관리까지 일대일 서비스의 제공이 가능할 수 있도록 사후 관리체계가 만들어져야 한다.

마지막으로 산재보험이 '선보장 후평가' 체계로 바뀌려면, 근로복지공단의 조직체계가 바뀌어야 한다. 근로복지공단은 보험자로서의 기본 기능인 징수 업무와 자격관리 업무, 그리고 재활을 포함한 사후 관리 및 복지 서비스를 중심으로 체계를 재편하고, 산재 인가 업무를 중단하여 별도의 입증 절차나 승인 과정 없이 사업주 및 의료기관의 신고에 따라 자동적으로 급여가 제공될 수 있도록 해야 한다. 특히 근로복지공단의 경우 체계 개편과 함께 가장 역점을 두어야 할 부분이 서비스의 강화다. 산재 예방 서비스에서부터 재활 서비스에 이르기까지 포괄적인 서비스를 제공하는 기관으로 바뀌어야 한다. 예를 들어 외국에서 일반화되어 있는 질병 및 사례 관리(Disease & Case Management) 제도를 도입하여 지속적이고 포괄적인 서비스를 제공될 수 있도록 해야 한다. 또한, '선보장 후평가' 체계에서 근로복지공단의 심사 기능이 폐지되기 때문에 독립적 심사기구인 '산재보험심사평가원'을 구성하여 그 기능을 이전해야 한다. 산재보험심사평가원은 청구된 진료비의 심사 기능과 함께 급여 제공의 타당성 평가를 수행하고, 진료의 적정성 평가 업무를 수행할 수 있을 것이다. 마지막으로 근로복지공단의 운영에 노동자 및 공익의 참여가 보장되어야 하고 중요 의사결정에 노동자의 참여가 제도적으로 보장되어야 한다.

사실 자본주의적인 노동관계에서도 사업주는 노동력 사용에 있어서 임금 및 고용조건을 적절하게 보장해야 할 뿐 아니라 노동력이 손상되지 않도록 안전하고 건강한 일터를 확보하고 제공해야 할 의무가 있다. 이제 더이상 일터에서 건강을 해치는 문제가 발생하는 것을 어쩔 수 없는 일로 치부하지 말아야 한다. 일터에서 생산과정에서 노동력이 파괴되는 것은 자본주의 질서에도 합당하지 않을 뿐 아니라 노동자의 기본권을 정면으로 부정한 일이기 때문이다.

그렇지만 이것만으로 부족하다. 일터 밖에서 모든 노동자의 건강이 평평하게 다루어질 수 있도록 대전환이 요구된다. 노동자가 정규직이든 비정규직이든 아프고 다친 결과가 중요하다. 어떻게 다쳤든 간에 노동자가 일을 못하고 치료를 받아야 하는 결과가 동일하다는 점에서 누구든지 보편적인 건강보장제도하에서 무상의료 서비스와 소득손실에 대한 보상을 받을 수 있어야 한다. 그러나 이러한 변화는 건강보험의 보장성 강화만으로 달성될 수 있는 일이 아니다. 근본적인 제도 변화가 필요하다. 그때까지 노동자가 제대로 치료받을 권리를 포기할 수는 없다. 그리고 그러한 변화를 위한 추동하기 위해서도 첫발을 과감하게 내디뎌야 한다. 그 첫발이 바로 모든 산재 환자를 산재보험으로 치료받을 수 있도록 제도를 변화시키는 것이다. 또한, 산재 노동자가 양질의 치료와 재활 서비스를 받을 수 있도록 산재병원의 양적·질적 수준을 높이는 일일 것이다.

한국원자력의학원의 현실과 발전 방향: 공공의료 기능을 중심으로

나백주 · 서울시립 서북병원 원장

원자력병원은 한국원자력의학원 산하에 있고 정부 투자를 기반으로 한다. 원자력병원은 최신 원자력 기술의 평화적 이용이라는 과제에 부응하며 그 대표적인 상징이 최신 방사선 치료기의 개발과 보급에 앞장서는 것이다. 또한 방사선종양치료 분야의 공공의료 모델 정립 및 확산을 이끄는 것도 중요한 기능이다.

그동안 원자력의학원의 발전에 관해 많은 연구가 있었지만 공공의료 측면에서 원자력의학원의 발전 방향은 검토가 미흡했다. 공공의료는 민간이 투자하기 어려운 취약지 의료 및 하이테크놀로지 투자를 담당하는 측면에서 중요한 기여를 하고 있다.

원자력의학원 중에서 원자력병원은 한때 암 전문병원으로 위상이 높았지만 최근 민간의료기관이 암 진료를 확대하고 국립암센터가 개원되면서 경쟁력이 약화되었고 또한 원자력 병원 의사들도 조건이 더 좋은 민간병원으로 가게 되면서 원자력병원의 위상이 점차 낮아졌다.

하지만 앞서 언급했듯이 원자력의학원의 장점은 방사선의학과 관련해서 민간의료기관에서는 투자하기 어려운 고가 의료 장비를 정부가 투자하기 때문에 방사선의학 분야를 선도하는 기능이 있다는 것이다. 또한 방사선 비상 진료 업무를 수행하는 준비 태세를 갖추고 있으며, 이 외에도 방사선 기초의학 분야의 독보적인 시설과 장비 및 인력을 갖추고 있다.

한국원자력의학원의 문제점

한국원자력의학원의 문제점으로 지적되는 것은 우선 공공의료기관인 원자력병원이 공공의료와 관련된 정책을 보건복지부와 협의하고 함께 모색하기 어렵다는 점이다. 교육과학기술부는 과학기술정책을 담당하는 부서이지 국가 전체적인 공공의료 측면에서 원자력의학의 발전 방향을 고민하는 부서는 아니다. 그러다 보니 공공의료 기능 정립이 미흡했던 것이 사실이고 원자력병원에 대해서도 공공의료 측면보다는 운영이나 수익성 측면에서 바라보는 경향이 있었다. 실제로 원자력의학원에서 자체적으로 발주하는 용역 보고서가 다수 있었는데, 그 내용을 보면 원자력병원 수익 중심의 경영 분석이 많았다. 반면에 국가 차원에서 방사선 암 진료 문제점을 분석하고 원자력병원이 어떤 기능과 위상을 정립해야 하는가에 대한 고민은 미흡했다.

또 다른 문제점은 원자력의학원의 원자력의학 연구 측면에도 있었다. 즉, 방사선 기초의학 연구는 꾸준히 활성화되고 있는데 방사선 임상의학 연구가 상대적으로 빈약하였다. 이는 원자력의학원 내외부 전문가 대상 설문조사 결과에서도 공통적으로 지적되고 있는 문제이다. 이러다 보니 원자력병원을 원자력의학원에서 분리해야 한다는 이야기도 나오고 있는 실정이다.

구체적으로 이러한 문제의 원인은 원자력의학원의 공공의료 관련 연구나 정책 방안 수립 과정에 보건복지부 및 공공의료정책 전문가의 협력과 토의가 부족했다는 배경을 추측할 수 있다. 특히 암 진료가 계속 늘어나고 있고 이와 관련한 방사선 진단 및 치료기술이 차지하는 비중이 늘어나고 있으며 이와 더불어 암 환자들의 진료비 부담 증가도 빠르게 나타나고 있다. 이는 많은 민간의료기관이 방사선종양진료가 건강보험이 보장하지 않는 최첨단 기술의 비급여 항목임을 이용해서 이를 병원 수익 증대 수단으로 활용하고 있다는 점과 무관하지 않다. 이러한 부분도 원자력병원을 중심으로 공공의료 관련 연구와 대안 모색이 이루어져야 한다. 실제 정부의 종합적 암 진료 관련 정책 대응은 보건복지부가 수립한 암 정복 10개년에서 찾아볼 수 있다. 하지만 제2기 암 정복 10개년 계획안에 방사선종양치료 내용이 별도로 제시되어 있지 않은 실정이다. 한편 암 환자의 의료 양극화나 건강 불평등에 대한 정책 연구도 미흡한 실정이다.

최근 일본 원자력의학원(NIRS)도 내부의 병원에 대한 정책이 달라지고 있다. 즉, 병상을 늘리는 등 병원 기능을 강화하는 흐름이 나타나고 있다. 원래 일본 원자력의학원의 병원은 병상도 적고 다른 민간병원에서 수용하기 어려운 치료만 따로 떼서 수행하고 있어 병원이라고 하기 어려운 측면도 있었지만 최근 일본 NIRS는 중입자치료기를 도입하여 운영하면서 중입자치료센터의 병상을 자꾸 늘리고 있는 추세이다. 특히 최근 일본에 3번째로 중입자치료센터가 군마대학병원에 만들어졌는데 기존의 중입자치료센터와 달리 병원 기반 중입자치료센터를 운영하기 시작했다는 점이 특징이다. 또한 중입자치료센터를 병원 기반으로 운영하는 것이 장점이 많다는 보고가 나오고 있다. 왜냐하면 임상연구 활성화 측면과 진료 표준 정립 문제를 다루기 쉽기 때문인데 실제 주변 조직에 손상을 덜 주면서 심부 암까지 치료하는 중입자치료기 도입 및 활용은 일본 NIRS라고 할 수 있다. 앞으로 한국도 부산 동남권원자력의학원을 비롯해서 1~2개는 더 생길 수 있는데 향후 원자력의학원의 기능에 주목해야 할 이유가 여기에 있다.

원자력병원 공공성 강화에 대한 오해

원자력병원의 공공성 강화와 관련해서 일부 오해가 있다. 즉, 원자력병원 공공성 강화 논의가 바로 원자력병원을 원자력의학원에서 분리하여 별도로 보건복지부 산하 의료기관으로 만드는 것이라는 생각이 그것이다. 하지만 원자력병원이 보건복지부 산하로 가게 된다면 원자력병원의 장점을 스스로 포기하는 것과 같다. 소속은 교육과학기술부 산하에 그대로 있어 첨단 방사선 장비 및 기초방사선의학과 연계하면서도 원자력병원의 공공성 문제는 보건복지부와 협의하고 필요하다면 예산을 지원받을 수 있는 시스템을 개발 강화하자는 주장이 가능하다. 비슷한 사례로 지방의료원을 들 수 있다. 지방의료원은 지방자치단체 소속이지만 그에 관한 공공의료 지도감독 권한은 보건복지부에 있다. 마찬가지로 소속은 교육과학기술부 및 원자력의학원이지만 원자력병원의 공공의료 기능은 보건복지부에서 지도 감독할 수 있도록 하는 것이 바람직하다는 것이다. 특히 이번에 공공의료에 관한 법률이 개정되어 보건복지부에서 공공의료 기본계획을 작성한 후 해당 관련 정부기관에서 이를 기반으로 한 공공의료 시행계획을 수립하도록 체계가 변화하였는데 이에 조응하는 준비를 원자력의학원에서도 체계적으로 할 필요가 있다. 한편 원자력의학원의 사업과 관련한 법적 근거가 「방사선 및 방사선 동위원소 이용 진흥법」인데 이 법 제13조에 3항에 원자력의학원의 사업에 일개 항목으로 '암 병원 등 의학원의 목적 달성을 위해 필요한 사업'이라고만 명시되어 있다. 이를 보강하여 별도의 항목으로 원자력병원의 사업이라는 항을 별도로 신설하는 것이 바람직하다. 여기에는 방사선의학의 종합발전을 위해 방사선종양진료 표준을 개발하고 보급하는 등 방사선종양진료 공공성 정책 개발 및 사업 계획 수립과 시행을 보건복지부와 연계 협력하도록 명시하여 개정할 필요가 있다. 아울러 향후 보건복지부가 공공의료 기본계획 및 암 정복 10개년 계획 등을 만들 때 꼭 원자력의학원의 의견이 반영될 수 있어야 한다.

나아가 원자력병원은 방사선종양진료에 특화된 헤트쿼터, 즉 방사선종양진료의 국립암센터 기능이 되도록 하는 것이 바람직하다. 한편 우수한 임상 연구 인력을 확보하기 위해 방사선종양학 특수대학원을 설립하여 대학원생을 확보하고 교수진을 구축하는 것도 바람직한 방법이다.

비상시 재난 기획 체계를 강화해야

마지막으로 일본 후쿠시마 원전사고와 관련해서 한국에도 원전사고의 위협이 현실화되는 것 아닌가 하는 걱정이 많아지고 있다. 따라서 한국의 원자력의학원에서도 방사능 사고를 가정한 비상시 재난 기획 체계를 강화해야 한다는 주장도 설득력 있게 제기되고 있다. 일본 후쿠시마 사고가 나면서 일본 NIRS에서 어떤 일이 있었는지 문헌을 찾아보니 현장에 의사 간호사들이 파견을 나갔다고 기술되어 있었다. 또한 현장 방사선재해대책반에 가서 대응 정책 수립에 참여하였고 피해 지역 주민들과 방사선 재해 처리 노동자들에 대한 검진 및 피폭자 3명을 인근 후쿠시마병원으로 후송하는 활동도 하였다고 한다. 또한 후쿠시마 인근 주민의 건강에 관한 전화 상담을 하기도 했다고 한다. 이러한 내용은 한국의 원자력의학원에서도 보다 짜임새 있게 방사선 재난 대응을 할 필요가 있음을 시사한다. 하지만 사고가 일단 발생하게 되면 어찌 되었든 대응이 상당히 어려우니 가장 중요한 대응은 예방이다. 원전 사고가 나니까 원전이 비용 대비 효율적인 에너지 자원이 아니라는 것을 일본이 입증해주고 있다. 향후 원자력의학원이 원전의 평화적 이용과 주민의 안전을 지키는 수호자가 되는 것이 필요하다. 원자력이 사람들의 건강을 도와주는 방향으로 이용되어야지 생명을 위협하는 수단이 되지 말아야겠다.

원자력의학원
발전을 위한 추가적인
연구 필요성[1]

이상구 · (사)복지국가소사이어티 운영위원장

한국 원자력의학원은 2007년 독립 출범 당시부터 주도 세력이 사라진 상태에서 원자력 진흥과 관련된 목소리가 커졌고, 한국동위원소협회 및 정읍과 경주의 양성자가속기사업단 등이 혼재되어 있어 중장기적인 발전 방안이 부재한 상태에서 암 전문 병원으로서의 기능이 저하되고 적자 누적이 심화되고 있는 실정이다.

특히 그동안 주무 부처의 이름만 3번 바뀐 것이 아니라 정부 정책의 일관성이 없어 원자력병원 의료사업 축소나 부산광역시의 의학원 분원 설치, 병원이 아니라 특정 분야의 연구기관으로 역할 축소 등에 대한 방향성의 혼란이 지속되어왔다. 그러한 과정에서 스타급 의사들의 이직과 퇴직이 반복되어 경영이 더욱 어려워지고 있다. 또한 동남권 원자력의학원의

---

1 현재 이 부분은 전국보건의료산업노동조합과 원자력의학원 지부와 연계하여 복지국가소사이어티에서 구체적인 연구를 수행하고 있다.

설립을 위해 원자력의학원 본원이 은행에서 융자를 받아 출자하고 그 부채를 원자력의학원이 병원 운영 수익을 벌어서 갚아나가도록 하는 등 공공 기관으로서 이해되지 않는 여러 가지 일들이 벌어지기도 하였다.

최근에는 지속적 경영 악화와 공공 기관으로서의 정체성을 찾지 못하면서 공공 기관 정상화 방안의 일환으로 경영 혁신안이 이사회를 통과하였다(2014년 4월). 이에 따라 2015년부터 인력 감축 및 인건비 축소, 복지 축소, 보조 인력 외주 용역화 등 비용 축소를 중심으로 하는 단기적 경영 성과 중심으로의 변화를 개혁과 혁신이라는 이름으로 강제화될 전망이다.

실제로 한국방사선진흥협회(구 한국동위원소협회)에서 수행한 '국가방사선연구개발 효율화를 위한 추진체계 개편 방안' 연구에서는 방사선 종양학 발전을 중심으로 병원 기능 축소 등을 연구 결과로 제시하여 국가보건 의료체계 구축 마련의 중장기 계획에 대한 접근 없이 추진하여 적절성이 떨어진다고 감사원 감사에서 지적되기도 하였다(2014. 9). 또한 최근에 수행된 갈렙엔컴퍼니의 '한국원자력의학원 중장기 발전 전략 수립 연구'에서는 공공 기관으로서의 이해가 없이 지속적인 적자 기관 정도로 인식하여 다양한 방법을 통한 경영 적자 해소를 중심으로 하는 접근 방안이 제시되기도 하였다.

그러나 이러한 경영 혁신 방안이나 연구 보고의 결과를 여과 없이 시행할 경우 병원 자체의 경영이 단기적으로 개선될 수는 있으나 국가의 방사선 관련 비상시 대응 체계 구축(방비센터)이나, 방사선 이용 및 안전과 관련 연구의 축소와 질적 하락(연구소) 및 환자의 안전과 의료 서비스의 질하락 및 기능 방기(원자력병원) 등의 우려가 현실로서 구체화될 가능성이 높아져 국가 기관으로 설립된 원자력 의학원의 역할과 기능에 대한 새로운 접근이 시급한 시점이다.

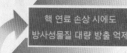

후쿠시마 원전사고
후속 조치 개선 대책

**방사성물질 대량 방출 시
비상 대응 능력 강화 등**
주민보호용 방호 장비 추가 확보, 다수호기 동시
비상 상황 대응 능력 제고 등 22개 항목

**핵 연료 손상 시에도
방사성물질 대량 방출 억제**
피동형 수소제거설비, 격납건물 배기 설비 설치,
중대 사고 관리 지침서 보강 등 6개 항목

**침수 및 전략 차단 시에도
중대 사고로의 진전 방지**
이동형 발전차량 및 축전지 확보, 원자로 비상냉각수
외부 주입 유로 설치 등 11개 항목

**예상을 뛰어넘는
자연재해에도 안전성 확보**
지진 자동정지설비 설치, 방수문 설치,
해안방벽 증축[고리] 등 11개 항목

후쿠시마 사고 이후 수립한 50개 원전 안전 개선 대책

자료: 「원자력안전 종합계획」, 원자력안전위원회, 2015. 2.

최근 수명이 다한 월성 1호기의 수명을 2020년까지 다시 연장한다는 결정이나, 영광원전의 해킹 사건, 원자력 폐기물 아스팔트 사건 등에서 보듯이 원자력 안전과 관련된 문제가 심각해지고 있음에도 불구하고, 국가적으로 최소한의 안전 방제 시스템이 미흡하여 사고 발생 시 큰 피해가 발생할 우려가 커지고 있다.

후쿠시마 원전 누출과 같은 방사능 안전 관련 사고 발생 시 원자력발전소 종사자와 발전소 주변 지역의 주민들, 그리고 피폭 가능 지역 주민들에 대한 국가적 차원의 방지 대책과 방지 인력, 방지 자원 등이 모두 부족하여 원자력의학원을 중심으로 하는 방사선 비상 대응 체계 구축이 시급하다. 특히 북한의 핵 무장이 향후 100기까지 늘어날 것으로 예상되는 시점에 국방의 한 분야로서 방사능 안전 체계를 구축하는 것 또한 아무리 강조해도 지나치지 않을 것이다.

따라서 향후 원자력병원을 포함한 원자력의학원의 기능과 위상은 다음과 같은 방향으로 새로이 정립되어야 한다.

첫째, 원자력의학원의 공공병원으로서의 발전 방안 수립이다.

여기에는 원전 주변 지역 주민 검진 및 진료 지원 강화 방안이나, 노원구 등 인근 지역 연계, 서울 북부지역 공공의료 강화의 한 축으로 성장하는 방안 그리고 국가 암 관리 기관으로서의 기능을 강화하는 방안이 검토되어야 할 것이다.

둘째, 방사선의학 연구 활성화 방안이 필요하다.

원자력 안전위원회에서는 기획 관리 체계화 및 안정적 재원 확보 정책의 일환으로 원자력 안전 규제 기술 로드맵 마련 및 R&D 성과 분석을 통한 체계적인 원자력 안전 규제 연구 기획 관리를 추진하겠다고 하고, 안전성 평가 및 규제 요건과 기준 개발에 중점을 두어 연구를 강화하며 원자력 사업자로부터 독립적인 안전성 확인 역량을 담보하기 위해 연구개발 재원의 독립성 및 안정성 제고하기 위해 원자력 진흥 목적 기금으로부터의 재원 분리하는 등 구체적인 원자력 안전 관련 연구를 추진하겠다고 밝히고 있다. 그러나 원자력 안전과 관련된 연구의 1순위는 방사선 피폭과 관련된 국민의 건강에 대한 연구이고 그 연구는 병원을 가지고 있는 원자력의학원이 중심이 되어 추진될 수밖에 없다.

셋째, 방사선 비상진료센터 활성화 방안 수립이다.

피폭 환자에 적합한 의약품 개발 및 치료 지침 개발과 훈련이나, 전국적인 방사선 방제 네트워크 구성 및 운영 방안 개발, 그리고 방사선 재난 시 방사선 격리 병동 운영과 원전 사고 대응 인력 연수 및 훈련 방안 등은 원자력의학원의 새로운 역할로 강조되어야 한다.

마치 국립중앙의료원이 단순히 또 하나의 공공병원이 아니라 전국의 공공병원을 지원하고 교육하며, 평가하는 전문적인 국가 기관의 역할을 함으로써 전국의 공공의료기관들을 활성화하고 그 역할을 잘할 수 있도록 지원하는 것과 같은 역할을 해야 한다.

전쟁 발발 등과 같은 유사시에 전국의 민간병원을 징발하여 전시 동원 체제로 전환하듯이 원자력의학원도 평시에는 전국에 있는 공공과 민간의 료기관들에 대한 교육과 지원 등을 통해 방사선 관련 문제에 대응할 수 있는 능력을 키워주어야 하고, 실지로 대량 재난 사태가 발생했을 때는 그 중심에서 국민을 보호하는 업무를 해야 한다.

그를 위해서라면 현재의 병원은 축소를 하는 것이 아니고, 더 확대를 해야 하며, 기존의 진료 기능에 더하여 전국의 병원 종사자들을 방사선 방제와 관련하여 교육하는 기관으로서 역할을 해야 한다.

법적으로는 5년마다 방사선 안전 관련 종합계획을 수립하도록 되어 있지만, 실제로 얼마나 추진되고 있는지는 제대로 파 되지 않고 있다. 예를 들어 법으로는 사고 지역 10km 인근에 원자력의학원의 인력을 파견하여 재난대책본부를 설치하고, 선량 측정 장비 등을 파견할 수 있도록 해야 하는데 현재의 원자력의학원에는 그러한 추가적인 인력과 장비가 극히 미비한 실정이다. 또한 전국의 병원을 피폭 사건 발생 등 유사시에 동원하는 체계(전시 편성) 및 그를 위한 실질적인 역할을 해야 하는데 현재의 원자력의학원 종사자들은 대부분 그러한 역할을 부여받지 못하고 있을 뿐 아니라 상시 편성과 전시 편성에 맞는 훈련을 하고 있지도 않고 있다. 또한 전국 21개 거점병원들의 정기 훈련 여부, 관할 관리 및 동원 통제 기능 등 파악하는 기능이나 washing 후 세척수 처리 및 수집 관리 대책이나 환자 분류 및 응급 후송체계 등 기본적인 대응 시스템도 극히 초보적인 실정이어서 사고의 규모가 조금만 커지거나, 23개 원전 중 한 두 군데가 동시에 문제가 발생한다면 국가적으로는 대응할 수 있는 방법이 없다.

기존의 원자력의학원의 인력 중 80% 이상을 전문 방사능 안전 인력 및 대응 인력으로 지정하고, 상시적으로 이와 관련된 교육을 이수하도록 하며, 매년 일정 기간은 동원 훈련 형태로 현장 파견 훈련이나 도상 훈련, 연수 교육 등을 실시해야 하고 그러한 기능을 할 수 있도록 인건비와 교육비, 사업비 등을 국가가 지원하는 것은 물론이고 전국의 거점 병원 및 종사 인력들에 대한 직접적인 소환 교육이나 집체 교육, 전문 실습 교육 등도 원자력의학원이 수행해야 할 중요한 기능이다.

마치 국립 암센터가 국가 암 관리 사업을 담당하면서 전체 운영비의 20% 정도를 그와 관련 예산으로 지원을 받듯이 원자력 의학원도 기존 인력의 인건비와 병원 운영비의 상당 부분을 방사능 안전 체계 구축과 관련된 비용으로 지원을 받도록 해야 유사시에 대응이 가능할 것이다.

또한 원자력의학원 관련 법령을 개정하는 것도 시급하다.

방사선 및 방사성동위원소 이용진흥법 14조의 '동위원소 협회'의 기능으로 되어 있는 부분을 원자력의학원의 기능으로 정상화시키는 것을 법률에 명기하도록 하거나 원자력 및 방사선 안전에 관한 부분은 산업안전보건법이 아니라, 방사선 동위원소 이용 촉진법으로 가름하게 되어 있는 것을 구체적으로 「산업안전보건법」에 명기하는 방안을 마련해야 하며 방사선 안전에 관한 부분 중 환경오염과 관련된 부분도 「방사선 동위원소 이용 촉진법」으로 가름하게 되어 있는 것을 구체적으로 「환경보건법 및 환경오염피해배상책임 및 구제에 관한 법률」로 가져와야 진흥과 안전 규제가 균형을 이루면서 국민들의 안전이 보장될 수 있을 것이다.

나아가서 원자력안전위원회의 개편도 고려되어야 한다. 현재는 두 가지 기능을 모두 가지도록 되어 있으나 원자력 활용 부문 및 원자력 안전 부문의 분리는 세계적으로 보편화되어 있다. 또한 원자력안전위원회 산하의 비상대책본부 상설화하고 기술지원센터는 시설 및 안전, 방호 등의 기술 지원을 담당하고 원자력의학원은 안정화 요오드 투여로 치료 및 예방, Cs는 피폭된 선량에 따라 대처 매뉴얼 작성 등 비상진료본부 설치를 통해 피폭 환자 및 인근 지역 주민들에 대한 의료지원 기능을 가질 수 있도록 행정 체계와 역할을 정비하는 것도 필요할 것이다.

원자력의학원은 이제 더 이상 암 전문 진단 및 치료 병원으로서의 위상으로만 머물 수 없는 시점에 도달하였다. 단순히 수익성에 입각한 병원의 구조조정에 대한 대응이나 의료 부분 축소에 대한 반대 운동을 넘어 국가적으로 요구되는 이러한 역할을 수행할 수 있도록 기능과 위상을 정립하고, 법에 규정된 설립 목적에 맞추어 원자력의학원의 활동을 평가하고 예산을 지원하는 것은 더 이상 미룰 수 없는 중요한 국가적 과제의 하나가 되어야 할 것이다.

혈액사업의 현황과
공공성 강화를 위하여

나영명 · 전국보건의료산업노동조합 정책실장

1. 적십자사 의료기관 현황

적십자사는 "인류가 있는 곳에 고통이 있고, 고통이 있는 곳에 적십자가 있다"는 기치 아래 인도주의 사업, 긴급구호 활동, 인명구조 활동, 봉사활동, 의료 활동을 펼치는 곳이다. 적십자사가 인도주의 정신을 내걸고 의료사업을 펼치고 있는 기관은 혈액원과 적십자병원이다.

적십자사의 의료기관은 다음과 같다.

- 혈액관리본부: 혈액원(15개)과 헌혈센터, 혈장분획센터, 혈액수혈연구원, 혈액검사센터(3개)
- 적십자병원(6개): 인천, 상주, 서울, 통영, 거창, 경인의료재활센터

2. 적십사자의 중점 사업 과제

● 2012년 적십자사는 국민 참여 확대, 미래 전략 수립, 조직 역량 강화라는 3가지 측면에서 총 12가지 중점 과제를 내세웠다.

〈1〉 국민 참여 확대

중점 과제 ① 국민 참여 프로그램 강화 및 열린 봉사 실현

중점 과제 ② 미래 인도주의 리더 양성을 위한 RCY 운영 활성화

중점 과제 ③ 정기 후원자(후원회원, 희망 나눔 명패) 확대

중점 과제 ④ 완전 혈액 자급을 위한 헌혈자 300만 확보 추진

중점 과제 ⑤ 사회적 요구를 반영한 보건, 안전 프로그램 보급

〈2〉 미래 전략 수립

중점 과제 ⑥ 적십자 비전 2020 및 중장기 발전 전략 수립 이행

중점 과제 ⑦ 통일 시대에 대비한 남북교류 · 협력 방안 모색

중점 과제 ⑧ 미래 지향적 국제 협력 모델 개발 및 연구 기능 강화

〈3〉 조직 역량 강화

중점 과제 ⑨ 적십자병원 경영 현안 해소 및 공공의료 기능 강화

중점 과제 ⑩ 통합적 조직 운영을 통한 전사 차원의 역량 집중

중점 과제 ⑪ 성과 중심 조직 운영을 위한 인사 · 평가제도 개선

중점 과제 ⑫ 사업 및 재원 조성 활성화를 위한 관련법 개정 추진

이 가운데 중점 과제 ④ 완전 혈액 자급을 위한 헌혈자 300만 확보 추진 내용은 다음과 같다.

1. 헌혈자 300만 달성 추진(원년)

수혈용 혈액의 안정적 공급 및 의약품 제조용 혈장의 자급 도모

- 혈장 채혈량 확대에 주력(국내 헌혈 혈장량 자급률 66.3%)

※2016년까지 300만 확보 계획

2. 헌혈 자원 조사 및 인프라 확충

헌혈 가능 자원 전수 조사 및 필요 인프라 분석

- 최대 운영일수 및 채혈 인력을 전제로 채혈 가능 자원 전수 조사

- 목표 달성을 위한 조직, 인력, 예산 등 추진 인프라 확충 방안 마련

3. 헌혈자 300만 확보 추진위원회

중장기 계획 수립을 위한 전담 조직 설치 운영

- 300만 헌혈자 확보를 위한 안정적 수급 시스템 등 종합계획 수립

중점 과제 ⑨ 적십자병원 경영 현안 해소 및 공공의료 기능 강화 내용은 다음과 같다.

1. 경영 정상화 추진

병상 규모 축소 및 진료과 특성화 등 자구 노력 추진

- 자구 노력과 함께 지역거점 공공병원으로서 기능 보강 추진, 경영 정상화 모색

2. 공공의료 기능 확대

서울대병원과의 공공의료협약 체결 및 북한 이주민 지원 강화

- (서울) 서울대병원과 협진 체계 구축 등 발전적 협력체계 마련

- (인천) 북한 이주민 의료 지원 특화 병원으로서 공공의료 기능 강화

国고 보조를 통한 시설 및 장비 지속 확충(12년 82억 원)

3. 정부 위탁 사업의 원활한 수행

인천병원과 재활센터병원의 통합 운영 기조 유지 · 정착

- 복지부, 인천광역시와 지속 협의, 공공의료 기능 강화에 주력

적십자혈액사업과 적십자병원사업을 추진하는 데서 조직 운영은 매우 중요한 의미를 갖는다. 왜냐하면 조직 운영이 어떤 방식으로 진행되는가에 따라 혈액사업과 병원사업이 무엇을 목표로 어떤 기조 속에서 추진되는지, 사업의 중요한 원리가 무엇이고 사업에 어떤 영향을 미치는지, 그리고 어떤 결과를 가져올지를 결정하기 때문이다.

이런 점에서 조직 운영을 눈여겨볼 필요가 있다. 중점 과제 ⑪ 성과 중심 조직 운영을 위한 인사에서 평가제도 개선 내용은 다음과 같다.

1. 성과 평가 시스템 구축

BSC 기반의 성과 평가 시스템 구축

- 각 회계별 미션 수립 및 업무 내용에 따른 핵심 전략 과제, 핵심 성과 지표 도출
- 기관장 성과 연봉제 도입 등 성과 평가 시스템 및 보상 관리 시스템 구축

2. 인사 정보 시스템 도입

인사관리의 효율성 제고를 위한 인사 정보스 시템(HRIS) 구축

- 채용, 근평, 교육 · 경력 관리, 성과 관리 등 전반을 관리하는 전

산 시스템 구축

- HRIS 개발을 위한 전담 TF 운영

3. 성과 마일리지 적용 확대

성과 관리의 계량화를 통한 인사 운영의 신뢰성 제고

- 개인별 업무 성과 및 사회 공헌도 등을 성과 마일리지로 계량화

- 승진 심사 기초 자료로 활용 예정

3. 적십자혈액원의 발전 방안

1) 혈액사업 공공성 확보

혈액사업은 국가가 관리해야 하는 공공적 사업인 바, 혈액사업의 공공성을 강화하기 위한 방안을 확고히 마련하는 것이 필요하다. 민간 기관에 의해 운영되는 혈액사업의 경우 안전성 등에 대한 관리 부실 우려가 높기 때문이다.

혈액사업의 공공성 확보를 위해서는 ▷안정적인 혈액 공급 ▷혈액 안전성 강화 ▷누적 적자 문제를 해결하기 위한 대안 마련 등이 필요하다.

■ **안정적인 혈액 공급**

환자 생명을 지키기 위해 안정적인 혈액 공급을 확보하는 것이 적십자혈액원의 존립 근거이고 가장 중요한 사업이다. 적십자사는 안전한 혈액을 안정적으로 공급하기 위해 헌혈자 300만 명을 확보하기 위한 활동을 펼치고 있다. '국내 소요 혈액의 완전 자급'이란 목표를 달성하기 위해 260만 명 수준의 헌혈자를 300만 명 수준으로 확보하고자 하는 것이다.

이를 위해 전국 15개 혈액원과 131개 헌혈센터를 기반으로 하여 헌혈을 통한 생명 나눔 활동을 전개하고 있고, 2011년 기준으로 연간 262만 명이 헌혈을 통한 생명 나눔 운동에 동참하고 있다. 이는 전체 인구 대비 5.26%, 헌혈 가능 인구 대비 6.97%에 해당한다.

이 가운데 적십자사를 통한 헌혈 인구가 254만 2,495명으로 전체 헌혈 인구의 93.6%를 차지한다. 전체 헌혈 인구의 약 30%가 여성이며, 전체 헌혈 인구의 79.7%가 30세 미만(10대가 40.5%)이다.

최근 적십자 혈액 수급량 변화 추이를 보면 2012년의 경우 2011년 동절기(1~3월) 대비 3만 9,004명이 증가(6.7% 증가)했고, 2011년 동월(1~11월) 대비 10만 1,683명이 증가(4.5%)했다.

구분	계(명)	1월	2월	3월	4월	5월	6월	7월	8월	9월	10월	11월	12월
'09년	2,461,880	182,670	184,630	202,757	211,216	232,614	216,066	220,712	209,839	200,633	182,811	219,731	198,201
'10년	2,514,699	198,985	176,152	203,786	207,287	227,968	220,303	226,132	217,873	198,668	203,762	219,592	214,191
'11년	2,448,516	200,174	174,417	210,051	207,835	233,306	194,873	201,584	203,526	197,882	191,821	222,766	210,281
'12년	2,542,495	198,064	213,921	211,661	203,651	242,697	204,063	220,933	203,833	198,655	211,572	230,868	202,577

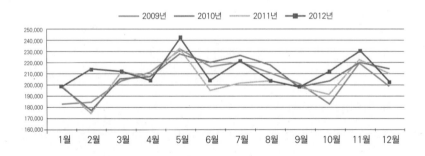

월평균 혈액 보유량(농축 적혈구) 추이를 보면 2012년의 총 헌혈자 수는 1월, 2월, 3월, 5월, 7월, 10월, 11월에 역대 최대였으나 혈액 보유일수는 2009~2010년에 비해 낮았다.

구분	1월	2월	3월	4월	5월	6월	7월	8월	9월	10월	11월	12월
'09년	3.2	3.3	3.8	4.8	6.3	9.7	9.1	8.9	7.8	4.7	4.7	7.7
'10년	4.9	7.0	5.2	4.6	5.7	9.0	9.9	12.8	13.3	9.8	8.8	8.2
'11년	4.6	4.9	3.9	4.3	5.5	7.1	4.2	3.4	2.8	2.7	3.5	4.0
'12년	2.9	4.9	4.1	3.8	6.2	8.0	7.8	6.4	4.8	3.9	4.8	5.6

(단위: 일)

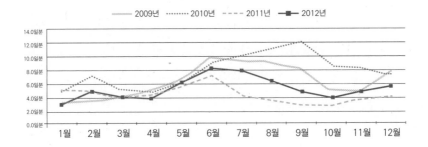

연도별 적혈구제제(F-RBC 포함) 공급량 현황을 보면 최근 3년간 적혈구 제제는 최대 공급량을 보였고, 2012년 11월을 기준으로 할 때 2011년의 172만 8,263Unit에 비해 6만 4,982Unit(3.8%)가 증가했다.

구분	계	1월	2월	3월	4월	5월	6월	7월	8월	9월	10월	11월	12월
'09년	1,850,010	148,797	139,944	153,499	156,611	147,909	157,211	162,854	151,817	158,548	156,982	148,592	167,246
'10년	1,898,043	157,223	140,903	163,926	160,300	153,830	160,062	160,291	155,854	146,310	163,921	162,225	173,198
'11년	1,903,631	160,263	139,243	162,052	156,904	157,426	158,865	154,703	160,902	155,447	157,398	165,060	175,368
'12년	1,793,245	160,585	165,294	169,457	160,061	166,976	157,998	165,599	161,510	157,257	167,659	162,958	165,230

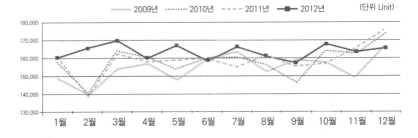

(단위 Unit)

적십자 혈액수급의 안정화를 위해 적십자사 혈액관리본부에서는 ▷1일 평균 '5일분 이상'을 목표로 동절기 헌혈자 감소에 대비한 혈액 보유량 최대 유지 ▷헌혈센터 근로시간 탄력적 운영(60개소 국고 지원 헌혈센터 일요일·공휴일 20:00까지 연장 운영, 자체 헌혈센터 평일 19:00까지 연장 및 주말 확대 운영) ▷헌혈센터 수혈용 혈액 채혈 85% 이상 유지 목표 관리 ▷헌혈 이벤트 및 캠페인을 통한 '전혈헌혈' 확보에 총력 ▷대국민 헌혈 참여 홍보 활동 강화 ▷최근 3년간 단체 헌혈 미참여 단체 정보 조회 및 헌혈 참여 독려 ▷비상 혈액수급 조절을 통한 혈액 공급 상시 모니터링 체계 구축 등 다양한 사업을 추진하고 있다.

안정적인 혈액 공급을 확보하기 위해 중요한 것은 헌혈사업을 국가적 차원에서 범국민적 운동으로 만들어내고, 이를 수행하는 적십자혈액원 운영에 대한 정부의 지원을 보다 강화하는 것이다. 이러한 점에서 적십자사에 대해 인적·물적으로 전폭적 지원을 아끼지 않는 일본의 사례를 벤치마킹할 필요가 있다.

〈참고: 개인 헌혈률 대 단체 헌혈률 비교〉

구분	2007년	2008년	2009년	2010년	2011년
개인 헌혈(%)	55.7	57.4	62.5	64.9	66.2
단체 헌혈(%)	44.3	42.6	37.5	35.1	33.8

■ 혈액 안전성 강화

혈액사고는 생명을 좌우하는 문제이기 때문에 혈액사업에서 가장 중요한 것은 혈액 안전성이다. 2000년대 초반 불거진 혈액사고로 인해 혈액사업은 양적 성장에서 '혈액 안전성 강화'라는 질적 성장에 집중하게 되었다.

2004년 부정혈액 수급 문제가 사회 문제화되면서 2005년 정부는 혈액사업 선진화 방안(혈액 공급과 투명한 예산집행감시제도)을 실시하였고, 2005년 2월~2008년 10월까지 혈액 선진화 기금으로 수혈비 2,200억 원을 국민이 부담하고 국고에서 1,700억 원이 지출되는 등 대폭적인 지원이 이뤄졌다.

2008년 1월 HTLV 선별검사 시범사업 결과 감염률이 외국에 비해 높게 나옴에 따라 혈액관리위원회는 2008년 4월에 HTLV 선별검사를 2009년 1월부터 도입하기로 결정하였다. 또한, 2008년 국정감사 지적에 따라 2009년 1월 30일 혈액관리법을 개정하여 혈액 안전을 위해 질병, 약물 등 혈액 정보 조회 시스템을 구축하기로 했다.

2008년 12월에는 대한적십자사에서 HTLV 선별검사 도입 등 현안 사업 추진에 필요한 혈액수가 조정안을 요청하였고, 2009년 1월 29일 혈액관리위원회에서 혈액수가 인상을 심의 의결했다. 의결된 내용은 HTLV 선별검사 도입 우선 추진 등 현안 사업 실시를 위해 혈액수가 인상의 필요성과 총액 규모(82억 원)를 인정한 수가 인상이었다.

이런 과정을 거쳐 ▷새로운 HTLV 선별검사 도입 및 채혈 방법 개선으로 수혈 감염 예방과 혈액 안전성을 강화할 수 있게 되었고, ▷혈액 정보 관리 시스템 개선을 통해 혈액사고 방지를 위한 기관 간 약물·질병 정보 조회 강화로 혈액 안전성 향상과 함께 혈액 관련 정보 보호를 위한 보안 시스템 구축으로 정보 유출 사고를 방지할 수 있게 되었으며, ▷노후 장비 교체, 혈액 관련 전문의 확보 등 혈액사업의 전반적인 운영체계 개선을 통해 인적·물적 환경이 정비되어 혈액 안전성과 품질관리가 향상될 수 있게 되었다.

이처럼 아무리 강조해도 지나치지 않는 혈액 안전성을 강화하기 위해서는 지속적인 채혈 방법 개선, 선진적인 검사방법 도입, 혈액 정보 관리 시스템 개선, 혈액사업 운영체계 개선, 혈액수가 조정 등의 정책이 필요하다.

특히 혈액수가는 채혈·검사·제조·공급·보관 등에 소요되는 비용인 바,

혈액은 채혈에서 공급까지 노동집약적인 업무가 이루어지는데 이를 감안하여 혈액 안전성을 담보할 수 있을 정도의 합리적인 수가 조정이 이루어져야 한다. 단, 인상된 혈액수가가 다른 곳에 불법 유용되지 않도록 하고, 투명하고 알뜰한 예산 집행이 되도록 하는 장치가 필요하다.

■ 누적 적자 문제를 해결하기 위한 대안 마련

적십자사는 혈액 안전성에 집중했지만 그에 따라 급격한 누적 적자가 발생하였다. 2004~2008년에만 무려 470억 원 규모의 급격한 누적 적자가 발생하였다. 혈액수가가 인상되면서 이 같은 누적 적자가 감소되는 추세이긴 하지만 혈액 안전성을 강화하는 데 따른 적자 문제를 해결할 수 있는 정부의 충분한 자원이 필요하다.

적십자혈액원의 누적 적자 원인으로는 ▷단체에서 개인 중심으로 헌혈 패러다임이 변화함에 따라 추가 운영비가 발생하는 점, ▷국고 헌혈센터 관련 운영비에 대한 정부의 지원이 미흡한 점, ▷국내 혈액사업에 대한 리더십의 혼재로 인해 책임 경영이 취약한 점 등 여러 가지를 들 수 있다.

이 중에서 가장 근본적이고 구조적인 원인은 국내 혈액사업에 대한 리더십의 이원화에 있다. 외국의 사례와 달리 우리나라 혈액사업은 정부와 적십자사 사이에 혈액사업 관련 주요 기능과 책임 권한이 이원화되어 있고, 이에 따라 국가와 정부 간 긴밀한 협력체계가 마련되지 못한 채 비합리적인 역할 및 책임 구조 속에 운영되고 있는 것이다. 이 같은 이원화된 책임 권한 구조로 인해 우리나라 적십자혈액사업이 OECD 국가 내에서 최고 수준의 높은 효율과 생산성을 보임에도 불구하고 정부로부터 이에 상응하는 수준의 지원을 받지 못하고 있는 것이 현실이다. 따라서 국내 혈액사업에 대한 리더십 부재와 이원화 문제는 반드시 해결해야 할 과제이다.

이와 함께 적십자혈액원의 경영 악화를 최소화하고 적십자혈액원이 안정적으로 운영될 수 있도록 정부 지원이 확대되어야 한다. 정부와 적십자 간의 명확한 협약 관계가 구축되지 않다 보니 ▷혈액사업 체계의 불안정 성, ▷불안정한 혈액수가 인상, ▷신규 사업 운영비 부족 등에 따른 경영 악화가 불가피했다. 정부와 적십자사가 명확한 협약 관계를 구축함으로써 기존 혈액사업체계를 안정적으로 보장하고, 혈액수가 결정과 신규 사업 지 원에서 정부와 적십자사가 명확한 책임 영역을 설정하는 것이 필요하다.

2) 혈액사업의 공공성 확보를 위한 인력 확보

혈액사업은 국가가 관리해야 하는 공공적 사업임에도 헌혈센터 등 채 혈 업무에 종사하는 간호사 인력이 턱없이 부족한 것이 현실인 만큼, 혈액 사업의 안전성을 강화하고 간호사 노동조건을 개선하기 위해 인력 충원 및 예산 지원이 필요하다.

혈액사업은 국민의 생명과 직결되는 안전한 혈액을 공급하는 것이 핵 심이기 때문에 수익 중심의 경영, 직원 쥐어짜기 경영으로는 혈액의 안전 성과 공공성을 담보할 수 없다. 또한 인건비를 줄이고 운영비를 줄이기 위 해 무조건 인력을 감축하고 조직을 축소해서 조직을 슬림화하는 방식을 택할 경우 안전한 혈액을 안정적으로 공급한다는 목표를 달성하기 어렵고, 의료기관 및 환자에 대한 서비스에도 악향을 끼칠 수밖에 없다.

한국능률협회가 혈액사업과 관련한 직무 분석을 바탕으로 정원 산정 및 조직 운영 방안을 연구한 결과에서도 ▷혈액수가 인상이 제대로 이루 어지지 않은 점, ▷헌혈센터 신설 및 운영 비용 증가 등을 원가 상승의 주 요 요인으로 지적하면서 '공익성을 고려한 조직구조 개편'의 필요성을 강 조한 바 있다.

혈액사업은 채혈과 공급만이 아니라 각 지역의 의료기관, 혈액 수거, 공 급 거리 등을 고려하여 채혈, 수거, 제제, 검사, 공급, 기획, 운영, 의무, 총무 등의 사업이 체계적으로 맞물려 돌아가야 하고, 내부 고객(직원)과 외부 고객(의료기관, 환자, 헌혈자)의 조화가 적절하게 이루어져야 공익성이 보장된다.

이런 점에서 볼 때 획일적인 기준으로 인력을 감축한다든지, 조직을 무조건 슬림화한다든지, 운영비를 절감한다든지 하는 것은 안전한 혈액을 안정적으로 공급하기 위한 혈액사업의 공공성을 심각하게 훼손하는 것이다. 오히려 충분한 인력 확충을 통해 안전한 혈액을 안정적으로 공급하기 위한 시스템을 갖추기 위한 노력이 더욱 절실하게 필요하다.

특히 혈액 수급 비상 대책 및 안정화 조치로 인해 지나친 연장 근무를 강요받음으로써 발생할 수 있는 혈액형 간 불균형 문제, 기한이 경과하여 혈액을 폐기해야 하는 위험성 등이 우려되는 만큼 안전한 혈액을 안정적으로 공급하기 위한 적정 인력 운영 시스템과 조직 운영 방안을 마련하는 것이 필요하다.

4. 적십자병원의 발전 방안

1) 적십자병원을 지역거점 공공병원으로 육성

적십자병원은 지역거점 공공병원의 위상을 가지면서도 만성적인 적자, 낡은 시설과 장비, 인력 수급의 어려움, 임금 체불 등의 어려움을 겪고 있다. 그럼에도 불구하고 적십자병원은 지방의료원과 함께 지역거점 공공병원으로서 중요한 역할을 담당하고 있다.

적십자사 산하 적십자병원은 전국에 6개가 있는데 이들 적십자병원은 지역의 특성에 맞는 발전 방안이 구체적으로 마련되어야 한다.

① 서울적십자병원: 도시형 구호 병원, 적십자병원 체계 내 정점의 의료기관

- 서울적십자병원은 적십자병원 체계 내에서 정점의 의료기관 역할을 강화하고, 사회적 취약 계층들에게는 비급여 서비스까지 무상으로 제공하는 등 서울시와 보건복지부의 협력 아래 도시형 구호병원으로 육성한다.

② 인천적십자병원: 장애인 재활의료를 특화한 지역거점 공공병원

- 인천적십자병원은 이미 급성기 병원과 재활병원의 유기적 연계의 방향으로 특성화될 수 있는 권역별 재활병원으로 개원한다.
- 가능한 빠른 시일 내에 기존 병원과 재활병원의 통합 운영이 필요하며, 인천시와 보건복지부와 유기적인 협조 관계 정립이 필요하다.

③ 거창, 통영, 상주 적십자병원: 지역거점 공공병원

- 이들 병원들은 이미 지역거점 공공병원의 역할을 충실히 수행하고 있다.
- 그럼에도 불구하고 이들 세 병원들은 경쟁 병원의 증가, 대도시로의 교통망 확충, 시설 및 장비의 낙후, 의료 인력 확보의 어려움 등 공통적인 문제점들을 안고 있다.
- 이들 병원들이 가지고 있는 문제점들을 공통적으로 해결하는 거의 유일한 방법이다.
- 제2의 대구병원 사태 재발을 방지하기 위해서라도 지역거점 공공병원으로 육성하기 위한 중장기 계획을 수립하고, 지속적인 투자가 가능하도록 예산을 지원해야 한다.
- 특히 의사 수급 대책 마련이 시급하다.

적십자병원이 지역거점 공공병원으로서 위상과 역할을 다하고자 한다면 공공의료에 관한 법률개정안에 국가 및 지방자치단체가 적십자병원을 지원할 수 있도록 하는 근거를 마련하는 것이 필요하다. 또한 적십자병원의 사업 영역을 확대하여 보건복지부와 지방자치단체의 협력사업과 복지관 운영 등 사회복지 연계사업을 개발하거나 조손 가장과 재난 구호 대상자의 예방사업과 검진사업 등 다양한 공공의료사업을 강화해나가야 한다.

2) 적십자병원 경영 정상화를 위한 운영 예산 지원

적십자병원은 지역거점 공공병원으로서 고유의 역할이 있음에도 불구하고 예산이 적어 본연의 역할과 기능을 수행하지 못하고 있는 만큼 재정 지원이 절실하다.

현재 경영난이 심각한 적십자병원에 대해서는 운영비 보조가 우선 책정되어야 한다. 이를 위해서는 적십자사 차원에서 적십자병원에 대한 지원을 확대하고, 정부 또한 예산을 투입하여 경영 악화에 대응하는 운영비 지원을 해야 한다. 아울러 경영 개선의 발목을 잡고 있는 내부 차입금을 탕감하고 누적 부채를 해소하는 방안도 마련해야 한다.

병원 운영에 있어 결정적인 것은 바로 우수한 인력이다. 의사를 비롯하여 적십자병원에 우수한 인력이 원활하게 수급될 수 있는 특단의 대책이 필요하다.

3) 적십자병원 발전을 위한 제도 개선

현재의 적십자병원 운영위원회는 병원장의 독단적 운영을 방지하기 위한 본래 취지를 살리기 어려운 것이 현실이다. 적십자사 지사, 지방자치단체, 시민단체가 참여하는 방식으로 적십자병원의 운영위원회를 확대 개편해야 한다.

적십자사 본사와 6개 적십자병원 노조 사이에 병원사업 발전을 위한 정례 협의체를 구성하는 것 또한 필요하다.

지역거점병원으로서의 역할 강화를 위해 안정적인 예산 확보도 중요하다. 적십자사 지정기부금 중 일부를 적십자사의 인도주의 이념을 구현하는 적십자병원에 배정하는 것을 제도화하는 것은 매우 유용한 방안이다.

지방자치단체 지원을 위한 적십자사 지사의 역할 강화도 필요하다. 적십자병원이 있는 지자체는 적십자 회비를 인상해 구호사업비 확보와 지역 주민의 건강 강화를 위한 지자체 예산배정 확보 방안에 지사 회장의 역할을 부여하는 것이 필요하다.

한편, 낙하산 인사와 관리 운영자의 낮은 자질 문제는 적십자병원 운영과 발전에 심각한 장애가 되고 있다. 문제가 있는 인사를 적십자병원에 배치하지 못하도록 제한하고, 병원 관리자 자질 향상 방안 마련을 위한 제도적 장치를 갖춰야 한다.

진주의료원 재개원 투쟁은
공공의료의 미래다

나영명 · 전국보건의료산업노동조합 정책실장

1. 진주의료원 폐업 경과

2013년 2월 26일 진주의료원 폐업계획이 발표됐다. 진주의료원 폐업계획 발표는 박근혜 대통령 취임 바로 다음 날 발표되었다는 점에서, 그리고 우리나라 공공병원을 강제 폐업하는 첫 사례라는 점에서 사회적으로 큰 충격을 주었다.

경상남도의 진주의료원 폐업계획 발표 이후 4월 3일 휴업 조치 → 5월 29일 진주의료원 폐업 신고 → 6월 11일 경남도의회에서 진주의료원 해산조례 날치기 통과 → 7월 2일 해산 등기 → 9월 25일 청산종결 등기 완료 → 2014년 7월 31일 경남도의회에서 진주의료원 서부청사 리모델링 예산 통과 → 8월 22일 경남도 도시계획위원회에서 진주의료원 '공공청사' 용도 변경 결정 → 11월 26일 보건복지부가 진주의료원 용도 변경 승인 등의 절차가 진행됐다.

이로써 진주의료원은 폐업계획 발표 2년 동안 폐업과 청산, 용도 변경을 거쳐 경남도청 서부청사로 활용될 운명에 놓이게 되었다.

2. 진주의료원 강제 폐업을 둘러싼 논란과 쟁점

진주의료원 강제 폐업 과정과 이를 저지하고 진주의료원을 정상화하고 재개원하기 위한 투쟁 과정은 숱한 논란과 쟁점을 낳았다.

1) 지방자치단체장에 의한 공공병원 강제 폐업

홍준표 경남도지사는 103년 동안 서부경남지역 주민을 위한 지역거점 공공병원 역할을 해온 공공병원을 당선된 지 69일 만에 폐업하겠다는 계획을 전격적으로 발표했다. 이후 200여 명의 환자 강제 퇴원, 230명의 직원 생존권 박탈, 경남도의회에서 진주의료원 해산조례 폭력 날치기, 진주의료원 의료장비와 물품 반출 등이 강제적으로 진행됐다.

지역 주민들에게 양질의 공공의료 서비스를 제공하기 위해 신축 이전한 진주의료원을 5년 만에 강제 폐업한 뒤 자신의 정치 공약이었던 서부청사 건립을 위해 활용하려 한 홍준표 경남도지사의 행태와 관련하여 지방자치단체장이 마음대로 공공병원을 폐업할 수 있느냐 하는 논란이 벌어졌다. 지방의료원의 설립 목적이 있고, 지역거점 공공병원을 육성하는 것이 정부정책이었기 때문에 보건복지부에서도 폐업이 아닌 정상화와 재개원을 요구했지만, 홍준표 경남도지사는 보건복지부와 대립각을 세우면서 '국가사무가 아닌 지방사무'라는 논리로 진주의료원 폐업을 밀어붙였다. 지방자치단체장의 정치적 판단에 따라 마음대로 지방의료원을 폐업할 수 있는가 하는 논란이 제기되었고, 결국 제2의 진주의료원 폐업 사태를 막기 위해 지방의료원 폐업 시 사전에 보건복지부장관과 협의를 거치도록 하는 지방의료원법 개정안(일명 진주의료원법 혹은 홍준표방지법)이 2013년 7월 2월 국회 본회에서 통과됐다.

2) 적자와 부채를 이유로 한 공공병원 폐업

홍준표 경남도지사는 진주의료원을 폐업하면서 '과도한 적자와 부채', '강성노조·귀족노조'를 폐업의 이유로 들었다. 폐업계획 발표 당시 진주의료원의 누적 부채는 279억 원이었고, 2012년 적자는 69억 원이었다.

그러나 적자와 부채를 이유로 공공병원을 폐업하는 것이 옳은가 하는 논란이 제기됐다. 진주의료원의 부채와 적자는 전국 34개 지방의료원 중 최하위도 아니었고, 34개 지방의료원 모두 안고 있는 문제였기 때문이다. '공공의료 정상화를 위한 국정조사'를 통해 진주의료원의 적자와 부채는 강성노조·귀족노조 탓이나 고액 인건비 등이 원인이 아니라 ▷ 예비 타당성 조사 실패, ▷ 의료 접근성이 떨어지는 허허벌판으로 신축 이전, ▷ 무능한 경영진과 잦은 교체, ▷ 경영진과 의사 간의 갈등과 이로 인한 진료 공백, ▷ 경영진의 부정비리와 부실 운영, ▷ 경상남도의 관리 소홀 등이 원인이었음이 밝혀졌다. 그런데도 홍준표 도지사는 적자와 부채의 원인을 찾아 개선하려는 노력 대신 진주의료원 폐업을 강행했다. 이와 관련 공공병원의 착한 적자가 커다란 사회적인 쟁점이 되었다.

박근혜 대통령조차 "공공병원의 착한 적자는 필요하고, 정부가 지원해야 한다"고 발언했고, 보건복지부는 공공병원 운영으로 인한 공익적 적자에 대한 연구를 수행하여 지방의료원이 수행하는 역할 중 39개항을 착한 적자로 분류하여 이에 대해서는 운영비를 지원해야 한다는 연구 용역 결과를 내놓았다. 또한 2014년 12월 29일 국회는 지방의료원의 착한 적자에 대해 운영비를 지원할 수 있는 내용의 지방의료원법을 통과시켰다. 진주의료원 폐업을 계기로 적자와 부채를 이유로 공공병원을 폐업해서는 안

되고 공공병원의 적자와 부채 중 '공익적 적자'에 대해서는 정부가 운영비 지원을 통해 해결해야 한다는 폭넓은 사회적 인식을 바탕으로 실제 정부 정책과 법적 근거가 마련된 것이다.

3) 국비·도비 투입한 공공병원을 용도 외 서부청사로 활용

진주의료원은 34개 지방의료원 중의 하나로서 지역거점 공공병원의 역할을 맡아왔다. 정부는 지방의료원을 지역거점 공공병원으로 육성하고 현대화하기 위해 시설과 장비를 지원해왔다. 진주의료원에는 국비 260억 원을 비롯해 540억 원의 막대한 비용을 들여 신축 이전과 장비 보강이 이루어졌다. 이렇게 막대한 혈세를 투입하여 현대적 시설과 장비를 갖춘 진주의료원은 매년 연인원 20만 명의 환자를 담당해왔고, 장애인치과, 장애인산부인과, 호스피스병동, 노인병동, 최상의 응급의료센터를 통해 민간병원들이 담당할 수 없는 공공의료 역할을 수행해왔다.

그러나 홍준표 경남도지사는 진주의료원을 강제 폐업하고 의료시설이 아닌 공공청사로 활용하려는 계획을 착착 진행시켰다. 이를 놓고 공공의료시설을 공공청사로 용도 변경하는 것이 바람직한 것인가에 대한 논란이 제기됐다.

이와 관련 보건복지부는 처음부터 국비가 투입된 진주의료원을 매각하거나 용도 변경하는 것에 대해 보조금법 위반이라며 승인하지 않았다. 그러나 홍준표 경남도지사는 경남도의회에서 진주의료원을 서부청사로 리모델링하기 위한 예산을 통과시켰고, 경남도 도시계획위원회에서 진주의료원을 공공청사로 용도 변경하는 계획을 통과시켰다. 또한, 진주시보건소를 이전하는 조건으로 보건복지부로부터 진주의료원 용도 변경 승인을 받아냈다. 이로써 홍준표 도지사는 진주의료원을 서부청사로 활용하기 위한 모든 행정적·법적 절차는 완료됐다고 주장한다.

그러나 진주의료원을 서부청사로 용도 변경하는 것은 '보조금의 관리에 관한 법률' 위반에 해당된다는 주장이 있기 때문에 최종 법적 판단이 필요하다. 즉, 진주의료원 신축 이전과 기능 보강 사업은 지역거점 공공병원 현대화 사업의 일환으로 추진된 목적 사업이자 지속적인 기능과 역할 수행을 위한 계속 사업으로서 진주의료원 폐업과 용도 변경은 ▷ 보조금 사업을 중단, 또는 폐지하려면 보건복지부장관의 승인을 받아야 하는데 진주의료원을 휴업·폐업하는 과정에서 경상남도는 보건복지부로부터 승인을 받지 않았으므로 보조금 관리에 관한 법률 제24조(보조사업의 인계 등) 위반, ▷ 진주의료원을 '공공의료시설'이 아닌 '공공청사'로 용도 변경함으로써 보조금 관리에 관한 법률 제22조(용도 외 사용 금지) 위반, ▷ 보건복지부장관의 승인 없이 보조금의 교부 목적에 위배되는 용도에 사용하거나 양도·교환·대여할 수 없도록 한 보조금 관리에 관한 법률 제35조(재산처분의 제한) 위반 등에 해당된다는 주장인데 이와 관련해서는 엄밀하고 균형 있는 법적 판단이 필요한 부분이다.

4) 지역거점 공공병원으로서 지방의료원의 역할

홍준표 경남도지사는 "진주지역은 의료공급 과잉지역이기 때문에 진주의료원이 폐업된다고 하더라도 공공의료 수행에는 차질이 빚어지지 않는다"며 진주의료원 폐업을 정당화했고, "50억 원을 투입하여 의료 취약 계층에게 무상의료를 실시하고 보건소에 대한 지원을 강화하겠다"는 계획을 내놓았다. 이와 관련하여 공공병원의 역할과 기능에 관한 논란이 제기됐다.

그러나 홍준표 도지사의 무상의료계획은 진주의료원 폐업 이후 전격 취소되었고, 보호자없는병원, 장애인산부인과, 장애인치과 등 진주지역 민간병원에 이관했다던 공공의료 사업들이 제대로 수행되지 않거나 실종된 사실이 확인되었다.

군이 공공병원을 유지하거나 확충할 필요 없이 민간병원으로 하여금 공공병원이 담당하던 역할을 수행하도록 하면 된다는 주장은 공공의료를 소유가 아닌 기능으로 봐야 한다는 주장과 맞닿아 있다. 그러나 민간병원이 공공병원이 수행하는 일부 역할을 대체할 수는 있다고 하더라도 공공병원이 수행하는 포괄적이고 종합적인 공공보건의료 서비스를 대체할 수 없으며, 국립대병원(광역거점 공공병원)-지방의료원·적십자병원(지역거점 공공병원)-보건소·보건지소(기초거점 공공보건의료)가 긴밀하게 연계된 지역 공공보건의료체계를 구축하지 않고는 민간의료기관이 넘쳐난다고 하더라도 공공의료 공백을 해결할 수 없다.

이와 관련하여 「공공의료 활성화를 위한 국정조사 결과 보고서」에서는 ▷지방의료원 등 공공보건의료기관이 마치 민간의료기관과 경쟁하는 것처럼 보여서는 안 되고 공공의료기관 고유의 기능을 할 수 있도록 역할을 재정립하는 방안을 검토하여 보고할 것, ▷취약 지역 및 취약 계층 진료, 미충족 보건의료 서비스 제공, 지역별 차별화 등 지방의료원의 기능과 역할의 재정립 방안을 보완하여 보고할 것, ▷보건복지부는 현재 지방의료원이 공공보건의료에 관한 법률상 임무를 제대로 수행하고 있는지 여부와 지방의료원 숫자, 분포가 적절한지 여부 등을 조사하여 공공보건의료 기본계획에 반영하여 시행할 것 등을 담았다.

3. 진주의료원 폐업 사태를 계기로 진행되고 있는 변화

진주의료원 폐업 사태는 공공의료의 필요성과 공공의료의 발전 방안, 공공의료기관의 기능과 역할 정립, 우리나라 공공보건의료체계 확립에 획기적 전환점을 마련한 일대 사건이었다. 현재 진주의료원은 경상남도에 의해 경남도청 서부청사로 활용하기 위한 작업이 진행되고 있는 한편, 대법원 판결에 따라 진주의료원 재개원을 위한 주민투표운동이 진행되고 있어 진주의료원 폐업 사태는 아직도 진행형이다.

진주의료원 폐업 사태 이후 공공의료와 관련하여 많은 상황 변화가 진행되었다.

첫째, 공공의료의 필요성과 중요성에 대한 사회적 인식이 확산되었다. 우리나라 공공의료기관이 전체 의료기관의 5.9%밖에 되지 않는 열악한 상황에서 비록 낙후되어 있고, 운영이 어렵지만 공공병원이 꼭 필요하다는 국민적 공감대가 폭넓게 확산된 것은 이후 공공의료 강화의 중요한 발판으로 작용할 것이다.

둘째, 공공병원의 착한 적자는 불가피하며, 이에 대한 국가 차원의 지원 대책이 필요하다는 공감대를 바탕으로 착한 적자를 해결하기 위한 법률적·행정적 근거가 마련됐다. 정부는 공익적 역할 수행으로 인한 착한 적자에 대한 연구 용역 작업을 진행하였고, 국회는 착한 적자를 보전하기 위한 운영비를 지원할 수 있도록 법적 근거를 마련하였다.

셋째, 지방의료원을 비롯한 공공의료기관을 발전시키고, 공공의료를 강화하기 위한 정책 방향이 마련됐다. 국회는 진주의료원 폐업 사태를 계기로 2013년 6월 12일부터 7월 13일까지 '공공의료 정상화를 위한 국정조사'를 실시하였고, 9월 30일 국회 본회의에서 「공공의료 활성화를 위한 국정조사 결과 보고서」를 채택하였다. 홍준표 경남도지사가 국정조사 자체를 거부하였고, 아직까지 국정조사결과보고서를 이행하지 않고 있다. 그렇지만 결과 보고서에는 지방의료원을 지역거점 공공병원으로 육성·발전시키고, 취약한 우리나라 공공의료를 강화할 수 있는 중요한 정책적·제도적 방안들이 포함되어 있다. 이 결과 보고서가 제대로 이행된다면 앞으로 공공의료 강화의 든든한 초석이 될 것이다. 「공공의료 활성화를 위한 국정조사 결과 보고서」 주요 내용은 다음과 같다.

구분	국정조사결과보고서 주요내용
지방의료원	• 지방의료원 적자를 건강한 적자와 불건강한 적자로 구분하는 방안 마련 • 취약 계층 진료, 미충족 보건의료 서비스 제공 등 지방의료원의 기능과 역할 재정립 방안 보완 • 지방의료원의 역할을 질병 예방, 건강증진 등으로 확대 • 지방의료원 운영비에 대한 국고지원 방안 마련 • 지방의료원 부채를 탕감하기 위한 별도의 재정 지원 방안 마련 • 의료급여 환자와 건강보험 환자 사이의 수가 차이 개선 방안 마련 • 보조금으로 취득한 자산의 감가상각비를 당기순손익 산정 시 제외하는 지방의료원 회계 기준 마련하여 시행 • 국고보조금 지원 내역에 대해 지방자치단체에 대한 관리감독 강화 • 진료 차트 전산화 등 병원정보시스템 시행 예산 확보 • 의약품, 치료재료 등 공동 구매로 전환 • 국가를 운영 주체로 하고 시도에 위탁 관리하는 방안 검토 • 전문가와 지역 주민이 참여하는 지방의료원 거버넌스 시스템 법제화 방안 마련 • 보건복지부와 전국시도지사협의회가 공동협의체 구성 • 지방의료원 공익적 역할 수행에 대한 별도의 평가 기준 마련 • 지역특성에 따른 지방의료원 특성화, 차별화 방안 마련 • 지방의료원에 대한 지역 주민(환자)의 접근성 제고 방안 마련 • 양질의 적정 진료 수행을 통해 민간 영역을 선도하는 방안 마련 • 지방자치단체에 대한 관리감독 강화 대책 마련 • 전문성 있고 독립적인 인사 임명 방안 마련, 낙하산 인사 시정 • 지방의료원 이사회 소집 및 의결 절차의 정당성 확보 개선책 마련 • 지방의료원 책임경영을 위한 제도 개선 방안 마련 • 취약 지역의 공공의료기관 추가 설립 방안 시행 • 지방의료원 우수 인력 확보를 위해 공공보건의료 교육훈련센터 설립 • 국립대병원과 연계 강화 방안 시행 • 지방의료원 간호 인력 확보 대책 마련 • 토요 무급 근무 강제에 대한 지도감독 • 지방의료원의 노사 갈등 예방 • 지방의료원의 단체협약 중 위법 조항 조사하여 시정 조치
공공의료	• 공공보건의료기본계획 수립 • 공공보건의료기관의 표준운영지침과 표준진료지침 마련하여 시행 • 공공의료기관의 핵심 임무와 역할을 양질의 적정 진료 수행으로 규정하고 이에 따른 제도 개선 방안 마련 • 공공의료기관 고유의 기능을 수행할 수 있도록 역할 재정립 • 공공의료기금 설치 및 공공보건의료재단 설립 등 공공의료 지원체계 확립 • 국립대병원 보건복지부로 이관 방안 협의 • 보호자없는 병실 등 제도적 지원 방안 마련

넷째, 진주의료원 폐업을 계기로 지방의료원 육성을 통한 공공의료 강화 방안이 정부 정책으로 발표됐다. 2013년 10월 31일 확정 발표된 '지방의료원 육성을 통한 공공의료 강화 방안'은 지방의료원이 공공의료 기능을 충실히 수행하면서 효율적 운영을 통해 지역사회에서 신뢰받는 지역 거점병원 역할을 할 수 있도록 하는 내용으로서 다음과 같은 내용들이 제대로 시행될 경우 지방의료원의 공익적 역할 강화와 공공의료 강화에 중요한 기틀이 마련될 수 있을 것이다.

〈지방의료원 육성을 통한 공공의료 강화 방안〉 주요 내용

- 지역 내 부족한 미충족 · 필수의료 분야를 강화하는 방향으로 특화하고, 시설 · 장비 지원 시 공익적 기능 개편 우선 지원
- '보호자없는병원' 제도화 시 지방의료원 우선 적용하여 환자 간병 부담을 경감하고 의료 경쟁력 강화
- 공익적 기능 수행 정도와 적정 진료 수준에 따라 신포괄수가 가산 방안 마련
- 내년부터 의료기관 평가인증에 소요되는 비용 지원
- 의료원별 중기투자계획에 따라 시설 · 장비 지원
- 전자 차트(EMR) 도입 등 병원 정보 시스템 구축
- 공익적 기능 수행에 따른 손실 비용 계측을 통해 국가 · 지자체의 체계적 지원 근거 제공
- 대학병원의 의사 인력을 지방의료원으로 파견하는 경우 인건비 등을 지원
- 지방의료원에 국립대병원 의사 인력 파견을 통한 기술 이전 및 협진

활성화를 지원

- 국립대병원-지방의료원-보건소 간 연계 · 협력 강화, 환자 진료 · 협력 강화
- 공공의료 수행 역량이 있는 기관을 중심으로 공공의료사업 수행을 확대
- 공공의료수행기관 평가, 컨설팅, 교육훈련 등을 담당할 '공공보건의료 지원센터' 등 공공의료 지원조직 강화
- 이사회에 지역 주민과 전문가 참여 확대하여 운영 투명성 강화
- 지자체의 지방의료원 지원 · 관리 수준을 지자체 평가에 반영
- 2014년 정부 예산안에 지방의료원 등 지역거점병원 지원, 공공의료 체계 개선을 위해 662억 원 반영

4. 공공의료 강화 과제

진주의료원 강제 폐업 사태는 공공의료 강화의 중대한 계기점이 되었다. 그러나 다른 한편으로 의료 민영화 정책과 공공의료기관 정상화 대책이 추진되면서 또다시 수익성 강요, 공공의료 위축 · 축소, 공공성 포기, 돈벌이 구조조정 등이 밀어닥치고 있다. 이에 따라 사회적 쟁점으로 부각되었던 공공의료 강화가 다시 수면 아래로 깊숙이 가라앉을 위험 상황이 펼쳐지고 있다.

유럽 복지국가들의 공공의료 비중이 80~90%가 넘고, 미국과 일본 같은 경우에도 25~30%를 차지하고 있는데 우리나라는 5.9% 수준으로 세계 최하위다. 공공의료 비중이 낮은 상황에서 민간의료기관 간의 치열한 돈벌이 경쟁과 과잉 투자는 의료 양극화, 의료 접근성 약화, 의료전달체계

붕괴, 과잉 진료와 같은 의료 왜곡을 가져오고, 환자와 국민들에게는 의료비 부담 증가와 의료 서비스 질 하락, 환자 안전 위협으로 다가오고 있다. 따라서 공공보건의료체계를 튼튼하게 확립하는 것은 왜곡된 우리나라 보건의료체계를 바로 세우기 위한 선결 과제이다.

진주의료원 강제 폐업 사태는 우리나라 공공보건의료 강화·발전에 수많은 과제를 던지고 있다. 부당하게 강제 폐업된 진주의료원을 재개원하는 것, 제2의 진주의료원 사태가 발생하지 않도록 하는 것, 공공병원의 공익적 적자에 대한 지원책을 확고하게 마련하는 것, 공공병원을 확충하고 발전시키는 것, 공공의료기관의 기능과 역할을 발전시키는 것, 공공병원에 우수한 시설과 장비·인력 인프라를 구축하는 것, 공공병원이 지역 주민의 참여 아래 민주적이고 투명하게 운영되도록 하는 것 등이 그것이다. 진주의료원 강제 폐업으로 인해 2년 동안 우리 사회가 겪었던 고통이 공공의료 강화의 결실로 승화될 수 있도록 하는 것이 우리 앞에 놓인 과제이다.

3부

90% 넘는 민간의료,
시장을 넘어 공공성 강화를 위하여

사립대병원의 현실과
공공적 발전 방안

이진석 · 서울의대 의료관리학교실 교수

1. 왜 사립대병원을 연구하는가?

사립대병원은 2008년 현재 전체 병원급 의료기관 병상의 약 20%를 차지한다. 그런데 사립대병원의 의미와 중요성은 산술적인 비중을 훌쩍 뛰어넘는다. 우리나라의 유수한 병원 대부분이 사립대병원 범주에 포함되어 있는 것에서도 알 수 있듯이 사립대병원이 우리나라 보건의료에서 가지는 의미와 영향력은 매우 크다.

이 같은 의미와 영향력에도 불구하고, 사립대병원이 우리나라 의료공급체계에서 어떤 역할과 기능을 수행해야 할지에 대한 개념 정립은 이루어지지 않은 실정이다. 그동안 국립대병원, 지역거점 공공병원, 중소병원,

---

※본 글은 2010년 전국보건의료산업노동조합이 발주한 「사립대병원 발전 방안 연구」(연구 책임자: 김용익)'
보고서를 요약 · 발췌한 것입니다.

전문병원 등에 대한 연구와 관련 정책 활동은 이루어졌지만, 사립대병원에 대한 연구와 정책 활동은 사실상 전무했었다. 지금까지 사립대병원은 정책적 관심의 사각지대에 놓여 있었다고 봐도 과언이 아니다. 이 점은 사립대병원에 관련된 법령들을 살펴봐도 확인할 수 있다. 사립학교법 및 관련 부속 법령에서 이사회, 재산 및 회계 등에 대한 규정만을 제시하고 있을 뿐, 사립대병원의 역할과 기능을 다룬 법적 근거를 찾아볼 수 없다.

보건의료체계 측면에서 볼 때, 사립대병원은 긍정적 의미와 부정적 의미를 동시에 가지고 있다. 사립대병원은 일반적으로 중소병원 위주의 우리나라 의료공급체계에서 병원 규모가 크고, 시설과 인력 자원이 상대적으로 우수하여, 양질의 의료 서비스를 제공할 수 있는 여건을 갖추고 있다. 이 점은 사립대병원의 긍정적 의미로 평가할 수 있다. 그러나 대학병원으로서 가져야 할 공공성이 부족하여 지나치게 상업화되어 있고, 보건의료 분야의 물량 경쟁과 양적 팽창을 주도함으로써 영리 추구 경향과 과잉 경쟁을 부추기는 원인으로 작용한다는 비판을 받고 있다. 이처럼 사립대병원을 바라보는 긍정적 관점과 부정적 관점이 혼재되어 있는 상황이다.

사립대병원을 바라보는 관점이 혼란스럽기는 노동조합도 마찬가지이다. 현실의 이해와 노동운동의 대의가 충돌하면서, 사립대병원 노동조합 운동의 혼선이 초래되기도 한다. 노동운동의 대의 측면에서는 현행 사립대병원의 문제점을 지적하고, 사립대병원이 공공적 기능을 수행해야 한다는 취지에 노동조합도 공감한다. 그러나 다른 한편에서는 사립대병원의 공공적 기능 수행이 병원 수익에 부정적 영향을 초래함으로써 고용 조건을 악화시키지는 않을지 우려하는 시각이 있는 것도 사실이다.

사립대병원 노동조합의 우려는 일견 당연하다. 병원의 공공적 기능 수행(병원의 공공성)을 '저렴한 진료비', '취약 계층 진료', '의료봉사' 등과 같이 시혜적 활동으로 이해하는 경향이 일반적이기 때문이다. 따라서 병원이 공공적으로 변화된다는 말은 '돈이 안 되는 일'을 주로 하게 된다는 의미로 받아들이게 된다. 공공병원도 아닌데, 이런 시혜적 의료를 주된 기능으로 담당하게 되면, 과연 자신의 직장인 사립대병원이 유지·발전할 수 있을지를 걱정하는 것은 조직 구성원으로서 당연한 일이다. 결과적으로 사립대병원은 돈을 벌어 생존해야 하는 병원이기 때문에 어느 정도의 이윤 추구는 불가피하며, 공공적 기능은 '하면 좋지만, 하지 않아도 어쩔 수 없는 것'이라고 인식하게 된다.

2. 사립대병원의 현황

1) 사립대병원의 양적 현황[1]

1990년대 이후 우리나라의 급성기 병상은 가파르게 증가했다. 특히, 2000년 전후를 기점으로 단위 인구당 급성기 병상 수가 OECD 평균을 추월했고, 공급이 수요를 넘어섰다. 그러나 2000년대 이후에도 증가세가 지속되고 있으며, 2000년대 중반 이후에 오히려 증가세가 더욱 가팔라지는 경향을 보인다. 사립대병원 역시 병상 증가세가 지속되고 있지만, 1997년 외환위기와 의과대학 신설이 중단되면서, 2000년대 이후 사립대병원의 증가세는 다소 완화되는 추세이다. 이로 인해 전체 병상에서 사립대병원 병상이 차지하는 비중은 줄어들고 있다.

---

1 본 글에서는 사립대병원을 다음과 같이 정의하였다. (1) 설립 구분이 '학교법인'인 병원, (2) 학교법인이 아니더라도 의과대학을 소유한 병원(서울아산병원, 삼성서울병원 등)

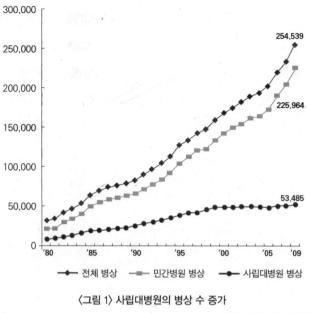

〈그림 1〉 사립대병원의 병상 수 증가

(자료: 각 연도 전국병원명부)

    한편, 사립대병원으로 분류된 병원 간의 병상 규모 격차가 매우 크다. 2,000병상을 상회하는 병원들과 200~300병상 미만인 병원들이 동일하게 사립대병원으로 분류된다. 심지어는 수십 병상 규모의 병원도 학교법인 병원으로 설립되어 있다. 이처럼 병상 규모 측면에서 보면, 사립대병원은 매우 이질적인 병원들로 구성되어 있다. 이 같은 구성은 사립대병원에 공통적으로 적용될 수 있는 발전 방안을 마련하는 데 중요한 장애 요인으로 작용한다.

2) 사립대병원의 기능 수행 현황

    사립대병원의 기능 수행 현황을 평가하기 위해 수도권/비수도권, 국립대병원/사립대병원, 상급 종합병원/종합병원으로 구분하여 각 유형별 병원의 전반적인 기능 수행 현황을 비교하였다. 비교 대상이 된 영역은 의료 자원, 진료 실적, 의료의 질 평가 결과, 취약 계층 진료, 교육, 연구 등이었다.

의료 자원 측면에서 볼 때, 병상당 의사 인력 수는 사립대병원이 국립대병원에 비해 전반적으로 적은 것으로 나타났다. 간호 인력은 수도권 지역은 국립대병원에 비해 사립대병원의 간호 인력 수준이 상대적으로 열악하지만, 비수도권 지역은 사립대병원이 국립대병원보다 더 양호한 것으로 나타났다.

<표 1> 의료기관 일반 현황(의료 자원)

(단위: 개, %, 명, 등급)

	수도권			지방			비사립대 민간
	국립대	사립대		국립대	사립대		
		종전	종합		종전	종합	
전문의 수	315.7	221.2	114.2	146.2	141.8	72.2	63.7
100병상당 전문의 수	27.6	21.8	19.8	18.8	17.1	14.2	11.2
간호등급	2.0	2.5	2.7	3.8	3.1	3.6	4.6

수도권 지역과 비수도권 지역으로 구분해서 병상당 진료량을 살펴보면, 국립대병원이 사립대병원보다 전반적으로 병상당 진료량이 더 많았다. 그러나 최근 5년 동안의 병상당 진료량 증가율과 환자 1인당 진료비 증가율은 지방 사립대 종합병원이 가장 높은 것으로 나타났다. 다른 지표에서도 비수도권-사립대병원-종합병원의 진료량 증가 경향이 두드러지는 일반적인 경향을 보였다.

의료의 질 측면에서 사립대병원이 국립대병원에 비해 항생제 사용량, 주사제 처방률, 처방 약 품목 수 등이 더 높거나 많은 것으로 나타났다. 이런 경향은 수도권에 비해 지방일수록 더 증가하였다. 지방 사립대병원의 경우 항생제 등 약물 사용량은 높으나 수술 전 항생제 사용과 같은 적정 진료 시행률은 낮았다. 또한 환자의 중증도는 국립대병원이 높은 데 반해,

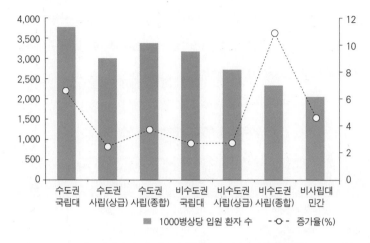

〈그림 2〉 단위 병상당 입원 환자 수와 증가율(2008년)

중증도 보정 진료비와 재원 기간은 사립대병원이 높은 것으로 나타나 사립대병원이 국립대병원에 비해 상대적으로 비슷한 중증도의 환자에 대해 더 많은 서비스를 제공하는 경향이 있는 것으로 나타났다.

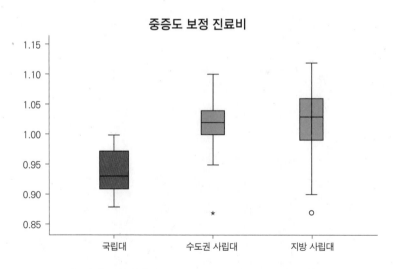

〈그림 3〉 병원 유형별 중증도 보정 진료비(2008년 4/4분기)

한편, 전체 환자 중 의료급여 환자 비율은 국립대병원과 사립대병원 간에 큰 차이가 없는 것으로 나타났다. 그러나 교육 및 훈련, 연구 분야에서는 격차가 매우 큰 것으로 나타났다.

〈표 2〉 병원 유형별 교육훈련 및 연구 현황

(단위: 천 원, %)

	국립대	사립대	
		수도권	지방
100병상당 교육훈련비	65,112,540	48,871,585	20,979,389
의료비용 중 교육훈련비 비중	0.3	0.3	0.1
100병상당 병원연구비	293,782	100,112	99,352
의료비용 중 연구비 비중	1.7	0.5	0.7

3) 설립 구분 및 소유지배 구조 현황

사립대병원 중 학교법인 병원이 차지하는 비율은 1980년 49.2% 이후 지속적으로 증가하여 2008년 74.2%에 달한다. 사립대병원 중 학교법인,

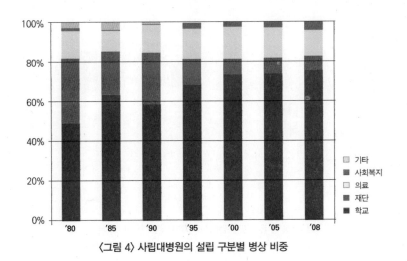

〈그림 4〉 사립대병원의 설립 구분별 병상 비중

의료법인, 사회복지법인이 설립한 의료기관의 병상 수 비중은 시간이 지날수록 증가했지만, 재단법인이 설립한 의료기관은 감소하였다.

학교법인 병원이 차지하는 비중이 지속적으로 증가하기는 했지만, 학교법인 외에도 의료법인, 사회복지법인 등 다양한 설립 형태로 사립대병원이 운영되고 있으며, 이에 따라 사립대병원들은 각기 상이한 법령에 의거, 관리 운영되고 있다.

〈표 3〉 설립 형태별 소관 부서 및 소관 업무

구분	설립 형태	소관 부서	근거	소관 업무
국립대	특수법인	교육과학기술부 (대학지원과)	국립대학병원 설치법, 서울대 병원설치법 및 하위법령	- 사업계획서와 예산서의 제출 - 결산서의 제출 - 업무·회계 및 재산 등에 관하여 필요한 사항을 지도·감독 - 정관 변경의 허가 - 출연금 및 보조금 교부 - 공공병원 인력정원관리(기획재정부 최종 결정)
사립대	학교법인	교육과학기술부 (사립대학지원과)	대학설립운영 규정, 사립학교 법 및 하위법령	- 모법에 의해 법인 전체에 대한 관리 감독을 하지만, 병원에 대해서는 특별히 관리하는 것이 없음.
	의료법인	시·도 (일부 보건복지부)	의료법 및 하위법령	- 법인 설립 허가의 취소 - 기본재산 처분 또는 정관 변경의 허가 - 해산 또는 잔여재산 처분의 허가 - 위 허가사항 이외에 각종 보고(재산 이전 및 증가, 설립 등기, 임원 선임 보고 등) 및 신고(해산 및 청산종결의 신고)를 받는 일
	사회복지 법인	시·도	사회복지사업 법, 민법, 공익 법인의 설립운 영에 관한 법률 및 하위법령	- 모법에 의해 법인 전체에 대한 관리 감독을 하지만, 병원에 대해서는 특별히 관리하는 것이 없음.
	재단·사단 법인	시·도	민법 및 하위법령	- 모법에 의해 법인 전체에 대한 관리 감독을 하지만, 병원에 대해서는 특별히 관리하는 것이 없음.

소유지배 구조 측면에서 보면, 특수법인인 국립대병원은 병원 자체에 이사회와 임원을 두도록 되어 있다. 즉, 이사회가 병원을 직접 지배하는 구조를 갖추고 있으며, 이사회는 병원 노동조합과도 직접적인 관계를 맺는다. 그러나 사립대병원은 병원 자체의 이사회와 임원이 없고, 법인 소속 기관 전체를 관장하는 이사회의 간접 지배를 받는 구조를 갖추고 있다.

이로 인해 사립대병원은 법인과 병원, 그리고 그 외 다른 기관 간에 이해관계가 복잡하게 얽혀 있으며, 병원의 의사결정체계가 설립자, 이사장, 원장, 병원 관리직 등으로 다원화되어 비효율적인 의사결정 구조를 가지고 있다. 이사회 내에서 병원의 위치 및 영향력의 크기에 따라 병원 관련 의사결정 과정의 참여 정도가 달라지며, 실제로는 병원 관계자의 참여가 보장되어 있지 않은 경우가 많다. 또한 병원 임원, 병원 노조, 타 기관 노조, 법인 이사회, 학교 등 이해관계 집단이 복잡하게 얽혀서 갈등 상황을 풀어나가는 데 어려움이 있다.

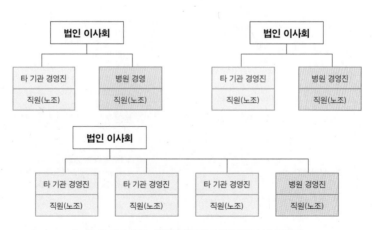

〈그림 5〉 학교법인, 사회복지법인, 재단법인의 지배 방식

3. 병원의 공공성, 그리고 사립대병원의 공공성

공공성은 공공 기관에 해당하는 개념이기 때문에 민간 기관인 사립대병원과는 별로 상관없는 것일까? 그렇지 않다. 예를 들면, 유럽의 민간병원들은 우리나라의 공공병원보다 더 공공적인 경우들이 대부분이다. 반대로 우리나라의 일부 공공병원은 공공성과는 별 상관없는 역할과 기능을 수행하고 있기도 하다.

〈표 4〉 기관의 서비스 제공 목적(소유 주체)과 서비스 성격의 공공성에 따른 구분

	공공성	
	있음	없음
공공 부문	(A) 공공성 있는 공공 기관	(B) 공공성 없는 공공 기관
민간 부문	(C) 공공성 있는 민간 기관	(D) 공공성 없는 민간 기관

※ 유럽의 민간병원은 대부분 공공성 있는 민간 기관 (C)
　유럽의 공공병원은 공공성 있는 공공 기관 (A)
　한국의 민간병원은 대부분 공공성 없는 민간 기관 (D)
　한국의 공공병원 중 일부는 공공성 없는 공공 기관 (B)

공공성은 민간이든 공공이든 병원이 갖추어야 할 본질적 성격이다. '사립대병원'이란 명칭에는 '병원', '대학병원', '사립대학 병원'이라는 다중적인 이미지가 담겨 있다 그러나 '사립'이어서 이윤 추구를 해도 된다는 개념은 없다. 사립대병원은 공공성이 강한 '대학' 병원이기 때문에 더 공공적이어야 한다.

그렇다면 병원이 가져야 할 공공성의 내용은 무엇일까? 병원의 공공적 역할과 기능은 무엇일까? 세계보건기구(WHO)는 병원의 역할과 기능을 환자 진료, 교육 및 훈련, 연구, 지역 보건의료체계 지원으로 제시하고 있다. 이것이 바로 사회가 병원이라는 조직에 요구하는 가장 근원적인 역

할과 기능이다. 그렇다면 이런 병원 본연의 역할과 기능을 충실하게 수행하는 것을 바로 병원 공공성의 핵심으로 이해할 수 있다.

환자 진료　　　　　　　　교육, 훈련

연구　　　　　　　　지역 보건의료체계 지원

〈그림 6〉 세계보건기구에서 정의한 병원의 역할

　그러나 우리나라 병원은 환자 진료, 특히 수익성 있는 치료 서비스를 제공하는 데 지나치게 편중되어 있다. 대학병원조차도 교육·훈련과 연구를 병원의 본질적인 기능과 역할이 아닌 부차적인 것으로 이해하는 경향이 크다. 또한 지역사회 보건의료기관과 연계·협력하고, 지역 보건의료체계를 지원하는 기능도 매우 취약하다.

　기존에는 의료의 공공성을 '취약 계층 진료' 혹은 '의료봉사' 등으로 이해하는 경향이 일반적이었다. 그러나 병원이라는 조직에 대해서 사회가 요구하는 본질적인 기능과 역할을 충실하게 수행하는 것으로 의료의 공공성 개념을 확장해서 이해할 필요가 있다. 즉, 공공적인 병원이란 '포괄적인 양질의 적정 진료를 제공하고, 교육·훈련과 연구 기능을 적극적으로 수행하며, 지역 보건의료체계를 지원하는 병원'을 일컫는 것으로 이해해야 한다.

　이 같은 '의료의 공공성' 개념은 최근 강조되고 있는 '기업의 사회적 책임'과도 일맥상통하는 것이다. '사회적 책임'은 사회봉사 활동, 무료 진료 등 기업의 이익을 사회에 환원하는 '사회적 공헌'과는 전혀 다른 개념이다. '사회적 공헌'이 조직이 사회를 위해서 뭔가를 하는 것을 의미한다면, '사회적 책임'은 조직이 사회에서 하는 일 그 자체를 일컫는 개념이다.

예컨대 아이들 건강에 해로운 정크 푸드를 판매하는 기업이 어린이 축구 교실을 운영한다면, 이는 '사회적 공헌'에 해당하는 것이다. 그러나 이런 기업은 아무리 많은 수의 어린이 축구 교실을 운영해도 사회적으로 공익적이라거나 사회적 책임을 다한 것으로 평가받을 수 없다. 이 기업이 공익적이고 사회적 책임을 다한 것으로 평가받으려면 아이들 건강에 해로운 정크 푸드를 판매하지 않아야 한다. 만약 이 기업이 친환경 식자재로 아이들 건강에 이로운 식품을 정당한 가격으로 판매한다면, 어린이 축구 교실 같은 사업을 전혀 하지 않아도 사회적으로 공익적이고 사회적 책임을 다한 기업으로 평가받게 된다.

의료 분야의 예를 들면, 양질의 적정 진료를 환자에게 제공하고, 환자에게 충분한 설명과 친절한 서비스를 제공하며, 직원들에게 안정적인 일자리를 주고, 의약품, 의료 소모품 등은 관련 업체들과 정당하게 거래하는 것이 사회적 책임을 다하고, 공공적인 병원의 모습이다.

피터 드러커 등은 '사회적 책임'을 다하지 않는 기업은 더 이상 미래 환경에서 성장·발전하는 것이 불가능하다고 지적하며, '사회적 책임'이 기업의 성장과 발전을 위한 핵심적인 가치와 전략이라고 강조하고 있다. 실제로 2010년에 기업의 사회적 책임에 대한 국제표준인 ISO26000이 공표되어, 기업의 경영 활동에 직간접적으로 상당한 영향을 미칠 것으로 전망된다.

이처럼 이윤 창출을 기본 가치로 하는 일반 기업조차도 '사회적 책임'을 강조한다. 이런 측면에서 볼 때, 공공성과 사회적 책임을 간과하게 만드는 다양한 내외부의 조건에도 불구하고, 우리나라 병원들이 공공성, 사회적 책임을 자신과 무관하거나 부차적인 기능으로 여기는 것은 매우 비정상적이다.

4. 무엇이 사립대병원의 공공적 기능과 역할 수행을 저해하는가?

1) 경쟁적인 의료 시장 환경

의료기관 간의 경쟁이 날이 갈수록 격화되고 있다. 특히, 서울지역에서의 경쟁이 극심한 상태이며, 경인지역은 서울과 인접하여 경쟁이 심하다. 그 외 지역은 상대적으로 경쟁 강도가 약하지만, 점차 경쟁 강도가 강화되는 추세이다. 이런 시장 환경에서 개별 병원들은 비교우위를 확보하려고 몸집을 불리고, 각종 신규 고가 장비를 경쟁적으로 도입한다.

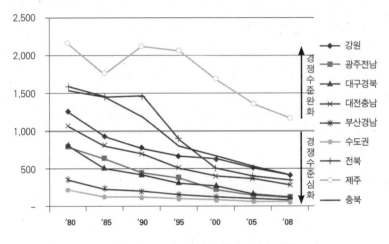

〈그림 7〉 지역별 병상 경쟁 수준(전체 병상 수 기준, HHI)

경영수지 측면에서는 사립대병원들이 전반적으로 양호하다. 수도권 지역의 일부 사립대병원들이 경영수지 악화를 경험하기는 했으나, 진료 강도를 강화함으로써 경영수지 악화를 해소하였다. 그러나 사립대병원, 특히 빅5에 포함되지 못한 사립대병원, 비수도권 지역의 사립대병원은 미래의 병원 전망에 대한 불안감이 매우 크다. 수도권 지역의 초대형 병원들과 계속 격차가 벌어지고, 이를 만회할 가능성이 보이지 않기 때문이다.

환자들의 수도권 쏠림 현상과 아울러 의료 인력의 수급난도 사립대병원들의 불안감을 가중시키는 중요한 요인이다. 수도권 지역의 초대형 병원들이 병상을 늘리고 전문의 의사 인력을 충원하면서, 인턴과 레지던트 인력까지 이들 병원으로 쏠리는 현상이 심화되고 있다.

다음 표에서 볼 수 있듯이, 수도권의 유력 대학병원들은 전공의 정원이 의과대학 학생 정원을 크게 상회한다. 반면 비수도권 지역의 국립대, 사립대병원의 상당수는 전공의 정원이 의과대학 학생 정원에도 미치지 못하며, 그런 정원조차도 채우지 못하고 있는 실정이다. 이 같은 전공의 인력 수급난은 병원의 정상적 운영을 어렵게 할 뿐 아니라 교육·훈련, 연구 등과 같은 대학병원의 본질적 기능과 역할 수행을 어렵게 만들고 있다. 또한 불안정한 인력 수급이 지방 사립대병원 질 저하의 잠재 요인으로 작용하고 있다.

〈표 5〉 수도권 주요 대형 병원의 의대 정원 및 신규 전공의 정원 현황(2010년)

구분		의대 정원	병원명	신규 전공의 정원	총 지원자
사립대	가톨릭 중앙의료원	97	가톨릭대학교대전성모, 가톨릭대학교서울(강남)성모, 가톨릭대학교부천성모(성가), 가톨릭대학교성모, 가톨릭대학교인천성모(성모자애), 가톨릭대학교성바오로, 가톨릭대학교성빈센트, 가톨릭대학교의정부성모	269	418
	연세대학교 의료원	110	연세대학교용인세브란스, 연세대학교의대세브란스	221	240
			연세대학교의대강남세브란스	22	32
	아산병원	40	울산대학교	28	38
			강릉아산, 홍천아산, 보성아산, 영덕아산, 보령아산, 정읍아산, 금강아산, 서울아산	138	181

성균관대학교 삼성의료원	40	마산삼성	20	25
		강북삼성	40	40
		삼성서울	128	176
국립대 서울대학교병원	135	서울대학교병원, 분당서울대학교병원, 보라매병원	223	281

<표 6> 주요 대학병원의 의대 정원 및 신규 전공의 정원 현황(2010년)

구분	구분	의대 정원	병원명	신규 전공의 정원	총 지원자
사립대	원주의과대학	93	연세대학교원주의대원주기독	45	35
	건양대학교의료원	63	건양대학교병원	29	27
	계명대학교 동산의료원	76	계명대학교대구동산병원, 계명대학교경주동산병원	60	61
	고신대학교 복음병원	76	고신대학교복음병원	39	39
	동국대학교의료원	49	동국대학교의과대학부속 경주병원	19	13
			동국대학교의과대학부속 일산불교병원	28	24
	동아대학교의료원	49	동아대학교병원	52	57
	아주대학교의료원	40	아주대학교의과대학부속병원	73	70
	영남대학교의료원	76	영남대학교의과대학부속병원, 영남대학교의과대학부속 영천병원	59	48
	원광대학교부속병원	76	원광대학교의과대학산본병원	41	32
			원광대학교의과대학병원		
	인하대학교의료원	49	인하대학교의과대학부속병원	60	53
	조선대학교의료원	125	조선대학교병원	41	40
	가천의과대학 길병원	40	가천의과대학교길병원, 철원길, 남동길, 동인천길	62	58
	관동대학교 명지병원	60	관동대학교명지병원	34	30
국립대	부산대학교병원	125	부산대학교병원	68	63
	양산부산대학교병원				
	경북대학교병원	110	경북대학교병원	72	84
	전북대학교병원	110	전북대학교병원	58	52

이 같은 경쟁적 의료 시장 환경은 사립대병원들이 수익과 양적 팽창에 더욱 매달리게 하고, 사립대병원으로서의 공공적 기능과 역할 수행을 등한시하는 핵심 원인으로 작용하고 있다.

2) 설립 및 지배구조의 복잡성과 관리행정의 비체계성

앞서 지적한 바와 같은 사립대병원들은 '사립학교법'에 따른 학교법인과 '의료법'에 따른 의료법인, '사회복지사업법'에 따른 사회복지법인 및 '민법'에 따른 재단·사단법인 등으로 구성되어 있다.

병원의 의료 행위에 관한 사항은 '의료법'에 따라 관리가 이루어지지만, 병원 경영에 관한 사항은 해당 법률에 따라 주무관청에서 담당하게 되어 있어 관할 기관에 따른 상이한 관리·감독, 지원이 이루어진다. 즉, 법인 종류별로 설립 목적(병원에 요구되는 역할), 병원 허가 요건, 소관 부서, 소관 업무의 내용, 지도·감독체계, 국가 지원(세제 및 보조금) 및 규제, 이사회 임원의 구성 및 권한, 지배구조, 이사회와 병원의 관계, 재정 운영이 달라진다. 이러한 설립 형태와 지배구조의 복잡성으로 인해 사립대병원에 대한 체계적이고 일관적인 관리감독과 지원이 불가능한 실정이다.

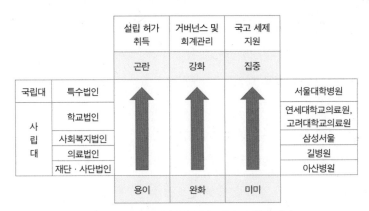

〈그림 8〉 설립 형태에 따른 지배·관리·지원의 차이

설립 형태와 지배구조의 복잡성은 사립대병원이 본연의 공공적 기능과 역할 수행을 어렵게 만드는 요인으로도 작용한다. 애초부터 교육·훈련과 연구를 주된 목적으로 설립되지 않은 학교법인 병원들이 다수 존재한다. 이들 병원들은 교육·훈련, 연구를 수행하기 위해서가 아니라, 세제 혜택 등과 같은 다른 이유 때문에 학교법인을 '선택'한 것이다. 따라서 이들 병원들은 교육·훈련과 연구를 수행할 의지도 없고, 그럴 수 있는 여건도 갖추지 못한 경우들이 상당수이다.

교육·훈련과 연구를 수행할 여건을 갖춘 학교법인 병원들도 문제가 없는 것은 아니다. 학교법인 병원의 법적 설립 근거인 '사립학교법'에서 정의하는 부속 병원의 개념 정의가 현실과 동떨어져 있으며, 사립대병원 본연의 기능과 역할을 포괄하기에는 미흡하다. '사립학교법'에 따르면, 병원은 대학의 한 부속 시설로 '대학 교사(교육시설)'로 분류된다. 결국, 대학병원으로서의 본연의 기능과 역할보다는 대학의 재원 조달 수단 혹은 부속 시설의 역할이 중시되는 경향이 있다. 대학병원의 위상을 갖추고 있지만, 설립 구분이 학교법인이 아니라 사회복지법인, 재단·사단법인인 경우 역시 병원의 설립 목적 자체가 교육·훈련, 연구가 아니라는 점에서 대학병원 본연의 역할과 기능 수행을 요구하기에는 제한이 있다.

설립 형태에 따라 이사회 구성 요건과 권한, 회계 공개 등이 상이하여 관리감독의 사각지대가 발생하고, 이로 인해 병원 경영의 투명성이 확보되지 못하는 점도 설립 형태와 지배구조의 복잡성에서 기인한 문제로 이해할 수 있다.

설립 형태와 지배구조의 복잡성, 그리고 여기서 기인한 문제들은 사립대병원이 본연의 공공적 기능과 역할을 수행하고, 이를 수행하는 데 필요한 정책적·재정적 지원을 확보하는 데 있어 매우 중요한 장애 요인으로 작용한다.

3) 공공적 기능 수행을 위한 지원 부재

사립대병원이 공공적 기능을 수행하도록 유인할 수 있는 제도적 보장과 재정 지원의 근거가 마련되어 있지 않은 상황에서는 사립대병원의 적극적인 공공적 기능 수행을 기대하기는 어렵다. 그러나 현재는 사립대병원이 공공적 기능을 수행할 수 있도록 뒷받침하는 제도적·재정적 지원체계가 미흡하다. 이로 인해 공공적 기능과 역할 수행이 병원 경영과 충돌하는 상황이 야기되고 있으며, 이것이 사립대병원들로 하여금 공공적 기능과 역할 수행에 소극적으로 임하게 하는 요인으로 작용하고 있다.

〈표 7〉 국립대병원 국고 지원 현황

비고	2007년	2008년	2009년
국립대병원	50,628백만 원	69,887백만 원	63,337백만 원
사립대병원	없음	없음	없음

※ 자료원: 교육과학기술부 제출 자료, 2009.

2011년 12월 30일 국회를 통과한 「공공보건의료에 관한 법률 전면 개정안」에서 '공공보건의료'의 정의를 국·공립 '설립 및 소유' 중심에서 필수 보건의료 서비스 제공 '기능'을 중심으로 재정의하면서 민간병원의 공공적 기능 수행에 대한 재정적·제도적 지원을 위한 최소한의 제도적 기반이 마련되었다고 할 수 있으나 실질적인 사업에서는 제한점이 여전히 존재한다.

4) 사립대병원의 취약한 공공성으로 인한 문제

사립대병원의 취약한 공공성은 해당 병원, 환자, 병원 노동자, 더 나아가서는 전체 보건의료체계에 부정적 영향을 초래한다. 병원이 이윤 추구에 몰두하고, 병원들의 물량 경쟁이 가속화되면서 병원 간의 양극화가 한층 심화된다. 과잉 진료와 비급여 진료가 확대되면서, 환자의 부담이 가중되고, 사립대병원의 진료와 '양질의 적정 진료' 간의 괴리가 커지는 것도 큰 문제이다. 병원 노동자 입장에서는 병원의 과도한 이윤 추구로 노동강도가 강화되고, 구조조정의 압력을 받게 된다.

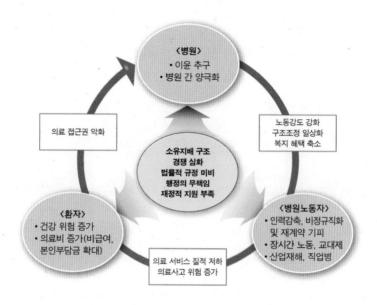

〈그림 9〉 사립대병원이 가지는 모순의 파급효과

5. 사립대병원의 공공적 발전 방안

사립대병원의 공공적 발전을 위해서는 우리나라 의료공급체계 전반의 공공성 강화가 필요하다. 그러나 본 장에서는 사립대병원과 관련성이 큰 과제를 중심으로 사립대병원의 공공적 발전 방안을 검토하고자 한다.

1) 병원 간 경쟁 완화 방안

사립대병원의 공공적 기능과 역할 강화를 위해서는 병원 간의 무한 경쟁이 완화되어야 한다. 이를 위한 기본 개선 방향은 첫째, 물량 경쟁을 선도하면서 보건의료 전반의 과잉을 부추기는 초대형 병원의 양적 팽창을 억제하며, 둘째, 초대형 병원 이외의 사립대병원은 미래 전망에 대해 불안감을 해소하면서 공공적 기능과 역할 강화를 모색할 수 있는 분위기를 형성함으로써 사립대병원의 공공적 기능과 역할 수행을 위한 기반을 확보하는 것이다.

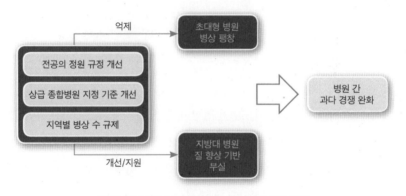

〈그림 10〉 병원 간 경쟁 완화를 위한 기본 개선 방향

첫째, 전공의 정원 규정을 개선해야 한다. 현재의 전공의 정원은 지도 전문의 수를 기준으로 배정되고 있다. 그렇다 보니, 초대형 병원들은 병상을 늘리는 데 부담이 전혀 없다. 전문의 인력을 충원하면, 전공의 정원까지 추가로 확보되기 때문이다. 만약 전공의 인력 충원이 여의치 않다면, 초대형 병원들이 지금처럼 무한정 병상을 늘리는 데 부담을 가질 수밖에 없다. 따라서 현행 전공의 정원 규정을 지도 전문의 수 기준에서 의과대학 정원 기준으로 가감하는 방식으로 변경해야 한다. 이렇게 되면, 초대형 병원들의 무리한 병상 팽창과 의료 인력 싹쓸이를 막을 수 있을 뿐 아니라 지방

사립대병원 및 중소 사립대병원의 인력 수급 불균형 해소 및 교육 병원으로서의 역할 수행을 지원할 수 있게 된다.

둘째, 상급 종합병원 지정 기준을 개선해야 한다. 상급 종합병원으로 지정받기 위해서는 경증 질환에 해당하는 단순진료 질병군 비율이 일정 수준 이하가 되어야 하며, 중증 질환에 해당하는 전문진료 질병군 비율이 일정 수준 이상이 되어야 한다. 단순진료 질병군 비율 기준을 보다 하향 조정하고, 전문 진료 질병균 비율 기준을 보다 상향 조정해야 한다. 이렇게 상급 종합병원 지정 기준을 강화할 경우, 초대형 병원의 무리한 병상 확충과 환자 유인 동기가 약화된다. 무리하게 병상을 늘리고, 환자를 유인할 경우, 중증 환자만으로 병상을 채우기는 어려워지기 때문이다.

셋째, 지역별 병상 총량을 관리해야 한다. 유럽 각국, 미국, 일본, 대만 등 대다수 국가들이 지역별로 병상 총량을 관리함으로써 병원의 과잉 경쟁과 과잉 투자를 억제하고 있다. 병상 총량을 관리하지 않는 한, 병원 간의 물량 경쟁과 수익을 극대화하려는 영리 추구 경향이 완화되기는 힘들다. 우리나라는 의료법 60조에서 '시·도지사는 지역별 병상 수급계획을 보건복지부 장관에게 제출'하도록 명시되어 있다. 그러나 현재의 병상 수급계획 작성과 제출은 서류상의 요식 행위에 불과하며, 이를 강제하거나 수정할 수 있는 권한과 절차가 부재한 실정이다. 지역별 병상 총량 관리를 통해 대형 병원의 양적 팽창을 막으려면 객관적 방법을 통한 병상 수급계획 수립 및 실행이 필요하다. 또한 이 같은 병상 수급계획이 실효성 있게 실행될 수 있는 제도적·행정적 수단이 갖추어져야 한다. 이를 위해, 지역별 병상 소요를 파악하기 위한 표준화된 방법론을 개발하는 것과 함께 각 광역자치단체에서 제출하는 병상 수급계획의 타당성을 심의하고, 심의 결과에 따라서 병상 수급계획을 조정할 수 있는 권한이 보건복지부에 부여되어야 한다. 또한 병상 수급계획의 병상 소요를 넘어서는 병상 확충에 대해서는 보건복지부가 행정적 조치를 취할 수 있는 권한이 부여되어야 한다.

2) 사립대병원 행정관리체계 및 소유지배 구조 개선

설립 구분별로 상이한 행정관리체계가 책임성과 일관성을 가지도록 해야 한다. 또한 병원 경영의 공익성 및 투명성을 제고해야 한다. 행정관리체계의 책임성과 일관성, 병원 경영의 공익성 및 투명성은 그 자체가 사립대병원의 공공적 기능 수행인 동시에, 공공적 기능 수행을 위한 공적 지원의 전제 조건이기도 하다.

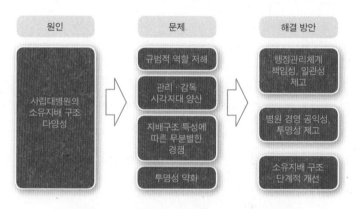

〈그림 11〉 행정관리체계 및 소유지배 구조 기본 개선 방향

첫째, '대학병원법인' 신설을 통해 사립대병원의 범위를 재설정해야 한다. 앞서 밝힌 바와 같이, 30~100병상 규모의 소규모 병원, 교육·훈련과 연구와는 거리가 먼 병원들까지도 학교법인에 부속된 교육수련병원으로 지정되어 있다. 이처럼 대학병원으로서의 기본 역할을 수행할 수 있는 병원들과 그렇지 못한 병원들이 혼재된 상태에서는 대학병원으로서의 사립대병원에 대한 국가의 공공적 지원 방안을 마련하거나 요구하는 것은 불가능하다. 이에 대학병원의 역할을 수행하고 있거나, 수행할 역량을 갖춘

병원을 '대학병원'으로 규정하고, 대학병원으로서의 기능을 수행하고 있지만, 학교법인, 의료법인, 사회복지법인 등으로 설립 구분이 상이하게 나뉘어 있는 사립대병원을 '대학병원법인'으로 재정비할 필요가 있다. 그리고 그 외 병원은 지역거점병원의 역할을 수행하도록 정체성을 명확히 한다. '대학병원법인'에 대해서는 정부의 공공보건의료사업 관련 지원과 함께 전공의 정원 책정, 상급 종합병원 지정, 연구·개발, 세제 지원 등에서 적극적인 인센티브를 부여하여, '대학병원'으로서의 공공적 기능과 역할 수행을 할 수 있도록 지원한다. 그리고 그 외 지역거점병원의 정체성을 가진 병원들에 대해서는 '대학병원'이 아닌 '지역거점병원'에 상응하는 지원과 관리를 해야 한다.

둘째, 사립대병원의 행정관리체계를 개선해야 한다. 사립대병원은 각 재단의 설립 배경이나 목적에 따라 학교법인과 의료법인, 재단법인 및 사회복지법인으로 설립 구분이 다양하게 나뉘어 있다. 이에 따라 법적 근거와 규정도 다르며, 정부의 관리감독·지원도 상이한 실정이다. 엄밀히 말해서, 사립대병원 정책을 다루고 있는 정부 부처와 부서는 없다. 그렇다 보니, 체계적이고 일관성 있는 관리감독과 지원도 없다. 이에 사립대병원의 관리감독 부처를 보건복지부로 이관하여, 체계적이고 일관성 있는 관리감독과 지원이 이루어지도록 해야 한다.

셋째, 병원 경영의 투명성을 제고해야 한다. 동일 법인 소속 병원들의 회계를 구분 계리하며, 수익 사업으로 운영되는 병원 관련 사업체는 비의료 수익 사업체와 구분하여 운영해야 한다. 또한 회계 공시 정보를 확대 강화해야 한다.

넷째, 병원 내 의사결정 구조의 전문성과 민주성을 향상시켜야 한다. 병원의 주요 정책에서 병원 측의 결정 권한이 미약하고, 병원의 공공성을 대표할 수 있는 병원 내부 구성원과 지역 주민, 전문가가 병원 경영에 참여할 수 있는 장치가 부재하다. 이에 이사회 내에 의료분과(전문위원회)를 설치하여, 병원 운영에 관련된 권한을 부여한다. 의료 분야의 전문성을 가진 전문가가 이사로 참여하여 의료분과(전문위원회)를 맡도록 하고, 병원 운영에 관련된 전문적이고 공공적인 의사결정이 가능하도록 병원 내외의 전문가가 의료분과(전문위원회)에 참여하도록 보장한다.

3) 사립대병원의 공적 기능 강화를 위한 지원 및 관리

공공적 기능 수행과 경영 수지 간의 갈등을 완화하고, 지원에 상응하는 관리·평가를 통해 사회적 책임성을 강화하며, 권역 국립대병원과의 연계·역할 분담을 통해 사립대병원이 권역거점병원의 기능과 역할을 수행하도록 한다.

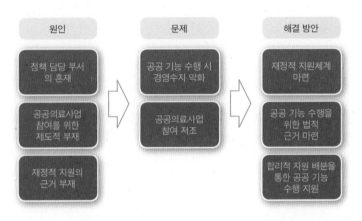

〈그림 12〉 공공적 기능 강화를 위한 기본 개선 방향

첫째, 공공적 기능 수행을 위한 재정 지원체계가 마련되어야 한다. 병원들로 하여금 전적으로 '진료수가'에 의존하도록 해서는, 사립대병원만이 아니라 공공병원조차도 공공적 기능을 수행하기가 힘들다. 따라서 공공적 기능 수행에 대해서는 초기 시설비뿐만이 아니라, 이후 운영비의 일

부를 지원하는 체계를 갖출 필요가 있다. 즉, 일부 운영비를 '진료수가'가 아니라 '지원금' 형태로 지원해야 한다. 이 같은 재정적 지원체계는 의료기관의 영리적 행태를 완화하는 중요한 수단으로 작용할 수 있을 것이다. 그동안 우리나라의 의료기관에 대한 재정 지원 사업은 시설비만을 지원하는 형태로 이루어졌다. 그러나 최근 지역암센터와 전문질환센터 지원 사업 등은 시설비와 함께 운영비의 일부를 지원하고 있다. 이 같은 제도를 보다 확대 적용할 필요가 있다.

둘째, 사립대병원에 대한 공공적 지원 확대와 함께 이에 상응하는 관리와 평가체계가 확립되어야 한다. 사립대병원에 대한 지원 확대는 사립대병원의 경영 여건을 돕기 위한 것이 아니라 사립대병원의 공공적 기능 강화를 뒷받침하기 위한 것이다. 따라서 이를 제대로 수행하고 있는지 여부를 평가하고 관리하는 것은 당연한 일이다. 미국의 경우, '지역사회 편익(Community benefit)' 서비스[2]를 제공하는 비영리법인 병원에 대해서 세

〈표 8〉 미국의 각 주별 병원의 '지역사회 편익' 관련 법률 비교

	CA	ID	IN	MA	TX	NY*	NY**	PA	UT
사명 선언	○		○	○	○	○	○		
지역사회 필요(Needs) 평가	○	○	○	○	○	○	○		○
지역사회 편익 계획	○		○	○	○	○	○		
지역사회 편익 활동 보고	○	○	○	○	○	○	○	○	
최소 지역사회 편익 지출액					○			○	○
시스템별 선택 보고 영역	○		○		○	○			
프로그램 평가/시민들의 참여	○		○	○	○	○	○		
비참여 시 벌칙 조항			○		○			○	

주) CA: 캘리포니아, ID: 아이다호, IN: 인디애나, MA: 마이애미, TX: 텍사스, NY*: 뉴욕병원, NY**: 뉴욕 HMO, PA: 펜실베이니아, UT: 유타.

금 면제 등의 혜택을 주고 있다. 그리고 이런 혜택을 받는 병원들은 주정부가 정한 가이드라인에 따라서, 다음 표와 같은 내용들을 정례적으로 보고하고 평가받아야 한다.

셋째, 권역 국립대병원과 연계·협력하여 권역 거점 3차 병원의 역할을 분담해서 수행해야 한다. 우리나라 의료전달체계에서 국립대병원과 사립대병원은 해당 권역의 3차 병원에 해당한다. 그런데 국립대병원과 사립대병원들은 모든 진료 영역에서 3차 병원 역할을 자임하고 있다. 이렇다 보니, 동일 권역 내에서 대형 병원들 간의 기능이 중첩되고, 경쟁이 불가피해진다. 그리고 그 여파는 권역 내 중소병원과 의원급 의료기관까지 미치게 된다. 해당 권역 내에서 국립대병원과 사립대병원이 상호 연계·협력하여, 진료 영역과 기능별로 3차 병원의 역할을 분담해야 한다. 특정 분야에 대해서는 특정 병원으로 자원과 기술을 집중함으로써 해당 권역의 특정 분야 진료의 질적 수준을 높일 수 있게 된다. 이는 수도권 대형 병원으로의 환자 유출을 줄이는 중요한 기반이 될 것이다. 또한 권역 내 불필요한 경쟁을 완화하고, 의료기관 간의 협력적 관계를 강화하는 데에도 기여할 것이다. 사립대병원의 공적 기능 강화를 위한 지원 및 관리 정책은 이 같은 권역 내 3차 병원의 역할 분담을 유도하는 형태로 수립·시행되어야 한다.

---

2 지역사회 보건교육 활동, 의학교육, 필수 취약 의료(응급, 외상, 신생아 중환자실, 예방의료 서비스, 호스피스, 가정간호, 정신보건 등), 연구, 지역사회 활동 등.

6. 사립대병원의 공공적 발전을 위한 실행 과제

1) 사립대학교 병원법 제정

사립대학교 병원의 공공적 발전을 위해서는 법적 근거와 제도적 지원이 뒷받침되어야 한다. 이를 위해 '(가칭) 사립대학교 병원법'을 제정해야 한다. 사립대학교 병원법 제정 취지는 다음과 같다.

- 첫째, 사립대학교 병원의 법적 근거: 양질의 적정 진료, 교육·훈련, 연구, 지역 보건의료체계 지원을 위한 사립대병원 설립 근거 마련
- 둘째, 사립대학교 병원 관련 행정체계 정비(관리감독 권한을 보건복지부로 이관, 대학병원법인 신설)
- 셋째, 사립대학교 병원에 대한 지원 근거 마련: 사립대병원의 '공공성' 확보를 전제로 사립대병원을 정부가 지원하기 위한 근거 마련

사립대학교 병원법에 포함될 주요 내용은 다음과 같다.

- 사립대학교 병원의 정의
- 대학병원법인 규정
- 사립대학교 병원 운영위원회 구성 관련 내용: 병원 심의위원회, 평의원회
- 사립대병원의 사업 내용: 진료, 교육·훈련, 연구, 공공보건의료 사업
- 사립대병원의 공공적 기능 수행에 대한 지원: 공공보건의료 사업에 대한 재정 지원, 전공의 정원 우선 배정, 연구·개발 우선 지원, 상급종합병원 지정
- 운영 평가 및 공시

2) 기존 법 및 제도 개선

(1) 의료법 관련 개정 사항

첫째, 병상 수급계획 관련 조항을 강화하는 것으로 '의료법'이 개정되어야 한다. 병상 수급계획을 시도지사가 보건복지부로 제출한 후, 보건복지부가 병상 수급계획의 적절성을 심의할 수 있는 권한을 부여해야 한다. 또한 이렇게 수립된 병상 수급계획에 의거해서, 실제로 지역별 병상 총량이 관리될 수 있도록 해야 한다.

둘째, 상급 종합병원 지정 기준을 강화하는 것으로 '상급 종합병원의 지정 및 평가에 관한 규칙'이 개정되어야 한다. 현행 질병군별 환자 구성 상태, 의사/간호사 1인당 환자 수, 교육과 연구 기능 수준을 강화한다. 이를 통해 무분별하게 병상을 늘리고, 경증 환자를 유치하며, 교육과 연구 기능이 취약한 대형 병원은 상급 종합병원으로 지정받을 수 없도록 한다.

셋째, 의료기관 회계 투명성이 향상되도록 '의료기관 회계기준 규칙'이 개정되어야 한다. 의료기관 회계 공개 항목을 명확하게 제시하고, 재무제표 서식 기준을 강화해야 한다. 동일 법인에 속해 있더라도 개별 병원별로 회계를 구분 계리하여 공개하도록 하며, 비의료 수익 사업과 의료 관련 사업 회계를 분리하도록 한다.

(2) 기타 법령 개정 사항

첫째, '국민건강보험법'을 개정하여 의료기관의 공공적 기능 수행에 대해서는 '진료수가' 방식이 아니라 '지원금' 형태의 재정적 보상이 가능하도록 한다.

둘째, 사립대병원의 공공적 기능을 확대하고, 이를 재정적으로 지원할 수 있는 법적 기반을 갖추어야 한다. 2001년 말 국회를 통과한 「공공보건의료에 관한 법률」에서 제시하고 있는 공공보건의료 사업의 범위를 한층 확대해야 하며, 이에 상응하는 평가·관리체계의 법적 근거가 마련되어야 한다.

셋째, 현행 전문의 수를 기준으로 책정되는 전공의 정원을 의과대학 정원을 기준으로 가감하는 방식으로 대한병원협회의 '수련 병원(기관) 지정 및 전공의 정원 책정 방침'을 개정해야 한다.

3) 사립대병원의 공공적 발전을 위한 환경 조성

(1) 노사 및 병원 간 협력 방안

사립대병원의 공공적 기능 강화를 위한 노사 간의 협력이 필요하다. 단체 협약을 통해 노사가 자기 병원의 공공적 발전 전망과 방안을 마련하고, 노사 공동 선언으로 공표할 필요가 있다. 또한 사립대병원의 공공적 기능 강화 방안을 마련하고 이를 실행하는 위원회를 신설할 필요가 있다. 이 위원회에 노동조합이 참여할 수 있도록 보장하여 병원의 공공적 발전을 위해 노사가 긴밀하게 논의할 수 있는 구조를 갖추어야 한다.

사립대병원 간의 협력이 필요하다. 과잉 경쟁을 지양하고, 적정 진료를 강화한다는 사립대병원의 공동 선언을 추진할 필요가 있다. 전국적 수준에서의 공동 선언보다는 각 권역별 공동 선언이 보다 실질적인 의미를 지닐 것이다. 또한 사립대병원의 공공적 기능 강화를 위한 공동의 브랜드 사업도 추진할 필요가 있다.

(2) 대국민 및 대정부 설득 방안

사립대병원의 공공적 기능 강화와 이를 위한 공적 지원에 대한 국민적 공감대를 형성하기 위한 Social Marketing이 추진되어야 한다. 영리를 추구하고, 과잉 경쟁을 부추기는 '대형' 병원의 이미지를 탈피하고, 양질의 적정 진료, 미래 의료 인력 양성, 연구개발을 담당하는 '대학' 병원으로서 이미지를 구축해야 한다. 이 같은 이미지가 구축되어야, 사립대병원에 대한 공적 지원 확대가 국민적 공감대를 얻을 수 있을 것이다.

사립대병원의 공공적 기능 수행을 위한 재정적·제도적 지원을 끌어내기 위해 위한 대정부 설득이 필요하다. 위에서 열거한 사립대병원의 공공적 기능 강화를 위한 노사 협력, 병원 간 협력, Social Marketing 등이 대정부 설득력을 제고하는 기반으로 작용할 것이다.

7. 맺음말

지난 30~40년 동안, 특히 1990년대 이후, 우리나라 의료기관은 몸집을 키우고, 환자를 늘리고, 각종 첨단 의료를 도입하는 데 몰두하였다. 이를 통해 우리나라 의료가 양적·질적으로 성장한 것도 사실이다. 그러나 공급이 수요를 추월한 2000년대 이후까지 이 같은 양적 팽창이 지속되면서 각종 부작용이 양산되고 있다. OECD 국가 중에서 유일하게 급성기 병상이 늘고 있는 국가가 바로 우리나라다. 우리 병원들은 의료의 질적 발전과 병원의 바람직한 발전을 위해서가 아니라 '생존'을 위해 양적 팽창에 매달리고 있다. 무한 경쟁 체제에서 양적 팽창을 멈추는 순간, 도태가 된다는 인식과 분위기가 팽배하다. 병원들은 매일 승부를 예견할 수 없는 경쟁으로 내몰린다. 무릇 경쟁은 극소수의 승자와 대다수의 패자를 낳는다. 실제로 경쟁적 시장 환경이 심화되면서, 일부 초대형 병원들과 대다수 병원들 간의 격차가 날로 벌어지고 있다. 이런 경쟁적 시장 환경에서 병원의 공공적 기능 수행을 기대하기란 불가능하다. 사립대병원의 공공적 발전 전망을 모색하면서, 이를 위한 첫 번째 과제로 병원 간의 경쟁 완화를 꼽은 것은 바로 이런 이유 때문이다.

병원의 양적 팽창을 억제하는 한편, '대학' 병원으로서의 정체성을 명확히 하는 것도 중요한 과제이다. 사립대병원으로 분류되면서도, 양질의 적정 진료를 제공하는지 의문스럽고, 교육·훈련과 연구는 뒷전이거나 아예 수행할 여건도 갖추지 못한 병원들이 다수 존재한다. 이런 병원들은 '대학' 병원이 아닌 '지역거점' 병원의 정체성을 가져야 한다. 대학병원은 대학병원에 상응하는, 지역거점병원은 지역거점병원에 상응하는 관리·감독과 지원을 받아야 한다. 그러나 현재는 이들 병원이 전혀 구분되지 않은 채, 혼재되어 있다. 결과적으로 어느 병원도 적절한 공적 지원을 받지 못하는 상황이 지속되고 있다.

총체적으로 사립대병원 정책을 다루는 부처와 부서가 없다. 사립대병원은 관리·감독과 지원의 사각지대에 놓여 있는 것이다. 사립대병원 입장에서는 이 점이 장점으로 작용할 수도 있다. 시시콜콜하게 간섭하는 곳이 없기 때문이다. 그러나 다른 한편으로는 사립대병원을 챙겨주고 지원해주는 곳도 없다.

현재 사립대병원들이 처한 환경은 사립대병원의 노력만으로는 극복하기 힘들다. 정부의 정책적·재정적 지원과 이를 위한 사회적 관심과 공감대가 뒷받침되어야 한다. 사립대병원법 제정을 제안한 이유는 바로 이 때문이다. 사립대병원법 제정을 통해 사립대병원의 관리감독 권한을 보건복지부로 이관하고, '대학병원법인'을 신설하여 '대학'병원으로서의 정체성을 명확히 해야, 사립대병원의 공공적 기능 수행을 위한 공적 지원이 이루어질 수 있다. 그리고 이 같은 공적 지원이 이루어지면, 사립대병원의 공공적 기능 수행과 병원 경영은 더 이상 갈등을 야기하지 않으면서, 공존할 수 있게 된다.

사립대병원이 공공적 기능을 강화하는 것은 우리나라 보건의료체계 전반의 공공성을 강화하는 데 매우 중요한 의미를 갖는다. 사립대병원의 양적 비중도 클 뿐 아니라 사립대병원이 우리나라 보건의료체계에 행사하는 영향력이 막대하기 때문이다. 사립대병원이 바뀌면, 우리나라 보건의료체계 전반이 바뀐다고 봐도 과언이 아니다. 사립대병원이 공공적 발전 전망을 수립하고, 공공적 기능을 강화할 수 있도록 적극적인 관심과 지원이 필요하다.

더 이상 늦출 수 없는 민간 중소병원의 공공적 발전 전략 모색

정재수 · 전국보건의료산업노동조합 정책국장

1. 민간 중소병원의 발전 전략 마련 필요성 검토

1) 민간 중소병원의 위기

〈7〉 민간 중소병원 육성 · 발전

① 민간의료기관의 공공적 기능과 역할을 강화하기 위해 시·군·구에 설립·운영 중인 종합병원급 이상 민간의료기관을 지역거점병원으로 지정하여 정책의료 및 공공의료기관에 준하는 역할을 수행하게 하며, 이 경우 정책의료 및 공공의료기관에 준하는 역할 수행에 필요한 예산을 정부 및 지방자치단체에서 지원한다.

② 환자 안전과 의료 서비스의 질 향상을 위해 병원의 규모 간 지역 간

임금 격차 해소와 민간의료기관의 이직률을 낮추는 것이 시급한 상황임을 인식하고 의료전달체계 개편 및 간호 관리료 수가 가산 등 정부 차원의 대책을 마련한다.

③ 지역거점병원 역할을 하고 있는 민간 중소 의료기관의 경영 정상화를 위해 건강보험수가 결정 시 병원수가를 병원 규모별로 세분화한다.

④ 의료 취약지 및 필수 의료 역할 수행에 필요한 병원 인력 수급 문제와 중소병원 간호사 인력을 안정적으로 확보하기 위한 장학 간호사 및 병역 특례제도(공중보건간호사제도)를 도입한다. 이를 위해 지역 의료기관 종사자 양성에 필요한 기금을 마련하여 장학금으로 지급하고 일정 기간 지역 의료기관에 종사하도록 하는 산학협력제도를 도입한다.

⑤ 정부는 일-가정 양립과 모성보호 등을 위해 산전산후휴가, 병가, 육아휴직 등으로 발생하는 인력 공백의 실태를 파악하고, 적정 인력 유지를 위한 지원책을 마련한다.

⑥ 현행 시행하고 있는 〈1차의료 진료환경 개선 방안〉으로 마련된 토요 오전 가산제도를 중소 의료기관까지 확대 시행한다.

⑦ 민간 중소병원 노사는 이 청원이 채택되는 시점으로부터 조속한 시일 내에 정부 관계 부처와의 면담 등 이 청원의 내용이 실현될 수 있도록 지속적으로 노력한다.

2013년 보건의료산업 노사 공동 대정부 청원서에서

2013년 민간 중소병원 노사는 보건의료산업 산별 합의를 통해 위와 같이 7개의 대정부 청원 내용을 합의했다.

2013년 노사합의로 이루어진 이 대정부 청원서는 민간 중소병원의 지역거점병원 지정 등 위상 정립을 요구하는 것과 함께, 민간병원에 대한 인력 유지 지원책 마련 등 정책 지원의 요구를 담고 있다. 나아가 민간 중소병원의 인력 문제 해결에 대한 수가 가산 문제도 언급하고 있는가 하면, 심지어는 토요 가산제도 도입 언급 등 중소병원 경영난 해소를 위한 경영진의 구체적인 요구까지 언급도 있어 그간의 노사 합의와는 다른 파격적 합의가 이뤄졌다.

이와 같이 과거 노사관계를 중심으로 한 산별협약과는 다르게 민간의료기관의 경영적 어려움 해소를 주요 내용으로 다루고 있는 2013년 대정부 청원서가 탄생할 수 있었던 배경에는 민간 중소병원의 위기에 대한 노사 공동의 인식이 자리하고 있는 것과 깊은 관련이 있다. 병원 경영상의 어려움에 대한 노사 공동의 절박함이 2013년 산별 중앙 교섭 공동 청원으로 외화된 셈이다.

2013년 청원서가 시사하고 있는 것처럼 민간 중소병원의 노사가 느끼는 경영난에 대한 우려가 상당한 수준이다. 그러나 사실 얼마 전까지만 해도 진보적 의료운동 진영에서 민간병원들의 경영자들이 경영이 날로 어려워져간다고 주장하는 것에 대해 상당한 의구심을 보여왔던 것도 사실이다.

이러한 논쟁이 진행될 수밖에 없었던 배경이 실제 병원 경영의 어려움의 사실관계 여부와 무관하게 따로 존재한다. 병원의 경영난에 대한 주장이 경영계가 십수 년에 걸쳐 주장하고 있는 고전적 레토릭(rhetoric)에 가까웠기 때문이다. 십수 년간 의료계는 경영이 어렵다는 주장을 곧장 수가 인상을 위한 논리로, 노사 간 단체협약에서 교섭 무기로 활용해왔다. 반면, 경영난에 대한 경영진들의 주장에도 불구하고 민간병원은 지난 십수 년 동안 오히려 극적으로 팽창해왔다. 이런 점에서 '민간 중소병원의 경영난'은 경영진들의 엄살에 불과한 수사일 뿐이라는 의구심을 더욱 키워왔던 것이다. 게다가 민간병원의 경우 경영의 투명성은 확보되지 못하면서도 이를 투명하게 공개하기보다는 "경영 환경이 어려운데 인건비가 많이 들어간다", "수가가 너무 낮다"는 등의 매년 반복되는 경영진의 주장들이 더욱 수가 인상이나 노사 간 교섭에서의 우위를 점하기 위한 너스레처럼 인식되어지기 일쑤였다.

그래서 십수 년째 주장되고 있는 병원 경영 환경의 어려움이 사실인가(회계상의 경영 적자일 뿐인가, 실제 존재하는 경영난인가) 하는 논쟁과 함께 만약 이러한 경영의 어려움이 사실이라면, 그 현상이 한국 의료 시스템의 본질적 또는 구조적 문제인가 또는 일시적인 상황을 반영하는 현상일 뿐인가 하는 갈래의 여러 논쟁으로 존재해왔다.

그런데 이러한 병원의 경영난을 바라보는 입장과 시선이 앞서 바라본 2013년 청원서가 보여주는 것처럼 최근 조금씩 바뀌고 있는 모양새다. 특히 민간 중소병원의 경우 빅(BIG) 5로 집중되는 의료 양극화의 또 다른 피해자라는 인식이 커지면서 이로 인한 어려움은 기정사실로 인식되고 있다.

민간 중소병원의 경영난을 두고 특히 의료계에서는 세제 해택이나, 수가 인상 등 정부 지원을 강화해야 한다는 주장이 계속되고 있다. 의료 서비스 제공에 대한 가격 결정이 수가 협상과 같은 방식으로 진행되면서 시장주의의 원리대로 작동하지 않는 만큼, 정부 지원과 같은 정책 수단의 필요성이 더욱 커진다는 주장이다.

그러나 민간 중소병원의 위기가 현실로 인식된다 하더라도 이를 해결해나가기 위해 민간 중소병원을 위한 별도의 수가 인상, 정부 지원 보장 등 정책 수단을 강구해야 하는 것은 결코 아니다.

병원의 경영 환경의 어려움이 사실이라 하더라도 그 현상은 한국 의료 시스템의 본질적·구조적 문제에서 기인하는 것이며, 그러므로 이를 해결하기 위한 과제가 반드시 민간 중소병원에 대한 지원정책으로 이어져야 하는 것은 아니기 때문이다.

즉, 민간 중소병원의 경영적 어려움을 타개할 수 있도록 지원 정책을 벌이는 것이 한국의 의료 현실에서 과연 정의로운 것인가는 별개의 문제이다.

2) 민간 중소병원의 위기의 주범, 민간 중심의 공급체계

우리나라의 보건의료 시스템의 근본적 문제는 주로 의료공급체계가 민간 영역에 거의 전적으로 의존하고 있는 데서 비롯된다. 공급 과잉이라는 문제 역시 민간 영역에 의탁한 결과와 무관하지 않다.

민간의료기관은 1970~1990년대를 거치며 전국민건강보험이라는 엄청난 공적 재원을 토대로 급성장할 수 있었다. 그리고 방치되다시피 할 정도로 통제되지 않는 상황에서 민간병원은 기하급수적으로 늘어왔다. 그리고 그 결과가 급성기 병상 중심의 과잉 공급으로 나타났는가 하면, 의료기관의 수익 추구적 경향성을 짙게 내재하여 영리 추구 경향이 가속되어왔다.

그리고 민간 주도의 의료공급은 공적인 조절 통제가 약화되고 곧장 의료전달체계의 무력화로 이어졌다. 단적으로 의료전달체계상에서도 불필요하고 그 역할이 모호한 300병상 미만의 의료기관이 병원급 의료기관의 절반을 차지할 정도로 즐비해졌는가 하면, 그에 따른 고가 의료장비의 과잉 공급 등 자원의 비효율적 관리를 유발하여 전체적인 의료비용의 상승을 주도하는 등 부정적 효과를 유발하고 있다.

이처럼 민간 주도의 의료공급이 가져온 무정부성에 기인하여 병상 공급의 과잉, 상호 간의 경쟁 심화, 무분별한 시장 팽창 등 부정적 요인들이 출현하게 되었다.

물론 이를 민간병원의 탓만으로 돌리기는 어렵다. 한편으로는 의료공급체계를 확립하기 위한 정부 정책의 부재에 대한 책임이 워낙 크다. 더욱이 빅5의 군비 경쟁에 휘둘려 건강보험 재정의 과실조차 제대로 따먹지 못했던 민간 중소병원의 입장에서는 민간 주도의 공급체계에 대한 부정적 시선들이 억울하기 그지없을지도 모른다.

그래서 왜곡된 의료 환경의 피해자로 스스로를 지목하기도 한다. 이런 관점이 민간 중소병원에 대한 지원책 마련을 요구하는 목소리로 이어지는 것이다

그러나 민간 중소병원 위기의 주범은 역설적이게도 민간 중심의 공급체계이며, 이는 우리의 의료 현실을 더욱 영리적인 것으로 변질시켜 불건전성을 야기해왔고 결국 공급 과잉, 의료전달체계 붕괴, 중소병원의 경영난 및 양극화의 결과를 초래해왔다.

즉, 현재의 우리나라 의료의 근본적 문제가 바로 민간 주도의 의료공급이라는 본질에서 기인하는 것이다.

그런 측면에서 현재 필요한 정책이란 현재의 민간병원의 경영 위기를 타개할 수 있도록 하기 위한 수가 인상, 세제 지원과 같은 지원 정책이 아니라, 오히려 무정부적인 이들 민간의료기관들을 어떻게 조절 통제할 것인가가 핵심이다.

3) 민간 중소병원의 발전 전략 마련 필요한가

민간 중소병원 위기의 주범은 역설적이게도 민간 중심의 공급체계라는 점에서 우리는 다음과 같은 질문에 봉착한다.

민간 중소병원의 경영난을 해소하기 위해 특별한 지원책을 마련하는 것 등이 과연 바람직한 것인가, 그것이 한국 의료공급체계에서 올바른 대책 수립인가, 민간 중소병원을 더욱 육성하고 활성화하기 위한 국가적 발전 전략을 수립하는 것이 한국 의료공급체계에서 과연 적절하고 올바르고 필요한 일인가 하는 점이다.

근본적 문제를 해결하기 위해서 민간 주도의 공급체계를 해소하는 것이라면, 현재의 민간의료기관에 대한 적절한 통제 정책이 중요한 의미를 가진다.

그런데 여기서 중요한 모순이 발생한다. 결국 의료공급체계에서의 민간 주도의 양상을 해소해야 하고, 당장 의료전달체계에서 2차 병원 역할을 수행하기 위한 공공의료기관의 비율을 높여나가야 하지만, 민간의료기관의 난립으로 의료공급 과잉 현상을 유발하고 있는 현실에서 민간의료기관과 경쟁하듯 공공의료기관을 확대하는 정책은 과잉 공급을 더욱 유발하는 것이 되므로 적절치 못하다는 점이다.

게다가 이미 민간 주도의 의료공급체계에 익숙해져버린 의료공급 시스템에서, 당장 민간의료기관은 종합병원, 병원급 의료기관의 절대다수를 차지하고 있다. 사실상 의료전달체계에서 2차 병원의 대부분이 민간에 절대적으로 의존하고 있는 것이다. 따라서 민간 주도의 의료공급을 해소하고 의료 공공성을 확대하기 위한 정책 과제를 수행한다 하더라도, 이러한 정책 과제가 이루어지는 과도기에는 공급체계에서 2차 병원의 역할을 수행하는 주체가 어쩔 수 없이 민간 중소병원들일 수밖에 없다. 결국 현실적으로 민간 중소병원을 적절히 활용하는 의료공급체계의 발전 전략 수립은 불가피한 측면이 존재한다.

그런데 그러기 위해 민간 중소병원에게 어떤 역할을 부여해야 하는지 법제도적 근거도 희박하며, 그뿐만 아니라 의료공급체계에서의 위상 역시 모호해 보인다.

민간 중소병원과는 다르게 국립중앙의료원 또는 국립대병원이나, 지방의료원, 특수목적 공공병원과 같은 공공병원의 경우, 공공의료정책 수행을 위한 정책 수단으로서의 의미를 부여받고 있어 관련한 정책 수단에 대한 다양한 논의가 이루어지고 있다.

한편 민간병원이라 하더라도 빅5와 같이 규모가 큰 대형 병원 · 재벌 병원은 의료기술 발전의 문제라든가 고도화된 의료장비 시스템에 대한 논의 등 그들이 가진 자본력이나 로비력으로 그들만의 리그 속에서 여러 의료

정책을 선점하거나 이슈화한다. 여기에 300병상 미만의 작은 중소병원들의 위치가 무엇인가 하는 논의 따위는 끼어들 자리가 없다.

다른 한편, 국가 차원의 의료정책의 주요한 논의가 이루어져도 의료공급체계에 대한 정책적 어젠다 역시 상급 종합병원 위주로 이루어지거나 공공의료기관의 역할 문제가 주로 거론될 뿐, 민간 중소병원들이 의료공급체계에서 어떤 역할을 할 것인지에 대한 '위치 지음'이 적절하게 논의되지 않고 있다.

종합해보면, 민간 중소병원은 의료공급체계에서 가장 흔한 존재들이면서 2차 병원의 대부분을 차지하고 있어 현실적으로 민간 중소병원을 적절히 활용하는 의료공급체계의 발전 전략 수립은 불가피한 측면이 있지만, 아이러니하게 이들이 한국 의료공급에서의 어떠한 역할을 차지하고 있는지에 대한 의미 있는 설명을 찾아보기 어려운 현실에 놓여 있다.

그러므로 민간 중소병원의 발전 전략 수립은 공공의료를 확대해나가는 과도기적 단계에서 공공적 역할을 수행하도록 하는 한편, 그 공공적 역할을 높이는 과정에서 이들을 적극 통제하면서 공급체계에서 그 역할을 공공의료기관들이 대체할 수 있도록 축소해나가는 이른바 연착륙(soft landing) 정책으로 유도하는 것이다.

이런 관점에서 민간 중소병원의 공공적 발전 전략 수립은 다음과 같은 두 가지 방향에서 설정될 수 있겠다.

우선 의료공급체계에서 민간 중소병원에 대한 정책적 지원의 가치가 있다면 이를 적극 수립하는 것이 필요하며, 다음으로 과잉 공급으로 팽창해 있는 민간 중소병원의 효과적 퇴출 구조를 마련해주는 것이다.

다시 말해, 민간 중소병원의 더 이상의 무분별한 팽창을 통제하고, 과잉 공급된 병상을 단계적으로 축소 조절할 수 있는 방안을 마련함과 동시에, 이 과정에서 의료 자원(인력, 장비 등)이 지역사회에 필요한 수준에 맞게 효과적이고 안정적으로 분배 수행될 수 있도록 연착륙 정책을 강구하는 것이 핵심이다.

이를 위한 정책 수단으로, 인력·자원 양극화의 통제를 위한 병상 총량제 실시와 함께 지역거점병원의 지정이나 의료기관의 종별 가산제 등 2차 병원으로의 적절한 수가 보상 정책 시행, 민간의료기관을 공공에서 인수 합병하는 방식의 공공적 M&A 추진 등이 제시될 수 있겠다.

민간의료기관 발전 전략 마련의 과정은 "의료공급체계 내에서 민간 중소병원의 위상을 설정하고 이를 발전시킬 필요가 있는 것인가"라는 질문에 답을 하는 과정이다.

이는 민간 주도 등 몇 가지 이유로 인해 황폐화된 의료공급체계의 현실을 극복하고 의료전달체계 붕괴 현상을 극복하는 데에 민간 중소병원에 대한 지원 전략이 효과를 발휘할 수 있을 것인가에 대한 정책적 판단이 수반되는 문제이다. 그 판단에 따라 인력에 대한 지원이나 지역거점병원 지정 같은 인센티브적 정책 수단을 수행할지 논의가 가능하며 민간 중소병원에 대한 지원 정책이 그 정당성을 확보할 수 있기 때문이다.

이것은 민간 중소병원의 위상과 연결되는 문제이다. 민간 중소병원의 발전 전략 마련이 필요한가? 혹은 그렇지 않은가? 그렇지 않다면 퇴출되어야 하는가? 필요하다면 어떤 역할을 해야 하는가?

민간 중소병원의 문제를 해결하는 데서 결국 민간 중소병원의 위상 찾기, 한국 의료공급체계에서의 역할과 임무가 무언인가를 확인하는 것이 시급한 이유다. 그리고 그것이 민간 중소병원 발전 전략의 핵심이 되어야 한다.

2. 민간 중소병원의 현황 점검

1) 민간 중소병원의 개념과 일반 현황

민간 중소병원을 정리하는 법적·사전적 의미는 없다. 사실상 민간 중소병원은 소유 주체의 구분에 따라 민간이 소유 주체로 되는 의료기관 중, 규모나 기능 면에서 중소 규모의 의료기관을 통상적으로 부르는 개념이다.

「중소기업기본법」에 따르면 중소병원은 종업원이 200인 미만이거나 연간 매출액이 200억 원 미만인 병원을 지칭하며 통상적으로 300병상 이하의 병원을 중소 병원으로 분류한다.

한편, 의료법에서는 '종합병원'은 입원 환자 100인 이상을 수용할 수 있는 의료기관으로, '병원'은 입원 환자 30인 이상을 수용할 수 있는 의료기관으로 규정하고 있으며, 국민건강보험법에서는 '종합병원' 중 시설, 인력, 장비, 교육 기능, 환자의 구성 상태 등의 항목에서 일정 요건을 갖춘 의료기관을 '종합전문요양기관'으로 규정하고 있다. 따라서 통상적으로 300병상 미만의 병원을 중소병원으로 본다는 점을 감안할 때, '중소병원'의 범주에는 의료법상의 '병원'과 '종합전문요양기관'이 아닌 '종합병원'의 일부가 포함된다.

결국 민간 중소병원의 통상적 개념에 따르면 '병원'과 '종합병원'의 일부 중 민간이 소유 주체로 존재하는 의료기관, 즉 학교법인, 종교법인, 사회복지법인, 사단법인, 재단법인, 회사법인, 의료법인 등 법인의 형태이거나 개인이 운영하는 병원이 이에 해당한다고 볼 수 있다.

국민건강보험공단 건강보험통계연보에 따르면 2013년 우리나라 의료기관은 64,081개이며, 이 중 '중소병원'이라 할 수 있는 의료기관은 종합병원(281개소)과 병원(치과병원, 한방병원 포함 3,098개소)이며 모두 3,379개소이다.

〈표 1〉과 같이 이들 중 국립과 공립, 특수법인, 군병원을 제외하면, 대

부분 종합병원과 병원의 대부분이 설립 주체가 민간(3145개소, 93%)임을 확인할 수 있으며 특히 의료법인과 개인으로 집중된 양상을 확인할 수 있다(학교법인의 일부는 국립대병원으로 공공이 그 주체임).

<표 1> 전체 의료기관 설립 주체별 구분

	계	국립	공립	학교법인	특수법인	종교법인	사회복지법인	사단법인	재단법인	회사법인	의료법인	개 인	군병원
소 계	64,081	38	3,558	153	441	8	108	195	201	95	1,203	58,038	43
상급종합병원	43	–	–	29	10	–	1	–	1	–	2	–	–
종합병원	281	1	29	36	20	–	1	–	22	–	103	69	–
병 원	2,683	9	41	21	95	1	44	12	43	1	849	1,547	20
의 원	28,328	22	8	20	177	4	49	131	91	81	152	27,590	3
치과병원	203	–	1	9	4	1	–	–	2	–	10	172	4
치과의원	15,727	4	4	5	31	1	2	33	5	12	19	15,608	3
조 산 원	34	–	–	–	–	–	–	–	–	–	–	34	–
보건의료원	15	–	15	–	–	–	–	–	–	–	–	–	–
보 건 소	243	–	243	–	–	–	–	–	–	–	–	–	–
보건지소	1,307	–	1,307	–	–	–	–	–	–	–	–	–	–
보건진료소	1,905	–	1,905	–	–	–	–	–	–	–	–	–	–
한방병원	212	–	–	28	10	1	–	2	10	–	35	126	–
한 의 원	13,100	2	5	5	94	–	11	17	27	1	33	12,892	13

※ 국민건강보험공단, 『건강보험통계연보』(2013) 재구성

또한 〈표 2〉의 대한병원협회 2013년 자료에 의하면, 우리나라 종합병원, 병원(요양병원 포함) 중 300병상 미만 의료기관은 2,583개소로 각각 종합병원 160개, 병원 2,062개(요양병원 845개 포함)로 파악된다. 종합병원, 병원의 절대 다수가 300병상 미만인 셈이다.

<표 2> 중소병원 공급 현황: 의료기관 종별(2010년 기준)

| 구 분 | 300병상 미만 중소병원 | | 전체 의료기관 | |
	의료기관 수	병상 수	의료기관 수	병상 수
상급 종합병원	–	–	44	42,158
종합병원	160	34,175	274	92,057
병원	1,217	135,462	1,315	181,088
요양병원	845	103,721	867	111,929

※ 대한병원협회, 『전국병원명부』(2010년 12월 말 기준), 2011[한국보건산업진흥원(2011. 2)
중소병원 경영지원사업 p. 5 재인용].

의료기관 종별로 종합병원, 병원급인 의료기관의 설립 주체를 구분해서 중소병원의 공급 현황을 살펴보면 〈표 3〉과 같이 전체 의료기관 중 300병상 미만 중소병원이 차지하는 비율이 월등히 높은 것으로 확인되며 이들 대부분이 법인병원과 개인병원인 이른바 민간 중소병원들이다. 즉 민간 중소병원은 병원과 종합병원급에서 수적으로 절대적 우위(공공의료기관: 106개, 민간의료기관: 법인·개인병원 포함 2,116개, 95.2%)를 차지하고 있다.

이들 300병상 미만의 중소병원이 차지하는 비율은 전체 병원의 89.2%이며, 이러한 300병상 미만 의료기관은 대부분 설립 주체가 개인으로 이루어져 있다.

<표 3> 중소병원의 공급 현황: 설립 형태 300병상 미만

| 구분 | 300병상 미만 중소병원 | | 전체 의료기관 | |
	의료기관 수	병상 수	의료기관 수	병상 수
공공	106	16,493	162	50,112
법인	774	107,850	951	210,575
개인	1,342	149,015	1,387	166,545

※ 한국보건산업진흥원, 『중소병원 경영지원사업』, 2011. 2, p. 6(「한국병원경영연구원 중소병원 육성지원을 위한 로드맵 개발」, 신현희, 재인용).
※ 주) 공공은 공립병원, 국립병원, 군병원, 특수법인을 포함하고, 법인은 사단법인, 사회복지법인, 의료법인, 재단법인, 종교법인, 학교법인, 회사 법인을 포함.

2) 민간 중소병원의 공급 과잉: 소규모 병원의 무분별한 확장

민간의료기관은 앞서 확인했던 것처럼 1970~1990년대를 거치며 전국 민건강보험이라는 공적 재정을 토대로 급성장할 수 있었고 정부의 방치 속에서 그 비중을 기하급수적으로 키워왔다.

〈표 4〉와 같이 국민건강보험공단, 『건강보험통계연보』(2013)에 따르면 전체 의료기관의 연도별 추이를 살펴본 결과 2000년부터 2013년까지 전체 의료기관은 61,776개에서 84,971개로 23,195개가 증가(증가율 37.54%)한 것으로 나타나는데, 이 중 종합병원이 245개에서 274개로 29개가 증가(11.8%) 했으며, 병원은 681개에서 2182개로 1501개 증가(220.4%)하여 병원의 증가율이 가장 큰 것으로 파악된다(그림 1 참조).

〈표 4〉 전체 의료기관 연도별 추이

구 분	계 Total	상급 종합병원 Tertiary hospital	종합병원 General hospital	병 원 Hospital	의 원 Clinic	치과병원 Dental hospital	치과의원 Dental clinic
2000	61,776	43	245	681	19,688	60	10,592
2001	62,714	43	234	705	21,342	72	10,783
2002	65,549	42	241	783	22,760	90	11,157
2003	67,960	42	241	871	23,559	103	11,556
2004	70,394	42	241	970	24,301	108	12,083
2005	72,921	42	249	1,112	25,166	124	12,548
2006	75,108	43	253	1,322	25,789	136	13,002
2007	76,803	43	261	1,639	26,141	153	13,339
2008	78,461	43	269	1,883	26,528	168	13,750
2009	80,270	44	269	2,039	27,027	183	14,242
2010	81,681	44	274	2,182	27,469	191	14,681
2011	82,948	44	275	2,363	27,837	199	15,058
2012	83,811	44	278	2,524	28,033	201	15,365
2013	84,971	43	281	2,683	28,328	203	15,727

※ 국민건강보험공단, 『건강보험통계연보』(2013).

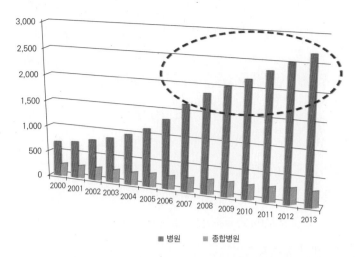

<그림 1> 종합병원, 병원급 의료기관 연도별 변동 추이(2000~2013년)

※ 국민건강보험공단, 『건강보험통계연보』(2013) 재구성.

또한 〈표 5〉와 같이 병·의원의 입원실 병상 수 역시 병원급 의료기관에 집중해서 몰려 있는데 2010년 기준 병원의 병상 수는 약 18만 개가량으로 전체 병상의 약 44.65%를 차지하고 있다.

<표 5> 병·의원 입원실 병상 수(2007~2010년)

구분		2007년	2008년	2009년	2010년
전체	계	365,806	383,963	393,775	403,278
	%	100.00%	100.00%	100.00%	100.00%
상급 종합	계	35,180	35,168	37,868	37,788
	%	9.62%	9.16%	9.62%	9.37%
종합병원	계	82,961	85,376	85,354	87,703
	%	22.68%	22.24%	21.68%	21.75%
병원	계	147,946	164,311	172,661	180,078
	%	40.44%	42.79%	43.85%	44.65%
의원	계	99,719	99,108	97,892	97,709
	%	27.26%	25.81%	24.86%	24.23%

※ 건강보험심사평가원 홈페이지 '건강보험 DB 요양기관 현황' 재구성.

이러한 민간 중소병원의 팽창은 병상 자원 관리의 주요한 문제점을 초래하게 된다. 방치되다시피 할 정도로 통제되지 않는 상황에서 민간병원은 기하급수적으로 늘어왔다. 이는 국민건강보험이라는 풍부한 공적 재원을 바탕으로 한 실질적 수혜자이기도 했던 것이다. 그러나 그렇게 폭발적인 팽창은 현재와 같은 경쟁적 체계를 구축하게 되고, 그 결과 급성기 병상 중심의 과잉 공급을 유발하고, 의료기관의 수익 추구적 경향성을 짙게 내재하여 영리 추구 경향을 가속해왔다.

이처럼 민간 주도의 의료공급은 그 공적인 조절 통제를 약화시켰고 의료전달체계의 붕괴로 이어졌다. 앞서 지적했던 것처럼 의료전달체계상에서도 불필요하고 그 역할이 모호한 300병상 미만의 의료기관이 병원급 의료기관의 절반을 차지할 정도로 우후죽순 늘어났으며, 그에 따른 고가 의료장비의 과잉 공급 등 자원의 비효율적 관리를 유발하여 전체적인 의료비용의 상승을 주도하는 등 부정적 효과를 야기한 것이다. 병상 공급의 과잉, 상호 간의 경쟁 심화, 무분별한 시장 팽창 등 현재의 구조적 경쟁체계는 그 결과값이다.

관련해서 보건복지부는 〈2011 제5차 보건의료미래위원회 안건, 의료 자원 관리 선진화 방안, 보건의료미래기획단〉 보고를 통해 병상 자원 관리의 주요한 문제점으로 다음과 같은 3가지를 제시하고 있는데, 이들 3가지 문제가 민간 중소병원 자원 관리의 허술함과 깊은 연관이 있다.

1) 소규모 병원의 무분별한 증가로인한 비효율성 문제
2) 지역 유형별로 의료 서비스 제공의 형평성 문제
3) 병상의 질적 수준을 높일 수 있는 유인 장치 부재 문제

3) 양극화의 함정에 빠진 민간 중소병원: '경쟁에서 밀려버린 동네 병원'

이처럼 민간 중소병원은 종합병원과 병원급 의료기관의 대부분을 차지하고 있지만, 의료전달체계의 붕괴 양상과 함께 의료기관 역할 분담 기능이 부재하다.

국가 보건의료 시스템 속에서 민간 중소병원은 2차 병원의 역할을 수행한다. 민간 중소병원의 정의 자체가 300병상 내외의 종합병원, 병원급을 의미하는 만큼, 그 대부분이 의료전달체계에서의 2차 병원 역할인 셈이다.

그러나 1-2-3차 의료전달체계의 붕괴와 함께 2차 병원이라는 민간 중소병원의 역할은 사실상 실체가 없어 보이며, 그 외 특별히 민간 중소병원에 부여받은 역할과 임무는 안타깝게도 부재하다.

실제로 의원급 의료기관의 무제한적 증가와 3차 병원(상급 종합병원)의 성장이 중소병원의 2차 병원 역할이라는 위상을 흔들고 있으며, '경쟁에서 밀려버린' 동네 병원으로 전락시켜버린 것이다.

민간 중소병원들이 외래의 경우 의원과 경쟁하고, 입원은 대형 병원과 경쟁하는 실정이다. 민간 중소병원의 경영난은 저임금과 높은 노동강도를 유발해 인력 수급 문제를 초래하고 있으며 이는 의료 접근성 저하와 의료비용의 추가적 발생을 야기하고 있어 의료 자원의 효율적 관리 등이 이루어지기 어려운 구조에 갇혀 있다.

더군다나 앞서 지적한 바대로 빅5와 같이 규모가 큰 대형 병원·재벌 병원들이 환자와 인적 자원, 기 술자원을 쓸어가듯 해버리면서 소위 의료 공급체계에서의 빈익빈부익부 현상을 가속화하고 있으며, 의료 분야의 군비 경쟁을 통해 자본력이나 로비력으로 여러 의료정책을 선점하거나 이슈화하면서 의료공급체계에 대한 정책적 어젠다 역시 대형 병원 위주로 이루어져 의료정책 측면에서의 양극화와 소외도 광범위하게 일어나고 있다.

4) 인구 감소 등 의료 환경의 변화: 지속되는 경영난

〈표 6〉의 국민건강보험공단 『건강보험통계연보』에 따르면, 연도별 의료기관의 증감 현황을 살펴보면 종합병원의 경우, 전년대비 2010년도 1.86%, 2011년도 0.36%, 2012년도 1.09% 증감하고 있는 반면, 병원의 경우, 전년 대비 2010년도 7.01%, 2011년도 8.30%, 2012년도 6.81% 증가하고 있다. 그러나 인구 감소 등으로 인한 환자 수는 지속적으로 감소하고 있는데, 『건강보험통계연보』(2013년)에 따르면 종합병원 2013년 1분기 전년 동 분기 대비 −3.5% 환자 수가 감소하고 있으며, 요양급여비는 종합병원이 −5.7%를 기록하고 있다.

〈표 6〉 연도별 의료기관 신규, 폐업 현황

구분	2009년도		2010년도		2011년도		2012년도	
	신규	폐업	신규	폐업	신규	폐업	신규	폐업
총합계	6461	4652	6541	5130	6542	5275	6446	5583
상급 종합병원	0	0	0	0	0	0	0	0
종합병원	8	7	18	13	13	12	11	8
병원	184	115	188	135	200	140	193	147
요양병원	164	77	204	114	237	116	249	134
의원	1986	1487	2001	1559	2030	1662	1821	1625
치과병원	31	16	28	20	30	22	27	25
치과의원	1135	643	1176	737	1107	730	1161	854
조산원	0	2	1	4	0	6	3	10
보건소	0	0	1	0	0	0	3	0
보건지소	6	0	7	3	8	10	8	1
보건진료소	3	3	2	0	5	4	2	9
보건의료원	0	0	0	0	0	0	0	2
약국	1735	1553	1754	1673	1666	1683	1732	1853
한방병원	34	22	40	30	43	27	52	35
한의원	1175	727	1121	842	1203	863	1184	880

※ 『건강보험통계연보』(2012) 재구성

<표 7> 의료기관 폐업률: 종별

구분	2009년	2010년
	폐업/병원 수	폐업/병원 수
병원급	119/2360	262/2429
총 총계(%)	9.4	10.8
종합병원(개)	7/317	13/317
폐업률(%)	2.3	4.1
병원(개)	115/1264	135/1287
폐업률(%)	9.1	10.5
요양병원(개)	77/779	114/825
폐업률(%)	9.9	13.8

※ 국민건강보험공단(2011), 병원 부분 발췌.

한편, 병원 경영난에 따른 폐업률이 2009년 7.0%, 2010년 7.8%로 매년 꾸준히 증가하고 있는데, 의료기관의 신규, 폐업 현황을 살펴보면 종합병원은 2012년도에 11개소 신규, 8개소가, 병원은 2012년도에 193개소 신규, 147개소가, 요양병원은 2012년도에 249개소 신규, 134개소가 폐업한 것으로 확인된다.

<표 8> 중소병원 휴·폐업률 추이: 병상당 추이

구분		2005년	2006년	2009년	2010년
전체 병원	휴업	4	11	9	18
	폐업	143	152	181	257
	폐업 사유(경영 부진)	39.90%	46.7	41.2	40.9
중소병원	100병상 미만	34%	43.4	55.8	57.2
	100-299병상	56.6	52	42.7	36.6

※ 한국보건산업진흥원 분석자료, 황준원(2013), 「의료기관 흑자·적자 결정 요인: 중소병원을 중심으로」, p. 4 재인용.

5) 악순환의 고리: "인력 확보 어려움 – 의료 서비스의 질 저하 – 환자 외면 – 경영 악화 – 인력 확보 어려움"

민간 중소병원의 가장 큰 어려움 중 하나가 바로 인력과 의료 서비스의 질 문제이다.

민간 중소병원들은 지속적인 인력 수급의 문제를 보여왔는데, 2012년 보건복지부 연구 용역 보고서인 「우리나라 적정 의사 수 추계 연구」(정형선·여지영, 『병원경영정책연구지』 제2권 1호, 2013년 2월)를 보면 국내외 고령화 속도는 세계 최고인 데다가 향후 더 심화될 것으로 예상하고 있으며, 의대 정원을 적정 수준(3600명)으로 늘려야 이를 해소할 수 있다고 밝히기도 했다.

한편, 중소병원 간호 인력 적정 수급에도 많은 어려움이 있다. 입원 환자 간호관리료 차등제를 2007년 4월부터 7등급으로 변경 시행 중이고 7등급에 대한 마이너스 가산율을 적용하고 있으나, 종합병원의 상당수가 간호등급 7등급이며 병원급의 대부분의 병원은 간호등급 7등급이거나 미신고인 것으로 확인되고 있다.

〈표 9〉 병원 유형별 간호등급제 현황(2011년)

(단위 : %, 개소)

구분	계	1등급	2등급	3등급	4등급	5등급	6등급	7등급	
								신고	미신고
계 (%)	8429 100.00%	30 0.36%	92 1.09%	131 1.55%	89 1.06%	61 0.72%	151 1.79%	101 1.20%	7774 92.23%
상급 종합 (%)	44 100.00%	3 6.82%	10 22.73%	28 63.64%	3 6.82%	0 0.00%	0 0.00%	0 0.00%	0 0.00%
종합병원 (%)	274 100.00%	7 2.55%	39 14.23%	57 20.80%	40 14.60%	24 8.76%	44 16.06%	48 17.52%	15 5.47%
병원(치과·한방 포함)(%)	1480 100.00%	12 0.81%	32 2.16%	39 2.64%	43 2.91%	31 2.09%	103 6.96%	53 3.58%	1167 78.85%
의원(%)	6631 100.00%	8 0.12%	11 0.17%	7 0.11%	3 0.05%	6 0.09%	4 0.06%	0 0.00%	6592 99.41%

※ 『병원경영연구원』(2011) 인용.

일부에서 간호등급제의 한시적인 시행 유보 및 병원급 의료기관 야간 간호관리료 수가 신설안 등 정책 대안을 제기하고 있으나, 이러한 방향에 대해서는 회의적이다. 왜냐하면 인력 문제는 의료기관의 질을 결정짓는 문제로서, 인력 확보의 어려움은 의료 서비스의 질 하락으로 이어지며, 이러한 질의 하락은 곧장 환자들의 외면으로, 경영악화로 다시 돌아가는 악순환의 고리를 가지게 되기 때문이다.

3. 민간 중소병원의 공공적 발전 전략

앞서 논의를 바탕으로 이 단락에서 제시하는 민간 중소병원의 발전 전략은 민간 중소병원의 공공적 역할을 강화하는 것을 기초로 수립되었다.

이 글에서 제시하는 민간 중소병원의 공공적 발전 전략 로드맵의 1단계는 의료 인력 수급 문제 해결과 보건의료 인력 부족 문제의 개선 등을 통해 의료의 질을 확보하는 것과 동시에 의료기관의 질적 수준을 제고하는 조치로 의료기관 평가인증을 의무화해 국민적 신뢰를 회복하는 것에 그 기초를 두고 있다.

2단계 전략은 1단계의 수행과정을 바탕으로 마련된 지역거점병원의 기능과 2차 의료기관의 역할을 충실히 수행할 수 있도록 법제도적 위상을 확립하는 것이다. 이는 우리 의료공급체계가 가지는 근본적 약점, 즉 공공의료가 취약한 가운데 의료공급체계를 공공화하기 위한 조치이기도 하다. 이 단계는 민간 주도의 의료공급체계에서 공공의료를 일정 수준까지 확충하는 과도적 단계에서 민간 중소병원의 공공적 기능을 강화하여 그 공백을 메우고 필요한 의료공급을 공공적 방향으로 확보하기 위한 설정이다.

3단계 전략은 2단계 전략 수행을 통해 민간 중소병원의 공공적 역할

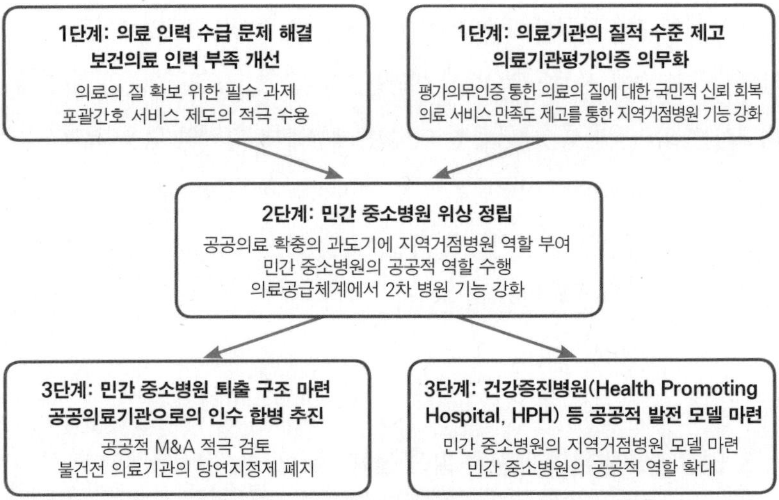

〈그림 2〉 민간 중소병원의 공공적 발전 전략 로드맵

을 극대화해나가는 과정에서 지역사회에 반드시 필요한 의료기관을 공공 의료기관으로 전환(공공적 M&A 등 검토)하거나, 건강증진병원과 같이 민간 중소병원의 공공적 역할을 확대할 수 있는 모델을 만들어나가는 것이다.

한편 건전하지 못한 의료기관, 예컨대 적정 인력 수준을 갖추지 못했거 나, 사무장 병원과 같이 불법적 형태로 영리적 목적이 극대화된 의료기관 은 퇴출시키는 전략을 수립하는 것이다.

〈그림 2〉는 민간 중소병원의 공공적 발전 전략 로드맵을 개념도로 정 리한 것이다.

1) 전문병원·요양병원 전환 유도 등 중소병원 정책 실효성에 대한 비판적 검토

전문병원이란 의료법 제5조 5의 '전문병원의 지정 및 평가 등에 관한 규칙'에서 정하는 요건을 충족시키는 병원급 의료기관 중 난이도가 높은 의료 행위를 하는 병원을 말한다. 즉, 2차 진료기관 수준의 병원이 특정과 혹은 특정 분야의 진료를 종합병원 수준이 되도록 전문화하는 것을 의미

한다. 2014년 3월 현재 총 99개의 의료기관이 전문병원으로 지정되어 운영되고 있다(대한전문병원협의회, 2014. 3).

〈표 10〉 질환별 · 진료과목별 · 한방 분야 · 전문병원 지정 현황

질환	구분	관절	뇌혈관	대장항문	수지접합	심장	알코올	유방	척추	화상	계
	기관 수	10	1	4	6	1	6	1	17	3	49개
진료과목	구분	산부인과	소아청소년과	신경과	신경외과	안과	외과	이비인후과	재활의학과	정형외과	계
	기관 수	13	2	1	1	8	2	2	10	4	43개
한방(질환)	구분	중풍질환	척추질환								계
	질환 수	5	2								7개

※ 대한전문병원협의회(2014. 3) 자료 인용.

한때 민간 중소병원의 탈출 전략으로 전문병원으로의 전환이 적극 장려되었지만, 이는 의료공급체계 내에서 새로운 문제를 야기하고 있다. 전문병원의 난립과 함께 1차 진료 서비스 제고 영역의 축소, 의료비 상승, 영리 위주의 특성 전문 과목 난립, 포괄적 의료 서비스 제공의 어려움 등 다양한 문제가 전문병원을 통해 드러나고 있는 것이다. 최근의 전문병원들이 의료전달체계를 더욱 혼란스럽게 만드는가 하면, 과잉 진료, 과소 진료의 온상이 되거나 의료 영리화의 한 그늘진 모습으로 비치기도 하는 만큼, 이러한 전략이 여전히 유효적절한 것인지를 검토해야 한다.

같은 의미에서 요양병원 전환 문제 역시 신중한 평가가 필요한 상황이다. 요양병원은 만성적으로 신체적·정신적 기능이 저하된 이들에게 신체, 정신, 사회, 심리적 기능을 유지 증진시키기 위해서 제공되는 진단, 예방, 치료, 재활, 지지 서비스, 즉 장기요양 서비스를 제공하기 위한 목적으로 설립된 의료기관을 의미한다. 의료법에서 규정하는 요양병원은 30인 이상을 수용할 수 있는 시설을 갖추고 주로 장기요양을 요하는 입

원 환자에 대하여 의료를 행할 목적으로 개설하는 의료기관을 말하는데, 장기요양 서비스의 유효 수요를 기반으로 2000년 후반부터 집중적으로 육성되기 시작해서, 최근까지 폭발적으로 증가(2014년 기준 1,452개 요양병원)하고 있다.

<표 11> 연도별 요양병원 현황

	2009	2010	2011	2012	2013	2014	YoY	vs.2009
종합병원	284	293	299	293	291	301	3.4%	0.0%
병원	2156	2437	2512	2816	2945	1452	7.1%	75.4%
요양병원	828	987	988	1241	1356	1452	7.1%	75.4%

※ 단위: 개소
※ 자료: 건강보험심사평가원.

통계에 의하면 한국의 요양병원 규모(65세 이상 노인 인구 1,000명당 요양병원 병상 수 기준)는 34개 OECD 회원국 중 단연 1위(27.32개, 2012년 기준)를 차지하고 있다. 2위인 일본(11.11개)에 비교해서도 거의 2.4배 수준이다. 이처럼 요양병원의 수가 급증한 만큼 질적 수준도 증가했느냐 하면, 사실상 그렇지 못하다.

장성요양병원 화재 사건과 같이 참사가 빈번하고, 건강보험심사평가원의 요양병원 안전시설 및 장치 설비 비율을 살펴봐도 낙제점에 가까워 보인다. 특히 질이나 인프라 면에서 매우 심각한 수준에 이르고 있고 요양병원 인증제도 활성화나 준비 수준도 매우 낮은 것으로 드러난다.

주요한 원인은 아주 소수의 인력으로 운영되는 중소병원이고, 양질의 인력이 부족하고, 소극적 투자가 이루어지는 탓이라는 분석이 지배적이다. 요양병원의 간호 인력이 줄어들고 간호조무사 인력이 증가하는 등 안전이나 질 측면에서 적지 않은 문제가 발생하고 있는 현실이다.

2000년 초반 장기요양 서비스 제공의 필요성에 의해 잠재적 수요를 확인한 정부의 정책에 따라 많은 민간 중소병원이 요양병원으로의 전환을 시도했다. 그리고 무분별한 요양병원의 전환 이후 우후죽순 생겨난 요양병원들은 사회적 필요성이 채 확인되기도 전에, 장성요양병원과 같은 시설, 인력 등 질적 측면에서 심각한 문제를 만들어내고 있는 것이다.

〈표 12〉에서처럼 요양병원에 대해서는 이미 지난 2010년, 고령화 사회의 진행과 의료비 지출 급증의 수요적 요인에서는 긍정적이나, 공급적 요인에서는 이미 요양병원의 공급 과잉과 정부 정책의 규제로 인한 경영 환경의 부정적 요인이 평가된 바 있다.

〈표 12〉 요양병원 경영 환경의 향후 전망 및 평가

구분		평가	주요 내용
수요 측 요인	고령화 진행	긍정적	65세 이상 인구의 급증
			2000년 335.5만 명→ 2009년 526.7만 명(연평균 5.1% 증가)
			타 선진국 대비 매우 빠른 고령화
	의료비 지출 급증	긍정적	65세 이상의 요양급여 비용: 2001년 이후 연평균 18.5% 증가
			65세 이상 월평균 1인당 의료비 지출: 2004년 이후 연평균 12.5% 증가
공급적 요인	공급 과잉	부정적	2008년에 요양병상 공급 목표의 170%에 달한 것으로 평가
			2003~2009년간 요양병원과 병상 수가 각각 12배, 11배 증가
	정부 정책	차등수가제 개편	부정적	요양병원의 차별화 가능성
				지방 중소 요양병원의 경영난 가중
		실태 조사 강화	부정적	상당수 병원의 의료 인력 평가 등급의 하향 가능성
				간호 인력 구인난 및 경영난 가중

※ 하나금융경영연구소, 『국내 요양병원의 영업환경 전망과 지역별 수급 여건 분석』, 2010.
※ 하나금융경영연구소, 산업연구 시리즈 제11호, 『국내 병원산업의 경영환경 평가와 지역별 수익성 분석』, 2010, p. 22.

전문병원이나 요양병원으로의 전환, 지역에서 외면받아 경영 압박이 가중되는 중소병원들이 일정 정도의 수익을 보전할 수 있는 스스로의 자구책을 구체적 정책으로 외화시킨 결과다.

요양병원의 공급 과잉, 전문병원의 폐해 등 공급체계의 혼란 등의 현상은 전문병원과 요양병원의 전환 전략이 사실상 민간 중소병원의 탈출로로 적절치 않다는 결론을 함축하고 있다. 이 경험이 시사하는 바 민간 중소병원은 지역거점 공공병원과 함께 지역과 국가 보건의료체계의 근간이라는 점이 민간 중소병원의 발전 방향으로 되어야 한다는 점은 다시 한 번 강조되어야 한다. 사실상 새로운 전략이 별도로 존재하는 것이 아니다. 결국 지역거점병원의 역할을 수행하기 위한 2차 의료기관의 몫을 충실히 수행할 준비를 하는 것, 즉 지역사회를 기반으로 한 민간 중소병원의 공공적 역할 강화가 필요하다.

2) 한국의 의료 시스템 속에서 민간 중소병원의 임무: 과도기적 지역거점병원 역할 부여

앞서 말한 바대로 한국 의료 시스템의 가장 큰 문제는 민간 주도의 의료공급체계에서 비롯되는 만큼, 민간 중소병원의 발전 전략 수립을 위해서는 민간 중소병원의 공공적 역할을 어떻게 강화할 것인지에 초점이 맞춰져야 한다.

즉, 민간 소유의 병원이라 하더라도 민간 중소병원의 주요 행위의 동기를 이윤 창출이 아닌, 지역거점병원으로서 지역 건강 불균형을 완화하고 건강권을 확대하는 방향으로 유도하게끔 설계하는 것이 필요한 것이다.

같은 의미에서 민간 중소병원의 운영이 공공의료체계의 양적·질적 강화에 복무하도록 하는 것 또한 대단히 중요하다. 즉, 의료의 공공성을 확대하는 국가보건의료체계의 통합 조정 기능의 수행과정에서 민간이 제공하는 보건의료 서비스를 효과적으로 활용하도록 할 수 있게 설계하는 것이 필요하다는 것이다. 이를 위해 의료공급체계에서의 민간 중소병원의 지위와 역할을 규명하는 한편, 그 공공적 역할에 대한 우선적 검토가 필요하다.

최근 한국병원경영연구원의 중소병원 육성 지원을 위한 로드맵 개발 보고서에 따르면 민간 중소병원이 갖는 사회·경제적 의미를 다음과 같이 6가지로 정의하고 있다.

1. 순수 민간자본으로 설립되었음에도 요양기관 강제지정제, 건보수가 적용 등으로 공공적인 성격이 강한 사회적 기업임.

2. 의료의 적시성을 가짐. 각종 질환 및 응급상황 시 적절한 의료제공이 가능하며 편익 대비 비용이 낮음.

3. 지역의료 안전망의 중추적인 역할을 함. 전염성 질환이나 긴급 재난 시 일선에서 재난 해결의 거점이 되고 있음.

4. 사회 인프라 기능을 가짐. 지역 간 의료공급의 균형을 맞추는 기능을 함. 대도시, 중소도시, 오지 구분 없이 대다수의 국민에 대한 양질의 의료를 제공하는 기능을 함.

5. 지역 일자리를 창출하고 있음. 의료는 노동집약적 산업으로 상시 근로자 수는 각 지역 내의 통상 상위권에 속하고 있음. 중소병원의 유관 산업(노인요양시설) 진출지원 시 지역 일자리 추가 창출 효과가 있음. 의료산업의 고용효과는 제조업의 4배에 달함.

6. 의료체계의 피라미드 구조상 중추적 기능을 함. 중소병원의 기능 활성화 여하에 따라 건강보험 재정 안정에 기여하면서도 의료 공백 지역 및 의료 소외 계층 해소 역할을 할 것임.

– 한국병원경영연구원, 「중소병원 육성·지원을 위한 로드맵 개발」, 신현희

위의 정의에서도 특히 민간 중소병원이 가지는 지역의료 안전망의 중추적인 역할과 의료체계의 피라미드 구조상 중추적 기능에 주목할 필요가 있다. 민간 중소병원들은 대부분 의료공급체계 내에서 허리 역할을 하며, 지역사회에 반드시 필요한 의료기관으로 자리매김할 수 있는 가능성들을 가진다.

그런데 이러한 규모로 공급체계의 한 축을 자리하고 있음에도 불구하고 민간 중소병원에 대해 의료 시스템에서 주어진 이렇다 할 임무가 별도로 존재하지 않았다. 다시 말해 민간 중소병원은 어떤 병원이 돼야 하고, 이를 위해 어떤 법제도적 보장을 받으며, 어떤 통제를 받을 것인가에 대한 논의가 빠져 있었던 것이다.

민간 중소병원의 경제적 접근성, 지리적 접근성이 높은 것을 최대한 활용하여 과도기적으로 지역거점병원의 공공적 역할을 수행할 수 있도록 만들어가는 것이 필요하다.

가장 유력한 방법으로 민간 중소병원에 지역거점병원의 지위와 역할을 부여하는 것을 검토해볼 수 있다.

지역거점 공공병원이 부족한 우리의 의료 시스템 속에서 공공의료를 확충하는 동안 과도기적으로 민간 중소병원이 공공적 역할을 할 수 있도록 하는 방안이 그것이다.

더군다나 민간 중소병원은 2차 의료기관에 집중되어 있어 종합병원과 병원급의 거의 대부분을 차지하는 만큼, 지역거점의 의료 서비스 제공에 용이하다는 이점을 적극 활용할 수 있는 장점이 있다. 이를 적극 활용하여 공공 의료원이 10%에 불과한 가운데 지역거점 민간 중소병원을 공공보건의료 서비스의 주체로 인정하고 이들에게 필요한 사항을 지원하고 역할을 부여하는 방안의 필요성이 존재하며. 농촌 등 사각지대 지역의 병원을 거점병원으로 지정해 공공의료 서비스 기능을 할 수 있도록 정부가 지원하는 방안을 마련하는 방식 또한 검토해볼 수 있겠다.

특히 국가 보건의료체계와 기본계획에서 어떤 역할을 해야 하는가에 대한 위상 정립를 위해서 법제도 정비가 필요한데 이는 광역거점 공공병원과 지역거점 공공병원이 튼튼히 자리 잡은 상황에서 공공병원 주도하에 민간병원의 공공성 강화 정책을 강도 높게 추진하는 방향에서 검토될 수 있다. 공공 주도하의 전제 속에서 지역거점병원의 역할을 수행하도록 제도적 지원 방안을 수립하는 것이 핵심이다. 이는 영국과 프랑스의 사례처럼 민간 병원의 공공성 강화라는 측면에서도 적극 고려될 필요가 있다.

영국 1962년 수립된 병원계획으로부터 시작하여 모든 병원계획은 지역거점병원(Community General Hospital)을 중심으로 한 보건의료체계를 확립해왔으며(한국보건사회연구원, 2012) 이러한 지역거점병원 활성화를 통해 효율적인 NHS(National Health Service)를 구축할 수 있었고, 의료 서비스의 지역 간 균형화를 도모하는 데 큰 기여를 할 수 있었음. 프랑스의 경우 1970년부터 공공의료에 민간비영리병원의 참여가 가능하게 하는 등 민간의료기관을 활용하여 공공의료 서비스를 확충해오고 있음.

— 『메디컬타임즈』, 2012. 11. 19 기사 발췌.

2012년 개정된 「공공보건의료에 관한 법률」에 따라 민간 기관이라 하더라도 공공의료기관에 참여할 경우 그에 따른 재정적 지원이 가능하게끔 법적으로 보장되었다.

물론 공공의료 사업 내용이 취약 계층 및 의료 취약 지역 진료나 감염병 대응 등으로 한정되어 있고. 민간 참여 역시 의료 취약지 거점 의료기관, 공공전문진료센터 등으로 지정받은 의료기관이나 정부와 협약을 체결한 의료기관만 수행할 수 있도록 통제되어 있으나, 이러한 제도를 적극 활용하는 발전 전략 수립이 적극 검토되어야 한다.

관련해서 병원협회, 의사협회 등 민간 공급자들은 공공보건의료사업에 참여할 수 있는 보건의료기관에 실질적인 제한을 두지 않고 공공보건의료사업의 범위 역시 질병 예방, 건강관리, 보건 교육 등 일반적인 국민 보건사업까지로 확장하여 사실상 모든 보건의료기관이 다양한 공공의료사업을 수행할 수 있는 방향으로 개편을 주장하나 이는 신중히 접근할 필요가 있어 보인다.

3) 효율적이고 체계적인 진입 · 퇴출 전략 마련: 지역 병상 총량제 도입, 공공적 M&A 추진, 인력 등 자원통제 등

민간 중소병원을 지역거점병원으로 지정하고 운영하기 위해서는 과잉 공급된 의료 자원을 적절히 통제하는 정책이 동시에 수반되어야 한다. 공공보건기관 등의 역할을 맡을 수 있는 병원을 선별해 육성하는 종합적인 대책이 필요하며, 또한 과잉 공급된 병상을 적정 수준으로 정리하고, 불필요한 병상 증가를 막기 위해 '병상 총량제'를 도입과 같은 대책이 동시 추진되어야 한다.

한편, 지역 유형별로 의료 서비스 제공의 형평성 문제가 제기되는 만큼, 전략적인 병상 관리계획을 수립하고 지역거점병원이 되는 민간 중소병원이 이를 수행할 수 있도록 통제되는 구조를 마련해야 한다.

특히 공급 과잉된 비효율적 병상 조절과 함께 퇴출 구조 마련이 반드시 이루어질 필요가 있는데, 이러한 과정이 구조조정 등을 수반하지 않도록 하기 위해 공공적 M&A(민간 중소병원의 공공병원 전환)와 같은 방식의 추진도 적극 이루어질 필요가 있다. 이는 한편으로는 공공의료 확충을 위해서도 유력한 방안이기도 하며, 실제 경영난을 겪고 있는 민간 중소병원부터 공공병원으로 전환하는 방향은 특히 절실히 필요한 '중소 규모 공공병원의 확대' 전략에 실질적인 성과를 만들어낼 수 있기에 의미 있는 시도가 될 수 있다. 이러한 전환은 공공의료의 확충이라는 정책목적을 달성하는 데서도 보다 유리한 방안이며, 건강 향상을 위한 지역거점 공공병원을 보다 손쉽게 만들어갈 수 있는 방안이기도 하다.

또한 운영이 불가능하거나 인력, 의료 질을 갖추지 못한 병원(사무장 병원과 같이)은 건강보험 당연지정제도에서 퇴출시키는 구조 역시 검토될 필요가 있다.

물론 이 과정에서 여러 갈등이 유발될 수도 있으며, 고용 불안, 구조 조정, 감축 등과 같은 부정적 요소들이 발생할 수 있다.

그러므로 이러한 공공적 M&A는 개별 사업장 단위의 논의로는 불가능해 보이며 산업별중앙교섭과 같은 보다 큰 틀과 사회적 합의를 통해 만들어가야 한다. 이를 통해 M&A 과정에서 발생할 수 있는 여러 리스크를 산업정책 안에서 품을 수 있는 다양한 방법이 동시에 검토될 수 있으며, 고용 안정과 같은 실질적인 안전망도 동시에 확보할 수 있기 때문이다.

다행스럽게도 보건의료산업은 이를 뒷받침할 수 있는 산별 교섭의 경험이 축적되어 있으며, 이러한 논의를 풀어갈 수 있는 산별노조가 존재한다. 산업 내 구조 조정이나 기능 조정이 고용 문제 등을 안고 있는 만큼, 개별적 추진 방식이 아닌 산별적 대응(보건의료산업 산별 교섭 등 적극 활용)이 반드시 필요하며, 이를 통해 안정적 구조 조정, 공공의료 전환 등 추진. 고용 안정을 만들어갈 수도 있을 것이다.

4) 병원의 질적 수준을 높일 수 있는 유인 장치 확보

무엇보다 적극적으로 검토해야 하는 것 중요 하나가, 바로 민간 중소병원의 어려움을 극복하는 데서 민간 중소병원의 의료의 질을 높이는 것이다. 지역사회에서 인구 증가, 고령화, 만성질환 증가, 소득수준 증가, 의료 공급자의 증가 등의 요인이 맞물리면서 의료 서비스에 대한 수요는 급증하고 사회 발전 속도와 함께 양질의 서비스에 대한 요구도 급증하고 있다.

그러나 이러한 수요의 변화에 대해 대부분 민간 중소병원들은 고수익이 보장되는 급성기 치료시설에 편중된 나머지 급성기 병상의 과잉 공급이라는 결과를 만들어내고 말았다. 또한 양질의 서비스에 대한 수요에 대해서도 적절한 대응을 하지 못한 채 인력, 조직, 관리체계의 허술함을 약점으로 드러내고 있다. 결국 민간 주도의 공급체계는 돈이 되는 의료에 집중한 나머지 수요자의 요구(Needs)에 맞지 않는 불행한 선택을 하게 된 것이다.

결국 지역사회의 보건의료 서비스에 대한 수요의 변화는 질 낮은 의료기관에 대한 외면으로, 중소병원에 대한 외면으로, 의료전달체계의 붕괴로 곧장 이어져왔다.

민간 중소병원의 의료의 질에 대한 국민적 신뢰가 떨어지고 있는 것은 열악한 인력, 낙후한 시설, 장비 서비스로 인해 발생하는 것들이다. 민간 주도의 과잉 공급 속에 만들어진 경쟁적 구조들은 지역 주민들의 요구에 걸맞은 양질의 의료 서비스 제공이라는 본질적 수요를 이행하지 못하게 되자 국민들은 민간 중소병원을 더 이상 신뢰하지 않게 되고 마치 큰 병원이 좋은 병원으로 인식되면서 1-2-3차 의료전달체계의 붕괴로 이어져왔다. 민간 중소병원을 찾지 않는 병원, 다시 말해 '경쟁에서 밀린 질 낮은 동네 병원'으로 전락시킨 것이다.

그러므로 민간 중소병원의 발전 전략에서 무엇보다 중요한 것이 바로

의료 서비스의 질을 향상시키는 것이다. 이를 위해 의료 서비스 만족도 제고를 위한 의료 서비스 품질관리 방안을 적극 마련할 필요가 있는데 이를 위해 의료기관평가인증제를 적극 활용하는 방법을 검토할 수 있다. 요양병원과 같이 민간 중소병원 의료기관평가인증제 의무 인증 방식을 통해 민간 중소병원의 의료 서비스의 질을 높이고 환자 안전을 도모하면서 이를 질 높은 병원, 안전한 병원, 지역거점의 좋은 병원으로 거듭나는 계기로 삼을 필요가 있다.

〈표 13〉 인증조사 사업, 급성기 병원 2014년도 목표 대비 실적

	의료기관 수	목표	조사 완료			조사 결과		심의 대기	조사 예정		
			1차	2차	계	인증	조건부 인증		1차	2차	계
계		80	93	10	103	79	1	39	9	14	23
상급 종합	43	20	-	10	10	-	-	9		10	10
종합병원	281	10	19	-	19	13(1)	-	7	3	4	7
병원	2683	20	42	-	42	48(15)	1(1)	9	2		2
치과병원	203	5	12	-	12	8	-	4			-
한방병원	212	5	10	-	10	7	-	3			-
공공병원		20	10	-	10	3	-	7	4		4

※ 1차: 첫 인증, 2차: 인증 기간 만료에 따른 재인증 신청기관 /( ): 2013년도 조사 완료 후 2014년도 인증받은 기관.
※ 의료기관평가인증위원회 자료 재정리.

〈표 13〉와 같이 의료기관인증평가위원회의 자료에 따르면 1기 의료기관인증평가 결과 종합병원과 병원의 의료기관 평가인증 기관 수는 현저하게 떨어지는 것을 확인할 수 있다. 의료의 질을 높이고 지역사회의 신뢰를 회복하는 데에 여전히 인색한 모습이 여기서도 드러나고 있는 것이다.

"간호등급 높을수록 수술 후 사망자 수 감소" 김윤미 교수, 건강정책학회서 "간호사 확보 최저선 준수 의무화" 강조

간호등급이 높을수록 수술 후 사망자 수가 감소한다는 연구 결과 국내 최초로 발표. 을지대 간호학과 김윤미 교수는 지난 2013년 5월 3일 서울대 호암교수회관에서 열린 건강정책학회 춘계학술대회에서 '한국 의료기관의 간호사 확보 수준이 수술환자의 사망에 미치는 영향'이라는 주제를 발표, 지난 2009년 1월부터 12월까지 국민건강보험 가입자 중 전국 병원급 이상 요양기관에서 12개 수술군에 해당하는 처치를 받은 11만 1,491명을 대상으로 ▶수술 후 입원 기간 중 사망 여부 ▶수술 종류와 중증도 ▶간호사 확보 수준 ▶의료기관 종별 구분 ▶의료기관 소재 지역 등을 분석한 결과 환자의 연령, 성, 수술군 등을 표준화한 후 GEE회귀분석을 통해 간호등급별 기대 사망자 수를 산출한 결과, 수술 환자 1,000명당 기대 사망자 수가 71명이었던 6~7등급 의료기관이 4~5등급으로 됐을 때 39명으로 감소했고, 2~3등급 38명, 0~1등급 17명으로 줄어 의료기관이 간호사 확보 수준을 높임으로써 더 많은 환자의 생명을 구할 수 있음이 확인된 것.

한편, 위의 기사와 같이 의료 인력의 확충은 환자 안전과 의료 서비스에 결정적 영향을 미치는 요인들이다.

특히 민간 중소병원의 경우 간호 인력 부족으로 환자 안전과 의료 서비스의 질이 현저하게 떨어지는 만큼 간호 인력 확보를 용이하게 하는 정책 수단을 적극적으로 추진할 필요가 있다.

간호등급제 세분화 등 간호등급제의 개편과 포괄간호 서비스 제도화를 적극 지지할 필요성이 여기에 있다. 구체적으로 간호관리료, 입원료 등

에 포함되어 있는 인력 수가를 별도로 분리해서 이를 상향시키는 방식으로 인력 수급의 유인책을 마련하는 방법 등으로서 민간 중소병원뿐만 아니라, 모든 병원 현장에서 인력 확충과 이를 통한 의료 서비스의 질을 높여낼 수 있는 적극적 대책 수립이 마련될 필요가 있다. 나아가 보건의료인력법 제정과 같이 의료공급에서의 인력 문제를 적극 해결하기 위한 법제도적 장치 마련도 빠르게 추진되어야 할 것이다.

결국 민간 중소병원의 인력 확보가 의료 서비스의 질과 환자 안전을 높이고, 이를 통해 국민들로 하여금 의료기관의 신뢰를 회복하는 한편, 부수적으로 경영 성과에도 반영될 수 있도록 하는 유인 장치가 적극 마련될 필요가 있다.

한편, 유럽의 건강증진병원(Health Promoting Hospital, HPH)과 같이 1970년대 후반 이후 1980년대를 관통하며, 세계보건기구가 2000년까지 '전 인류에게 건강을'이라는 과제 실현을 위해 지역사회와 국가 보건의료체계 내에서 병원을 위치 짓고자 한 시도에 대해서도 적극 고려해볼 필요가 있다.

양질의 의료 서비스를 보장하는 것을 넘어, '건강증진병원'은 다음의 역할을 수행해야 함.

1. 병원 활동의 전 영역을 통하여 건강 지향적인 관점과 목표, 구조를 발전시킬 수 있는 기회를 제공함.
2. 건강증진병원의 목표를 포괄하는 병원 내에서 통일된 이미지를 개발함.
3. 병원의 환경이 환자의 건강과 직원, 지역사회에 미치는 영향을 이해함. 병원 건물의 물리적 환경은 치유의 과정을 지원, 유지, 향상할 수 있도록 해야 함.

4. 건강을 위한 특수한 잠재적 가능성에 따라 환자의 적극적인 참여 역할을 권장함.

5. 병원 활동의 전 영역을 통해 참여적, 건강증진 지향적 과정을 권장함.

6. 모든 병원의 직원들에게 건강한 노동 조건을 창출함.

7. 건강증진병원이 건전한 서비스와 작업장의 모델이 될 수 있도록 노력함.

8. 지역사회 기반의 건강증진 활동과 지역 정부 사이에 협력을 유지하고 증진함.

9. 기존 지역사회의 사회 서비스 및 보건 서비스와 교류와 협조를 향상시킴.

10. 지역사회 기반의 사회 서비스 및 보건 서비스와 자발적 단체, 조직을 통해 병원이 환자와 가족에게 제공하는 지원의 범위를 확대함.

11. 병원 내에서 특수한 목표 집단과 그들의 요구를 파악하고 평가함.

12. 개인과 각각의 집단마다 가치체계, 요구, 문화적 조건에서 차이를 인정함.

13. 특히 장기, 만성 환자들을 위하여 병원 내에서 지지적·인간적·활력적인 생활 환경을 창출함.

14. 환자와 직원을 위하여 건강증진에 도움이 되는 양질의 다양한 원내 급식 서비스를 발전시킴.

15. 환자와 가족을 위하여 정보, 의사소통 교육 프로그램, 기술 훈련의 양과 질을 향상시킴.

16. 직원을 위한 교육 프로그램과 기술 훈련의 양과 질을 향상시킴.

17. 특히 상병, 상해의 예방과 관계된 역학 데이터베이스를 병원 내에 구축하고 이 정보를 공공 정책 결정자와 기타 지역 내 기관에 전달함.

– Health Promoting Hospital criteria(budapest Declaration, WHO 1991)

입원 환자의 건강, 병원 직원의 건강, 건강한 병원 조직, 지역사회 주민의 건강이라는 4가지 개념으로 접근 지역거점병원의 상과 모델을 마련하는 것을 적극 모색해볼 필요도 있을 것이다.

건강증진병원(HPH)
사업에 대한 이해

남은우 · 연세대 보건행정학과 교수

몇 년 전에 WHO 서태평양 지역사무처에서 약 반년 정도 연구년을 보내고 왔다. 그때 WHO 유럽 지역의 건강증진병원(Health Promoting Hospital) 업무에 대해 파악할 기회가 있었다. 유럽의 선진 병원들은 건강증진 사업을 추진하고 있었고, 이 개념을 한국 병원에 도입하면 좋겠다는 생각을 하게 되었다.

네 가지 문제에 대해 이야기하고자 하는데, 우선 건강의 사회적 결정요인에 대한 설명을 하겠다. 두 번째는 업 스트림, 미드 스트림, 그리고 다운 스트림에 관한 내용이다. 이 콘셉트를 이해해야 현재 보건의료가 어떤 문제가 있는지, 왜 그렇게 병원에 환자가 많이 오는지 알 수 있다. 세 번째는 왜 의료 문제가 풀리지 않는지, 어떻게 하면 의료 문제를 전향적으로 한 단계 높은 차원에서 볼 것인지 이야기하고자 한다. 네 번째는 직장으로서의 병원에 대해, 마지막으로 병원보다는 건원(健院) 개념으로 병원을 보자는 것이 핵심 사항이다.

건강의 사회적 결정 요인

왜 어떤 사람은 건강하고 어떤 사람은 건강하지 않을까. 초등학교 때는 친구들이 다 비슷하다. 그런데 쉰 살이 되어 만나면 옛날 친구들이 많이 달라진 모습으로 나타난다. 건강한 친구, 마른 친구, 비만인 친구, 나이에 비해 늙어버린 친구, 아픈 친구 등. 그중에는 이미 세상을 버려 오지 못한 친구들도 있다. 어째서 그러할까. 이는 건강의 사회적 결정 요인과 관계가 있다.

첫 번째는 유전이다. 가령 대머리의 경우도 유전이 관련 있음과 농시에 과도한 스트레스를 받는 직업이 탈모의 원인이 되기도 한다.

한마디로 건강에 영향을 미치는 요인이 유전이고, 두 번째는 생활습관일 것이다. 술을 마시는지, 담배를 피우는지, 운동은 규칙적으로 하는지, 식생활은 잘하고 있는지, 직장에서는 즐겁게 근무를 하고 있는지 등 생활습관이 관여한다.

세 번째는 보건의료 서비스로서, 주위에 이용할 수 있는 병원이 있느냐 없느냐, 의료보험제도가 충실한지 아닌지 등이 관련이 된다. 예를 들어, 심혈관에 문제가 있을 때 20~30분 내에 병원에 도착하면 그 사람은 살아날 수 있는 것이고, 인근에 병원이 없으면 그것으로 생명을 잃을 수도 있다.

네 번째는 생활환경 요인이 건강과 관련이 있다. 이는 우리가 먹는 물이 좋은 물인지, 공기는 오염이 안 된 신선한 공기인지 등을 말한다. 이와 같이 건강의 사회적 결정 요인이 우리 건강에 중요한 영향을 준다.

업 스트림, 미드 스트림, 다운 스트림

전체적인 보건의료체계의 문제점을 해결하기 위한 대안으로서, up-stream, mid-stream, down-stream으로 예를 들어 설명하겠다. 예를 들면, 한강 물은 태백에서 출발하는데, 태백이 업스트림이고, 미드스트림이 한강에 오기까지이고, 다운스트림은 한강이라고 가정을 해보자. 만약에 한강물이 오염된다면 한강 물을 정수하려고 정수 비용을 투입하는데, 돈을 아무리 투입해도 완전하게 정수가 되지 않을 것이다. 이보다는 기본적으로 상류를 개선하는 정책이 현명한 정책이다. 병원에 와 있는 환자의 질병 문제를 이러한 관점에서 보아야 한다. 병원의 의료진이 진료를 잘하면, 잠시 생명이 연장되거나 통증이 사라질 테지만, 질병의 근본 원인을 제거시키지 않으면 환자의 질병은 재발할 가능성이 높아진다. 미드스트림, 업스트림을 개선하지 않으면 환자는 계속 병원에 올 수밖에 없다. 따라서 미래의 의료를 볼 때에 우리 의료의 문제가 무엇이 문제인지를 파악하여 업스트림과 미드스트림을 잘 관리해야 한다.

가령 병원 경영의 경우로 예를 들어 설명하겠다. 중소병원 경영이 어려운 것을 다운스트림이라고 봤을 때, 적자인 병원에 돈을 계속 투입해보아야 결과는 마찬가지일 것이다. 중소병원은 업스트림에 문제가 클 수도 있다. 즉, 중소병원이 어려운 것은 구조적인 문제가 있을 수 있다는 말이다. 우리나라는 병상 수 통제가 거의 없는 나라다. 중소병원이 아무리 노력해보아도 도산할 수밖에 없는 구조일 수도 있다. 그러므로 병원 경영의 업스트림을 바꾸면 경영이 개선될 수 있을 것이다. 업스트림은 병원 경영의 내부 환경 구조, 제도, 인력 등이다. 외부 환경의 경우, 서울의 강남구민을 위한다면 왜 그렇게 큰 병원들이 많이 있어야 하는가? 서울로, 강남으로 병원이 집중하는 현상을 막으려면 법과 제도를 정비해야 한다. 그렇지 않으면 대형 병원이 계속 강남에 설립되는 악순환이 계속될 것이다. 이러한 대형 병원 설립 현상에 지금의 중소병원들이 무슨 전략을 가지고 대응을 하겠는가. 정부는 지역별, 구별 병상 수요를 계산해서 한 지역에 의료기관이 집중하는 현상을 줄이려는 노력을 해야 한다. 이러한 정책이 중소병원의 균형 발전에 기여하고, 의료의 형평성을 실현할 수 있다.

건강증진의 개념

한국은 2년 전부터 병원들이 건강증진병원 네트워크에 가입하기 시작하여, 현재는 약 30개 정도의 병원이 회원 병원으로 활동하고 있다. 아주 바람직한 현상이다.

먼저, 건강증진의 개념을 알아보자. 건강증진, 즉 Health Promotion은 인간의 건강을 보호하고 향상시키는 활동이다.

WHO에서는 다음과 같이 건강증진 활동의 5가지 원칙을 발표하였다.

첫째, 건강에 좋은 공공 정책을 수립해라.
둘째, 건강한 정책을 마련하고, 그것을 지원해주는 환경을 만들어라.
셋째, 개인의 기술을 높이도록 하라.
넷째, 지역사회의 행동을 강화하라.
다섯째, 의료 서비스를 재인식하자.

요즘 한국인의 사망 원인 1위가 암이다. 가령 폐암의 경우, 암을 예방하기 위해 금연정책을 도입하고 담배 가격을 높이는 것이 건강에 좋은 공공 정책일 것이다. 그리고 여러 자치단체에서 금연도로를 지정하여 간접흡연을 방지하는 것 등이 건강한 건강정책을 만드는 것이고, 건강을 지원해주는 환경을 조성하는 것이다. 또한 금연상담사나 의사를 통해 금연 상담을 하게 하여 개인의 금연 기술을 높이는 것이 이에 해당한다. 아울러 자치단체, 학교, 병원 등에서 금연 병원을 선포하는 등의 활동이 지역사회 서비스를 강화하는 예이다.

암의 경우, 바이러스에 의한 암도 있지만 생활습관이 나빠서 생기는 암이 많다. 나쁜 생활습관을 바꾸려면 한 사람 한 사람이 자기 건강관리를 할 수 있는 기술이 있어야 한다. 자동차를 사면 자동차 관리 기록부를 만들면서, 아파서 병원에 다녀온 것은 기록하지 않고 건강검진을 받아야 하는 것도 기록을 제대로 안 하는 것이 대한민국 국민의 모습이다. 쉽게 말하면 자동차 관리 기술은 있는데 내 몸 관리 기술은 없는 셈이다. 그러니까 계속 병원에 가게 된다. 개인의 기술 함양이란 내 몸의 기본적인 건강관리는 할 수 있도록 하자는 것이다. 병원에 입원한 환자를 의사가 치료해서 퇴원시키는 것으로 끝나면 안 된다. 그 환자가 자기 건강관리를 해서 다시 오지 않도록 자기건강관리 기술을 가르쳐줘야 한다.

우리는 의료 서비스를 재인식해야 한다. 많은 환자들이 병원에 가면 의사가 병을 고쳐준다고 생각한다. 물론 병원에서 고치는 병도 많지만 못 고치는 병도 많다. 환자들은 의료의 패러다임이 바뀌었다는 것을 잘 모른다. 과거에 전염병이 많던 시기와 현재와 같이 생활습관병이 많아지는 것을 잘 구별하지 못하는 경우가 많다. 지금은 병원에 가도 치료가 안 되는 질병이 많다. 평생 질병을 안고 살아가야 하는 경우도 있다. 의료의 개념이 바뀌었다는 것을 재인식하고 건강관리를 해야 한다고 하는 것이 WHO의 핵심 권장 사항이다.

건강증진이란 내 건강을 개선하는 하나의 과정이다. 아침에 운동하고 균형 잡힌 식사를 하면 오늘 나의 건강 상태가 좋아질 것이다. 그러나 담배를 피우고 과음하고 과로하면 건강 상태가 안 좋아질 것이다. 건강은 하나의 과정 속에 있다. 건강하게 지내다가 어느 순간에 위해한 생활(흡연, 과음, 과도한 스트레스, 운동 부족 등)을 하면 질병으로 가게 될 확률이 높아진다. 예외가 없다. 건강에는 3가지 요소, 즉 신체적 건강, 정신적 건강, 사회적 건강이 있다. 병원에서는 주로 신체의 건강을 다룬다(정신과는 정신의 건강 문제를 다룬다). 대한민국은 사회적으로는 안전한 상태로 보인다. 데모도 적고, 폭동이나 쓰나미 등도 없고. 그런데 안으로 들어가 보면 곪아 터진 곳이 많다. 빙산의 일각으로 드러난 것이 학생들과 연예인들이 자살하는 문제인데, 그것이 언제 더 커질지 모른다. 의사가 환자를 볼 때 육체적으로 정상인지, 정신적으로 정상인지, 사회적으로 정상적인지를 같이 봐주어야 하는 시대로 들어왔다. 즉, 전인적인 치료를 고민할 시기가 되었다. 병원에서 이 점을 이해하고 건강한 보건 정책을 수립해야 한다.

건강증진병원 사업

건강증진병원 사업은 환자를 위한 사업이자 직원을 위한 사업이기도 하다. 건강증진병원의 기본 대상은 직원과 환자이다. 그 이유는 직원이 건강해야 환자가 그 병원을 신뢰하고 병원 정책에 따르기 때문이다. 지금은 담배 피우는 의사가 많지 않지만 과거에는 꽤 많았다. 보건소에서 담배를 많이 피우면 폐암에 걸린다고 교육을 받은 사람이 동네 의원에 가서 진료를 받는데 병의원의 의사가 담배를 피우면, 그날로 한 달간 교육받은 것이 수포로 돌아가버린다. 그만큼 병원 직원의 행동이 환자에게 많은 영향을 끼친다는 것이다. 병원이 직장이라 그곳에서 평생을 근무하는 직원들은 병원균에 감염될 가능성이 많다. 그래서 병원은 건강의 지지적 환경을 창조해야 한다는 것이 WHO 권장 사항 중 하나다. 그에 따라 나온 정책이 담배 연기 없는 병원(smoke free hospital), 자주 손 씻는 병원 등의 사업이다.

한국의 건강증진 사업은 보건복지부 건강정책과에서 담당하고 있다. 그리고 건강정책과 산하에 건강증진재단이 있다. 건강증진 사업의 핵심은 건강관리를 어떻게 하는지를 개발하는 것이다. 매년 공모 과제를 통해 연구 사업과 관련 사업을 지원해주고 있다.

삶의 질과 수명 연장을 방해하는 데 질병이 가장 큰 역할을 한다. 질병의 원인으로는 유전, 생활습관, 보건 서비스 및 환경 요인이 작용하는데 그중 생활습관이 50% 정도를 차지한다. 생활습관의 핵심은 담배, 두 번째가

술, 세 번째가 스트레스, 그리고 과잉 경쟁/스트레스 등이 질병을 일으키는 요소이다. 질병에 걸리지 않으려면 담배를 끊어야 한다. 그런데 지금도 병원 한쪽에서 담배를 피우는 환자들이 있다. 환자가 담배를 피우는 것을 보고 의사는 어떻게 해야 할까. 안동의료원은 그 환자를 퇴원시키는 정책을 펼친다. 설명을 하고, 주의를 주어도 안 되면 퇴원을 시키는 정책을 추진하고 있다. 직원이 담배를 피우면 퇴사를 시킨다. 직원을 채용할 때 담배를 안 피우는 것이 지원 조건이라는 것이다.

신체적인 활동도 중요하다. 운동을 하면 암 예방 효과가 30% 정도이고 치료도 촉진시킬 수 있다. 이러한 점을 병원 차별화 전략에 응용할 수 있어야 한다. 중소병원이 안 되는 이유 중에 아이디어와 섬세함이 떨어지는 점도 작용한다. 환자가 입원해서 병실에 들어가면 누우라고 한다. 그 환자는 앉아 있어도 되는데 간호사가 누우라고 하니, 눕는다. 저녁때가 되면 밥을 가져오고, 그 환자는 침대에서 밥을 먹는다. 밥을 먹고 나면 식판을 친절히 가져가고, 환자는 또 눕는다. 아침에 일어나면 잠도 안 깼는데 검사를 받는다. 아침을 가져오면 또 먹고, 먹고 나서 눕고 하면서 일주일을 있으면 안 아픈 사람도 환자가 돼서 나올 수 있다. 건강증진병원의 핵심은 환자들에게 어떻게 하면 좀 더 운동을 하게 할 것인가이다.

일본에 갔을 때 50여 개 정도의 요양병원에 견학과 시찰을 다녔는데, 병실에서는 밥을 먹지 않는 모습이 인상적이었다. 식당이 따로 있다. 원내 위생을 지키고, 환자가 자꾸 움직여야 하기 때문이다. 식당에서 다른 환자들도 만나고 이야기도 나누는데, 이와 같이 다른 사람과 만나서 대화를 하도록 하는 것을 미드스트림 전략이라고 한다. 하버드 대학 연구팀에서는 미드스트림에 해당하는 사회적 자본을 강화하는 것이 건강을 증진하는 요소 중 하나로 규명하고 있다. 우리도 병실에서는 밥을 먹지 않도록 하는 것이 좋을 것이다. 위생적이기도 하고.

식생활도 세심하게 살펴야 한다. 병원에서 제공되는 밥의 재료가 어떤 것인지를 잘 살펴봐야 한다. 질병의 요인은 거미줄과 같다. 수십 가지 원인 때문에 암이 생긴다. 그중에 하나가 농약이다. 입으로 들어오는 화학 성분이 식재료에 많이 들어 있다. 그러면 병원에서 먹는 식재료가 안전한지를 확인해야 한다. 일본의 어느 중소병원 식당에서 원장님이 밀짚모자를 쓰고 농촌에서 찍은 사진을 붙여놓은 것을 본 적이 있다. 우리가 먹는 쌀은 이분이 재배한 쌀이라는 것을 직원과 환자에게 보여주는 것이다. Evidence based 식재료 관리 방식이랄까, 괜찮은 아이디어이다. 식재료를 구입할 때 싼 재료를 고수하는 병원도 있는데 앞으로는 과감하게 저농약 식재료로 바꾸는 것이 좋겠다.

그리고 무엇보다 휴식이 중요하다. 개미와 베짱이 예를 들어보자. 8월 더위 속에서 개미는 죽어라 일을 했고, 베짱이는 아주 무더울 때는 쉬면서 일을 했다. 그러다 크리스마스이브가 되었다. 베짱이가 개미집에 놀러 갔는데 아무리 불러도 대답이 없었다. 창문을 열어보니 쌀가마 앞에 개미가 쓰러져 있었다. 왜 그랬을까? 응급실에 갔더니 진단 결과가 '과로사'란다. 과로사 가능성이 많은 직장 중 하나가 병원이다. 전 세계 수많은 직장 중에서 24시간 불 안 꺼지는 직장 가운데 하나가 병원이다. 중소병원은 경영이 어렵다는 이유로 원장들이 계속 압력을 가하는 경우도 있다. 과로사까지는 아니지만 병원 직원들이 여러 질병에 시달릴 가능성이 많다. 이제 병원은 치료 개념을 넘어서 외래 환자, 입원 환자는 물론이고 직원도 보호해야 한다는 개념을 갖추도록 노력해야 한다. 우리 병원의 수련의, 간호사들이 과로 상태는 아닌지 등에 대해 과학적 인사관리를 해야 한다.

병원이 건강증진 콘셉트와 어떻게 연관을 가질지 생각해보자. 미국 의료는 영리를 추구하는 병원 경영 분위기이기에 '건강증진병원'에 대해서는 잘 이야기하지 않는다. 대신 지역사회 내에는 건강을 관리해주는 영리

시설이 많다. 유럽은 건강증진병원이 많다. 유럽에는 미국식 피트니스 클럽이 많지 않고, 건강증진병원 네트워크가 있다. 병원에서 건강증진 활동을 권장하기 위한 '부다페스트 선언'을 살펴보자. 병원들이 건강증진 사업을 해야 한다고 결의를 한 것이다. 그 후에 비엔나에서 또 만나서 회의를 했고, 이러한 노력 덕분에 유럽에는 약 1,000여 개의 병원이 건강증진병원 활동을 하고 있다.

한국의 건강증진병원 활동

우리나라에서 권장하고 싶은 건강증진병원 활동은 첫 번째로 금연병원 사업이다. 두 번째로는 직원들의 스트레스를 줄여주는 사업이다. 병원 직원들은 스트레스가 많다. 세 번째로는 직원과 환자의 식생활 관리다. 가령 건강증진병원 매점에서는 컵라면, 위해 과자 등을 팔면 안 되고, 그 자리에 신선한 과일을 팔도록 권장하는 게 좋다. 병원 매점에 건강에 위해한 식품은 들여오지 못하도록 해야 한다. 아울러 체계적인 식생활 관리 프로그램을 개발, 시행하도록 한다. 앞으로는 특색 있는 중소병원이 만들어질 필요가 있다. 유아 친화 병원, 어린이 친화 병원, 노인 친화 병원, 여성 친화 병원, 정신건강 친화 병원, 이주민 친화 병원, 영양 집중 병원, 고통 없는 병원, 환자 중심 병원, 자원봉사 친화 병원 등 다양하게 고려할 수 있을 것이다.

녹색병원에는 자원봉사 활동이 많다고 하는데, 아주 좋은 봉사 사례이다. 그렇다면 자원봉사자들이 쉴 장소가 있는지, 토론할 장소가 있는지, 한 단계 업그레이드 될 수 있는 프로그램이 있는지 등을 파악해서 지원해야 한다. 내가 안동의료원의 건강증진병원 사업 개발 시에 자문한 내용 중에 병실에 아이비 화분을 하나씩 가져다 놓자는 것이 있다. 살아 있는 생물을 환자들이 매일 보면서 생명의 소중함을 느끼도록 하자는 것이었다. 그것은 환자의 정서 능력을 높이고, 부수적으로는 병실의 공기 정화 효과도 있다. 아울러 관계 마케팅의 출발이 되기도 한다.

왜 건강증진병원이 중요한지에 대해 다시 한 번 얘기해보자. 병원은 건강 결정 요인에 있어서 중요한 기관이다. 건강할 때는 건강의 중요성을 모르고, 병원에 입원을 해봐야 건강이 중요한 줄 안다. 아플 때 원인을 자세히 설명해주고 어떻게 관리해야 하는지를 설명해주어야 한다. 지금은 진단만 하고 치료를 해주는 방식이다. 다행히 2011년 1월 1일부터 건강상담 교육이 건강보험수가에 반영되고 있다. 보건교육사에 의한 건강 상담 기능을 강화해야 한다. 질병 문제를 근본적으로 해결해줄 수 있는 공간 중 하나가 병원이다. 지금은 보건소가 건강검진 사업을 하고 있는데 거기서 지역 주민의 건강관리를 다 해결해주지는 못한다. 병원이 근본적인 문제를 해결해줄 수 있는 공간이 될 것이다. WHO에서는 건강증진을 위해서 다양한 정책을 기술 지원하고 있다. 즉, 건강증진 직장 사업, 건강증진 학교 사업, 건강 도시 사업, 건강증진병원 사업, 건강증진 식당 사업, 건강증진 시장 사업 등이 있다. 이러한 사업을 체계적으로 도입 실시해야 질병이 예방되고, 건강수명이 연장된다는 생활터 접근 방식이다.

건강증진 사업은 현재까지는 유럽의 선진국을 중심으로 추진되고 있다. 한국에서는 건강증진병원 사업이 지방의료원을 중심으로 시작되었다가 현재는 민간병원, 대학병원으로 확산되고 있는 중이다. 보건복지부에서는 건강증진병원 사업에 대한 지원 방향을 모색하고 있다. 앞으로 정부와 학계, 병원이 합심하여 건강증진병원의 개념을 잘 응용하여 21세기 한국형 건강증진병원의 모델을 개발, 확대 보급해야 한다.

의료협동조합의
현실과 과제

임종한 · 한국의료복지사회적협동조합연합회 회장,
인하대학교 의과대학 교수

지역사회에서 그간 내가 했던 경험을 중심으로 우리나라 1차 의료에 대해 설명해보겠다(필자는 인천평화의원 원장과 인천평화의료생협 이사장을 지냈다). 먼저 한국의 의료 현실을 잠깐 둘러보자. 우리 사회는 고령화가 급격히 진행되고 있는데, 그 속도가 유례가 없을 정도로 가파른 실정이다. 최근 시민들의 건강 양태를 보면 비만 인구가 늘어나고, 운동을 잘 하지 않는 비율이 증가하고, 건강관리가 제대로 이루어지지 않아 건강 상태가 약화되고 있으며, 만성질환이 증가하는 양상을 보인다. 또 정부가 신자유주의 정책을 취하는 과정에 사회 양극화가 심화되고, 특히 지역, 계층에 따른 건강 불평등이 증가하고 있다.

반면 질환을 예방하고 관리하는 장이라고 할 수 있는 1차 의료는 굉장히 취약하고 그 역할이 유명무실해진 상태이다. 건강을 지키는 역할을 해야 하는 1차 의료가 매우 취약하다 보니 시민들의 건강이 안 좋아지고 있고, 사회 전반적으로는 건강 수준의 양극화가 진행되는 상황이다.

우리 사회는 2000년에 이미 고령화 사회에 진입했고, 지금은 65세 이상 인구가 14%에 육박할 정도이다. 지금으로 봐서는 2030년쯤 되면 65세 이상 인구 비율이 24%를 상회하리라고 예상된다. 세계 최고의 고령사회인 일본과 견줄 정도로 우리 사회도 초고령 사회로 급속하게 변모하고 있다(그림 1).

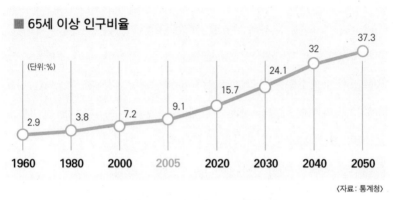

■ 65세 이상 인구비율

〈자료: 통계청〉

〈그림 1〉 국내 65세 이상 인구 비율의 변화

건강 수준의 양극화, 의료협동조합의 탄생

우리 사회는 1970년부터 2030년까지 60여 년 동안 인구 피라미드 구조가 급격히 변해왔다. 특히 1953년 한국전쟁 이후에 자녀를 아주 많이 낳았다. 1953년부터 66년까지 태어난 이른바 베이비 붐 세대, 내가 61년생이니까 그 중간에 있다. 동창회에 나가면 명퇴(명예퇴직), 황퇴(황당한 퇴직)를 당하고 있는 우리 세대가 겪는 고통이 생생하게 느껴진다. 이 사람들이 70대가 되는 때가 2030년경인데, 우리나라가 고령화의 정점으로 들어가는 실제적인 고비이다. 사회가 급격히 고령화되었으나 아직 준비가 제대로 안 갖추어진 시기이다. 그때는 나이가 들어 직업을 가지기도, 사회활동에 참여하기도, 복지 서비스를 받는 것도 쉽지 않다.

다음 사진을 같이 보자. 1990년대 초 의사 왕진이 없던 시기에(지금도 간호사의 방문 간호만 허용됨), 이웃들의 요청으로 한 노인 가구를 방문해보니, 바람이 들어와 한기가 느껴지고 쥐도 왔다 갔다 하는 방에 어르신이 기거하고 있었다. 식사도 제대로 못하고 욕창이 심한 상태였다. 비위생적인 방을 청소하고 끼니를 챙겨드리지 못하면서 약을 처방하고 욕창 치료를 하는 것이 의미가 없었다.

의료진 혼자서는 도저히 치료할 수 없는 여건이었다. '아, 이게 아니다.' 싶어 자생적으로 발생한 것이 바로 의료협동조합이다. 지역 주민들이 당번을 정해서 청소도 해드리고, 도시락을 배달하고, 의사와 간호사는 치료를 하는 등의 역할 분담을 하기 시작했다. 이처럼 지역사회 내에서 아픔을 같이하면서 어떻게 하면 주민들이 건강해질 수 있을까 하는 고민에서 나온 것이 의료협동조합이다.

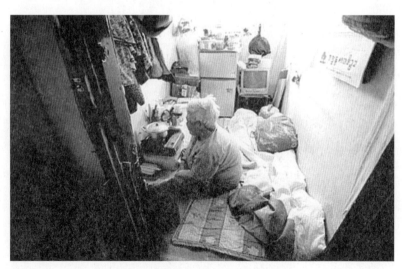

점차 심각해지는 노인 가구의 빈곤 실태

의료비 공적 부담이 낮은 우리나라 의료 환경

우리나라 의료 환경을 보면 의료비 부담에서 공적 부담이 굉장히 적다. 특히 OECD 국가와 비교해보면 우리나라 공적 부담 비율이 50%가 채 안 되기 때문에 의료보험이 있으면서도 병원을 이용할 때 별도로 개인이 부담을 해야 하는 상황이다. 전체 가계소득 중에서 의료비가 차지하는 비율을 보니까 최하위 계층을 기준으로 의료비를 내는 부담이 계속 증가하고 있다. 돈 있는 사람이야 별로 부담이 되지 않을 수도 있겠지만 가난한 사람들은 병원에 가는 것이 갈수록 어려워진다.

아직은 우리나라 의료비 비중이 높지는 않지만 의료비 증가율이 세계에서 가장 높다는 것이 문제이다. OECD 국가 중에서 의료비 증가율이 가장 높고, 서민들의 경우 의료비 부담이 가중되는 상황이다.

1차 의료란 의사가 처음으로 환자를 만나는 공간이다. 그래서 지역사회에서 많은 사람들을 만나는데, 질환이 발생하기 전에도 만날 수 있는 공간이 바로 1차 의료이다. 그런데 어떤 증상이 나타나면 몸이 안 좋아서 그런 것인지 나이가 들어서 그런 것인지 잘 모른다. 그것을 초기에 딱 잡아서 '이건 어떤 질환과 관계가 있으니 어떻게 해야 한다'라고 잡아주는 역할을 1차 의료에서 해야 한다. 세계보건기구에서는 1차 의료를 전체 의료체계에서 근간이 되는 요소로 구분한다.

한 논문에 나온 자료를 근거로 지역사회의 16세 이상 인구 1,000명 중에서 한 달간 발생하는 건강상의 문제를 살펴보면, 전체 인구 1,000명 중에서 반드시 3차 의료기관에 가야 할 사람은 10명(1%)밖에 되지 않는다. 환자는 자신의 질병을 이해하거나 관리하기 위해 병원을 찾는데, 대부분이 단순한 질병의 진단이나 경과를 묻는 경우이고, 3차 병원의 고가 진단 도구나 수술을 요구하는 경우는 1% 미만에 불과하다.

국가 보건체계의 근간이 되는 1차 의료

나는 의과대 학생들 대상으로 임상 실습 강의할 때 '명의가 되는 비법'이란 무엇이냐고 물어보곤 한다. 아파서 여러 병원을 전전하던 사람이 한 의사를 찾았는데, 그때 그 의사가 "이제 곧 좋아질 겁니다." 이렇게 한마디 하면 환자가 감격한다. 여러 병원을 돌아다녀도 낫지 않았는데 이제 곧 병이 나을 것이라고 말해주니까 환자는 그 의사를 대단한 명의로 본다. 명의로 인정을 받게 되는 비밀은 의외로 간단하다. 병이 나을 때가 되었을 무렵 그 의사를 찾은 것이다. 대부분의 질환은, 그러니까 1,000명 중에서 750명은 저절로 낫는다. 우리 몸의 방어 기능이 굉장히 뛰어나 자체 치유 능력이 있기 때문에 병을 앓게 되더라도 중증 질환으로 발전하는 경우는 아주 일부이다. 질병의 경과 과정만 잘 파악하고 있어도, 언제 좋아질지를 정확하게 알려줄 수 있다면 명의가 된다.

문제는 사소한 질환이 초기에 관리가 안 되어 큰 병으로 커지는 경우가 굉장히 많다는 것이다. 그러니까 중증 의료에 해당하는 것은 1% 정도이고, 나머지는 대체로 증상이 있다가 사라진다. 또 1차 의료기관에 가야 하는 경우도 1,000명 중에 250명이니까 4분에 1 정도밖에 되지 않는다. 결국 1차 의료가 굉장히 중요한 영역이다. 그래서 세계보건기구가 국가 보건체계에서 근간이 되는 것이 바로 1차 의료라고 한 것이다.

그런데 1차 의료(primary care)와 1차 진료(primary medical care)를 혼동하는 사람들이 많다. 세계보건기구가 강조하는 1차 의료란 1차 진료하고는 다르다. 병원에 가면 치료만 해줄 뿐, 이 질환은 어떻게 치료해야 하고 관리해야 하는지 설명해주지 않는다. 3차 병원에 온 환자에게 병원에서 무슨 진단을 받았느냐고 물으면 답변을 못하는 사람이 꽤 있다. 환자들이 듣는 얘기라고 해봐야 어디 가서 약 받아 가세요, 주사 맞고 가세요, 3일 있다가 오세요, 이 정도다. 약을 먹어야 한다, 계속 와야 한다, 이런 교육밖에 하지 않고 질병에 대한 이해를 높이는 데는 별로 신경을 쓰지 않는다. 지금 의료기관은 이미 생긴 병의 진단 및 치료에 대한 한정된 역할만 하는데, 세계보건기구는 1차 의료에서 교육을 통해 예방까지 해야 한다고 강조한다. 단순한 1차 진료와 1차 의료는 다르다는 의미이다.

환자가 자기 건강에 대한 지식을 높이도록 하는 것이 의사의 중요한 역할

1차 의료의 속성이 최초에 접촉을 한다는 것인데, 제대로 한다면 1차 의료가 포괄적인 역할을 담당하게 된다. 1차 진료에서 의사는 지나가는 병인지 아니면 큰 병으로 가는 중요한 증상인지, 생활습관을 어떻게 고쳐야 하는지, 일하면서 생긴 병이라면 어떻게 관리해야 하는지를 잘 가려서 환자에게 건강해질 수 있는 지식을 줘야 한다. 임파워먼트(empowerment)라고 하는데, 환자가 자기 건강에 대한 지식을 높이도록 하는 것이 의사가 해야 할 가장 중요한 역할이다. 그런데 기존 의료기관에서는 환자에게 정보를 주는 부분이 매우 취약하다. 환자에게 설명해주는 시간은 아주 짧다. 병원에 의존하게만 할 뿐, 스스로 건강을 관리하도록 하는 교육이 부족하다. 만성질환이 점점 늘어가는데, 의사의 진료 형태는 변화하는 환자의 요구에 부합하지 못하고 있다.

한 가지 사례를 들겠다. 어떤 분이 혈뇨가 있었다. 의료협동조합에서 오랫동안 관리를 해왔기 때문에 이분에게 가족성 혈뇨여서 진행되는 것이 아니니 별 문제가 없다고 말씀드렸다. 그런데 이런 환자가 종합병원에 가면 혈뇨를 야기할 수 있는 온갖 검사를 해야 한다. 그런데 태어나면서부터 병력 관리를 제대로 하고, 환자에게 정확한 정보를 전달할 수 있으면 적은 비용으로 실질적인 정보를 줄 수가 있다. 그러한 역할을 하는 것이 1차 의료이다.

또 1차 의료를 통해 지역사회에서 여러 가지 정보를 많이 듣게 된다. 인천평화의원에서 가정의로 있을 때의 일이다. 한번은 젊은 분이 진료실로 와서 이런 얘기를 했다.

"시어머니가 성격이 워낙 꼬장꼬장하셔서 너무 힘들어요."

초기 우울증을 보이는 환자에게 어르신한테 너무 기대하지 말고, 그러려니 생각하면서 마음에 두지 말라고 말씀드렸다. 일단은 환자의 말을 잘 들어주는 것만으로도 많이 회복이 되었고, 약 처방도 해드렸다. 그러고 나서 15분쯤 있다가 할머니가 들어오셨다.

"우리 며느리가 버릇이 없어서 도저히 봐줄 수가 없어."

이러면서 이야기를 하시는데, 조금 전에 다녀간 젊은 분의 시어머니셨다. 내가 양쪽 이야기를 다 듣게 된 것이다. 어르신에게 젊은 사람한테 너무 많은 것을 기대하지 마시고, 귀엽게 봐주시라고 말씀드렸다. 그렇게 같이 환자와 수다를 떨고 나면 굉장히 기분 좋아하신다. 시어머니가 다른 사람한테 며느리 흉을 이야기하면 흠이 되니까 말을 하기 쉽지 않다. 천주교 신자라면 신부님 앞에서 고해성사라도 할 텐데, 그도 아니라면 어디 하소연할 데가 없다. 사회적으로 신뢰할 수 있고 이런 이야기를 들어줄 수 있는 사람이 바로 지역사회의 의사가 아닐까. 의사한테 얘기하면 다른 사람한테 그 얘기를 전하지 않기 때문이다.

실제로 질병을 이해할 때 발병 원인이 생물학적으로 보면 세균 감염이고 스트레스겠지만, 어떤 삶의 환경에서 질병에 걸린다는 것을 이해하게 되면 질병 예방을 위해 해줄 수 있는 일이 매우 많다. 노인들은 제때 안 먹으면 면역력이 떨어지기 때문에 여러 가지 감염에 노출되기 쉽다. 잘 먹지 못하는 분들이 있으면 식사를 할 수 있도록 하고, 가슴에 쌓인 게 있는 분이라면 들어주기만 해도 많이 풀린다. 그렇지 않으면 우울증이 생겨서 또 다른 질병으로 옮겨 간다. 의사가 이야기를 들어주는 것만으로도 우울증이나 만성질환을 관리하는 데 중요한 역할을 한다. 지역사회 내에서 그 사람을 이해하고 공동체를 이해하면 초기에 질병을 예방할 수 있는 부분이 많이 있다. 그러나 지금의 의료 현실은 취약한 그룹의 건강 돌봄을 불가능하게 한다. 상당 부분 지역사회에서 공동체의 일원으로서 살지 못하기 때문에 발생하는 문제도 굉장히 많다. 초기 치매 증상을 보이는 노인이라도 지역사회에서 잘 돌보면, 증상이 호전되기도 한다. 그러나 친구나 평소의 만나던 이웃과 떨어져 격리된 곳에 살게 되면, 치매 현상이 급격히 악화되는 것을 흔히 관찰할 수 있다. 질병으로 인한 개인의 증상과 과학적 소견, 그리고 질병의 사회적 현상을 종합적으로 이해할 수 있는 일반 의사(General physician)가 바로 1차 의료에 적합한 의사이다. 하지만 불행히도 국내에서는 이러한 훈련된 일반 의사가 많지 않다.

1차 의료는 지역사회의 척도

우리나라 1차 의료를 평가해보면 평가 점수가 매우 낮다. OECD 국가나 유럽 쪽을 보면 1차 의료가 아주 강하다. 1차 의료가 강하면 GDP에서 보건의료가 차지하는 비율이 낮음에도 국민의 건강 수준은 높다. 보건의료가 차지하는 비용을 줄이면서도 보건의 질이 상당히 높은 나라들을 보면 역시 1차 의료가 잘 발달했음을 알 수 있다.

'1차 의료가 강한가, 지역사회가 건강한가'가 시민의 삶의 질을 결정하는 데 아주 중요한 요소이다. OECD의 경우를 보더라도 1차 의료가 튼튼한 나라는 보건의료 비용이 매우 낮다. 그리고 전산화단층촬영(Computerized Tomography, CT) 같은 고가 의료 기구를 남용하지 않아도 좋은 의료 서비스를 제공한다. 그런데 우리나라는 CT를 만든 영국보다 더 많은 CT를 보유하고 있고 또 CT를 찍어야만 일정 정도 의료비가 지원되기 때문에 남용되고 있다. 또 다른 나라에 비하면 약도 많이 처방이 되고 있다.

병원에서 교육을 잘못한 탓에 어르신들은 기운이 빠질 때 수액주사를 맞으면 힘이 난다고 알고 계시고, 안 놔주면 막 화를 내신다. 그걸 맞고 나서야 기운이 돌아온다고 말씀한다. 생활습관을 바로잡거나 건강관리를 제대로 하면 관리될 수 있는 부분이 많은데, 약에 의존하는 분위기가 팽배하다 보니 이런 현상이 생기는 것이다. 이렇게 발생되는 의료비용이 아주 많은데, 그러한 것들을 남용하지 않으면 취약 계층을 위한 의료비용을 충분히 확보할 수 있는데도 왜곡된 관행이 여전히 행해지고 있다. 1차 의료 체계가 정비되면 이러한 상황이 잘 제어될 수 있다.

각 국가 의료 만족도를 보면, 특히 시장에 의존하는 미국과 같은 경우 의료 서비스를 제대로 받지 못하는 국민이 4,000만 명이나 된다. 사실 미국인의 의료 만족도는 낮다. 1차 의료가 차지하는 비중이 높으면 저체중이나 영아 사망률을 낮출 수 있다. 1978년 세계보건기구(WHO) 알마타 회의에서 지역 주민의 건강을 증진시키는 것은, 보건의료의 접근성과 관련하여 경제적 사회적 정치적 구조의 변화를 요구한다며, 포괄적인 1차 의료를 강조했다. 그리고 세부 전문의(high specialist) 접근 방법으로는 알마타의 건강증진 목표를 달성할 수 없음을 분명히 했다. 건강 주권(건강할 권리)은 기본적인 인간의 권리인데 이를 지역사회에서 실현하려면 시민들이 참여해야 한다. 지금의 구조는 돈 있는 사람만 진료를 받는 구조이다. 경제적 지위에 따라서 서비스의 질이 달라진다. 먹고사느라고 정신이 없어 평소에 건강 체크를 하지 못해 병이 커지는 경우가 있는데, 이렇게 방치된 질환으로 인해 우리 사회의 의료비 부담이 커진다. 주로 암이나 뇌심혈관 질환 등이 사망률에서 1, 2, 3위를 차지하는 질환인데, 결국 제대로 치료를 못해 만성질환으로 인한 사망률이 높아진 것이다. 국내 사망 원인의 4번째는 자살이다. 1차 의료가 취약한 현실이 그대로 반영된 것이다.

시민들의 참여로 이런 문제를 해결할 수 있다. 포괄적인 1차 의료가 근간이 되는 의료체계를 구축해야 한다. 우리나라는 의료 분야 자체가 과도하게 전문화되어 있다. 진단을 할 때 고가 장비에 의존해서 시민들의 부담을 높인다. 사회적인 요구에 따른 의료 시스템이 구축되어야 하는데 그렇지 못한 경우가 많다. 특히 1차 의료에 많은 문제가 있다. 세계보건기구는 2006년에 만성질환 관리를 위해서 1차 의료를 강화하도록 하는 보고서를 발표했다. 그래서 지역사회 중심의 의료 패러다임 변화를 누누이 강조하고 있다. 그런데 세계보건기구가 1차 의료를 강조하는데도 왜 잘 안되는 것일까?

1970년도 이후 국내에서 의사들이 전공을 선택하는 데 있어 별로 변동이 없다. 90% 이상이 세부 전문의이다. 그래서 주치의 서비스를 제공하는 가정의학에 대한 교육이 아직 10%를 넘지 못한다. 세부 전문의가 되면 1차 의료보다는 종합병원에서 일할 기회가 주어질 수 있기 때문에 선호도가 높다. 의사의 개인적 선호도와 사회적 요구(need) 사이에 괴리가 있다. 사회 전반으로 봐서는 가정학 의사(1차 전문의)나 일반 의사가 더 많이 필요한데, 실질적으로 배출되는 의사는 80~90%가 세부 전문의니까 엄청난 사회적 낭비이다. 3차 병원에서 이루어지는 전문적인 교육과정에는 어려움이 많다. 4년간 꼬박 고생을 하고 지역사회에 나온 세부 전문의는 자신의 전문성을 발휘할 기회가 없다. 지역사회에서는 일반외과 전문의가 위의 상당 부분을 절제하는 큰 수술인 위장절제술(gastrectomy)을 시행하는 일이 거의 없다. 외과 전문의라도 일반 진료를 할 수밖에 없는데, 자기가 훈련받은 것과 실제 지역사회에서 필요한 것 사이에 괴리가 있으니 사회적 비용을 낭비하는 셈이다.

공공의료 부분 확대나 무상의료 등 재정 체계를 변화시키는 데만 국한하지 말고 의료체계를 폭넓게 개혁해야 한다. 그렇지 않으며 밑 빠진 독에 물 붓기이다. 돈을 많이 지원해도 의료기관의 낭비가 심하면 결국에는 의료비 부담이 늘어나기 마련이다. 공공의료에서 의료체계를 건강하게 만드는 것이 굉장히 중요한 과제가 될 것이다. 지금의 의료 상황 자체가 매우 상업화되어 있고 자원 낭비가 심하다.

의료협동조합이란?

의료협동조합이 무엇일까? 한마디로 지역 주민들이 각자의 건강, 의료, 생활에 관련된 문제를 이웃과 함께 해결하는 조직이다. 의료복지 분야의 협동조합이다. 의료 전문가와 협력해서 건강에 관한 문제를 해결하기 위한 주민 자치 조직이다. 아시아와 남미, 유럽을 비롯해 세계적으로 여러 보건의료협동조합이 있는데, 특히 일본에서 발달되었다. 한국과 일본에서 의료협동조합이 성장하게 된 이유가 있는데, 독특하게도 두 나라에서는 의료인이 대부분의 의료기관을 소유하고 있기 때문이다. 의원을 시작해서 병원을 키우고 종합병원을 설립하고자 하는 것이 의료인들의 꿈이다. 예를 들어 인천 모 대학병원과 같이 산부인과의원에서 시작해 지금은 대학병원뿐만 아니라 대학교까지 포괄한 계열화된 병원을 구축한 사례가 있다. 사실 쉽지 않은 일이다. 지금까지 배출된 의료인이 10만 정도이고 그중에서 자신의 병원을 소유한 사례는 굉장히 드문데 대개 의사들은 그런 꿈을 꾼다.

의료인이 병원을 소유한 형태이기 때문에 병원이 수익 중심의 구조가 될 수밖에 없다. 지역사회에서 지역 주민이 바라는 것이 무엇인가, 건강 상태가 어떠한가에 초점을 맞춰서 서비스가 이뤄지기보다는 수익 중심으로 개발되기 때문에 병원 규모는 커지나 지역 주민의 요구와는 멀어진다. 특히 한국과 일본 같은 경우 의료인이 병원을 운영하기 때문에 매우 보수적으로 된다.

하지만 유럽은 그렇지 않다. 국가가 의료 시설 분야를 관리하기 때문에 의사는 국가에 소속된 전문가이자 노동자이다. 그래서 시민들의 건강 문제나 인권에 대해 유럽의 의사들은 굉장히 진보적이다.

그런데 한국이나 일본 의사들은 경영을 하는 입장이므로 굉장히 보수적이다. 일본에서 의료협동조합이 발달한 이유는 이윤이 극복된 구조, 사회자본으로 비영리적인 의료기관을 만들어보자는 시민들의 요구가 있었기 때문이다. 한국도 독점 형태가 점점 가시화되고 건강 불평등 구조가 구조화되면서 지역 주민들과 노동자가 협력하여 비영리적인 사회자본을 형성해서 건강 주권을 실현할 수 있는 구조를 만들자는 운동이 자생적으로 발생했다. 그것이 바로 의료협동조합이다.

그러면 의료협동조합의 특징은 무엇일까. 건강한 사람이 다수를 차지하고, 예방 산업이 주가 되고, 국민의 참여를 보장하고, 조합원이 주인으로 일할 수 있는 구조를 꼽을 수 있다. 왜 건강한 사람이 다수일까? 가난한 사람은 병을 키워 병원에 오곤 한다. 나중에 와서 어떻게 할 수 없냐고 매달리지만 이미 너무 늦었을 때가 많다. 그래서 가난한 사람들이 건강을 유지할 수 있도록 협동조합운동을 통해 공동체로서 건강할 때 건강을 지켜주자는 것이다. 예를 들면 어르신들 제때 식사하고 운동하고 건강을 관리할 수 있도록 서로 지지하는 구조가 되어야만 건강을 유지할 수 있다. 가난한 서민들이 자생적으로 건강을 지키기 위해서 만들어낸 것이 의료협동조합이다. 이것은 우리나라와 일본 의료협동조합의 공통점이다.

한국 의료협동조합에는 또 다른 특징이 있는데, 한방과 양방이 같이 있다는 것이다. 일본에는 없는 구조이고, 세계적으로 보아도 현대의학과 전통의학이 협력 구조를 갖는 사례는 흔하지 않다. 의료협동조합에서 그러한 구조를 구축한 것이다. 예방의학을 중시하면서 한방과 양방이 함께 가고 있는 독특한 시스템인데, 외국에 가서 이런 이야기를 하면 굉장히 부러워한다. 지역사회에서는 한방에 대한 선호도가 굉장히 높다. 진정으로 사회적 요구에 근거한 것이기 때문에 아주 중요한 흐름이라고 생각한다. 이것이 진짜 신한류가 아닌가? 이렇게 사회구조에 근거하여 양방과 한방이 예방의학과 결합된 독특한 시스템 자체가 의료협동조합에서의 1차 의료의 장점일 것이다.

보건의료의 새로운 패러다임-시민의 건강주권이 실행되는 사회

보건 교육 부분에 대해 살펴보겠다. 한국의 의료협동조합 활동은 교육에서 시작해서 교육으로 끝난다고 해도 과언이 아니다. 왜냐하면 적은 자원으로 질병을 예방할 수 있는 가장 확실한 방법이 교육이기 때문이다. 교육 자체가 사람들을 건강하게 하고 뭉치게 하는 데 큰 힘이 된다.

앞서 말했듯이, 의료협동조합은 국내에서 의사의 방문 왕진이 전혀 없던 시기에 방문 왕진을 시도했다. 그리고 일반 시민들이 직접 참여하는 건강실천단을 조직해서 활동을 하는데, 이것은 굉장히 독특하다. 예를 들어 금연이나 절주 자체가 의료비용을 줄이는 것이기 때문에 시민들이 자발적으로 참여하면 사회 전체적으로 의료비용이 줄어 보험료를 안정시키는 요인이 된다. 이것은 원래 국가에서 또 건강보험공단에서 해야 하는 일들이다. 시민들이 직접 건강의 위험 요소를 관리해서 건강보험의 재정 부담을 스스로가 줄여나가는 수요관리는 그 중요성이 절실함에도 어느 누구도 시도하지 못한 것이다. 시민의식이 있는 시민들만이 할 수 있는 활동들이다. 또 지역공동체가 살아 있어야 취약 계층의 지지를 통해 전체 질병 발생을 줄일 수 있다. 이런 시민의식의 고양과 공동체 활동 강화는 보건의료 체계를 건강하게 유지하는 데 큰 도움을 줄 수 있다.

의료와 복지의 연계가 중요하기 때문에 의료협동조합에서도 복지사업에 많이 신경을 쓰고 있다. 노무현 정부 때 의료생협연대에서는 노동부로부터 사회적 일자리 사업을 위탁받아 지역 내에서 재가복지 서비스를 시작했고, 이후 지역을 확대하면서 취약 계층의 건강돌봄사업을 진행해왔다. 원주에는 의료, 소비자생협, 신협 등 여러 활동이 네트워크로 잘 결합되어 있는데 의료·복지의 새로운 모델을 제시할 뿐만 아니라 새로운 일자리도 창출하면서 지역의 대안으로 부각되고 있다. 지역사회 내에서 의료협동조합의 활동을 보자면, 초기 진료소 활동이나 의원 활동을 포괄하면 안성이나 인천에서 25년 정도가 됐다. 다른 사람들이 관심을 보이지 않을 때 지역에서 협동운동을 시작했다. 우리나라 의료의 비효율성, 의료비 상승 문제가 최근 부각되면서 의료협동조합의 활동이 이제 제대로 평가를 받는 것 같다.

지금 국내에는 공식적으로 300여 개 의료생협이 있는데, 실제로 제대로 운영되는 곳은 20여 개 정도이다. 최근 5년 사이에 운영이 잘 되고, 법인 혜택도 있고, 정부 지원도 받을 수 있다고 하니 급조된 곳이 많다. 의사, 법인이 아니고는 의료기관을 개설할 수 없는데, 의사를 고용해서 불법적으로 운영되어온 사무장 병원이 의료생협으로 위장하는 사례도 확인되고 있다. 이같은 유사 의료생협의 문제점을 인식해 정부는 협동조합 기본법 제정 시에 주민참여형은 의료복지 분야의 사회적협동조합으로 구분하여 지원하고, 유사 의료생협의 관리 감독을 대폭 강화하기로 했다. 협동조합은 시민과 조합원이 주인이 되는 곳이다. 우리나라에서도 협동운동이 발전하면서 풀뿌리 공동체가 주축이 된 의료협동조합이 향후에 많이 성장할 것이다. 국내 의료협동조합의 역사와, 어떻게 공동체를 꿈꾸게 되었는지 자세히 기록한 책[1]을 읽어보면, 의료협동조합이 우리 사회가 성숙하는 데 정말 중요한 기여를 하고 있음을 알게 될 것이다.

평소에 독거노인을 돕고 있었던 시민 한 분이 노인이 돌아가신 걸 모르고 있다가 며칠 후에야 발견했는데, 얼마나 속이 상하셨는지 그때부터 독

---

1 임종한 외(2011), 『가장 인간적인 의료』, 스토리플래너.

거노인들의 건강을 챙겨주기 위한 지역사회 조직을 만들었다. 이처럼 자발적인 시민 참여를 통해 형성된 의료협동조합이 늘어나고 있다. 새로운 의료복지 패러다임을 열겠다는 의료협동조합이 곳곳에 생겨나고 있다. 특히 보건의료노조에서 새로운 의료 패러다임에 힘을 실어주니 날개를 단 격이라 이제 새로운 의료복지에 대한 그림을 그릴 수 있지 않나 하는 생각이 든다. 같이 힘을 모아서 의료의 역사를 새로 썼으면 좋겠다. 그리고 시민의 건강주권이 실행되는 사회를 함께 만들었으면 한다.

지금부터가 고비인 것 같다. 영국이나 캐나다처럼 국가가 뒷받침을 하고 시민들이 참여하여 공익적인 의료 시스템을 구축할지 여부는 아마 5년이 고비일 것 같다. 몇몇 사람이 시도하다가 그냥 사라질지 아니면 건강한 대안을 만들 것인지는 5년 정도 후면 결판이 난다고 본다. 2012년 국제협동조합의 해가 중요한 분수령이 되었다고 생각한다. 보건의료가 새로운 패러다임을 찾는 데 있어 의료협동조합을 통해서 많은 시사점을 찾았으면 좋겠다.

고령화 사회,
재활 및 의료 서비스 공급체계의
공공적 재구축을 위하여

임준 · 가천대학교 의과대학 교수

왜, 재활과 요양이 중요할까?

사람은 누구나 건강해지고 싶은 욕구가 있다. 예전에는 그런 욕구를 자신이 알아서 해결해야 했다면 이제 그런 시대는 지났다. 건강한 상태로 되돌아가거나, 최소한 더 나은 건강 상태가 되도록 사회가 지원하고 도와야 한다. 사회 또는 국가는 그렇게 해야 할 의무가 있고 국민은 권리가 있다. 재활과 요양 서비스도 이러한 권리 측면에서 접근할 필요가 있다.

문제는 '누가 그러한 권리의 구제가 필요하느냐'인데, 우선 건강하지 못한 사람이 어떤 서비스를 필요로 하느냐에 대해 살펴보아야 한다. 우리가 기존에 흔하게 보아온 관점은 불건강 상태를 질병에 걸린 상태로만 보는 시각이다. 이러한 관점에서는 수술이나 진료, 투약 등 의사나 간호사가 동원된 병원 서비스만을 흔히 불건강 상태에서 필요한 서비스로 생각하기 쉽다.

그러나 실제는 그렇지 않다. 불건강 상태에 처한 사람은 그러한 상태로 인해 매우 다양한 욕구를 가지게 된다. 병원에서 흔히 볼 수 있는 급성기 치료를 받아 질병이 치유되었다고 하더라도 장애나 후유증, 또는 불편감이 없어지지 않는 경우가 많다. 질병으로 인해 생기는 사회적인 위험이나 곤란함까지 고려하면 급성기 치료 과정과 이후에 생기는 문제의 목록이 매우 많음을 확인할 수 있다. 가족 간의 관계나 직장 문제 등은 흔히 마주치는 문제들이다. 과거에는 질병에 대한 치료 욕구만이 사회의 주요한 관심사였다면, 이제는 불건강 상태에서 다양한 형태로 발생하는 고통의 포괄적 해결이 주된 관심사로 바뀌었다. 불건강 상태에 처한 사람이 치료를 받아 신체적으로 건강해질 뿐 아니라 불건강으로 인한 정신적 사회적 문제를 조기에 해결하고 사회로 빨리 되돌아갈 수 있도록 만들어주는 것이 그 사회의 주된 역할이 된 것이다. 이에 대한 개인들의 욕구도 빠르게 분출하고 있다. 이러한 욕구의 변화를 인정하는 시각의 전환이 절실하게 필요한 시점이다.

불건강 상태에 있는 사람의 욕구는 질병의 진행 정도와 중증도에 따라 구분해볼 수 있는데, 개념적으로 여섯 단계나 시점으로 구분할 수 있다. 먼저 급성기 상태에서 일차적으로 발생하는 치료적 욕구인데, 가장 흔하게 응급 상황을 예로 들 수 있다. 응급 상황이 아닌 암이나 뇌심혈관계질환 등의 만성질환에서도 급성기 치료를 흔하게 접할 수 있다. 급성기 치료를 주로 담당하는 병원에서는 의사나 간호사 등 전문 인력이 집중된다. 그런 공간에서 서비스를 제공받아 빠른 시간 안에 질병에서 벗어나려고 하는 적극적인 노력 또는 욕구가 급성기 상태에서의 치료적 욕구라고 할 수 있다.

그 상태에서 벗어나면, 두 번째 단계인 재활의 욕구가 발생한다. 우리 사회는 이 단계가 부재하다. 이러한 단계 또는 시기를 아급성기라고도 하는데, 급성기 치료를 받더라도 건강상의 곤란함이 남는다는 것을 의미한다. 여기에는 신체적인 곤란뿐만 아니라 정신적인 곤란, 사회적 곤란, 더나아가 장애까지도 포함된다. 이러한 곤란을 어떻게 적극적으로 관리하느냐가 이 시기에 매우 중요하다. 사실 독일 등 재활이 앞서 있는 나라에서는 재활은 급성기 이후의 개념이 아니다. 급성기 때부터 시작되는 개념이다. 급성기 치료를 시작할 때에 동시적으로 재활을 어떻게 할 것인지가 고려된다. 재활이란 결국 장애를 조기에 예방해서 빨리 사회에 복귀할 수 있도록 만들어 정상화된 상태에서 생활할 수 있도록 도와주는 것인데, 이 부분이 우리 사회에 통째로 비어 있다.

세 번째는 더 이상의 치료적 접근으로 생명의 연장이 불가능한 상태에 있는 사람들의 욕구에 대응하는 시기다. 이 시기의 욕구를 급성기 치료나 재활의 욕구로 제한하기 어렵다. 그런데 이 분야 역시 우리 사회에서 전혀 고려되지 않고 있다. 말기 암 환자가 대표적인 사례인데, 우리 사회는 죽음의 문턱에 계신 분들이 존엄한 삶을 인격적으로 정리하고 신체적 정신적 고통을 최소화할 수 있는 체계나 지원이 부족하다.

네 번째는 불건강 상태가 영구적으로 유지될 수밖에 없는 회복 불능의 상태에서 발생하는 욕구와 관련한 단계다. 보통 치매 환자들이 이 단계에 해당하는데, 치유나 건강한 상태로 회복되는 것이 불가능하다. 현재 이러한 불건강 상태에 처한 사람들이 굉장히 많다. 치매 환자만 보더라도 2020년이 되면 70만 명에 이를 정도인데, 2005년에 비해 2배 이상 증가한 수치다. 이러한 욕구에 대응하여 서비스를 공급하는 기관이 요양병원이나 고전문요양시설이다. 요양병원과 고전문요양시설의 차이는 서비스에서 의사의 역할 또는 기능이 어느 정도인지에 따라 구분된다고 볼 수 있다.

다섯 번째는 의사들의 역할이 중요한 의료적 욕구보다는 요양의 욕구, 정서적·사회적인 측면에서의 욕구가 훨씬 중요한 단계 또는 시기를 생각해볼 수 있다. 이러한 욕구에 대응하는 기관이 전문요양시설이라 할 수 있다. 신체 기능이 저하되어 혼자서는 거동이 불가능하거나 힘들기 때문에 지속적인 돌봄이 필요한 사람들이 이러한 기관에서 서비스를 제공받게 된다.

마지막으로 거동은 할 수 있지만, 일상생활에 지원이 필요한 노인분들의 생활적 욕구에 해당하는 시기를 상정해볼 수 있다. 이 부분 역시 매우 부족한 수준이다.

이처럼 불건강 상태에 있는 사람들의 욕구는 다양한 형태로 존재한다. 따라서 다양한 욕구에 적절히 반응할 수 있는 공급체계가 만들어질 필요가 있다. 예를 들어 대학병원에서는 외상 환자가 급성기 치료 이후에 제대로 재활 서비스를 받기 어렵다. 물론 대학병원에서도 당연하게 재활 서비스를 제공해야 하지만 급성기 치료에 조응하는 재활에 집중될 수밖에 없다. 특히, 우리나라처럼 대학병원이 시장에서 스스로 알아서 살아남아야 하는 상황에서는 시장성이 없는 재활 서비스를 충분하게 제공하기 어렵다. 실제로 우리나라는 대학병원에 존재하지만 시장성 있는 재활 서비스 분야만 과잉 공급되고 있다고 해도 과언이 아니다. 재활 서비스가 재활의 본래 모습대로 포괄적으로 제공되는 대학병원은 드물다. 이러한 문제를 해결하기 위해서 대학병원이나 종합병원 등과 연계된 재활병원이 별도로 요구된다. 그러나 건강보험의 수가나 지불제도로는 시장에서 살아남기 어렵고 정부의 지원이 없는 상황에서 극히 일부의 재활병원만 운영되고 있다. 정부가 국립재활원이나 인천이나 강원 등 몇 개 지역에서 재활병원의 3차에 해당하는 권역 재활센터병원을 운영하고 있으나 매우 부족한 실정이다.

재활은 대학병원급의 중증도가 높은 환자에게만 필요한 것이 아니라 지역사회에서도 필요로 한다. 지역 중심 재활이라는 표현이 있는데, 일상생활이 어느 정도 가능하지만 재활이 필요한 사람들의 욕구를 지역 내에서 해결할 수 있도록 인프라와 체계를 만든다는 개념이다. 서구에서는 이미 오래전에 정착된 개념이 우리 사회에서 극히 일부 지자체를 제외하고 존재하지 않는다. 그러다 보니 빨리 회복될 수 있는 사람이 재활을 제대로 받지 못하여 영구적인 장애를 입게 되는 경우가 발생하고 있다.

그런데 욕구의 차이에 기초하여 서비스가 기능적으로 구분될 수밖에 없지만, 욕구의 흐름이 연속적이라는 점에서 공간적으로 구분되어 제공되는 이러한 서비스가 연속적으로 제공될 필요가 있다. 그러나 지금은 건강보험이나 노인장기요양보험에 따라 서비스가 단절되어 있거나 기관과 기관 사이에 연계가 이루어지지 않고 있다. '내게 필요한 서비스는 무엇인지, 어떤 기관의 서비스가 적절한지, 어떻게 서비스를 받아야 하는지'를 환자가 판단하기란 불가능하다. 특히나 노인은 더더욱 그렇다. 그 결과 종합병원에서 수술이나 치료를 받은 다음 빨리 적절한 재활 서비스로 연계되어야 하는데 적기를 놓쳐서 장애가 발생하는 경우가 발생하고 있다. 존엄한 삶을 정리할 수 있는 시간을 놓쳐서 치료비는 치료비대로 엄청 쓰고, 고통 속에서 삶을 마감하는 분들도 많다. 이런 부분이 우리 사회가 안고 있는 병리 현상이다. 이러한 문제를 하루속히 해결해야 한다.

재활요양 서비스 공급체계의 공공적 재구축이 필요한 이유

21세기 우리 사회의 핵심 키워드는 '고령화'이다. 노인 인구의 수가 급증하고 있다. 2005년을 기준으로 65세 이상 노인 인구 비율이 전체 인구의 9.1%였지만, 2020년 15.7%, 2030년 24.1%, 2050년 37.3%에 달할 것으로 추정되고 있다.

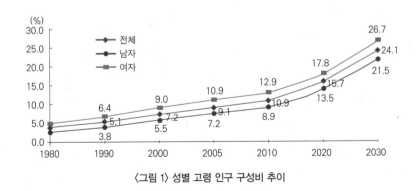

〈그림 1〉 성별 고령 인구 구성비 추이

고령화 문제가 우리 사회에 던지는 파장은 매우 크다. 고령화란 단순히 노인 인구가 많아지는 것이 그에 따른 문제가 많아진다는 것을 의미한다. 대표적인 것이 만성질환자의 문제이다. 통계청 자료에 따르면 2011년 기준으로 60세 이상 사망자의 사망 원인이 암, 뇌혈관질환, 심장질환, 당뇨병 순서로 나타날 정도로 만성질환으로 인한 사망이 대부분이다. 이렇게 노인 인구와 만성질환자 비중이 증가하면서 장기요양이 필요로 한 사람이 증가하고 있다. 치매 노인의 증가는 단적인 예이다. 또한 평균수명이 연장된다는 것은 건강한 노후를 보낼 수 있는 시간도 늘어나지만, 반대로 사망할 때까지 장기간 동안 타인의 도움을 필요로 하는 기간도 늘어난다. 만성질환자는 급성기와 다르게 장기간에 누적된 장애를 수반하는 경우도 많다. 이런 과정에서 당연히 돌봄의 요구가 폭발적으로 증가할 수밖에 없다. 욕구의 분출에 따른 문제뿐만 아니라 건강 불평등의 문제도 심각해진다. 소득이 있는 노인과 소득이 없는 노인 간의 의료 이용에 있어서 불평등 문제, 돌봄에 있어서의 극단적 차이, 그 차이가 더 악화되어 인권의 문제로 나타나게 된다.

　　노인 인구가 증가하고 만성질환자가 증가하게 되면 의료비도 함께 증가하게 된다. 특히, 재활 및 장기요양체계가 제대로 갖추어져 있지 않으면 노인의 대부분은 장기요양 서비스를 대학병원이나 종합병원과 같은 급성기 병원에서 이용하게 되어 불필요하게 의료비를 많이 쓰게 된다. 심사평가원 자료에 의하면, 2009년 기준으로 65세 이상 노인 의료비가 12조 391억 원으로 전년도보다 14.8% 증가하였고, 전체 의료비의 30.5%를 차지하는 것으로 나타났다.

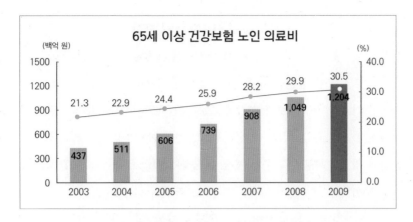

65세 이상 건강보험 노인 의료비 현황

(단위: 억 원, %, %p)

	2003	2004	2005	2006	2007	2008	2009	전년 대비 증감(률)
전체 의료비	205,336	223,559	247,968	285,580	322,590	350,366	394,296	12.5
노인 의료비	43,723	51,097	60,556	73,931	90,813	104,904	120,391	14.8
구성비	21.3	22.9	24.4	25.9	28.2	29.9	30.5	0.6

※ 자료: 건강보험심사평가원, 「2003 건강보험심사평가통계연보」, 「2004년 건강보험심사통계지표」,
　　「2005~2007년 건강보험통계지표」, 「2008~2009년 진료비통계지표」.
※ 주: 노인 의료비는 65세 이상 노인에 대한 심사실적 기준의 요양급여비임.

〈그림 2〉 건강보험 노인 급여비

　현재 우리는 급성기 치료가 과잉 공급되어 있다. 보건의료 서비스의 상당수가 시장에서 영리 추구를 목적으로 공급되다 보니 시장에서 이익을 내기가 상대적으로 수월한 급성기 치료 부분에 집중되었다. 건강보험의 등장 이후 급성기 치료 부분만이 시장에서 살아남을 수 있는 강력한 무기였기 때문에 자본이나 재원이 급성기 치료에 초점이 맞춰졌고, 장기요양이나 재활에 관심을 가지기 어렵게 되었다. 꼭 필요한데 부족한 서비스는 재활이고 요양인데도, 과잉 공급되어 있는 치료 서비스만 더 공급이 집중되는 이상한 일들이 벌어졌다. 앞서 살펴보았듯이 치료 서비스만으로 불건강 상태에 처해 있는 사람들의 다면적인 욕구를 충족시킬 수 없다. 돌아가시기 전에 돈을 다 쓴다는 말이 있는데, 사실 돈을 쓰는 것이 문제가 아니라 잘못 써서 문제다. 회복이 불가능한 말기 암 환자가 대학병원의 중환자실에서 수십 일간 치료를 받는 것이 과연 우리 사회에 함의하는 바가 무엇인지를 생각해보아야 한다. 근본적인 해결책이 필요한데, 전혀 문제가 해결되지 않고 있다. 여러 갈등 요인이 남아 있지만, 어쨌든 급성기 중심의 의료체계로 이러한 문제를 해결하기 어렵고 더 악화시킨다는 것만은 확실하다.

또 한 가지 중요하게 봐야 하는 문제는 여성 또는 가족의 부담에 관한 것이다. 과거에서 현재까지 장기요양환자를 돌보는 것은 언제나 가족의 몫이었다. 급성기 치료 이후 재활이나 수발 등을 가족 구성원 중에 여성이 맡고 있었다고 해도 틀린 말이 아니다. 그런데 이제 그것이 불가능한 시대가 되었다. 가족 수가 줄고 여성이 맞벌이로 경제활동에 참가할 수밖에 없게 되면서 가족 내에서는 더 이상 돌볼 사람이 없어졌다. 효를 강조해서도 문제가 풀리지 않게 된 것이다. 또한 양성평등의 입장에서도 가족 구성원인 여성의 업무로 짐을 지우는 것이 적절치 않게 되었다. 이제 돌봄노동의 사회화가 대세로 굳어지고 있다. 그러나 과거처럼 남성의 가족에 편입돼서 종속적 위치에서 여성만이 저임금 상태에서 돌봄노동을 수행하는 새로운 문제가 발생하고 있다. 이러한 문제에서 벗어나기 위해서는 우선적으로 여성의 노동권이 보장되고 사회화되어야 한다. 가족노동의 대안으로 시장에 의한 공급이 아니라 가급적으로 공공적 공급이 되어야 사회화에 더 유리하다. 재활요양 서비스 체계의 공공적 재구축이 중요한 이유 중 하나다.

또 한 가지 덧붙일 것은 장애인의 욕구인데, 지금 이 부분이 전혀 충족되지 못하고 있다. 2008년 서울대의대 의료관리학교실에서 수행한 연구에 의하면, 전체 등록 장애인 중 43.0%가 재활요양이 필요한 대상자일 정도로 재활 및 요양 서비스의 욕구가 컸음에도 불구하고 실제 서비스 충족률은 10.4%에 불과하였다. 이렇게 되면 충족되지 않은 욕구 또는 필요가 커서 건강에 큰 영향을 미치게 된다. 지체·뇌병변장애만 보더라도 적절한 재활요양 서비스를 받지 못할 경우 장애가 악화되고 기능 상태가 고착화되고 심지어는 퇴화할 수도 있기 때문에 적절한 재활요양 서비스가 제때에 제공되어야 하지만 그렇지 못하는 것이 현실이다. 영국의 공공 정책 중에 공공 기관 안에서는 장애인을 없애라는 정책이 있다. 장애인을 고용하지 말라는 것이 아니라 그 기관에 들어오면 장애인이 장애인으로 느낄 수 없도록 하라는 개념이다. 그러한 상황이 된다면 최소한 그 공간 내에는 장애인이 없다고 보는 것이 맞는 말일 것이다. 장애인의 고통에 대해 무슨 연례 행사 때나 하는 빈말이 아니어야 한다고 생각한다면 시각 자체가 바뀌어야 한다. 재활요양 서비스 공급체계의 공공적 재구축이 필요한 또 하나의 이유다.

선진 외국은 오래전부터 노인 인구의 증가와 만성질환 중심의 병상 구조 변화, 가족 구성의 변화에 따른 돌봄 조건의 변화, 그리고 장애 인구의 미충족 요구에 조응하여 오래전부터 재활요양 서비스 공급체계를 공공적으로 재구축해오고 있다. 그에 반해 우리나라는 그에 대한 준비가 매우 부족하다. 최근 요양병원 및 요양시설이 급격하게 증가하고 요양보호사 인력이 급격하게 증가하고 있지만 양적 확대에 급급하여 서비스의 질 문제를 포함한 공공성 문제가 제대로 다루어지지 못하였다. 그 과정에서 일하는 사람의 노동권과 건강권의 문제가 발생하고 있다.

공공 인프라 부족과 민간 중심의 공급체계

2008년 7월 노인장기요양보험 제도 시행 이후 장기요양보험 서비스를 제공하는 장기요양기관도 늘어나서 노인장기요양제도 실시 전(2007년 12

월) 2,522개소에 불과하던 장기요양기관이 2009년 12월 말 기준으로 전국에 14,560개소(입소 2,629개소, 재가 11,931개소)로 늘어났다. 요양병원 역시 2011년 1사분기 기준으로 900개 정도로 증가하였다. 시민사회에서 노인장기요양보험을 도입하기 전에 재활요양에 대한 공공 인프라를 구축해야 한다고 주장했으나, 정부는 공공 인프라 확충보다는 민간시설의 진입을 완화해서 민간 부문의 공급을 유인하는 방식을 택하였다. 진입 장벽이 낮아지고 노인장기요양보험이라는 안정적 재정 구조가 생기면서 장기요양시설이 급속하게 증가하였다. 요양병원 역시 건강보험의 의료기관에 대한 보수 지불 방식이 행위별수가제도에서 일당진료비제도로 바뀌고, 장기요양 제도가 되니 요양병원 수익이 나아지지 않겠냐는 기대심리와 더불어 중소병원의 힘든 현실이 결합되면서 요양병원이 늘어났다.

그렇지만 재활병원 및 재활 인프라는 그렇지 못하였다. 공급량이 매우 부족하여 재활 욕구의 증가에 대응할 수 없는 공급의 불균형이 발생하였다. 시장에서 알아서 해결하라는 공급정책을 사용하다 보니까 시장성이 없는 재활병원엔 민간 부문이 진출하지 않았던 것이다. 물론 재활도 특정 부분은 시장화가 되어 있는데, 대학병원이나 마취통증클리닉 등에서 제공하는 서비스나 일부 재활의학 수가가 인정되는 물리치료 등과 관련한 서비스만 과잉 집중 현성이 나타나고 있다. 이렇다 보니 재활이 지향하는 바가 제대로 발현되지 못하고 있다. 재활이 그 사회의 의료 선진화를 증명한다고 할 정도로 선진 외국은 매우 중요하게 그리고 포괄적으로 다루어지고 있는 데 반해 우리는 아직 갈 길이 먼 실정이다.

국립재활원을 보면, 우리 사회가 지향해야 할 재활의 미래를 어느 정도 감지할 수 있다. 국립재활원은 뇌병변 재활부터 시작해서 언어 재활, 수치료 등 다양한 재활 서비스를 해당 재활 서비스가 필요한 사람들에게 맞춤형으로 제공하고 있다. 예를 들어 수술 후 언어 장애가 발생한 경우, 어떻게 하면 서비스를 통해서 정상적인 언어 기능을 만들 것인가가 재활의 중요한 목표와 방향이 된다. 언어 재활의 목표와 방향은 단순히 언어를 예전처럼 쓰도록 하는 데만 맞추어져 있는 것이 아니라 언어장애가 발생하면 사람과의 관계에 문제가 생기기 때문에 이를 해결하기 위한 불안 해소를 위한 상담과 가족의 정서적 지지 등 다양한 재활 서비스가 함께 제공된다. 사실 재활병원이란 의료적인 서비스만 제공하는 것이 아니라 소득이나 사회생활에서 발생할 수 있는 부분까지 챙겨야 한다. 생활적이고 사회적인 부분이 별도의 체계로 만들어지고 재활병원에서 재활 서비스 제공 과정이나 그 이후에 이러한 체계와 연계가 이루어질 수 있도록 해야 한다. 이것이 복지국가에서 제공하는 재활병원의 모습이다. 국립재활원도 복지 체계와 의료 및 재활 전달체계가 제대로 작동하지 못한 한계는 있지만 그러한 방향으로 운영되고 있다. 그리고 그것이 가능한 것은 정부에 의하여 재정적 지원이 충분하게 이루어지고 있기 때문이기도 하다.

공급량 자체는 늘어났지만, 요양병원에서도 많은 문제가 발생하고 있다. 주로 시장 중심의 공급체계로 인한 문제들이다. 의료라는 것은 본질적으로 공공의 영역이다. 서구 복지국가에서 근대적 병원 또는 의료기관은 공공의 장소로서 그 기능과 역할을 담당해왔다. 영리를 목적으로 자영업을 하는 공간이 아니라 지역에 있는 사람들이 공공 도서관처럼 찾아가 의료 문제를 해결할 수 있는 공공의 영역이었다. 따라서 의료기관의 의료인들은 공급자로서 환자를 만난 것이 아니라 환자의 문제를 상담하고 해결하는 전문가이자 일종의 환자 대리인으로서 존재하였다. 그런데 우리나라는 해방과 전쟁을 거치면서 공공적인 공간으로서 보건의료체계가 형성되지 못하였다. 국가가 의료 부분에 공공적인 기능을 부여하지 않으면서 서구와 같은 공공적 의미를 내포한 의료법 체계는 갖추어졌지만 의료법이 제대로 작동하지 않는 시장 중심의 공급구조가 만들어지게 되었다. 이 부분이 재활요양 쪽에서도 동일하게 발생하는 문제다. 대표적인 문제가 개인 사업자 내지는 영리적 성격이 강한 법인들이 지배하는 공급체계라 할 수 있다. 반드시 공공 소유만 능사는 아니다. 그렇지만 비영리법인이라면 법인의 성격에 맞게 공공적으로 운용되어야 한다. 그러나 우리나라 비영리법인의 경우 선진 외국과 달리 공공적 기능이 취약하고 상당 부분이 개인 사업자 비슷하게 영리 추구적 경향이 강하다.

요양병원보다 더 큰 문제는 장기요양시설이다. 포항 화재사건 등 몇몇 사례를 보더라도 사회에 치명적인 영향을 미치기도 한다. 특히 보수 지불 방식을 일당 정액으로 묶어놓고 수가를 낮게 설정해두면서, 거버넌스의 공공성과 다른 예산상의 공공성이 취약한 각 기관들은 서비스 인력을 줄이는 방식으로 서비스를 제공하고 있다. 일반적으로 건강보험제도하의 종합병원은 동일 인력으로 시술이나 검사를 강화하는 방향으로 시장에서 살아남는 방법을 추진하고 있는 반면, 요양병원이나 장기요양시설은 양을 늘릴 수 없기 때문에 서비스 인력을 줄여나가는 방식으로 생존 방식을 채택하고 있는 것이다. 당연하게 서비스의 질 저하가 발생할 수밖에 없다. 또한 수요가 있는 지역 및 계층과 그렇지 못한 지역 및 계층 간에 서비스의 질과 공급량에 차이가 발생하는 불균등성이 심화되고 있다.

요양보호사의 급격한 확대와 노동권의 악화

노인장기요양보험제도가 시행되면서 2010년 상반기까지 24만 명의 요양보호사가 배출되는 등 급격하게 요양 서비스 인력이 확대되었다. 그런데, 이렇게 요양보호사가 급격하게 확대되는 과정에서 제대로 교육을 받지 못한 채 배출되는 요양보호사 문제가 발생하고 있다. 당연하게 서비스의 질 문제가 발생하고 있다. 또한 정부가 공급 계획이 없이 시장에 인력 수급을 맡긴 결과로 실제 필요한 요양보호사 인력보다 요양보호사 인력이 과잉 공급되어 임금조건 및 노동조건이 악화되는 문제가 발생하고 있다.

보건복지자원연구원의 조사(2010)에 의하면, 요양보호사는 90% 이상이 여성이고 이 중 80%가 40대 이상이었다. 재가 요양보호사의 경우, 한 달 급여가 80만 원 미만이라고 응답한 사람이 67.3%에 이르고 있다. 60만 원 미만의 급여를 받았다고 응답한 응답자도 45.5%에 달할 정도로 임금조건이 열악하다. 2010년 1인 가구 최저생계비가 50만 4,344원, 2인 가구 최저생계비가 85만 8,747원인 것을 고려하면, 현재 재가 요양보호사가 받는 임금은 최저생계비를 간신히 웃도는 낮은 수준이다. 대부분의 사업장이 시급제인데, 시급이 7,000원 미만인 경우가 49.4%에 달하고 시급 평균 액수가 6,710원에 불과하였다. 시설에 근무하는 요양보호사도 별로 조건이 낫지 않은데, 월 120만 원 미만의 급여를 받는 시설 요양보호사가 62.1%에 달하였다. 2교대 12시간 근무, 24시간 격일제 근무, 24시간 연속 근무자의 비율이 56.9%에 달한다는 점을 고려하면, 월 120만 원은 매우 낮은 수준이다.

보건복지자원연구원의 조사(2010)에 의하면, 재가 요양보호사의 급여 수준이 낮은 데에는 안정적으로 확보되지 않는 근무시간 문제도 중요한 요인인 것으로 나타났다. 시급제를 적용받는 재가 요양보호사에게는 한 달 생활을 유지하기에 충분한 숫자로 이용자를 확보하느냐가 가장 중요한 문제다. 그런데 한 주당 노동시간이 20시간 이하인 사람이 42.6%나 되었고, 30시간 이하인 응답자 역시 63.3%에 이르렀다. 반면, 시설에 근무하는 요양보호사는 장시간 노동이 문제였는데, 요양보호사의 27.1%만이 주당 44시간 이하로 근무하고 있었고, 평균 주당 근무시간이 52.9시간이었다. 결국 저임금은 동일한데, 재가 요양보호사는 시간조차 확보하지 못하여 최저생계비도 안 되는 정도의 급여를 받고 있고, 시설 요양보호사는 장시간

노동을 통해 간신히 최저생계비를 넘기고 있는 수준인 것이다.

또한 조사에 의하면 환자의 안전을 위해서 요양보호사 혼자서 통 목욕이나 전신 샤워를 시키는 것이 금지되어 있으나, 응답한 172명 중 66.28%가 그러한 경험이 있다고 답변하였다. 담당하는 입소자의 수도 주간에 평균 6.4명, 야간에 평균 14.2명이나 담당하고 있었다. 야간에 담당해야 할 환자 수가 대폭 늘어나면서 일하기 힘든 야간에 오히려 노동강도가 커지는 문제가 발생하고 있다. 교대제 근무로 인한 육체적 피로도도 신체적 노동강도를 가중시키는데, 12시간 맞교대, 24시간 격일제 근무, 24시간 연속 근무자의 비율이 56.9%에 달하는 것으로 나타났다. 시설 요양보호사에게 휴게시간이 제대로 보장되지 않는 것도 심각한 문제였다. 응답자 중 81.78%가 휴게시간이 따로 없다고 답변하였다.

이렇게 노동강도가 강화되면서 요양보호사의 건강이 악화되고 있다. 특히 근골격계 질환이 심각한데, 요양보호사들이 느끼는 신체 부위별 근골격계 증상의 90~98% 정도는 업무와 관련이 있다고 응답하였고, 해당 부위별 증상에 대하여 45~67% 정도는 '지난 1년 내에 병의원을 방문해서 치료를 받은 적 있다'고 응답하였으며, 해당 부위의 통증으로 인하여 14~23% 정도는 '1일 이상 일을 못한 적이 있다'고 응답하였다. 이렇게 도저히 정상적인 노동환경이라고 말하기 어려운 열악한 환경에서 일하고 있는 요양보호사에게 양질의 서비스를 기대하기란 불가능에 가깝다고 하겠다.

비공식 노동으로서 간병 노동의 문제와 서비스의 질 저하

현재 간병 서비스는 현재 의료기관이나 복지시설 등 보건의료 및 복지 영역에서 다양한 형태로 제공되고 있다. 또한 간병 서비스는 노인복지시설이나 요양병원, 재가 서비스뿐 아니라 급성기 의료기관에서도 상당한 비중으로 제공되고 있다. 이처럼 보건의료 및 복지 분야에서 차지하는 비중에도 불구하고 그동안 간병 서비스는 비공식 노동으로 제도권 밖에 방치되었다고 해도 과언이 아니다.

간병 인력은 「노인복지법」, 「국민기초생활보장법」 및 「산재보험법」, 「대한적십자사법」, 「여성개발지원법」 등에 따라 양성되는 간병 인력과 이와 유사한 업무와 교육 내용을 갖는 간병인, 케어복지사 등 민간자격제도로 양성되는 인력으로 다원화되어 있다. 2006년 기준으로 간병인 교육기관의 교육생 배출 인원은 전국에 걸쳐 약 247,236명인 것으로 알려져 있는데, 아직까지 활동하고 있는 간병 인력의 실제 규모를 파악하지 못할 정도로 관리가 제대로 이루어지지 못하고 있다.

또한 간병 서비스는 일부를 제외하면, 대부분 직업안정법상 소개업소를 통해 서비스의 공급이 이루어지고 있다. 매우 후진적인 공급 구조라 하지 않을 수 없다. 간병 노동자는 병원에서 직접적으로 지휘, 감독을 받고 있고 간호사의 업무와 연계되어 서비스를 제공함에도 불구하고 노동자성 자체를 인정받지 못하고 있다. 이로 인해 노동자의 기본적인 법적 권리를 전혀 적용받지 못하고 있다. 그 과정에서 대부분의 간병 노동자가 저임금 장시간노동 등 열악한 노동환경에 직면해 있다. 더욱이 상당수의 간병 노동자들이 노동자성을 인정받지 못하는 특수 고용 상태에 있어서 산재보험을 포함한 사회보험의 사각지대에 놓여 있다.

이렇듯 장기요양 서비스의 주요한 부분을 차지하고 있는 간병 노동이 공식적인 보건의료 서비스의 영역으로 포함되지 못하면서 서비스 공급에 필요한 재원이 환자 및 환자 가족의 개별 부담으로 해결되거나 민간의료보험 등과 같은 사적 재원을 통해 충당되고 있다. 이러한 재원 조달 방식이 서비스 이용의 접근성을 현저하게 약화시키고 불형평성을 심화시킨다는 것은 주지의 사실이다. 더욱이 공식적인 서비스 영역으로 포함되지 못하면서 인력 양성 및 관리, 서비스의 질 관리 등이 제대로 이루어지지 못하면서 서비스 공급량의 부족과 함께 전반적인 요양 서비스의 질 저하로 나타나고 있는 실정이다.

재활요양 서비스 공급체계의 공공적 개편을 위하여

연계체계의 구축

연계체계가 마련되지 않는 상황에서 요양 서비스의 공급 확대는 과거 중소병원이 갖고 있었던 문제를 장기요양 부문으로 그대로 옮겨놓는 것에 다름이 아니다. 급성기 치료 서비스와 재활 및 요양 서비스가 연속적으로 제공될 수 있도록 연계체계가 만들어져야 한다. 급성기 치료를 담당하는 권역거점병원(대학병원) 및 지역거점병원(종합병원)과 재활 및 요양병원 간에 연계가 이루어져야 한다. 1차 의료를 통해 가정에서 방치되고 있는 환자를 발견하여 재활 및 요양 서비스가 이루어질 수 있도록 의원과 재활 및 요양병원 간에도 연계체계가 만들어질 필요가 있다. 이럴 경우, 급성기 병원은 불필요한 재원일수를 단축할 수 있고 재활 및 요양병원은 병상 가동률을 높일 수 있게 되어 서로 이익이 될 수 있다.

이러한 좋은 점을 적극적으로 살려나가기 위해서는 급성기 병원에서 수익을 목적으로 환자를 장기간 잡아두는 문제를 줄여야 한다. 이를 위해서는 급성기 질환에 대한 DRG 포괄수가제도를 확대 도입하는 등 관련 제도가 함께 도입되어야 한다. 반면, 재원일수를 단축하기 위해 재활 및 요양병원으로 환자를 무리하게 전원시키는 문제를 막기 위해서는 퇴원 적정성 평가 등 서비스에 대한 평가가 가능하도록 관련 법·제도의 정비가 요구된다.

권역 및 지역 거점병원과 재활 및 요양병원 간의 연계가 필요한 이유는 재활 및 요양병원 측면에서도 매우 중요하다. 안정적인 수요를 확보한다는 측면뿐만 아니라 재활 및 요양 중에 발생하는 급성기 치료 서비스에 대한 필요를 해결하기 위해서도 연계체계의 구축이 매우 중요하기 때문이다.

보건기관 간 연계도 매우 중요하다. 보건소, 보건지소 등 보건기관에서 수행하고 있는 방문 보건사업이나 지역사회 보건사업을 통해 재활 및 요양 서비스가 필요한 환자를 발견하고 적절한 재활 및 요양 서비스가 제공될 수 있도록 해야 한다. 이를 위해서는 보건소, 보건지소 등의 보건기관과 재활 및 요양병원 간에 연계가 잘 이루어져야 한다. 향후 보건소가 지역 내 재활 및 요양 서비스를 포함한 보건의료 서비스 전반에 대한 총괄적 기획 기능과 평가 기능을 갖추어나가고자 한다면, 보건기관과 재활 및 요양병원 간에 연계의 필요성은 더 커질 것이다.

또한 장기요양시설 및 기관 간의 연계도 매우 중요하다. 재활 및 요양 서비스를 포함한 장기요양 서비스의 수급 계획을 수립하고 요양보호사 교육 및 양성 기능을 담당할 주체로서 시·군·구 지방자치단체 산하에 장기요양센터를 만들 필요가 있다. 이러한 장기요양센터는 보건소와 동일한 위상을 갖출 필요가 있는데, 읍면동 수준의 (도시)보건지소와 함께 1차 보건의료사업과 재가요양 서비스를 연계하여 서비스를 제공할 수 있을 것이다.

공공 인프라 확충

우리나라 총인구를 4,900만으로 보고, 인구 20만 명당 지역거점 재활 및 요양병원이 필요하다고 가정하면 약 245개의 요양병원이 필요하다. 이 중 절반은 비영리민간병원을 통해 충당하고, 이들 비영리민간병원을 통해 공공적 기능을 수행한다고 가정하면 약 125개의 공공 재활 및 요양병원이 새롭게 만들어질 필요가 있다. 전체 시·군·구 중 공공 재활 및 요양병원이 없는 지역부터 순차적으로 공공 재활 및 요양병원을 설립해나가야 한다. 2013년부터 의료 취약 정도에 따라 매년 25개씩 신설하여 2017년까지 125개를 신설한다고 가정할 경우, 한 개소당 460억 원씩 총 5조 7,500억 원의 신축비와 1개소당 53억 원 운영비가 들어 총 6,600억 원의 예산이 소요될 것으로 보인다.

이러한 지역거점의 재활 및 요양병원과 함께 지역사회에서 지역사회 중심 재활 및 요양 서비스를 제공할 재활요양센터(병상 제외)를 확충해야 한다. 의료 취약 정도에 따라 매년 25개씩 신설하여 2017년까지 125개를 신설할 경우 1개소당 177억 원씩 총 2조 2,100억 원의 신축비와, 1개소당 26.5억의 운영비가 소요되어 총 3,300억 원의 예산이 소요될 것으로 보인다.

또한 현재 일부 시도에만 설치 운영되고 있는 권역 재활센터병원을 모든 시도에 확대하여 국립재활원, 권역 재활센터병원, 공공 재활 및 요양병원, 재활요양센터로 이어지는 재활전달체계 및 연계체계를 구축해야 한다.

서비스 기관의 공공성 강화

서비스 기관의 공공적 기능을 강화해야 한다. 재활 및 요양 서비스의 본래적 성격 자체가 공공적이라는 점에서 영리적 성격을 원천적으로 배제해야 한다. 먼저 개인 자격의 개설 제한을 내용으로 한 정책 및 제도를 만들 필요가 있다. 또한 기존의 의료법인 또는 사회복지법인을 공공적 성격이 강한 공공법인으로 전환해야 한다. 공공법인으로 전환한다는 것은 기존 의료법인 또는 사회복지법인에서 나타나고 있는 이사장 또는 특정 그룹에 의한 독선적이고 파행적인 기관 운영을 지역사회, 환자, 요양기관의 구성원이 참여하여 운영하는 방식으로 전환한다는 것을 의미한다. 이렇게 공공법인으로 전환하여 각종 공공보건 및 복지사업을 수행하고, 재활 및 장기요양 서비스의 제공에 있어서 지역사회의 중추적 역할을 수행하며, 취약 계층에 대한 우선 접근을 통해 형평성을 개선하는 데 이바지하는 등 공공적 역할을 수행하는 기관에 대해서는 공공병원과 동등하게 정부 지원을 강화해야 한다. 더불어 해당 기관이 공공적 기능을 제대로 수행하고 있는지를 평가하는 체계도 만들어져야 한다.

재활 및 요양 서비스 기관으로서 적정 수준의 질을 유지하거나 높이기 위하여 최소 수준에 머물러 있는 인력 기준을 단계적으로 높이고 실제 서비스 인력을 확대해나가야 한다. 무엇보다 보호자가 간병 및 간호 업무를 수행하는 일이 없도록 간병 업무를 전담할 요양보호사 및 간호사의 인력기준의 강화가 필요하다. 예를 들어 요양병원은 요양보호사의 최소 인력기준으로서 요양보호사 1인이 실제 요양 서비스를 제공할 수 있는 환자 수를 3인으로 제한할 필요가 있다. 간호사와 마찬가지로 4조 3교대로 요양 서비스를 제공한다고 가정할 때 6인실에 총 요양보호사가 8명이 배치될 수 있는 인력 기준을 갖추어야 한다.

이러한 인력 확충과 함께 서비스의 질을 강화하기 위해 간병 업무를 공식화하는 것이 필요한데, 이를 위해서 간병 업무 전담 인력으로서 요양보호사에 대한 법률적 근거를 마련해야 한다. 노인장기요양보험의 경우 재가급여 서비스를 제공하는 인력으로 요양보호사를 규정하고 있는데, 의료법 등 관련 법령에 요양보호사의 자격과 역할을 명시적으로 규정해야 한다. 또한 요양보호사 자격 기준에 근거하여 인력 훈련 프로그램을 개발하여 양질의 인력이 양성될 수 있도록 해야 한다. 교육은 지방자치단체(장기요양센터)가 직접 담당할 수 있도록 관련 법령을 정비한다. 이와 함께 이미 간병 노동을 하고 있는 유경험자는 일정한 보수 교육 및 인정 프로그램을 통해 요양보호사로 전환할 수 있도록 하고, 그 과정에서 경제적 문제가 발생하지 않도록 경과 규정을 둘 수 있도록 한다.

마지막으로 요양 서비스 전반에 대한 질 평가를 강화해야 한다. 요양 서비스를 제공하는 기관에 대한 서비스 평가 제도를 신설하여 간호, 간병, 재활 서비스의 적정성 및 양질의 서비스 제공에 필요한 노동조건 및 노동환경 구축 여부에 대한 평가를 실시할 필요가 있다.

이러한 제도 개선은 일하는 사람, 노동자로서 당연히 누려야 할 권리를 보장해준다는 의미뿐 아니라 양질의 서비스를 제공받을 권리를 환자 또는 우리 사회 구성원에게 되돌려주는 가장 중요한 방법이다. 느리지만 변화가 시작되고 있다. 지금까지 방치되었지만 곳곳에서 분출되고 있는 국민들의 재활 및 요양의 욕구에 대하여 이제는 분명하게 답을 해야 할 시기가 다가오고 있다.

한국 정신보건 시스템
개혁을 위한 제언

이영문 · 국립공주병원장, 충청남도 정신보건사업지원단장

지난 20년간 우리나라 정신보건체계는 큰 변화를 겪고 있다. 지역사회 정신보건의 발전과 정신사회 재활치료의 확산이 한 축을 차지하게 되었지만, 반대로 입원/입소를 중심으로 하는 수용 중심의 정책 또한 증가하는 모순된 정책 양상을 보이고 있다. 서구의 정신보건정책이 19세기 말부터 1900년대 초기에 행한 입원화(hospitalization) 운동과 1950~1960년대를 중심으로 펼쳐진 탈수용화(deinstitutionalization) 및 지역사회 정신보건의 양면이 지난 15년간 동시에 행해지는 이행기적인 모습으로 설명할 수 있다. 이런 현상을 우리는 과연 모순이라고 생각해야 하는 것인가 아니면 발전되어가는 과정 중에 나타나는 단기적 현상으로 해석해야 하는지에 대한 딜레마가 분명 존재한다.

이 글을 쓰는 저자의 입장에서는 후자 쪽인 과정(process)으로서의 정신보건을 설명하려고 한다. 그러나 이 같은 모순이 과정이라는 것으로 정의되려면, 향후 전개될 정신보건정책과 실행의 방향과 규모가 예측 가능한

것이라는 대전제가 있어야 한다. 보건복지부가 중심이 되어 서울시, 경기도 등이 새로운 정신보건계획을 수립하고 발표하고 있다는 점은 그런 면에서 긍정적이다. 다른 한편으로는 독자적인 정신보건정책을 가질 수 없는 광역단체나 지방자치제가 존재하는 것 또한 현실이며 이를 무시한 채 우리나라 전반의 정신보건정책의 발전이 이루어지고 있다는 가설도 의미가 없다. 이 글에서는 이러한 맥락에서 1990년대 이후 전개된 우리나라 정신보건의 몇 가지 주제들을 정리하고 정신보건 시스템 발전을 위해 우리가 반드시 변화시켜가야 할 방향에 대한 논의를 하고자 한다. 수많은 전문가와 정책 입안자들과 사업 참여자들의 노력이 정신장애를 앓는 사람들을 향해 있다는 당연한 전제로부터 이 글은 시작한다. 몇 가지 주요 이슈들에 대한 목차를 나열하면 다음과 같다.

1) 정신보건 시스템의 정의와 내적 어려움
2) 한국 정신보건 시스템에 대한 고찰: 입원/입소 현황, 지역사회 정신보건 현황
3) 시스템 개혁을 위한 방향: 탈수용화, 인권, 자원의 분배

이러한 내용을 전개하기 위해 우리는 시스템에 대한 개념 정의와 정신보건 시스템 및 우리나라 정신보건 시스템에 우선 주목해야 한다.

1. 정신보건 시스템의 정의와 내적 어려움

1) 시스템에 대한 정의

시스템이란 각각의 구성 요소가 서로 밀접하게 연결되어 있어서 어느 한 부분에서 변화가 일어나면 전체적으로 그 영향이 미치는 상태를 의미한다. 예를 들어 한 권의 책은 시스템이 아니다. 그 이유는 책의 한 장을 찢어낸다 하더라도 나머지 부분에 아무런 영향을 주지 않기 때문이다. 반면에 컴퓨터 프로그램은 일종의 시스템이다. 컴퓨터를 다룰 때는 단 한 가지의 요소만 바꾸더라도 전체적인 프로그램이 작동하는 방식에 변화가 일어날지도 모르는 사태를 각오해야 한다. 바로 이런 이유 때문에 컴퓨터 바이러스의 해악이 심각한 것이다. 좀 더 구체적인 정의를 생각해보자.

유기체 간의 상호작용 속에 존재하는 요소들의 복합체(complex)를 편의상 시스템으로 정의하고자 한다. 베르탈란피(Von Bertalanffy, 1962)의 General System 이론은 고전적인 시스템 이론으로 지금도 이용되는데, 이에 따르면 인간을 중심으로 할 때 최소 단위인 가족부터 직장, 학교, 사회 등으로 상위 시스템이 존재하며 신체 장기를 중심으로 세포, 분자 단위로 하위 시스템이 항상 상호작용을 일으키며 인간이 살아간다는 것으로 해석할 수 있다. 또 다른 넓은 의미에서 보면, 정신장애라는 것은 단순히 개인에 국한된 질병이 아니라 상호작용 중에 있는 여러 역동적인 네트워크(dynamic network)에 근거한 것이라는 해석이 가능하다. 스트레스와 인간 유기체의 반응을 시스템 이론으로 설명하는 것은 이런 의미에서 타당하다. 정신보건의 이론적 틀이 된 치료적 공동체(therapeutic community)라는 개념 또한 병원의 의사-환자 간의 1차원적 상호작용을 환자를 둘러싼 모든 환경과의 상호작용으로 확대시킴으로써 치료인자의 활발한 교류를 이끌어내고 있는 모형이라고 생각할 수 있다. 따라서 가장 일반적인 관점에서 보면 시스템은 상호의존 관계에 있는 모든 현상이나 대상에 적용될 수 있는 포괄적 개념이 된다(Miller, 1971).

2) 정신보건 시스템

정신보건 시스템은 입원 치료를 중심으로 하는 병원조직과 지역사회 관리를 중심으로 하는 비병원(비시설화)이라는 양대 시스템을 적절하게 운영해야 하는 구조적인 어려움으로 인해 보건체계 중에서는 가장 관리하기가 어려운 영역이다. 거대한 사회 시스템에서 보면 입원 환자 중심의 정신병원 등은 사회와는 닫힌 시스템(closed system)을 유지한다고 볼 수 있는데, 이는 일시적이기는 하지만 사회 구성원으로서 상호작용이 없는 상태를 중요한 관점으로 보기 때문이다. 지역사회 정신보건센터의 경우는 이런 의미에서 반폐쇄형 시스템(semi-closed system)으로 구분될 수 있으며, 여기에는 nursing home, residential facility, vocational rehabilitation facility 등도 포함될 수 있다. 한편 현대 사회는 점점 인간 활동의 모든 영역에 조직체(organizations)를 통한 작업과 교육, 지배구조 등을 요구하고 있기 때문에 우리는 더욱 이 같은 조직체, 시스템, 상호작용 등에 대한 개념적 이해를 해야 한다.

3) 정신보건 시스템의 어려움

정신보건 시스템의 지역사회 내 설정이 어려운 요인들을 요약한 것이다. 이는 일반적인 현상을 정리한 것이기 때문에 우리나라 상황에도 적용될 수 있는 것으로 판단된다.

첫째는 정신보건 시스템 자체가 공공 부문 혹은 일부 가족들에게 정신장애인의 욕구(needs)를 충족시키는 서비스라는 측면보다는 이들에 대한 통제(service to control) 수단으로 간주된다는 것이다. 여러 다른 연구에서도 여전히 중증정신장애인은 위험하다고 인식되고 있는 것이다. 이런 이유로 거주시설, 쉼터 등과 같은 정신보건시설이 우리가 살고 있는 정상적인 사회(normal community)에 접근이 어려운 결과를 낳고 있다.

두 번째는 중증정신장애의 만성화(chronicity) 자체가 정신장애인의 증상 호전, 사회성 호전 등이 매우 낮게 발달할 것이라는 오해를 불러일으킨다는 것이다. 이런 결과 실제로 치료될 수 있는 급성 정신장애인에 대한 치료조차도 만성화에 지쳐 있는 정신보건 전문가들에게는 어려운 사례로 받아들여지는 일이 자주 발생하게 된다. 이 같은 편견은 정신보건 시스템 변화의 흐름을 제한시키고 시스템 자체에 대한 비난보다는 만성화 경향을 가진 중증정신장애 자체에 대한 비난으로 변질돼버리는 결과를 낳는다. 한 예로 약물 순응도가 낮아 자주 발병하는 중증정신장애인의 경우, 지속적으로 약물치료를 체크하고 모니터 하지 못한 지역사회 관리 시스템의 잘못은 덮어둔 채 환자 자신의 문제나 가족의 무관심으로만 재발의 원인이 자꾸 넘어가는 사례를 들 수 있다.

세 번째는 지역사회 관리기금의 부족(lack of funding for community care)을 들 수 있다. 어느 나라나 입원비용에 들어간 기금을 지역사회로 전환시키는 것은 어렵다. 대부분 오래된 정신병원은 일반 사회와 격리된 곳에 위치한다. 이들 기관들은 자신의 조직체를 운영하는 데 필요한 내부 인적자원을 결국 해당 지역사회에 의존하게 되는데 이 과정에서 정신보건시설은 정치적 노력을 하게 될 수밖에 없다. 이런 기관을 유지하기 위해 임금은 계속 오르게 되어 있어 입원 환자에게 들어가는 비용이 지역사회로 전환되는 현상이 일어나기가 어려워지는 것이다. 우리나라의 경우도 이는 마찬가지다. 각 지역에 위치한 정신병원, 정신요양원 등은 산업화, 현대화를 거치면서 어느덧 각 지역사회의 큰 기관으로 성장하였으며 이들은 어느 정도의 차이는 있지만 각 기관의 가장 기본이 되는 인적 자원을 해당 지역사회에 의존하고 있는 현실이다.

네 번째는 효과적인 지역사회 관리를 방해하는 법률이다. 비록 각 나라마다 정신보건법이 제정되어 있지만 지역사회에서 정신장애인이 제대로 살아가려면 정비되어야 할 법적인 장치가 너무나 많다. 또한 지역사회마다 정신장애에 대한 이해 수준이 차이가 있기 때문에 어떤 지역에서는 치료기관에 보낼 중증정신장애인을 범죄인 시설에 감금하는 경우도 많다. 실제로 현재 미국은 90% 이상의 교도소에 정신장애인을 위한 프로그램을 운영하고 있는데, 이는 각 지역사회 내 살고 있던 정신장애인이 너무 쉽게 법을 어기게 되어 교도소로 가는 현실을 반영하고 있는 것이다. 테플린(Teplin, 1996) 등이 조사한 바로는 일일을 기준으로 지역 교도소에 수감되는 남자의 9%, 여자의 18.5%가 중증정신장애의 병력을 가진 것으로 보고되었다. 이는 일반 인구의 2~3배에 해당하는 높은 수준으로 미국 정신보건 시스템의 근간을 흔들 정도로 증가하고 있다. 또 다른 측면은 지나친 온정주의(pathologic paternalism)의 결과로 정신보건 서비스가 필요한 일련의 정신장애인을 보호라는 방어벽을 동원하여 수감함으로써 발생되는 교도소 내 자해, 자살 등의 75%가 정신장애에 의한 것이라는 보고도 있다(Torrey 등, 1992). 우리나라는 본격적인 지역사회 관리가 이루어지지 않고 있기 때문에 이 같은 법적인 논란은 아직 없지만 점차 부딪힐 수 있는 문제이기 때문에 법적 장치에 대한 준비된 논의가 필요할 것이다.

다섯 번째는 지역사회 내부와 조직체 자체의 방해로 인해 지역사회 관리가 어려워진다는 것이다. 같은 지역사회 내 기관들끼리의 이해 부족 현상은 이미 서구의 얘기가 아니다. 결국 서비스는 분절화되며(fragmentation) 조직체는 저마다의 영역을 방어한다(protection of own 'turf'). 시설은 늘어나고 서비스는 증가하여 소비자 입장에서 선택의 폭은 넓어지지만, 통합되고 연속적인 서비스를 기대하기는 어렵다. 지역사회 기금은 늘어나지만 효과성과 효율성은 개선되지 않는 구조적 모순에 빠지게 된다. 미국 정신보건 시스템은 이미 1980년대 이후 이 같은 서비스 중복과 분절화 현상으로 고민하고 있다. 우리나라는 아직 지역사회 서비스 자체의 부족을 정신보건 시스템의 주요 문제로 두고 있지만 지역에 따라서, 특히 서울, 경기도는 수년 내 이 같은 문제에 봉착하리라는 것을 짐작할 수 있다. 실제로 미국에서 벌어지고 있는 횡수용화 현상은 정신보건 기금의 비효율성만이 아니라 새로운 수용 문화를 낳고 있다(custodialism).

〈표 1〉 Summary for difficulties in Mental Health System

- Misconceptions of Mental Health Services
- Chronicity itself of Serious Mental Illness
- Lack of funding for community care
- Laws that can be barriers to the development of effective community care
- Community itself and Organizational barriers

2. 한국 정신보건 시스템에 대한 고찰

1) 우리나라 보건 시스템

우리나라의 의료체계는 미국, 일본 등과 함께 시장적 방식을 구현하고 있다. 물론 일부에서 건강보험의 구조나 수가의 통제 등을 이유 삼아 국가 간섭이 심한 체제라고 주장하기도 하나, 근본적으로 시장적 구조를 유감

없이 발휘하고 있다는 것은 의심의 여지가 없다.

인력이나 시설, 장비 등에서 무정부적 성격이 나타나는 근본적인 원인은 명확하다. 대부분의 우리나라 의료기관이 사적(私的) 소유구조를 가지고 있기 때문이다. 병상 수를 기준으로 하더라도 최소 70~80% 이상이 사적 소유구조를 가진 민간 기관에 의하여 운영되고 있는 것이다. 극소수의 국립 및 공립 병원을 빼고는 정부가 운영 주체가 아닌 데다가 별도의 직접적인 재정 지원도 없다. 외국처럼 민간이 소유한 경우라도 자본 투자는 정부가 한다거나, 지역사회나 단체, 조직의 자구적 재정 조달 기전을 갖고 있지도 못하다. 따라서 거의 모든 의료기관이 정도의 차이는 있을망정 의료기관 운영을 위해 수익을 올리지 않을 수 없고, 이는 한국 의료의 사적인 성격을 불가피하게 하는 가장 중요한 원인이 되고 있다. 또 다른 하나는 우리나라 의료체계가 시장으로서의 성격을 강하게 갖는 데에는 진료비 지불체계가 중요한 기여를 하고 있다. 소유가 사적인 데다가 진료 보수의 지불 방식도 행위별 수가제를 택하고 있어, 일단 배출된 의료 인력과 설립된 기관은 의료 제공량을 최대화하려는 경향을 가진다.

결국 의료공급의 주체가 민간에 치중되어 있고, 무정부적 공급구조 속에서 이들 민간 부문은 '시장 참여자'로서 행동을 보일 수밖에 없다. 그 결과 의료공급의 영역 안에 있는 건강과 관련된 보건의료 서비스는 상품으로서의 성격을 탈피하기 어렵게 되는 것이다. 건강과 의료를 시장 속에 묶어두고 있는 또 하나의 구조는 '개인 부담형' 보건의료체계이다. 이미 우리의 보건의료는 국가와 사회보다는 개인이 개별적으로 부담을 지는 구조가 고착화되어 있다. 1990년부터 1998년 사이에 보건의료 서비스에 대한 지출 중 가계가 직접 부담한 몫은 매년 거의 41.6~53.0%에 이르러 다른 OECD 국가에 비하면 2~10배 수준에 이른다(김창엽, 2000).

2) 정신보건 시스템의 개요

지역사회 정신보건정책을 지난 15년간 펼치고 있지만 여전히 우리나라의 정신보건정책의 기조는 입원 중심이다. 엄밀히 말해 입원 정책과 지역사회 정책은 서로 다른 기금체계에 의해 움직이고 있다. 2010년을 기준으로 현재 중앙 및 지방정부의 특별기금에 의해 지역사회 정신보건 서비스에 대한 운영비는 약 500억 원으로, 이 기금을 통해 250여 개의 사회복귀시설과 160여 개의 정신보건센터가 운영되고 있다. 한편으로는 1995년 정신보건법이 제정된 이후로 15여 년의 시간 동안 큰 진전이 있었으며, 전문가 그룹에 의한 정책 개발에 국가와 지역사회가 효과적으로 개입한 사례로 평가될 수 있다. 하지만 정신보건의 전체적 측면에서 여전히 다음과 같은 문제는 남아 있다(이영문, 2006).

- 병원과 지역사회 정신보건의 통합적 운영이 이루어지지 않고 있다.
- 정신건강 서비스에 대한 표준관리가 없으며 서비스 질의 개인적 차이가 상존하고 있다.
- 입원 병상 수의 증가가 지금도 진행 중이다.
- 수도권과 지방의 정신보건정책 및 기금의 큰 격차를 보이고 있다.
- 정신보건복지 인력의 지역 편차가 심하다.
- 지역사회 내 참여가 적으며 정신질환에 대한 편견을 극복하지 못하고 있다.
- 정신과 의사를 제외한 참여 인력의 신분 보장이 어렵다.
- 가족 혹은 소비자 중심의 서비스 전개가 아직 미흡하다.
- 관료체계적 사고가 여전히 팽배하며 민간 조직과의 큰 차이가 존재한다.
- 전문가 직종 간의 정신건강에 대한 사업 순위의 편차가 존재한다.

3) 정신과 입원/입소 시스템

우선적으로 정신보건시설 내부의 정신병상 수는 여전히 증가하고 있다. 이 흐름은 다음의 몇 가지로 요약될 수 있다.

① 정신요양시설 입소 비율이 현저하게 감소

② 민간정신병원의 일시적 병상 수 증가

③ 민간정신병원 내부의 300병상 이하의 새로운 정신병원의 증가

④ 1999년 이후 사회복귀시설을 통한 주거/입소자의 증가

⑤ 전체 병상 수는 2009년 12월 30일 현재 정신요양시설을 포함하여 86,703개로 2004년 대비 13,000여 개의 병상이 증가한 양상

〈표 2〉 정신병상 수 현황(2009년 12월)

구 분			기관 수	병상(정원) 수	정신의료기관 병상 구성비	전체 병상 구성비
2003년 합계			1,160	66,468	–	100.0
2004년 합계			1,211	67,793	–	100.0
2005년 합계			1,388	73,015	–	100.0
2006년 합계			1,432	79,131	–	100.0
2007년 합계			1,558	82,862	–	100.0
2008년 합계			1,656	83,937	–	100.0
2009년 합계			1,705	86,703	–	100.0
정신 의료 기관	소 계		1,232	72,378	100.0	83.5
	정신병원	국 립	6	3,636	5.0	4.2
		공 립	11	3,727	5.1	4.3
		사 립	149	37,922	52.4	43.7
		소 계	166	45,285	62.6	52.2
	병 · 의원	종합병원 정신과	156	5,373	7.4	6.2
		병원 정신과	96	14,631	20.2	16.9
		정신과 의원	814	7,089	9.8	8.2
		소 계	1,066	27,093	37.4	31.2

정신요양시설	58	14,325	–	16.5
사회복귀시설	225	–	–	–
표준형 정신보건센터	155	–	–	–
알코올상담센터	35	–	–	–

(단위: 개소)

1995년 정신보건법 제정 이후 정신요양시설의 수는 총 74개에서 현재 58개로 축소되었다. 입소자 수는 약 18,000명에서 2009년 현재 14,000명으로 감소하였다. 그러나 20여 개의 시설이 정신병원으로 전환하여 민간 병원의 병상 수는 큰 폭으로 증가하였다. 최근 들어 이 병상은 감소 추세를 보이고 있는 반면 다른 형태의 정신과 병상이 증가하고 있다. 2004년에 비해 2009년도에 증가한 병상 수는 증가분 5,000개 중 4,700개가 병원 정신과, 정신과 의원 등으로 중소 규모 병원의 경영난에 따른 정신과로의 병상 전환, 의료급여 대상자의 증가 등이 그 원인으로 추정되고, 문제점으로는 증가한 입원 시설이 대부분 정신사회 재활 프로그램을 수행하기가 어려운 곳으로 예상되어 장기 입원으로 연결된다는 점이다. 이를 요약된 도표로 재구성하면 〈표 3〉과 같다.

〈표 3〉 정신보건시설 정신병상 수 구성비 변화(%)*

	1984	1996	2000	2004	2009
국공립 병원	13.5	13.2	13.0	11.7	8.5
민간 정신병원	7.0	22.1	35.5	32.9	43.7
종합병원**	14.2	18.3	23.0	27.8	23.1
정신과 의원	7.5	3.5	3.9	6.4	8.2
정신요양시설	57.8	42.9	24.2	20.4	16.5
사회복귀시설***	–	–	0.4	0.8	–

* 『2009 정신보건기관 총람』을 재구성.
** 종합병원 정신과를 표방하지만 실제로는 비정신과 병원들의 경영난으로 인해 정신과로 바뀐 시설이 많음.
*** 50인 이하의 입소 시설을 의미.

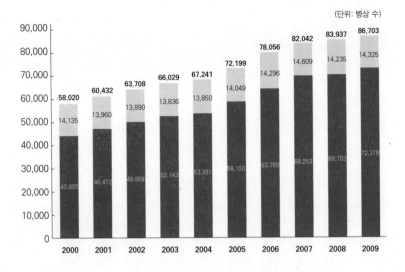

(단위: 병상 수)

〈그림 1〉 정신병상 수 증가 추이(2009년도 중앙지원단 보고서)

결과적으로 향후 정신보건시설의 입원 병상 개념은 몇 가지 방향으로 움직일 것이다.

① 공공의료의 전면적 확대가 없다는 전제하에 정신보건법 이전에 입소 비율의 50%를 차지하던 요양시설은 현재의 20% 수준으로 유지될 것이다.

② 공공의료의 확대는 2006년도부터 시행되는 국립병원들의 독립 경영 지표를 지켜보며 진행될 것이다. 특수화된 형태의 정신보건 서비스가 유치 될 것으로 판단되어 약 10~15%의 비율로 유지될 것이다. 그러나 민간 병 상의 증가를 따라가지 못할 것이므로 입원 병상의 사유화는 증가할 것이다.

③ 민간정신병원에 대한 입원 병상 비율은 사회복귀시설의 확대와 정 신보건센터의 기능이 영향을 미칠 것으로 기대된다. 특히 소규모의 주거 시설, 입소 시설의 확대가 소비자들에게 미치는 기대 효과와 더불어 재활 중심의 병원 경영이 중요한 변수로 작용할 것이다.

④ 노인병상 수의 개념이 전체 병상 수 개념에 미치는 영향이 커질 것이다. 많은 전문병원이나 종합병원, 개인의원 등에 노인 정신병상 수는 증가할 것이며 노인요양시설의 확대와 함께 정신병상 수 개념을 다르게 편성하는 것이 바람직하다. 이는 주요 민간정신병원들의 전체 병상 수 변화와 노인병상 수의 비율을 눈여겨보면 알 수 있을 것이다.

4) 입원 기간의 장기화

입원 기간은 지난 10년간 전혀 변화 없이 장기 입원이 진행되고 있다. 2009년 현재 약 82,000명 입원/입소 환자들의 약 50%는 입원 기간이 6개월 미만이지만, 나머지의 45%는 3년 이상의 입원 기간으로 남아 있다. 지역사회 정신보건이 활성화되고 있음에도 여전히 입원 기간을 줄이지 못하고 있다는 점은 앞으로의 정신보건이 지향해야 하는 바를 시사한다. 즉, 기존의 입원/입소를 줄이지 못하고 새롭게 발생되는 장기 입원/입소 환자가 증가하기 때문이다. 너무 쉽게 입원이 이루어지는 현 시스템에 대한 조절이 반드시 필요하다. 장기 입원의 문제는 인권 억압의 문제로 곧바로 연결되며 이는 지역사회 정신보건의 활성화를 장기적으로는 방해하는 요인으로 작용할 것이다. 처음으로 입원 기간을 산정한 1994년의 보건복지부 연구 결과에 따른 재원 기간을 살펴보면 다음과 같다.[1] 여기서 P50의 개념은 전체 대상자의 50%가 속한 입원 기간을 의미하며 평균값보다는 높은 수치가 되고 중앙값 Median보다는 낮게 산출되는 지표이다.

① 전체 조사 대상자의 P25는 85일, P50은 761일, P75는 2,613일 및 P95

---

[1] 당시 연구에서 재원 적절성은 미국 보건의료의 입원을 평가하는 Appropriateness Evaluation Protocol(AEP)을 이용하여 한국판 정신과 입원 적절성 평가도구를 개발하여 적용하였다(이영문, 1995).

는 5,177df로 나타났다.

　② 정신요양원 입소자 600명의 P25, P50, P75, P95는 각각 984, 2,303, 3,659, 5,818일 등으로 나타나 전체 입원 환자의 P25보다 11.5배, P50은 3배의 재원 기간을 나타냈다.

　③ 민간정신병원 입원 환자의 P25, P50, P75, P95는 각각 241, 483, 1,462, 2,870일 등으로 나타나 전체 입원 환자의 P25보다 2.8배로 더 길지만, P50은 0.6배, P75는 0.5배, P95는 0.5배 등으로 전체 입원일수보다는 짧은 재원 기간을 나타냈다.

　④ 국공립 정신병원의 경우는 P75까지는 완만한 증가를 보이다가 입원 일수가 167일을 넘게 되면 가파른 증가를 보여 P95는 1,200일이 되었다.

　⑤ 결과적으로 한 입원의 평균 입원 기간은 약 2년을 넘게 되고 만성화 됨을 시사한다. 전체 입원일수의 증가는 정신요양시설 및 민간정신병원 의 입원에 기인한다.

　2005년도 보건복지부 중앙정신보건사업 지원단 보고를 요약하면 다음과 같다.

　① 국립정신병원의 평균 입원 기간은 89일로 최근 들어 감소 추세를 보이고 있다.

　② 정신요양시설은 2,521일로 여전히 증가하는 추세이다.

　③ 민간정신병원은 평균 264일로 큰 변화를 나타내지 않는다.

　④ 병원 정신과로 불리는 새로운 정신병원의 입원 기간이 165일로 증 가하고 있다.

　⑤ 개인의원의 입원 기간은 74일로 나타났다.

10년의 기간을 두고 관측된 우리나라 정신과 입원 시설에 대한 입원 기간은 여러 가지를 시사한다. 〈표 4〉의 미국 정신보건 흐름도를 읽어보면, 공공정신보건의 중요성이 어떻게 변해왔는가를 알 수 있다.

① 10년간 지역사회 정신보건의 시행에도 불구하고 입원 기간의 감소는 국립병원을 제외하고는 변화가 없다.

② 국가정신보건정책의 핵심인 민간 입원 시설에 대한 규제가 전혀 없었음을 시사한다.

③ 정신요양시설의 입소 기간이 더 장기화하고 있으나 여기에 대한 적극적인 변화 방향이 없음을 시사한다.

● 정신과 입원 기간을 결정하는 요인

정신과 입원이 다른 의학 영역에 비해 불필요한 입원이 많다고 생각할 수 있는 몇 가지 이유가 있다.

첫째, 정신과 진단이 다른 질환에 비해 주관적 성향이 강하다는 것이다. 정신과 진단은 거의가 정신과 의사의 판단에 의존한다. 다른 의학 영역처럼 객관적인 증거(예, chest x-ray, blood test)가 없기 때문이다.

둘째, 정신과 진단과 질병의 심각성(severity of illness) 및 필요한 치료 서비스 사이에 연관성이 적다는 점이다. 즉, 병이 심각할수록 치료 서비스 수준이 증가해야 하는데 정신과 진단은 이러한 연관성이 없어 입원 기간의 변이가 심하다는 것이다. 또한 같은 진단 범주 내에서도 입원 기간의 변이가 심하여 진단에만 의존한 입원 기간의 산출이 매우 어렵다는 연구들이 많다.

셋째, 외래에서 환자를 입원시키는 기준이나 과정에서도 변이가 크다는 사실이다. 일련의 진단 범주들(toxic effects of drugs, acute adjustment reaction, organic mental syndrome 등)의 입원율은 지역에 따라 그 변이가 심하다. 이것은 입원 치료가 결정되는 과정에 환자가 필요로 하는 치료적 서비스보다는 병원, 치료자의 의학적 지식 차이가 더 큰 영향을 미침을 간접적으로 시사한다.

그 외에도 환자의 증상이나 치료적 서비스 수준보다는 치료자의 전문성, 경험 등이 입원에 더 영향을 미치고, 결국 이러한 요인들로 인해 정신과 입원이 가장 불필요한 입원율을 갖게 되는 것이다.

정신과 입원 치료 기간에 영향을 미치는 요인도 수없이 많다. 그러나 그중 가장 보편적인 것은 환자의 증상과 적응 능력이다. 또한 사회적 지지 체계, 특히 진단, 병의 만성도, 의료보험 유형, 치료 시설 및 치료자의 방향성, 과거 입원력, 스트레스 정도, 거주지 혹은 직장 등이 영향을 미친다. 또 다른 연구에서는 병원의 종류, 병원이 위치한 지역, 나이, 입원 당시의 상태 등이 주요 요인으로 분류되기도 한다.

아직 입원 기간에 대한 평가가 우리나라 정신보건에서는 적절하게 논의되지 않고 있다. 입원에 대한 일반적인 준거 기준도 없으며 임상의들의 고유한 판단에만 맡겨져 있을 뿐이다. 마찬가지로 퇴원에 대한 준거 기준도 없으며 입원 중에 재원 상태가 적절한가를 평가하는 방법이 없다. 이러한 이유로 입원 기간은 환자의 상태, 보호자 협조 유무, 기관의 특성 등에 따라 큰 차이를 보이고 있는 것이다. 따라서 현재의 입원/수용 상태를 평가하는 도구가 개발되어야 하며 이 도구를 통한 재원 상태를 객관적으로 평가하여 여러 요인에 따라 정신질환자의 재분류가 이루어져야 한다. 또한 이를 바탕으로 지역사회 내에 반드시 필요한 정신의료시설을 개발하고 이에 대한 시설기준이 마련되어야 한다. 따라서 현재 입원/수용 중인 정신질환자의 재원 기간, 진단 분류, 기능 정도, 나이, 보호자 유무 등은 향후 정신보건의 중요한 지표로 이용될 수 있다.

<표 4> 미국 정신보건의 흐름도

연 도	내 용	비 고
19세기 말	주립정신병원의 등장	입원화를 통한 정신보건의 향상 시기 (Dorothea Dix)
20세기 초	입원 병상의 증가 정신질환에 대한 질병 인식 확산 (disease recognition)	입원화의 한계성 인식 Adolf Meyer의 정신위생운동 (mental hygiene movement)
1930년대	Public health model	정신보건에 대한 국가 개입 인식
1945	환경치료 확산 (therapeutic milieu concept)	2차 대전의 영향으로 위기 개입, 환경 변화의 중요성 인식
1946	정신보건법 제정	
1950년대	국립정신보건연구원 설립	Chlorpromazine의 효과성이 확산
1955	항정신병 약물의 개발	정신장애인 직업재활 시작
1961	정신보건연구법 제정	
1963	정신보건시행법 지역정신보건센터법 제정	장애인 지원법에 정신장애인 포함 탈수용화를 적극 검토
1965	Great Society Plan 탈수용화 진행	지역정신보건센터 건립을 실질적으로 추진
1977	지역정신보건센터 건립 Community Support Program	NIMH에 의한 지역사회 관리 지원 재입원 증가, 회전문 현상 Homeless Mentally Ill 증가 횡수용화 현상
1980년대	60년대 정신보건 비판이론	정신질환 옹호자 그룹 확산(NAMI) 민간 NGO 확산
1990년대	Integrated mental health Program 추진	의료환원주의(remedicalization) 대두 Managed care, DRG's

5) 지역사회 정신보건 시스템

2010년 1월을 기준으로 지역사회 정신보건시설을 통한 중증 정신질환자들의 관리 현황은 〈표 5〉와 같다. 이 표에서 알 수 있듯이 지난 10년간 지역사회 중심의 정신보건시설은 발전되었지만, 입원 시설의 규모에 비해 성장이 늦음을 알 수 있다. 평균 20% 이하의 중증 장애인이 지역 시설을 통해 관리되고 있기 때문에 보다 더 체계적인 지역 중심의 복지체계가 시급하다. 이러한 입원 대비 지역사회의 시설 불균형은 현재의 보건정책으로는 풀기가 매우 어렵다.

입원 기간을 줄이고 이에 상응한 지역사회 시설로의 기금 전환을 하지 않는 한 국가 지원 금액이 아무리 늘어나도 새롭게 발생하는 정신장애인에 대한 적절한 치료 서비스 개발은 요원하다. 입원 시설을 더 많이 갖출수록 운영이 더 용이하다면 누가 지역사회 시설에 더 많은 투자를 할 것인가. 각 지방자치단체의 정신보건에 대한 새로운 시각과 정책이 필요한 시점이다.

〈표 5〉 중증정신질환자 대비 등록관리율 추이

(단위: 명, %)

구분		2000	2002	2004	2006	2008	2009
지역사회 중증 정신질환자 추정 수(명)[1]		470,030	476,345	481,916	484,903	416,285	421,716
정신보건기관 종류별 등록관리자 수	표준형 정신보건센터[2]	9,502	12,713	17,246	26,101	56,231	46,265
	기본형 정신보건센터	–	18,950	21,292	22,649	13,114	10,977
	낮 병원	557	848	806	954	1,114	1,717
	사회복귀시설	1,124	2,378	3,347	4,500	5,324	5,437
	알코올상담센터	–	–	1,504	2,635	4,272	4,810
	노숙인정신보건사업[3]	–	–	118	–	–	–
총 등록관리자(명)		11,183	34,889	44,313	56,839	80,055	69,206
등록관리율(%)[4]		2.38	7.32	9.25	11.72	19.23	16.41

주 : 1) 지역사회 중증 정신질환자 추정 수 = 전 인구의 1% – 입원 시설(정신의료기관, 정신요양시설, 부랑인시설, 미인가 시설) 입원/입소 정신질환자 수.
2) 2002년부터 2008년까지 표준형 정신보건센터에 아동청소년정신보건사업 등록자 포함.
3) 노숙인정신보건사업 등록자는 2005년부터 표준형 정신보건센터에 포함.
4) 등록관리율=총 등록관리자/지역사회 중증 정신질환자 추정 수.

표준형 혹은 모델형 정신보건센터와 사회복귀시설이 대도시 중심으로 몰려 있는 경향이 있으며, 시도별 편차도 심하다. 따라서 거주시설의 경우도 입소 시설은 인천, 울산, 강원, 제주에 하나도 없으며, 주거시설도 부산, 울산, 경남, 제주에 하나도 없는 상태이다. 자연히 정신병상의 증가가 뒤따르지 않을 수 없다. 주간 재활 프로그램 미설치 시·군·구를 보면, 현재 45개 시·군·구에 정신보건센터 주간 재활 프로그램, 사회복귀이용시설, 낮 병원이 하나도 없는 상태이다. 이와 같은 현상은 중소도시 혹은 농촌지역에서 두드러지게 나타나고 있다.

〈표 6〉 지역사회 정신보건의 흐름

Year	Public Sector & Private Sector*
1995	CMHC in Seoul City(Kangnam Sector)
1996	CMHC in Gyeonngi Province(Suwon and Yangpyeong)
1997	Community Mental Health Project in Gyeonngi Province Planning & Evaluation Committee of CMH in Gyeonngi Province
1998	Community Mental Health Project of Central government
1999	Technical Supporting Committee of CMH of Central Government
2000	Standard Guideline of Community Mental Health Center 2nd Amendment of Mental Health Act
2005	Seoul Metropolitan Community Mental Health Center 3rd Amendment of Mental Health Act
2007	New Budgets from Central Government(100 CMHCs)

※이 부분은 민·관·학의 연계 모형을 기본으로 한다고 판단함.

6) 정신보건 인력의 변화

<표 7> 정신보건 전문 인력 현황

	계	정신과 전문의	정신과 전공의	정신보건 간호사	정신보건 사회복지사	정신보건 임상심리사	간호사	사회복지사	임상심리사
2000 총계	8,619	1,425	553	783	272	152	2,632	480	88
2001 총계	9,665	1,553	577	1,098	338	171	2,890	553	105
2002 총계	10,095	1,642	523	1,229	403	193	2,932	609	157
2003 총계	10,970	1,684	476	1,353	457	240	3,300	784	163
2004 총계	11,854	1,838	513	1,482	565	244	3,570	852	163
2006 총계	14,183	2,089	549	1,782	874	295	4,012	1,203	189
2008 총계	15,946	2,276	596	1,797	992	354	4,282	1,488	178
2010 총계	20,828	2,537	773	1,873	1,434	503	5,110	1,104	226

※전체 수에서 간호조무사는 제외한 수치임.
※2010년 중앙정신보건사업지원단 보고서에서 인용.

2010년 12월 말 현재 정신의료기관 및 지역사회 정신보건에 상근하는 인력 구성은 <표 7>과 같다. 지난 10년간 가장 크게 변화한 환경 요인은 단연코 인적 자원의 변화이다. 정신보건법 제정과 더불어 정신보건 전문 요원의 양적·질적 성장은 향후로도 정신보건 향방에 결정적인 영향을 미칠 것으로 전망된다. 정신보건시설을 중심으로 편성된 정신보건전문요원의 수련은 정신의료기관과 정신보건센터, 사회복귀시설에 지역사회 정신보건 서비스 개념을 확대하고 있으며, 새로운 전문 직업군으로 점차 증가 추세에 있다. <표 7>에서 알 수 있는 것은 다음과 같다.

① 정신과 전문의, 정신보건간호사는 전체 인력 중 80~95%가 의료기관 내에 종사하고 있다.

② 지역사회 정신보건센터에 상근하는 정신과 전문의 수가 제한적이

지만 존재한다.

③ 정신보건사회복지사는 약 50%의 인력이 지역사회 정신보건 분야에 종사하고 있다. 이는 사회복귀시설과 정신보건센터 상근 인력 수 증가에 기인한다.

④ 정신요양시설에 전문화된 인력들이 근무가 증가하는 추세이다. 이는 향후 요양시설 내부 변화에 매우 중요한 요소로 작용할 수 있다는 점에서 긍정적이다.

⑤ 국공립 병원보다는 민간정신병원 내 정신보건사회복지사의 비율이 현저하게 높다. 민간에서 훨씬 더 많은 전문 인력의 고용 창출과 수련에 기여함을 알 수 있다.

⑥ 임상심리 전문가의 비율은 여전히 병원 내 역할에 머물고 있다. 타 직종 간의 비교에서 절대적인 수치가 지역사회 내 부족한 현상임을 눈여겨봐야 한다.

이를 바탕으로 향후 정신보건 전문 인력의 변화 추세와 방향을 그려보면 다음과 같다.

① 정신과 전문의의 지역사회 활동의 비율을 높여나가야 한다. 지난 30년간 보건소 내부에 내과, 가정의학과 중심의 의료 인력이 근무하였다면 앞으로의 추세는 정신과 전문의의 보건소 근무가 확대될 것으로 예측할 수 있다. 지역사회 정신보건센터와 사회복귀시설의 확대 비율에 따라 상근할 수 있는 정신과 전문의 비중이 변화될 것이다. 현재 촉탁의로 구성된 정신과 전문의 비율은 크게 증가하지 않고 기존 정신의료기관에 근무하는 인력의 자문만으로도 충족이 될 것이다.

② 정신보건간호사는 2005년부터 수련의 비율을 낮추고 석사과정 전

문 인력으로 전환을 시도하고 있다. 그러나 위 표에서 알 수 있듯이 여전히 많은 인력이 정신의료기관에 머물고 있고 의료기관 내부의 정신보건 서비스 향상이 중요한 점을 시사한다면 지역사회 내 정신보건간호사의 비중이 더 중요하다고 예측할 수 있다. 따라서 전국 정신보건센터의 확대와 사회복귀시설의 확대가 매년 10% 이상씩 증가한다고 본다며 정신보건간호사 수련 비율을 줄이는 것은 현 흐름과 역행하는 것이다. 지역사회 내 실천이 강조되는 추세에 가장 중요한 역할을 담당할 인력에 대한 제고가 필요한 시점이다.

③ 정신보건사회복지사는 지난 10년간 꾸준히 성장한 그룹으로 지역사회 정신보건 서비스 확대에 크게 기여하였다. 그러나 정신의료기관 내부에 질적 향상을 가져올 수 있는 전문 인력으로서 효용도나 가치를 의료기관 내부에서 제고해야 한다. 특히 지역사회 네트워크 구축은 향후 눈에 보이지 않는 자원으로서의 활용이 매우 높다고 할 수 있다. 따라서 모든 의료기관은 정신보건사회복지사의 활용과 수련을 염두에 두어야 한다. 또한 기존 사회복귀시설과 정신보건센터의 확대에 맞추어 공공조직과의 위임 관계를 잘 설정해야 한다. 특히 보건복지부의 지원 사업이 지방으로 이양된 이후 다른 사회복지시설과의 경쟁체계에서 살아남기 위한 노력이 중요한 때이다. 각 지역 내 정신보건센터와 연계한 정신보건 서비스의 특화가 절실한 시점이다. 다른 측면에서 정신요양시설과의 차이점을 분명히 택하는 전략을 사회복귀시설협의회가 진행해야 한다. 철저하게 정신보건 서비스 간의 연대를 통한 새로운 사업의 창출이 필요하다.

④ 정신보건임상심리사의 지난 10년간 지역사회 서비스 전개는 배출된 인력에 비해 매우 비효율적 전략이었다고 평가될 수 있다. 이는 정신과 전문의들의 진로와 유사한 점을 지닌다. 의료기관 내부의 취업과 활용에 우선적인 장점이 있어 지역사회 진출 메리트가 약화된 것으로 해석

될 수 있다. 그러나 점차 의료기관 내부의 임상심리 전문가의 역할은 포화상태이며 향후 지역사회 현장에서의 정신보건 전문 요원으로서의 정체감이 필요하다. 10년이 지나가고 있는 정신보건의 지역 내 평가와 평가도구의 개발, 새로운 심리치료 모형에 대한 연구 등은 주요한 임상심리 전문가들의 영역이 될 것이다. 그러나 이 모든 일은 지역사회 내에서 이루어져야 한다. 기관화(institutionalization)에 머물수록 지역사회 서비스 제공은 이루어지기 어렵다.

7) 정신보건시설 이용도의 변화

〈표 8〉은 10년 전에는 볼 수 없는 통계수치이다. 정확한 통계는 아니지만 지역사회로의 흐름을 느낄 수 있는 구성이다. 정신보건센터, 사회복귀시설에서의 회원들의 이용도 증가는 향후로도 지속될 것으로 판단되며 정신의료기관 종사자들은 이 점을 중요하게 생각해야 한다. 각 의료기관 내부에 중증 정신장애인의 재입원 비율과 입원 기간에는 이미 변화가 시작되고 있으며 향후 정신보건 서비스 제공량과 질적 효과에 대한 연구를 통해 학문적 성과를 인정받게 될 것이다.

〈표 8〉 정신보건 기관 · 시설 이용 환자(2010년 6월 말 현재)

구 분		기관 수	인원/병상 수	주요 기능
계		1,913	–	–
정신보건센터*		157	–	정신질환 예방, 정신질환자 발견 · 상담 · 진료 · 사회복귀훈련 및 사례관리, 정신보건 시설 간 연계체계 구축 등 지역사회정신보건사업 기획 · 조정 및 수행
정신의료기관	국 · 공립	18	7,978(병상)	정신질환자 진료, 지역사회정신보건사업 지원
	민 간	1,255	67,436(병상)	정신질환자 진료

정신요양시설	59	14,145(정원)	만성 정신질환자 요양 · 보호
사회복귀시설	230	–	증상이 호전된 정신질환자 일상생활 · 직업훈련, 주거
알코올상담센터	41	–	알코올중독 예방, 중독자 상담 · 재활훈련

3. 시스템 개혁을 위한 방향

1) 개관

정신보건의 역사에는 공통된 인식이 하나 있다. 세계 어느 나라를 막론하고 정신보건 개혁의 시작은 각 나라의 문화와 사회적 여건에 부합되는 탈수용화의 단계가 있었다(Ramon, 1996). 이론적으로 탈수용화에는 세 가지 구성 요소와 과정이 있다. 첫째는 정신과 입원 시설에서 지역정신보건 시설로 보내는 과정, 두 번째는 지역사회 내의 시설 내에서 최대한의 새로운 입원 억류 과정, 마지막으로는 각 지역별 특별 프로그램의 개발 등이다(Bachrach, 1976).

전 세계적인 대규모의 탈수용화 혹은 탈원화에 대한 평가는 다양하다. 그러나 공통적인 것은 탈수용화에 대한 논의를 거쳐 정신장애인의 치료방법이나 철학이 바뀌어왔음은 이미 주지의 사실이다. 만일 지역사회 관리가 단순히 비용 절감 효과 이상의 현실적 문제로 받아들여지려면, 정신보건 개혁 혹은 혁신은 반드시 필요한 화두인 것이다. 그렇다면 왜 탈수용화의 방향과 지역사회 관리가 왜 어렵고 느리게 진행되었는가 하는 의문이 남는다. 실제로 탈수용화가 상당한 수준으로 진행된 나라에서도 여전히 중증 정신장애인에 대한 서비스와 이들에 대한 권리는 부적절하다고 판단되고 있다(Wegner, 1990).

2) 시스템 개혁과 탈수용화의 중요성

각 나라에서 정신보건에 대한 시스템 개혁을 하게 된 연유에는 몇 가지 주요 요인들이 있었다. 우리 사회가 어느 시점에서는 반드시 겪어야 할 주제이기도 하지만 아직 정신보건의 화두는 사회 속에 편입되지 못하고 있다.

(1) 사회 및 민중 참여 요인

20세기 들어 서구사회가 겪은 두 차례의 큰 전쟁과 대공황의 경험은 사람들로 하여금 전쟁에 대한 공포, 파시즘에 대한 분노, 실직과 가지지 못한 것에 대한 두려움과 동료에 대한 연민을 만들었다. 이로 인해 능력 없는 사람, 굶주린 사람, 장애가 있는 사람들에게 가해지는 억압에 대해 자유와 인간성 회복의 정신을 불러일으켰다. 특히 정신장애자에 대한 민중적 지지는 정신보건 전문가 그룹에 의해 시민사회로 전파되었으며 미국의 정책 변화를 유도하였다. 랠프 네이더(Ralph Nader)에 의해 시작된 소비자 운동은 정신보건의 정체성 확립에도 크게 기여하였으며, 미국정신보건연구소(NIMH)의 건전한 비판 그룹으로 지역사회 정신보건의 올바른 방향에 견인차 역할을 하였다(Brown, 1985). 우리나라에 이 같은 모형을 대입시키기에는 시민사회의 성숙이 이루어지지 않았다고 판단한다. 그러나 점차 프로페셔널 그룹에 의해 주도되던 사회 현상들은 성역 없이 개방되고 있어 미래에는 확산될 것으로 전망한다.

의약분업 파동, 법조계의 변화 등은 그 한 예를 암시하며 개인 중심의 판단에 의해 움직이는 웹, 네티즌 등의 활동이 지금은 방향성을 가지지 못하고 있지만 점차 자리를 잡아갈 것이고, 프로페셔널의 입지는 줄어드는 대신 민중 참여 요인이 사회의 한 축으로 자리 잡을 것이다. 긍정적 측면과 부정적 측면이 공존하는 만큼 전문가 그룹 내에서 이러한 사회 변화를 수용하는 것이 마땅하다. 존스 홉킨스 의과대학의 정신과 교수였던 아돌프 메이어

(Adolf Meyer)에 의해 시작된 미국의 정신위생운동은 앨버트 도이치(Albert Deutch)와 같은 작가들에게 전파되어 『The Mentally Ill in America』(1937)와 『The Shame of the States』(1948) 등과 같은 책을 통해 정신보건시설의 참담한 현실을 건설적으로 폭로하였다. 또한 『라이프(Life)』, 『Bedlam USA』(1946), 『Reader's Digest』 등은 'The Shame of Our Mental Hospitals' 등과 같은 기사를 통해 정신보건의 개혁에 민중 참여를 유도하였다. 이 외에도 많은 정신과 의사, 인류학자, 사회학자 등에 의해 『Mental Hospital』(Stanton & Schwartz, 1954), 『Asylum』(Goffman, 1961) 등의 책이 발간되었다. 이 책들과 연구들은 지금도 정신보건 개혁의 초석으로 작용하고 있다.

(2) 수용화에 대한 인식 변화

영국의 휴스턴(Houston, 1955)은 장기 수용화로 인한 질병 자체의 악화 현상을 기록하였으며 수용화 자체가 인간정신에 해가 되는 것에 대한 연구를 하였다. 또한 바턴(Barton, 1959)의 『Institution neurosis』, 콜(Cole, 1955)의 『Institutionalitis』, 그룬버그(Gruenberg, 1962)의 『Social Break Syndrome』 등은 많은 정신장애인들이 관료적 편리성에 의해 장기 수용화됨으로써 일어나는 정신장애의 악화 현상을 체계적인 가설로 입증한 귀중한 연구들이다. 이들 연구의 공통점은 정신장애인들이 장기적인 수용구조에 지속적으로 있게 되면 획일화되고 체제에 순응할 수밖에 없는 현상을 보인다는 것이었다(shaped and encoded).

(3) 경제적 요인

영국은 국민보건체계가 설정될 1948년 당시, 전국의 정신병원들을 NHS(National Health Services)에 편입시킬 것인가를 논의하였다. 주요 문제는 전혀 다른 운영체계를 가진 정신병원이 NHS로 들어올 경우 경제적으로 너무 많은 정신보건 비용이 입원으로 지출되지 않는가 하는 의문이었다. 다행히도 모든 병원들이 지방정부의 조정하에 있는 것을 반대한 영국의사회의 강력한 건의에 따라 정신병원 체계가 NHS의 한 부분으로 시작되었다.

이는 영국 정신보건의 발전에 큰 영향을 미친 결정이었다. 왜냐하면 미국과는 달리 처음부터 영국은 보건의 전체적인 큰 틀에서 정신보건을 별도로 구분하지 않고도 통합적인 서비스 제공을 할 수가 있었다는 장점이 되었기 때문이다. 즉, 정신보건의 비용을 제공자 측면보다는 소비자 중심으로 재편성할 수 있었고 이에 따른 서비스 평가연구가 정책연구보다 더 많이 진행되어 정책의 혼선을 줄일 수가 있었다(Lee, 2001).

미국 정신보건 또한 경제적 측면의 고려가 있었다. 1963년 이후 지역사회로 정신장애인을 이동시킴으로써 주 정부는 주 예산을 비축할 수 있었고, 연방정부는 1980년대까지도 지역사회 정신보건 비용을 혼자 부담함으로써 다른 정신보건 서비스에 대한 연구가 소홀할 수밖에 없는 진통을 겪게 되었다. 예산을 비축한 주 정부는 이를 다른 서비스(예, 신체장애인, 주립대학 지원 등)에 투자할 수 있는 여유를 가지게 된 역사가 있다. 그러나 1980년대 들어 다시 정신보건에 대한 전체적인 책임이 주 정부로 옮겨짐에 따라 지역사회 관리가 정신병원에서의 관리보다 비용이 적게 든다는 보고가 다시 나오고 있으며, 지나치게 입원 환자 치료에 인색한 주 정부(예, 플로리다 주)에 대한 가족협회의 반대가 최근 화제가 되기도 하였다. 이 같은 비용 감소의 측면에 대해 Gronfein(1985)은 횡수용화[2] 현상으로 정신장애인 관리의 질 저하를 분석하였다.

---

2 이 용어는 미국정신의학회의 공식 저널인 『Psychiatric Services』 편집장인 존 탤벗(John Talbott)에 의해 쓰이기 시작하였다. 환자의 탈수용화가 정신병원에서 더 열악한 시설(Nursing Home 등)로 단순히 이동된 사실을 알리기 위한 용어로 쓰였으며 필 브라운(Phil Brown)은 『Transfer of Care』에서 이를 재차 확인하였다(Talbott, 1979; Brown, 1985).

(4) 정신과 약물치료 요인

정신과 약물치료의 발전이 정신병원 입원 환자의 축소에 기여한 것은 사실이지만, 이 하나의 요인만으로는 지역사회 정신보건의 형성을 설명하기가 어렵다. 셰퍼드(Shepherd, 1961)는 새로운 약물치료의 비특이적 효과는 치료자 수의 증가, 퇴원 조건의 변화, 가족들의 수용적 태도 및 정신과 재활시설의 증가 등의 다른 요인으로도 이미 입증된다고 주장하였다. 특히 Gronfein(1985)은 정신과 약물치료가 개발되기 이전인 1946~1952년과 이후인 1955~1963년 사이의 두 시기 동안 정신과 퇴원 환자를 조사한 결과 약물치료 도입 이전인 1946~1952년에 퇴원율이 더 증가하였음을 입증하였다. 따라서 정신과 약물치료의 도입은 획기적인 사실이기는 하지만 일차적인 정신보건 환경 변화의 원인은 아니었다(Wegner, 1990).

(5) 정신보건시설의 발달

1966년 104개이던 미국 정신보건센터는 1981년 최대 758개까지 증가하였고, 이로 인해 정신장애인의 지역관리가 가능해졌음은 주지의 사실이다. 그러나 지역사회 정신보건의 개발 이전인 1960년 이전에도 정신과 입원 환자의 퇴원은 꾸준하게 증가하였으며, CMHCs의 발달 속도가 주립 정신병원 입원 환자의 퇴원율 증가로 연결되지 않았다는 사실은 매우 흥미롭다. 또한 CMHCs들이 점차로 만성정신장애인의 관리를 도외시하고 가벼운 서비스 위주의 이익집단으로 변화하였다는 것은 정신보건시설의 발달이 결코 중증 정신장애인 치료와 재활을 위한 일차적인 요소가 아님을 알 수 있다(Goldman과 Morrissey, 1985).

1990년대 초반 우리나라 정신보건에 대한 유일한 연구 모임이었던 정신보건연구회에서 장기 입원에 대한 논의가 나올 때 가장 큰 어려움은 지역사회 내 대안이 자리 잡지 않은 상태에서 정신장애인들이 사회로 나올 경우 극심한 혼란이 생길 수 있다는 것이었다. 그러나 15년의 세월이 지나면서 정신보건센터와 사회복귀시설에 대한 논의가 활발해지고 있지만 여전히 탈수용화와 장기 입원 축소에 대한 대안은 나오지 않고 있다. 초창기의 열정은 시설 건립이라는 현안으로 물러났으며 입원시설과 지역사회시설은 각기 다른 운영기금에 의해 움직여가고 있다. 지금부터라도 큰 틀의 정신보건을 바라보아야 한다. 정신보건의 시작과 끝은 정신장애인의 삶을 어떻게 지역사회 내로 흡수하느냐에 있다. 이는 입원/입소에 대한 최소한의 원칙을 견지하는 시대정신이 있어야만 가능하고 정신장애인의 입원/입소가 사적 기능에 의해 좌지우지되어서는 안 된다는 것을 의미한다. 다음은 구체적으로 어느 정도의 탈수용화가 가능할 것인가를 논의하자.

3) 장기 입원 축소, 탈수용화는 어느 정도 가능할 것인가

2009년 6월을 기준으로 우리나라 정신보건시설의 구성에 대한 논의가 필요하다. 〈표 9〉는 탈수용화를 고려하기 위한 하드웨어에 대한 것이다. 대학병원과 종합병원, 개인의원 중 소규모 정신과 병상을 운영하는 곳은 제외하였다.

〈표 9〉 현행 정신보건체계의 기본적 구성(2009년 6월 30일 기준)

주요 변수	국공립 정신병원	병원 정신과*	사립 정신병원	정신요양원
스태프 1인당 환자 수	Medium	High	High	Very high
입원 기간	Intermediate	Long-term	Long-term	Long-term
주 입원 대상자	의료보험(국립) 의료급여(공립)	의료급여	의료급여	의료급여
병상 수	6,500	18,000	30,000	12,600
재원 적절성 비율	Medium	Low	Low	Low

※IMF 이후 음성적으로 증가하고 있는 종합병원으로 위장되어 있는 정신과를 의미.

위에서 말한 병상 수를 중심으로 탈수용화의 방향을 논의하면 다음과 같다.

(1) Old long-stay mental illness에 대한 방향

첫째, 현행 정신요양원 입소자의 재소 기간을 제한해야 한다. 국가 주도 하에 있는 시설의 전환이 우선되어야 하며 50인 이하의 소규모 사회복귀 시설로 정책 전환을 시도해야 한다. 경기도의 예를 들면 현행 7개의 시설에 1,400명의 요양원 입소자가 있다. 이들에 대한 재원 적절 비율을 1994년도 보건복지부 연구 결과에 따라[3] 대입하면 약 700명의 환자군이 임상적 이유보다는 사회적, 가족의 이유에 의해 장기 입소되어 있다. 만일 경기도가 정신요양원에 대한 정책 전환을 필요로 한다면 보건복지부의 지원 하에 약 7개의 입소시설을 신설하고 50~100개의 주거시설을 준비해야 한다. 다음은 서울시 2020 계획의 일환으로 준비된 표를 참고하자.

〈표 10〉 '서울 정신건강 2020' 사업 추진 목표

	제1차 (2005~2008)	제2차 (2009~2012)	제3차 (2013~2016)	제4차 (2017~2020)
광역 정신보건센터	1(1)개	1(2)개	1(3)	1(4)
지역 정신보건센터	10(18)개	7(25)개		
공공 응급병상	25(25)개	25(50)		
사회복귀 훈련시설	250(750)명	500(1,250)명	600(1,850)명	650(2,500)명
보호작업장	60(60)명	690(750)명	750(1,500)명	1,500(3,000)명
주거시설	100(200)명	100(300)명	100(400)명	100(500)명

주: 당해 기간 이용자 수(누적 수).

둘째, 각 지역별 입원/입소 환자에 대한 재평가가 반드시 필요하다. 각 시도의 지원단을 중심으로 재원 적절성 평가 도구와 임상적 평가를 통해 재원 적절성을 측정하고 각 지역별 필요한 예산의 전환을 시도해야 한다.

셋째, 새로운 입원시설에 대한 제한이 필요하다. 정신보건법에 명시된 것을 제대로 지킬 수만 있다면 이는 이의가 없는 문제이다. 정신요양원에 대한 조절과 통제가 지난 10년간 잘 지켜진 반면에 민간 자본에 의한 정신과 병원의 증축은 무분별하게 진행되고 있다. 지금부터라도 보건복지부는 각 광역단체와 협조하여 전국 병상 수에 대한 통제를 강화해야 한다. 더 이상의 입원 병상에 대한 투자보다는 지역사회로의 기금 전환을 강화해야 한다. 장기 입원 환자에 대한 질적 평가를 통해 탈수용화 방침을 수립하고 입원에 쓰이는 비용을 지역사회 관리기금으로 운영할 수 있어야 한다. 〈표 11〉은 국가 예산 중 국공립 병원을 제외한 정신보건 예산에 대한 것이다. 예산의 비중을 어디에 두는가에 따라 운영 방안은 넓혀질 수 있음을 보여준다.

〈표 11〉 2005년도 주요 시도별 정신보건 예산

시도	계	정신보건센터 (알코올센터 포함)	사회복귀시설	정신요양시설
총계	1,115(100%)	256(23%)	111(10%)	748(67%)
경기	168(100%)	66(40%)	17(10%)	85(50%)
서울	107(100%)	52(49%)	29(27%)	26(24%)
충남	130(100%)	12(9%)	3(2%)	115(88.5%)
경북	96(100%)	14(15%)	10(10%)	72(75%)
전북	90(100%)	13(15%)	12(13%)	65(72%)

(국공립 정신의료기관 및 의료비 제외) (단위: 억 원)

---

3 1994년도 보건복지부 용역 연구로 진행된 「정신질환자 재분류 및 시설 기준 개발 연구」의 결과 전국 입원, 입소 시설 재원/재소 환자의 54.8%가 재원 부적절군으로 분류되어 지역사회 중심의 관리가 필요한 일련의 환자군이 있음을 발표하였다(아주대).

정신보건센터 전체 예산의 46%가 서울, 경기에 집중되어 있다. 그러나 지방비 지원에 있어 각각 경기 51억 원, 서울 37억 원이 포함되어 있어 광역단체의 지원이 중요한 변수임을 알 수 있다. 지방자치단체에 따라 예산 부족을 정신보건 확산의 이유로 드는 곳이 많다. 그러나 예산보다 더 중요한 것은 정신보건의 방향성에 대한 공조직의 신념이 부족한 것이다. 입원/수용 중심에서 탈수용화와 지역사회 중심이라는 대전제를 받아들이는 신념은 앞으로도 가장 중요한 정신보건의 자원이 될 것이다.

(2) New long-stay에 대한 대책

항정신병 약물의 획기적인 변화와 국민소득의 증가가 있음에도 불구하고 왜 새로운 정신장애인에 대한 개념 변화는 일어나지 않는 것인가? 국가 정신보건정책의 획기적인 변화가 일어나지 않는다면 일본의 정신보건정책과 닮은꼴이 되어갈 수밖에 없을 것이다. 새로운 대안은 기존의 고정된 시각을 버릴 때 가능하기 때문이다. 다음의 이탈리아 정신보건의 변화가 시사하는 것은 무엇이 진정한 개혁인지를 나타낸다.

Topic: 이탈리아 정신보건 방향

이탈리아 정신보건 개혁에 대한 주요 쟁점들을 기억해야 한다. 1978년 정신보건법의 개정('법안 180'으로 유명)을 통해 Democratic Psychiatry는 정치적 지지를 획득하면서 정신보건 인력, 행정가, 공무원들에게 그들의 사상을 전파하였고, 1970년대 중반부터 이탈리아 좌파의 권력이 강화되기 시작하였다. 그리고 일반인들이 정신질환자 수용소의 끔찍한 상황을 알게 되면서 정신질환 문제에 관심을 갖게 되었다. 그 결과 Democratic Psychiatry는 많은 젊은 진보적인 지식인들의 지지를 얻을 수 있었을 뿐 아니라 Italian Psychiatric Association도 이러한 운동의 원칙에 동조하는 등 이탈리아 정신보건 개혁에 우호적인 조건이 형성되었다. 다음은 Democratic Psychiatry의 주요 원칙들이다.

- 정신병원을 단계적으로 축소하면서 일반 종합병원의 소규모 병동으로 대체한다. 기존의 병원은 최소한의 병실만을 남긴다.
- 지역사회 정신보건 서비스를 병원 대체 서비스로 개발한다.
  - 일반 공공보건의료체계 내에 정신보건체계를 포함한다.

다시 말하면 정신질환자의 정신병원 입원을 전적으로 금지함으로써 정신병원을 단계적 축소하고 정신질환자에 대한 일상적 치료가 지역사회를 기반으로 한 시설, 즉 병원 밖에서 이루어져야 함이 원칙임을 규정하였다. 또한 입원은 지역사회 치료가 가능하지 않거나 이미 실패한 경우에만 예외적으로 가능하도록 하고, 입원을 하더라도 일반 종합병원의 정신병동에서 이루어져야 함을 명시하였다. 병원에서의 강제적인 입원에 대한 평가와 치료의 필요성에 대한 판단은 의사 2인의 독립적인 평가에 의하여 입원의 필요성을 증명한 경우에만 이루어져야 함을 규정하였다. 아울러 강제적인 입원 기간은 7일로 제한하고 입원 기간을 연장하기 위해서는 그 기관에 근무하는 정신과 의사가 입원 기간을 명시하고 이를 정당화해야 함을 명시하였다.

Alternatives: 물론 우리의 현실과는 괴리가 있다. 그러나 분명한 것은 지역사회 중심의 정신장애인 관리에 대한 전문가 그룹 내에서의 합의가 이루어졌다는 점이 중요하다. 국가가 관장해야만 하는 기관부터 이 원칙을 적용해보자. 예를 들면 국립병원은 전국을 6개 권역으로 구성하고 있다. 각 국립병원에 맞는 Catchment area를 설정하고 새롭게 발생되는 정신장애인에 대한 관리 방안을 어느 시점부터 시작하는 것이다. 모든 국립 병원은 정신보건센터를 운영해야 하며 유기적인 사회복귀시설 설치를 의무화해야 한다. 재원 적절성을 평가하고 정신장애인에 대한 표준 치료 지침을 만들어나갈 수 있어야 한다. 국가가 운영하는 곳에 원칙이 서지 않으면 민간병원에 대한 지침을 강요할 수 없다. 일부 공립병원에 대한 질 관리 또한 마찬가지다. 서울시립, 경기도립 등을 중심으로 공조직의 새로운 기획과 평가가 필요하다. 새로운 입원을 엄격하게 규제하고 장기화하지 않는 제도의 적용만이 New long-stay mental illness에 대한 대안임을 반드시 기억해야 한다.

4) 지역사회 정신보건센터의 기능론

경기도 기획평가단에서 1997~1999년간 논의된 정신보건센터가 정립해야 할 몇 가지 기능들을 먼저 살펴보자.

- 공공성의 기능이 포함되어야 한다(Function as Public Sector).
- 기초단체별로 세분화된 계획을 수립할 수 있어야 한다(Planning within community).
- 만성정신장애인에 대한 서비스가 우선되어야 한다(Rehabilitation for Serious Mentally Ill).
- 사례 관리의 기능이 필수적이어야 한다(Case Management).
- 사회 안전망으로서의 기능이 보충되어야 한다(Concept as Safety Net).
- 민간 위탁의 개념이 분명해야 한다(Concept as Privatization).
- 한 지역 전체에 대한 유기적 결합을 해야 한다(Societal Linkage).
- 한 지역 내 정신보건의 정책을 수립할 수 있어야 한다(Agenda formation).

첫째, 공공성에 대한 논의는 이미 충분하다. 의료급여 혹은 저소득층의 정신보건 서비스 제공 기관으로 그 기능은 설정되어 있다. 향후로는 정신건강 증진과 같은 공공정책이 다른 보건과 복지 영역 서비스와 결합해야 할 것이다.

둘째, 계획 수립 부문은 아직 미흡하다. 보건소의 고유한 기능에 정신보건 영역이 더해져서 수립은 되고 있으나 기존 보건체계와는 느슨한 연결고리를 가질 뿐이다.

셋째, 만성정신장애인에 대한 서비스는 우선되고 있다. 다만 입원/입소되어 있는 사람들에 대한 서비스 연결이 원활하지 않을 뿐이다.

넷째, 사례 관리의 기능에 대한 것은 논란이 많다. 기존 보건소의 가정방문 서비스가 정신보건의 영역에서는 아직 강하다. 전통적인 사회복지 업무의 사례관리는 다양한 서비스 제공이 결합된 상위 개념의 서비스이다. 향후 지역마다 차이는 있지만 가정방문과 사례관리를 구분하는 통일된 개념이 필요하다.

다섯째, 사회 안전망의 역할은 미흡하다. 응급 서비스를 제공할 수 있는 기능이 있지만 극히 제한적이다. 입원 기능에 대해서는 한두 지역을 제외하고는 서비스에 대한 재원이 없다. 사회복지 서비스와 연결된 장애인 등록, 의료급여 및 생활급여로의 전환 등에는 점차 대응 능력이 갖추어져가고 있다.

여섯째, 민간 위탁의 개념에 대해서는 논란이 많다. 지역사회 정신보건의 정립에 가장 난관으로 작용하고 있으며 향후로도 쟁점이 될 가능성이 높다. 이는 정신보건에만 국한되지 않고 우리나라 공조직의 전근대성과 국민 성숙도에 기인하는 문제이기도 하다.

일곱째, 한 지역 내 유기적 결합 또한 느슨하고 취약하다. 10년이 지난 센터에 대한 일반인의 인식도는 여전히 낮다. 지역 내 홍보가 부족한 것도 문제이지만 근본적인 개념 설정의 문제가 남아 있다. 보건소와의 기능적 분리가 아직 안 되기 때문이다. 입원 중심의 개념이 정신과 영역에 너무 깊게 남아 있는 것 또한 방해 요인으로 판단된다. 적극적인 정신보건 전문 인력들의 개념 변화가 필요하다. 보건과 복지 서비스에만 머물지 말고 지역 내 NGO, 문화 서비스 등과 연관성을 갖추도록 움직여야 한다.

여덟째, 정신건강을 화두로 하는 지역 친화적 전략이 아쉽다. 일반인들이 기피하는 주제라고 하더라도 이를 적극 주장하고 설득하려는 능력이 함양되어야 한다. 너무 직접적인 서비스에만 머물지 말고 간접적인 서비스 기능을 만들어가야 한다. 여론 주도의 흐름에 동참해야 하고 지역 내 의견을 반영할 수 있는 체계가 필요하다.

5) 사회복귀시설의 기능론

인구 50만을 기준으로 할 때 한 개의 지역 정신보건센터에 최소 4개에서 10개의 특화된 사회복귀시설이 필요하다. 사회복귀시설은 정신보건센터와 유기적 결합을 해야 하며 다음과 같은 기능에 의해 움직여야 한다.

첫째, 사회복귀시설은 매우 구체적인 정신장애인의 지역 내 서비스를 특화된 형태로 제공해야 한다. 가장 모범적인 시설로는 다음과 같은 시설을 들 수 있다(주로 수도권만을 산정하였음을 양해 바람).

- 이용시설: 태화 샘솟는집, 늘푸름(클럽 하우스 모형)
- 입소시설: 사랑밭 재활원
- 직업재활시설: 경기정신재활센터, 송파 정신장애인 사회복귀시설
- 주거시설: 용인 우리 집, 남양집(사랑밭 주거시설)

둘째, 지역 친화력을 가지고 일반인들의 편견에 직접적인 영향을 미칠

수 있어야 한다. 많은 사회복귀시설이 지역 내 편입되는 과정에 주민들과 마찰이 있는 것은 다반사이다. 그러나 향후 지역사회 정신보건의 확산에는 이 같은 사회복귀시설의 연착륙이 반드시 필요하다. 선도적인 역할을 하는 수많은 사회복귀시설의 전문 인력에 대한 안전장치와 국가 지원의 변화가 필요하다.

셋째, 지역 내 정신보건센터와 유기적 결합력을 지녀야 한다. 향후 정신보건센터의 기능은 기획, 교육과 평가 및 응급 서비스 수행과 같은 방향으로 갈 것이다. 따라서 직접 서비스 담당 기관으로서 사회복귀시설이 움직여가야 하며 중복된 서비스가 없도록 해야 한다.

넷째, 정신장애인의 장기 입원을 막고 인권 강화의 가장 중요한 전략적 단위가 되어야 한다. 작은 규모로 움직여가야 하며 일상생활 속의 삶의 질 개선에 가장 중심이 되어야 한다.

6) 지역사회 정신보건시설의 변화

향후 전개되어야 할 정신보건시설의 변화를 정리하면 다음과 같다.

- 현행 정신요양시설은 1995~1999년 사랑밭 재활원의 변화과정을 모델로 5년의 기간 변화를 두고 전면 사회복귀시설로 전환해야 한다.
- 정신요양시설은 약 100개의 입소시설(5,000명 대상), 300개의 주거시설(약 2,000명 거주), 50개의 직업재활시설로 재편해야 한다.
- 정신요양시설의 전환 예산은 현행 지원 예산에서 가능하며 일부 기금의 확보가 필요할 것이다.
- 정신병원의 장기 입원에 대한 규제를 강화해야 한다. 보호자 교육을 통한 장기 입원 방지에 더 노력해야 하며 각 병원마다 별도의 사회복귀시설을 지역사회 내 설치하도록 유도해야 한다. 의료급여 환자의

입원에 대한 지원 비용이 일부 지역사회 내 시설로 전환되어야 한다.

● 일반 병원의 정신과 전환을 막아야 한다. 전국의 인구 규모에 비례한 병상 수를 산정하고 특정 지역 내 정신병원의 신설에 보건복지부와 광역지방자치단체가 규제를 할 수 있어야 한다. 전국 병상 수 개념은 인구 1,000명당 1병상의 개념을 넘지 않아야 한다. 이는 모든 나라들의 입원 정책이기도 하다.

● 민간자본에 의한 소규모 사회복귀시설의 신설은 강화되어야 한다. 정신보건 전문 인력에 의한 사회복귀시설 운영은 권장되어야 하며 그 시설기준에 대한 것은 최소화하고 평가 또한 현실적이어야 한다. 50만을 기준으로 약 10개의 특화된 사회복귀시설이 필요하다. 정신요양시설에서 전환되는 시설을 합해서 향후 약 1,000개의 사회복귀시설이 필요할 것으로 판단한다. 이는 현행 130개의 약 6배에 해당되며 10년의 준비 기간을 통해 전문 인력의 보완과 함께 마련되는 것이 바람직하다.

● 정신보건센터는 점차 직접 서비스를 줄여나가야 한다. 전국 모든 시·군·구에 정신보건센터가 설치되고 16개 광역단체별 직역 정신보건센터 설치를 의무화하고 권역별 정신보건센터를 보완해야 한다. 예를 들면 경기도는 5개 권역별 센터와 1개의 경기도 직역 정신보건센터 운영되어야 한다.

7) 정신보건을 위한 공조직의 변화

● 모든 광역자치단체별 정신보건과의 신설이 필요하다.

정신보건 현황을 효율적으로 관리할 수 있는 공적 지원체계가 필요한 상태이다. 1998년 보건복지부에 정신보건과가 신설된 이후 9명의 중앙공무원이 국가 정신보건정책을 담당하고 있다. 이는 국가 차원에서 정신보건의 중요성을 인정하여 향후 정신보건과, 중독분과, 정신건강증진과 등을 중심으로 정신보건국의 신설을 목표로 하고 있음을 의미한다. 새롭게 신설된 정신보건과는 정신질환 관련 업무를 전담하며 기존 정신보건센터, 사회복귀시설 등의 만성정신질환 관리, 정신건강증진, 노인 정신질환 서비스(치매시설, 노인정신건강증진 업무를 포함), 소아청소년 서비스, 자살예방사업 등을 주도해야 한다. 또한 대학을 중심으로 민간 연구시설과의 조율을 통한 정신보건 서비스 평가를 정기적으로 시행하여야 한다.

● 정신보건연구원 건립이 시급하다.

국가 혹은 광역단체의 지원에 의한 정신보건연구원을 통해 정신보건 정책에 대한 기획 및 평가가 이루어지도록 해야 한다. 현재 중앙정부 차원에서 국립정신보건연구원의 신설이 추진되고 있다. 이는 각 광역단체의 정신건강 연구와 평가 체계가 필요함을 의미한다. 예를 들어 경기도 정신보건사업이 중앙에 앞서 시행되었듯이, 경기도 정신건강연구원의 설립은 앞서 언급한 정신보건과의 신설과 맞먹는 획기적인 체계 변화의 중심이 될 것이다. 이 기관은 미국 캘리포니아 정신보건연구원, 영국 런던의 정신보건연구원 등의 모델을 염두에 둔 것이며 우리는 이 기관을 통해 민, 관, 학계의 보건 및 복지 전문가들이 지속적인 정신보건 정책 수립과 실행 및 평가를 할 수 있도록 기대할 수 있다.

8) 인권에 대한 예민성

정신과 전문의를 비롯한 전문가 집단부터 정신장애인에 대한 국가인권위원회의 활동이 가시화되고 있다. 정신보건은 인권의 사각지대에 놓여 있으며 이를 보완할 대책이 시급하다. 지역사회 내 정신보건시설의 변화가 인권 강화와 연대하여 움직여가는 반면 입원 시설 내부에서는 여전히 인권 문제에 둔감하다. 연일 보도되는 정신병원, 정신요양시설의 인권 문제는 시작일 뿐이다. 모든 병원 내에 인권 활동을 강화하기 위한 제도가 신설되어야 하고 전문 인력들에 대한 인권 교육이 필수적인 요소가 되어야 한다. 보호 의무자에 대한 인권 교육 또한 중요하다. 늘 보호자의 인권 문제가 대두되지만 정신장애인의 정신질환별, 기능별 인권에 대한 대처가 필요하다.

9) 위임성과 공공성의 민영화(Deligation & Privatization of Publicity)

미국 캘리포니아 주는 1991년 'Assembly Bill 1288'을 통해 58개 county 정부의 책임하에 정신보건 예산과 행정적 책임을 재정비(realignment)하는 법을 통과시켜 진행하고 있다. 이는 주 정부의 정신보건조직을 재조정하는 획기적 조치였다. 이의 목적은 지역정신보건체계에 보다 안정적인 재원을 지원하고 서비스 제공에 대한 책무성의 위임을 의미하였다.

평가의 방향도 지방정부 중심의 더 작은 단위로 나누어 결과 분석이나 평가가 아닌 자체 내 서비스 양과 질을 조절하는 조정된 서비스 전달구조(coordinated service delivery structure)로 바뀌고 있다. 이 과정에서 중요한 역할을 하는 하나의 개념이 지역 분권화(decentralization) 개념이다. 탈중앙화가 아닌 지역 분권화로 번역되는 이유는 책임과 예산, 결과에 대한 권력의 재분배 등이 포함되기 때문이다. 이는 반드시 정신보건만의 문제는 아니지만 각 주 정부의 부서별로 위임의 형태가 나타난다고 볼 수 있다.

또한 미국 텍사스 주의 정신보건국은 보건부 전체와 함께 주 정부의 기능적 결합은 하고 있지만, 재정적·정치적 독립이 이루어진 채 주 전체를 대표하는 위원회 구성원들에 의해 해마다 약 9조 원의 예산을 집행하고 있다. 10여 명으로 구성된 텍사스 정신보건국 자문위원들은 형식적이 아닌 실제적인 자문을 집행하고 있다. 매달 열리는 정기회의를 통해 필요한 서비스와 예산 범위를 결정하고 평가에 대한 기본 방향을 제시하고 있다. 이 같은 민영화의 기본 골격은 텍사스 전체에 20여 개의 지역 MHMRA(Mental Health & Mental Retardation Authorities)를 구성하고 있으며, 각 MHMRA는 각 지역의 정신보건정책과 실행을 책임지는 최종적인 의견 구조로 일하고 있다.

정신보건의 민간 위임성에 대해 우리나라 공조직은 아직 자유롭지 않다. 모든 감사가 공조직을 통해 시행되기 때문이다. 민간에 위임된 예산에 대한 심사는 위임받은 해당 기관이 받아야 한다. 예를 들어 과학기술처를 통한 연구 예산은 해당 교육기관들이 받고 있다. 그러나 보건소를 통한 예산 분배에 대해서는 여전히 민간 위임이 되었음에도 불구하고 해당 보건소 조직이 담당을 하고 있다. 이는 구태의연한 공조직의 행태일 뿐이다. 관료화되어 있음이 분명한 것이며 이를 시정할 의사 또한 없다. 전체주의적 발상이 행해지는 것이고 보건소의 독단으로 사업 내용이나 위탁 기관 변경이 이루어지는 곳도 많다. 엄청난 공권력의 남용 아래 정신보건사업은 진행되고 있다. 전문가들의 전문성에 대한 신뢰가 부족할 뿐 아니라 전문가 내부의 자정 능력에 대한 의구심이 있기 때문이다. 위임성 문제는 향후 가장 첨예한 정신보건의 갈등 구조가 될 것이다. 분명한 것은 민중 참여가 늘어갈수록 공공성의 기능 변화가 생길 것이고 지방자치단체의 예산 집행에 대한 감시 능력 또한 함양될 것이다. 따라서 정신보건사업을 수행하는 정신보건센터와 사회복귀시설 운영자들은 지역사회 내 많은 단체들과 연대하고 활발하게 교류하는 제도적 보완 장치를 갖추도록 노력해야 한다. 우리나라는 국민의 권리를 여전히 국가가 담보하는 전근대성에 머무르고 있음을 잊지 말아야 한다.

4. 맺는말

순기능이 많은 일임에도 불구하고 정신보건사업에 대한 이해가 아직 우리 사회는 부족하다. 전문가 내부에서, 특히 정신과 전문의들의 입장에서, 입원병실을 가진 기관 종사자 입장에서 지역사회 정신보건은 진정성을 보장받지 못하고 있다. 한 시대의 패러다임이 변화할 때 언제나 역경은 따라다닌다. 수많은 사람들이 공부하고 실천하며 보낸 값진 시간들을 다시 조화롭게 엮어내야 할 시기이다. 일도 많고 보람도 많았으며 갈등도 있고 해결해야 할 숙제도 가득하다. 그러나 1990년 초부터 지금까지 15년 이상을 정신보건에 종사한 입장에서 볼 때 수많은 사람들의 열정이 오늘의 값진 결과를 만들어내었다고 자부할 수 있다. 민중 참여적인 모든 운동은 결국 사람과 그 문화가 남는다. 또한 그 문화는 인간이 갖는 고결함(dignity)과 신념(power of idea)의 상징이다. 신념은 사람을 만들고 그 사람은 언제나 새로운 정신보건정책을 창조할 수 있다. 그동안 한국 정신보건과 재활 서비스에 헌신한 수많은 분들과 이 글을 나눈다.

의료 민영화 No!
의료 공공성 Yes!

나영명 · 전국보건의료산업노동조합 정책실장

1. 전면적인 의료 민영화 정책 추진

박근혜 정부는 보건의료산업을 경제성장과 일자리 창출을 이끌어나갈 최고의 성장 동력 산업으로, 창조경제의 핵심으로 육성하겠다는 정책을 펼치고 있다. 이에 따라 박근혜 정부는 보건의료산업을 활성화하고 이에 필요한 규제를 완화한다는 명목 아래 각종 의료 민영화와 규제 완화 조치를 내놓았다. 2013년 12월 13일 발표된 '4차 투자 활성화 대책'은 본격적인 의료 민영화 정책의 출발점이었다. 4차 투자 활성화 대책에는 ▷부대사업 대폭 확대, ▷의료법인의 자법인 허용, ▷의료법인 간 인수합병 허용, ▷법인 약국 허용, ▷외국인 관광객 밀집 지역에 외국어 의료 광고 허용 등이 포함됐다.

이어 2014년 3월 27일에는 ▷의료법인의 자법인 설립을 위한 가이드라인 제정, ▷의료법인 부대사업 확대를 위한 의료법 시행규칙 개정, ▷원격의료 허용, ▷신의료기기 인허가기간 단축, ▷스마트폰센서 의료기기 인증 애로 해소, ▷국내 보험사 외국인 환자 유치 허용 등 대대적인 의료 분야 규제개혁 조치가 발표됐다.

2014년 6·4 지방선거가 끝나자마자 박근혜 정부는 의료법인의 자법인 설립 가이드라인과 부대사업 확대를 위한 시행규칙 개정 추진계획을 발표했고, 8월 12일에는 6차 투자 활성화 대책을 발표했다. '유망 서비스 육성 중심의 투자 활성화 대책'이란 이름으로 발표된 6차 투자 활성화 대책에는 ▷의료법인의 부대사업 목적 자법인 설립 지원, ▷제주도와 경제자유구역에 투자개방형 외국병원 도입을 위한 규제 완화, ▷해외 환자 유치 및 의료기관의 해외 진출 지원 및 국제의료특별법 제정, ▷환자 동의하에 의료기관 간 정보 교류 활용이 가능한 법적 체계 마련 등이 포함됐다.

이와 함께 박근혜 정부와 새누리당은 ▷메디텔 허용, ▷원격의료 시범사업, ▷서비스산업발전기본법 제정, ▷의료기관 간 인수합병을 허용하는 의료법 개정안 발의, ▷외국어 표시 의료 광고, 보험회사의 해외 환자 유치 등을 허용하는 의료법 개정, ▷경제자유구역 내 외국영리병원 설립 요건 완화, ▷해외 환자 유치 활성화, ▷영리자회사 설립 조건부 승인 등을 추진하고, ▷의사-환자 간 원격진료 규제 개선, ▷경제자유구역 내 투자개방형 의료법인 설립 요건 규제 완화, ▷메디텔 설립 기준 및 부대시설 제한 완화 등을 보건의료 관련 규제기요틴 과제에 포함시킴으로써 전방위적인 의료 민영화·영리화 정책을 펼치고 있다.

최근에는 2016년 말 건강보험 재정 지원 만기 도래에 대비하여 건강보험에 대한 국고지원금을 깎으면서 민간보험시장을 활성화하려는 움직임과 함께 건강보험료 부과체계 개편안 전면 백지화 소동, 의료기관 기능 재정립 유명무실화 등에서 보듯 올바른 보건의료체계 확립을 위한 정부 역할을 방기한 채 의료 민영화·영리화에만 힘을 쏟고 있다.

2. 의료 민영화 정책이 의료공급체계에 미치는 영향

의료 민영화 정책은 왜곡된 보건의료체계를 바로잡는 것이 아니라 오히려 더 왜곡시키는 정책이다. 우리나라 보건의료체계의 핵심 문제점은 ▷ 의료기관 간 치열한 경쟁과 양극화, ▷ 의료전달체계 붕괴, ▷ 1차 의료와 지역의료 붕괴, ▷ 공공의료 취약, ▷ 의료 접근성과 의료 형평성 취약으로 의료 사각지대 발생 및 건강 불평등 심화, ▷ 과잉 진료와 과소 진료, ▷ 병원비 부담 증가, ▷ 낮은 건강보험 보장율, ▷ 저부담-저수가-저급여의 악순환, ▷ 행위별 수가제도, ▷ 민영의료보험 활성화와 건강보험 재정 취약, ▷ 건강보험 누수와 재정 낭비 심화, ▷ 환자 안전 취약 및 의료사고 발생 등이다.

의료 민영화 정책은 이같이 왜곡된 우리나라 보건의료체계를 더욱더 왜곡시키는 정책으로서 우리나라 보건의료체계의 근간을 뒤흔드는 위협 요인이 되고 있다.

1) 원격의료 허용

정부는 원격의료를 강행하면서 "의료기관 방문이 어려운 노인·장애인, 도서 벽지 주민 등의 의료 접근성을 제고하고, 고혈압·당뇨 등 만성질환자의 상시적 관리로 치료 효과를 높여나가기 위해서"라고 주장하고 있다.

그러나 원격의료 허용 법안은 18대 국회(2008~2011년)에서도 제출된 바 있으나 병원 쏠림 현상이 심해질 것이라는 우려로 인해 폐기된 바 있다. 원격의료가 허용되면, 자본력과 기술력, 지명도를 앞세운 대형 병원으로 환자 쏠림 현상은 더 심해지고, 동네의원이 몰락하게 되어 오히려 국민들의 의료 접근성은 더 떨어지게 된다. 환자들의 입장에서 본다면, 원격의료는 안전성과 책임성을 담보할 수 없고, 기기 오작동으로 인한 피해는 환자가 져야 하며, 원격진료 장비 구입과 소모품비, 수리비 부담이 늘어나는 것은 물론 원격의료가 환자들의 의료 이용을 부추기게 되어 결국 국민들이 부담해야 할 의료비가 대폭 늘어나게 된다. 정보통신 장비를 통해 원격의료가 진행될 경우 환자 개인 정보가 유출되거나 악용될 가능성 또한 매우 높다.

이처럼 원격의료는 ▷오진과 의료사고 증가, ▷대형 병원 쏠림 현상 가속화, ▷1차 의료, 지역의료 몰락, ▷의료 접근성 하락, ▷국민들이 부담하는 의료비 증가 등의 폐해를 발생시키면서 재벌 의료기기회사, 재벌 통신회사에 막대한 이윤을 안겨주는 대신, 우리나라 보건의료체계를 붕괴시킬 우려가 높다.

2) 영리자회사 허용

영리자회사를 허용하게 되면 의료법인이 자회사를 만들어 주식 발행, 채권 발행을 통해 외부 자본을 조달하거나, 의료기기업체, 의약품업체, 외국인 유치업체, 건강식품 개발업체, 의료용품 생산업체, 의료 인력 공급업체 등 의료 연관 기업과 합작 투자를 할 수 있게 된다. 영리자본의 입장에서 보면, 의료법인이 만든 자회사에 영리자본을 투입하고 수익을 배당받을 수 있는 길이 열리는 것이다. 병원이 곧바로 주식회사 영리병원으로 바뀌는 것은 아니지만, 자회사를 통해 영리자본이 의료기기, 의약품, 의료용품, 의료 인력 등을 병원에 독점적으로 공급하고, 투자한 자본에 대한 이윤을 챙길 수 있게 되는 것이다. 이는 의료를 영리자본의 투자처로 만드는 것으로서 우리나라 보건의료체계의 근간을 허무는 출발점이 될 것이다.

자회사에 투입된 영리자본은 최대한의 이윤을 뽑아내기 위해 의약품과 의료장비, 의료재료를 독점공급하면서 이윤을 빼돌릴 수 있게 된다. 수익 증대를 위해 환자를 대상으로 과잉 진료가 늘어날 것이고, 환자를 대상으로 자회사 제품과 시설을 이용하라는 판촉 활동이 활발해져 환자들의 의료비 부담은 폭증할 수밖에 없다.

3) 부대사업 확대

부대사업 범위도 대폭 확대됐다. 기존에는 의료기관이 운영할 수 있는 부대사업이 식당, 편의점, 은행업, 안경점, 서점, 장례식장, 주차장 등 주로 환자 편의시설로만 한정됐지만, 박근혜 정부는 온천업, 호텔숙박업, 여행업, 외국인 환자 유치업, 체육시설, 건물임대업 등을 허용했다.

환자 편의를 위한 부대사업만이 아니라 영리를 위한 부대사업 범위를 대폭 확장한 것은 환자를 위해서가 아니라 환자를 대상으로 돈벌이 영리행위를 무한대로 추구할 수 있게 한 것으로서 이는 의료기관을 영리자본의 돈벌이 투자처로 만드는 것이다.

환자와 가족, 병원 이용객을 대상으로 수익을 추구하는 호텔업, 목욕장업, 여행업, 국제회의업, 체육시설, 생활용품 판매업, 식품판매업, 건물임대업 등으로 부대사업이 확대되면 병원은 환자 치료에 전념하는 곳이 아니라 대형 쇼핑몰과 부동산 투기장이 되고 만다.

한편, 부대사업 범위 확대는 자회사 허용과 맞물려 있는데, 기존에는 의료기관이 직접 부대사업을 하거나, 임대·위탁 운영해왔지만, 이제는 자회사를 통해 부대사업을 운영할 수 있게 허용됐다. 우려되는 것은 의료기관들이 의료 서비스의 질을 높이는 데 주력하기보다는 자회사가 생산·판매·설립한 제품과 시설을 최대한 구매·이용하도록 함으로써 환자를 대상으로 극심한 돈벌이 경쟁에 나서게 된다는 점이다.

4) 인수합병 허용

의료법인 간 인수합병을 허용하는 법안이 국회에 상정됐다. 의료법인 간 인수합병이 허용되면 의료전달체계에 엄청난 변화를 몰고 올 것이다. 현재 의료기관을 설립할 수 있는 법인들은 모두 비영리법인이기 때문에 사고 팔 수가 없다. 인수합병은 불가능하고, 부도·폐업이 되더라도 청산 후 국고로 귀속된다. 그러나 의료법인 간 인수합병이 허용되면 병원에서도 기업사냥이나 먹튀 같은 인수합병전쟁이 벌어질 것이고, 규모 키우기 경쟁, 의료기관 수직계열화 등을 통해 거대 자본이 의료 시장을 독식하는 사태가 벌어지게 된다.

5) 법인약국 허용

법인약국 허용도 인수합병과 마찬가지로 의료전달체계에 엄청난 변화를 가져올 것이다. 지금은 1약사 1약국 체제로 약국 공공성이 유지되고 있지만, 법인약국이 허용될 경우 동네 빵집과 동네 슈퍼가 사라지듯이 동네 약국이 사라지고 기업형 대형약국과 여러 개의 약국을 거느린 체인형 거대 약국이 등장하게 될 것이다. 노르웨이에서는 법인약국이 허용된 지 10년 만에 3개 대형 법인약국이 노르웨이 약국시장의 85%를 장악하는 사태가 벌어졌다. 영리자본이 투입된 법인약국이 허용될 경우 우리나라 약국시장이 거대 영리자본에 장악되는 독과점 현상이 발생하게 될 것이다. 대형 약국과 제약사 간의 담합으로 약값은 더 오르게 되고, 재벌 병원·제약사·도매상 등 이해관계자의 위장 자본 유입과 담합, 의약품 유통 독점, 불법 리베이트 수수 등의 불법행위가 늘어나게 되어 국민들의 약값 부담 상승과 함께 의약분업의 근간이 훼손될 우려가 크다.

6) 해외 환자 유치 촉진과 의료 광고 허용

외국인 환자 유치 경쟁이 벌어지고 있는 상황에서 외국인 밀집 지역이나 외국인이 많이 출입하는 곳에 외국어로 된 의료 광고를 전면 허용하는 조치 또한 엄청난 의료 광고 경쟁을 부추길 것이고, 자본력과 브랜드 가치가 높은 대형 병원으로의 환자 쏠림 현상이 더 심화될 것이며, 결국 국민들의 의료비 부담이 늘어나게 된다.

그뿐만 아니라 외국인 관광객 밀집 지역에 외국어로 표기된 의료 광고를 허용한다고 하지만, 외국어로만 표기한다고 하더라도 어느 병원인지는 누가 봐도 쉽게 파악할 수 있을 것이며, 외국 관광객 밀집 지역이란 개념이 모호하여 사실상 모든 지역으로 의료 광고 허용이 확산될 것이다.

7) 신의료기기 출시 지원

신의료기기 출시 지원은 새로운 의료기기를 출시할 경우 반드시 거쳐야 하는 신의료기술 평가를 거치지 않고도 조기 판매가 가능하도록 하고, 사용하다가 문제점이 발생하면 개선하는 쪽으로 출시 절차를 바꾸는 것이다. 의료기기 생산업체와 거기에 투자한 영리자본에게는 돈벌이를 위한 좋은 여건이 마련되는 것이지만 환자들은 안전성과 효과성이 검증되지 않은 의료기기의 실험 대상이 되고 피해를 고스란히 떠안게 된다.

8) 영리병원 허용

박근혜 정부는 2014년 제주 싼얼병원을 외국 영리병원 1호로 승인하려 했으나 모기업이 부실 자본임이 판명됨에 따라 불승인 조치했다. 그러나 박근혜 정부는 경제자유구역에 설립되는 외국 영리병원에 외국 의사 10% 고용조항을 폐지하고, 진료와 관련된 의사결정기구 구성 시 구성원의 절반 이상을 외국 면허 의사로 하는 규정을 삭제하는 등 외국 영리병원 설립 요건을 완화했다. 외국 영리병원 설립에 대한 규제 완화는 이름만 외국 영리병원이지 사실상 국내의사들이 국내 환자를 진료하는 국내 영리병원을 허용하는 것과 다름없다. 영리병원 허용은 의료 민영화의 완결판으로서 우리나라 의료체계의 근간을 허물어뜨리게 된다.

9) 보험사에 외국인 환자 유치업 허용

박근혜 정부는 국내 또는 외국 보험회사와 보험 계약을 체결한 외국인 환자에 대한 보험회사의 유치 행위를 허용하는 의료법 개정을 추진하고 있다. 의료관광산업 활성화를 내세우고 있지만, 보험회사가 환자를 관리하고, 병원 선택권을 갖게 만드는 것은 보험회사가 의료기관을 좌지우지하고 있는 미국식 의료제도로 가는 지름길로서 위험천만한 정책이다. 정부는 외국인 환자 유치 행위로 제한하겠다고 하지만, 국내 보험회사가 환자 유치 행위에 개입하게 되면 국내 환자 유치 행위까지 관여하게 되는 것은 시간문제일 뿐이며, 민영의료보험을 활성화하고 결국 건강보험제도를 무너뜨릴 것이다.

10) 서비스산업발전기본법 제정

서비스산업발전기본법은 2011년 11월 입법 예고했으나 18대 국회 종료와 함께 폐기되었다가, 2012년 5월 다시 입법 예고되었고, 박근혜 정부와 새누리당은 '서비스산업발전기본법'을 반드시 제정하려 하고 있다. 서비스산업발전기본법의 핵심은 서비스산업 주요 정책과 계획, 다수 부처 관련 사항을 심의·조정하기 위해 서비스산업발전위원회를 설치하는 것이다. 서비스산업발전위원회는 서비스산업 발전과 관련하여 ▷주요 정책과 계획의 수립·변경 사항, ▷다수 부처 관련 사항의 협의·조정 사항,

▷관계 중앙행정기관이 요청하는 사항, ▷기본·시행계획의 수립과 시행 사항, ▷관련 규제·제도 개선 사항, ▷재정·세제·금융지원 사항, ▷관계법령의 개선 권고 사항 등을 심의·조정하는 기능과 역할을 담당한다. 이것은 기획재정부가 서비스산업발전위원회라는 기구를 만들어 의료, 교육, 관광·레저, 정보통신 서비스 등 모든 서비스산업과 관련된 정책, 제도, 재정, 법령에 대해 개입하겠다는 것으로서 서비스산업 관련 법령 제정·개정조차도 기획재정부가 전면 통제할 수 있는 장치를 만드는 것이다. 예를 들어 영리병원 도입을 놓고 보면 경제논리를 앞세운 기획재정부의 입장에 따라 영리병원 관련 도입 법률 제정·개정을 밀어붙일 수 있는 법률적 근거를 만드는 것이다.

서비스산업발전기본법이 통과될 경우 막강한 권한을 가진 기획재정부가 국민건강과 의료 관련 정책을 좌지우지하고, 보건의료산업의 특수성을 부정하고 보건복지부의 고유 권한을 무력화하면서 의료 민영화 정책을 강력하게 밀어붙이게 된다.

3. 의료공급체계 혁신 방안

투자 활성화 대책과 의료 규제 완화 정책의 핵심은 영리자본이 보건의료 분야에 투자할 수 있도록 허용하고 이윤을 추구할 길을 열어주는 데 있다. 결국, 공공의료 비중이 취약한 상황에서도 우리나라 병원들의 공공성이 일정 정도 유지되어왔지만, 영리자회사를 허용함으로써 병원은 이제 영리자본의 돈벌이 투자처가 되고 만다.

박근혜 정부가 추진하는 의료 민영화 정책은 연결고리를 가지고 있다. 초반에는 비영리법인이 운영하는 병원들이 외부 영리자본을 끌어들여 돈벌이 자회사를 설립하겠지만, 조금 더 시간이 지나면, 거꾸로 외부 영리자본이 자회사를 통해 대거 자본을 투입하여 병원을 좌지우지하는 상황이 된다. 의료법인 간 인수합병까지 허용되면 거대 영리자본은 수많은 병원들을 인수합병하여 덩치를 키우게 될 것이고, 원격의료까지 허용되면 동네 의원은 몰락하고 거대 영리자본이 의료 시장을 독점하는 상황이 벌어지게 된다. 동네 의원과 동네 약국이 무너지고 거대 영리자본이 병원과 약국을 독식하는 독과점체제가 만들어지게 되는 것이다.

박근혜 정부는 의료 민영화 정책에 대해 병원들의 경영난을 해소하고, 의료 서비스 질을 높이기 위한 정책이라고 주장한다. 그러나 영리자회사를 허용하고 부대사업을 통해 경영을 개선하라는 것은 의료업에 충실할 수 있는 여건을 만들기보다 왜곡된 의료체계를 더 심하게 왜곡시킬 뿐이다. 자본 투자 경쟁과 이익 추구 경쟁은 더 치열해질 것이고, 의료기관 양극화와 경영 압박은 더 극심해질 것이다.

의료기관을 외부 영리자본의 돈벌이 투자처로 만드는 의료 민영화 정책이 강행될 경우 비영리 운영을 원칙으로 하는 우리나라 의료체계의 근간이 흔들리게 된다.

의료 민영화는 국민들에게는 과잉 진료, 의료비 폭등, 1차 의료(동네 의원, 동네 약국) 몰락, 의료 접근성 악화 같은 재앙이 될 것이고, 돈벌이를 추구하는 영리자본에게는 최고의 수익을 보장하는 황금시장이 될 것이다.

결국 박근혜 정부가 추진하고 있는 의료 민영화 정책은 우리나라 의료를 돈벌이 산업으로 전락시키고 국민의 건강과 생명을 자본의 돈벌이 대상으로 만드는 것으로, 국민들에게 의료 양극화와 의료비 폭등을 안겨주는 대재앙이 될 것이다.

우리나라의 왜곡된 의료체계를 바로 세우기 위해서는 의료 민영화 정책이 아니라 다음과 같은 의료 공공성 강화 정책이 필요하다.

① 의료기관 간 환자를 두고 벌이는 치열한 경쟁체제와 양극화를 줄이기 위해 1차-2차-3차 의료기관 이용체계를 올바르게 개편해야 한다.
② 의료 접근성과 의료 형평성을 높이기 위해 전 국민 주치의 제도를 도입하고 공공의료를 확충해야 한다.
③ 건강보험 하나로 모든 병원비를 해결할 수 있도록 현재 62.5%에 불과한 건강보험 보장율을 90% 이상으로 획기적으로 높여야 한다.

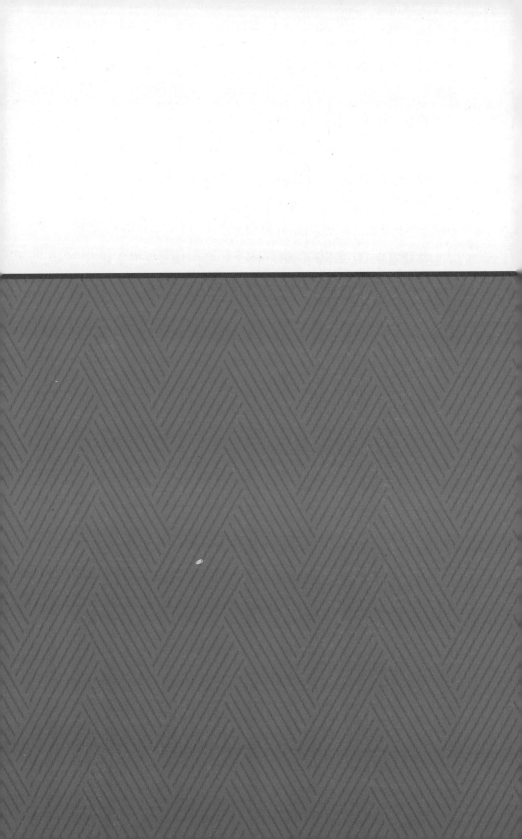

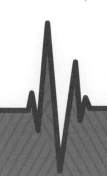

4부

환자 안전, 의료 질 향상은
'사람'에게 투자하는 것으로부터

보건의료 인력
'환자안전과 의료질 향상'은 병원 인력 충원으로부터 시작됩니다!
– 미국의 Ratios(간호사인력비율법)과 한국의 '보건의료인력지원특별법' 제정운동

보호자없는병원
보호자없는병원(포괄간호 서비스) 제도화의 현 단계와 과제

'환자 안전과 의료 질 향상'은 병원 인력 충원으로부터 시작됩니다!

– 미국의 Ratios(간호사인력비율법)과 한국의 '보건의료인력지원특별법' 제정 운동

이주호 · 전국보건의료산업노동조합 전략기획단장

1. 병원 인력 확충은 환자 안전과 질 높은 의료 서비스의 핵심적 요소이다

한 나라의 의료제도는 '의료재정체계'와 '의료공급체계'라는 양대 축으로 구성되어 있다.

'의료공급체계(Health Care Provision)'는 의료 자원을 개발하여 의료 서비스를 생산하고 필요로 하는 국민들에게 공급(전달)하는 일련의 과정이고, '의료재정체계(Health Care Financing)'는 의료 서비스의 구매와 사용에 필요한 재원을 조달하여 필요한 때 적절하게 지출하도록 하고 이를 관리하는 것이다. Kleczkowski 등(1984)에 의하면, 보다 세부적으로는 다음 그림처럼 ▷의료자원의 개발, ▷조직(생산), ▷서비스의 전달, ▷재정체계, ▷관리체계 등 5개의 하위 요소로 구성되어 있다.

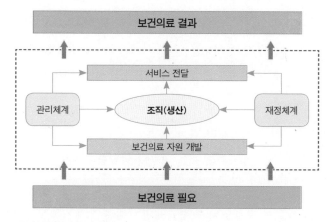

국가의료체계의 개념도(Kleczkowski, BM, Roemer, MI, and van der Werff, A, National Health Systems and their reorientation towards Health for All, WHO, 1984)

지금 한국에서는 '의료재정체계'에서 정부의 역할과 공적재정 확충을 통해 낮은 국민건강보험 보장성을 높이기 위해 무상의료운동이 진행되고 있다. '의료공급체계'에서는 진주의료원 폐업을 계기로 기관 수 대비 5.6%, 병상 수 대비 10.4%에 불과한 공공의료 확충과 부실한 지역의료 강화 문제가 사회적으로 쟁점화되고 있다. 빅5 병원 중심의 의료독과점체제를 극복하는 한편, 1-2-3차 의료전달체계를 확립하는 문제 또한 뜨거운 이슈이다. 보건복지부가 제시하는 의료기관 재정립 방안을 둘러싸고도 각 조직간 많은 이견이 발생하고 있다.

그런데 의료공급체계에서 또 하나 빼놓을 수 없는 중요한 것 중 하나가 바로 '병원 인력 문제'이다. 병원은 인건비의 비중이 40~50% 이상을 차지할 만큼 노동집약적인 산업이고 사람이 의료 서비스를 직접 제공해서 환자의 생명과 안전을 돌보기 때문이다. 따라서 어떤 인력정책을 수립하느냐에 따라 국민과 환자가 받는 의료 서비스는 질적으로 달라질 수밖에 없다.

한국의 현대사가 1960~1970년대의 산업화 시대를 거쳐 1980~2000년대 민주화 시대, 그리고 2010년 이후로 보편적 복지를 추구하는 새로운 시대로 나아가고 있다면, 의료 분야 또한 초기 전국민의료보험제도의 도입과 외형적 병상 증축의 시대를 넘어, 이제는 국민건강보험 보장성 확대와 의료공급체계 혁신, 보호자없는병원, 질 높은 의료 서비스 제공 등 '한 단계 높은 의료의 질'이 필요한 시대로 나아가고 있다.

이런 시점에서 병원이 지역별, 규모별 차이와 관계없이 환자들에게 질 높은 의료 서비스를 제공하는 것은 너무나 당연한 과제이다.

보건의료노조는 병원 인력 부족 문제의 해법을 찾기 위해 연구조사사업과 함께 관련 법안 발의와 다양한 대국민 캠페인 활동을 전개해오고 있다.

2009년부터 노조 2대 핵심전략으로 '보호자없는병원 만들기를 통한 현장 인력 확충'과 '획기적 보장성 확대를 통한 진료비 걱정 없는 나라 만들기' 운동을 공식 결의하고 전 조직적으로 이 운동을 전개해왔다.

2009년 11월 '보호자없는병원 실현을 위한 연석회의' 출범을 주도하면서, 개인 간병 문제 해결을 위한 간호 인력 충원 필요성을 대대적으로 알려나갔고 이후 일부 지자체 후보와 정책협약을 통해 보호자없는병원 만들기 운동은 지역으로 조금씩 확산되어나갔다.

2010년 9월 한·미·일·독 4개국 병원 인력 국제 세미나를 개최했고, 이어서 병원의 인력 기준을 법제화하면서 인력 문제를 해결한 미국 사례를 연구하기 위해 미국 연수와 함께 캘리포니아 주에 있는 UCLA 등 주요 병원들을 직접 방문하여 현장 조사를 진행했다. 그리고 2011년 4월 7일 보건의 날과 5월 12일 국제간호사의 날을 맞아 국회에서 병원 인력 확충을 위한 토론회를 개최했다. 이 토론회에서는 한국과 미국의 병원 인력 현실을 비교하면서 대안으로 미국의 인력 비율법(Ratios)과 환자보호법(Patient Protection)을 주요하게 제기하였다.

2011년 5월 23일 창원에서부터 '무상의료 실현과 병원 인력 확대를 위한 러브플러스 캠페인 전국 투어'를 시작하여 6월 14일 서울지역까지 전국 주요 도심과 병원을 순회하면서 시민과 환자들을 만났다. 당시 캠페인의 캐치프레이즈인 'LOVE +(러브플러스)'는 '일하는 사람이 늘어나면 환자 사랑도 커진다'는 의미이자 '국민건강보험과 공공보건의료제도가 확대, 강화되면 국민들의 건강도 긍정적으로 더 좋아진다'는 의미이다.

2012년에는 19대 국회가 개원되자마자 인력 문제 해결 없이 노령화 사회 대비, 환자 안전, 의료 질 향상 논의는 무의미하다면서 보건의료 인력 문제를 국가 차원에서 제도적으로 해결하기 위해 보건의료노조의 제안을 바탕으로 김용익 의원 등이 '보건의료인력지원특별법'을 발의하였다.

2. 병원 인력 부족, 얼마나 심각한가?

병원 건물이 나날이 높아지고 리모델링하고 고급 장비가 들어온다고 해도 30분 대기 3분 진료와 간호사 1명이 환자를 20~40명씩 보는 상황에서는 환자 안전과 질 높은 입원 서비스가 불가능하다. 게다가 열악한 노동조건으로 이직률이 20~40%에 육박해 병동에 숙련 간호사가 아닌 신규 간호사로 가득 차 있는 한 더더욱 질 높은 입원 서비스는 어불성설이다. 질 높은 서비스를 기대하기는커녕 오히려 근접 오류사고나 의료사고의 위험에 무방비로 노출될 수밖에 없다. 오죽하면 신규 간호사가 많이 들어오는 3월에는 가능한 병원을 가지 말라는 병원계 격언까지 생겼을까.

먼저, 한국의 인력이 얼마나 부족한지 미국과 한국의 병원 근무 인력을 비교해보자.

한국의 경우, 820병상 규모의 사립대병원인 W병원은 의사 342명, 간호직 646명 등으로 직원이 총 1438명인 데 비해, 미국 LA에 있는 909병상 규모의 비영리 민간병원은 의사 649명과 간호직 2,956명의 인력을 보유하고 있다. 총 직원 규모가 무려 9,806명이다. 필자가 2011년 미국 연수 기간 현장 조사를 진행한 520병상의 UCLA 대학병원은 전체 직원 수가 6,800명이고, 그중에서 의사가 4,000명(외부 포함, bedside Dr 2000명), 간호사가 2,800명, 테크니션이 280명이다. 미국의 경우, 비슷한 병상 규모에서 우리나라보다 4~5배 많은 간호사가 근무하고 있고, 총 직원 또한 5~6배나 많다.

이것은 유럽 병원과 비교해도 마찬가지이다.

한국의 경우, 2,743병상 규모의 사립대병원에서 의사 1384명, 간호사 2,803명 등으로 직원이 총 7,566명인 데 비해, 필자가 독일 유학 기간 방문했던 3,212 병상 규모의 베를린 시립 샤르티 병원은 의사 3,290명과 간호사 4,000명 등 총 직원이 1만 4,500명에 달한다. 독일이 한국에 비해 최소 2배 이상 많은 병원 인력을 유지하고 있는 것이다. 결론적으로 미국 같은 신자유주의 국가든 독일 같은 유럽의 복지국가든 병원 인력만큼은 의료 서비스의 질 향상 차원에서 한국보다는 2~5배 많은 인력을 확보하고 있다는 것이다.

2011년 3월 8일 건강보험심사평가원에서는 관련 법령에 의해 관리하고 있는 2010년 말 현재 우리나라 전체 의료기관 수와 의료 인력, 병상 수, 특수·고가 의료장비 등록현황을 공개한 바 있다. 여기서 놀라운 것은 한국의 특수·고가 의료장비는 OECD 평균보다 월등히 많고, 의료 인력은 훨씬 부족하다는 것이다. 이것은 한마디로 말해 한국의 병원들이 과잉 공급된 병상과 장비를 통해 환자들에게 과잉검사와 과잉 진료 제공 유혹에 빠질 수밖에 없고 부족한 인력으로 인해 충분한 의료 서비스가 불가능하다는 것을 단적으로 보여준다.

구분	한국(2000년)	한국(2010년)	OECD 평균(2008년)
100만 명당 CT 보유 수(대)	28.38	35.66	22.97
100만 명당 MRI 보유 수(대)	5.40	20.15	11.13

		13.25	49.39	22.63
100만 명당 CT 유방촬영장치 보유 수(대)		13.25	49.39	22.63
100만 명당 PET 보유 수(대)		0.02	3.17	1.48
1,000명당	의사 수(명)	1.37	2.01	3.11
	간호사 수(명)	1.40	2.37	6.74

　경제협력개발기구(OECD) Health Data 2012를 보더라도, 국내 요양기관 수와 입원실 병상 수, 그리고 장비 수는 OECD 평균보다 30~50% 더 많은 데 비해, 의사와 간호사 등 병원 인력의 수는 절반 수준에도 못 미친다.

　그래서 인력 부족으로 시달리고 있는 한국의 간호사는 직장에서 일하는 '백의의 천사'가 아닌 전쟁터에 나가 싸우는 '백의의 전사'가 된 지 오래다. 근무시간 당 적게는 10여 명에서 많게는 50여 명의 환자를 돌봐야 한다. 일본이 7명, 미국이 4~5명의 환자를 보는 것에 비하면, 최소 2배에서 10배나 더 많은 환자를 담당한다. 그러다 보니 밥 먹을 시간조차 없이, 화장실도 못 가고 연속적으로 10시간 이상 일해야 한다. 주말 휴식과 주5일제는 꿈도 못 꾼다. 산업의학계에서 발암물질이라고 하는 '밤 근무'를 한 달에 7회에서 10회씩 하다 보니 몸은 몸대로 망가지고 환자에게도 피해가 고스란히 전가된다. 그 결과 간호사들의 평균 근속연수가 5년을 채 넘지 못하고, 이직률 또한 20%에 육박한다.

　이로 인해 간호사가 근무 중 환자들에게 가장 많이 사용하는 단어가 '잠시만요'라고 한다. 부족한 인력 때문에 환자의 요구를 곧바로 해결하지 못해 그런 말을 가장 많이 한다고 한다. 인건비(인력)는 줄이고 고객(환자) 만족도는 높이려는 병원의 이중적인 태도 때문에 중간에서 간호사만 샌드위치 신세가 된다. '밥 좀 먹고 일하자'는 것은 모든 병원 노동자들의 작은 소망이 된 지 오래다.

　하지만 필자가 2011년 미국 연수 기간 자주 만났던 현지 한국 출신 간호사는 전혀 달랐다. 한국과 미국 병원 생활을 비교해달라는 질문에 한국

병원 다닐 때는 폴대 찾다가 퇴근 못한 경우도 있었다면서 미국 병원에서는 잡일이 없다고 했다. 한국에선 간호사 당 환자 비율, 즉 레이시오(Ratio)가 30명쯤 된 것 같은데, 미국에선 그 정도 비율은 상상도 할 수 없다면서 미국에서는 노동 안전을 위해 취업 후 가장 먼저 환자 리프트 안전부터 배운다고 했다. 미국에서 한국 병원의 근무조건과 생활을 이야기하면 '인간 학대' 수준으로 취급당한다면서 그것은 즉시 소송 감이라고 했다. 미국 병원에서는 환자와 대화할 시간이 많아서 정서적 간호가 가능하다며 그날은 12시간을 근무했는데 8시간을 환자와 이야기를 나누었다고 했다.

또 다른 간호사는 한국에서는 할당된 환자 수가 너무 많아서 환자와 대화하고 환자를 파악하고 알 수 있는 시간이 절대적으로 부족했다면서 미국에서는 레이시오 법에 따라 4명의 환자만 보면 된다고 했다. 이 기준은 철저히 지켜진다. 안 지키면 바로 고발당한다. 레이시오의 가장 큰 장점으로 간호사가 환자를 깊게 들여다볼 수 있다는 점을 들었다. '전인 간호'가 가능하다는 것이다.

3. 미국 'The Ratios'가 우리에게 주는 시사점

미국의 The Ratios(safe RN to patient staffing Ratio Law)는 숫자가 주는 의미, 그 이상이다. 부서별 인력 기준은 오른쪽 표와 같다.

The Ratios 법안은 16만 명의 '캘리포니아 간호사 노조(CNA-California Nurses Association)'와 '전미간호사연대(NNU-National Nurses United)'의 투쟁으로 만들어졌다. 그들은 '이윤보다 환자를!(patients before profit)'이란 구호를 내걸고, "더 좋은 의료 서비스를 위해서는 더 많은 간호 인력이 필수적이다", "간호사로서, 환자를 돌보는 일에 관한 한 어떤 것도 대신할 수 없다"고 주장하면서 인력법 제정 투쟁을 1999년부터 시작하였고 결국 2004년 법 시행을 통해 그 결실을 볼 수 있었다. 처음에는 논란 끝에 구체

적 기준을 명시하지 않은 원론적인 인력법
이 1999년 통과되었다. 그 이후 병원에 2년
간의 준비 기간을 충분히 주면서, 정부 주
도하에 2년간 세부 기준 조사 및 연구 작업
을 거쳐 2002년 세부 기준을 만들었다. 이
를 기초로 2년 후인 2004년에는 전면 시행
을 하게 되었다.

The Ratios는 당시 미국 보건의료 시스
템의 시장 추구 경향이 강화되면서 미국에
서 일반화된 HMO(the Health Maintenance
Organization)와 같은 '관리의료'(Managed
Care)의 의료비용을 줄이려는 압력에 대응
하면서 만들어졌다. 당시 그런 압력으로 인
해 환자의 중증도가 높아졌지만 간호 예산
은 삭감되고 충분한 간호 인력 확충에 대한
책임은 병원에게 전가되었다. 이 시기 캘리

The Ratios

Intensive/Critical Care	1:2
Neo-natal Intensive Care	1:2
Operating Room	1:1
Post-anesthesia Recovery	1:2
Labor and Delivery	1:2
Antepartum	1:4
Postpartum couplets	1:4
Postpartum women only	1:6
Pediatrics	1:4
Emergency Room	1:4
ICU patients in the ER	1:2
Trauma patients in the ER	1:1
Step Down Initial	1:4
Step Down in 2008	1:3
Telemetry Initial	1:5
Telemetry in 2008	1:4
Medical/Surgical	1:5
Other Specialty Care Initial	1:5
Other Specialty Care in 2008	1:4
Psychiatric	1:6

All ratios are minimums. Hospitals must increase staffing based upon individual patient needs.

미국 CNA 자료에서 인용.

포니아는 미국에서 가장 열악한 간호사 인력 수준을 보이면서 간호 인력
부족을 악화시키는 간호사의 이직율도 높아만 갔다. 따라서 점차석으로
간호사 인력 부족을 해소하기 위한 법률적 처방에 대한 요구가 커져가면
서 CNA가 The Ratios 인력법 제정에 나서게 된 것이다.

The Ratios는 병동 간호사 대 환자 비율 1:5를 포함하여 20개 부서에
인력 기준을 만들었고, 내용면에서 "모든 비율 기준은 최소 수치이며 병
원은 환자 개인의 요구도(needs)에 기초해서 인력을 더 늘려야 한다. 인
력법은 식사와 휴식시간까지 포함하여 모든 근무시간에 적용되어야 하고
평균치로 적용해서는 안 되며, 인력법에 따른 보조 인력의 해고는 없어야

한다는 점"을 강조하고 있다.

CNA는 The Ratios 인력법을 만들면서 다음과 같은 구체적 성과를 얻을 수 있었다.

첫째는 의무화된 정규간호사(RN) 비율제가 환자들의 만족도와 치료실적을 증가시켰고, 둘째는 현장 간호사들의 직무 만족도를 높이고 이직률을 낮추었다. 많은 간호사들이 인력비율제가 있는 캘리포니아 병원에 재취업했다. 셋째는 수많은 연구논문을 통해 환자 안전을 위한 간호사-환자 비율 인력법의 중요성을 재확인시켜 주었다. 넷째는 간호사-환자 비율 인력법은 병원에게 비용을 절감케 하는 해결책이 되었다.

미국의 The Ratios가 인력이 절대적으로 부족하여 인력투쟁을 준비 중인 우리에게 주는 시사점은 너무나 많다. 첫째, The Ratios는 환자보호법과 함께 추진됨으로써 환자와 국민들의 전폭적인 지지를 받았다. 환자 안전과 인력법을 연계하여 노동자만의 요구가 아니라 환자와 국민들을 위한 요구임을 분명히 했다. 둘째, 가장 산별적인 투쟁, 가장 정치적인 투쟁으로 개별 병원의 한계와 경제적 조합주의를 뛰어넘어 산업 전체적 차원에서 법 제정 투쟁을 승리로 이끌어내었다. 모든 선거에서 The Ratios 법 지지 여부에 따라 후보 지지와 낙선운동을 전개했다. 셋째, The Ratios 투쟁은 CNA 노조 조직운동과 투쟁의 처음이자 끝, 조직 확대의 무기였다. 이는 캘리포니아 주를 모델로 해서 전국적으로 확산되고 있는데, 현재 26개 주까지 조직을 확대하여 법제화 투쟁을 전개하고 있다. The Ratios 인력법 투쟁은 미국 간호사노조의 대표 브랜드이자 노조 조합원 확대의 가장 중요한 무기이다. 그들은 서슴없이 모든 것은 Ratio로 통한다고 말한다.

요즘 우리나라의 모든 병원들이 고객만족도(CS)를 강조하며 친절교육을 강화하고 있다. 하지만 억지 미소의 친절한 간호사가 환자에게 진정 필요한 것은 아니다. 오히려 환자에게는 전문 의료인의 손길이 자주 닿고,

충분한 설명을 할 수 있는 간호사가 필요하다. 모 대학병원의 구호처럼 '환자 곁에서, 환자 편에서' 병원이 운영되려면 정말이지 사람 중심의 경영방침을 가지고 대대적인 인력 확충과 함께 교대제의 개선, 노동시간 단축, 복지수준의 획기적 개선을 이루어야 한다.

4. 인력 확충을 위한 몇 가지 정책적 추진 방안

그럼 '환자 안전과 의료 서비스 질 향상을 위한 병원 인력 확충'이 어떻게 가능한지 구체적 추진 방안에 대해 알아보자.

첫째, 먼저 우리가 확인해야 되는 것은 현재 병원계 상황에서 인력 확충 문제는 어느 개별 병원 차원에서 해결하기가 어렵다는 점이다. 따라서 이 문제를 해결하기 위해서는 '사회적 논의'를 통해 '사회적 법제도화'와 그것이 가능하기 위한 '재원 확보 방안'이 함께 마련되어야 한다.

현재 민간병원이 90%를 차지하고 있고 의료수익 창출과 생존을 위한 병원 간 경쟁이 치열한 상태에서 개별 병원 차원에서 인력 확충을 통한 의료 서비스 질 향상을 기대하는 것은 거의 불가능하다. 어느 병원도 먼저 높은 인건비 비중을 감당하면서 선뜻 나서지 못하기 때문이다. 따라서 인력 확충은 '인력법 제정'과 '인력 기준 강화'를 통해 사회적으로 이를 강제하여야 하며 그것을 위해 3조 원 가까운 재원이 마련되어야 한다. 무엇보다 우선적으로 간호사 대 환자 비율 2:5(간호 3등급)라는 법정 간호 인력 기준을 준수하지 않은 의료기관이 86%라는 점에서 현행 법 지키기 운동부터 시작해서 점차 법정 기준을 강화해야 한다.

현재 수가제도를 처음 설계할 당시에는 대가족 시대에 개인 가족 간병을 전제로 최소 병원 인력 기준과 보상기준을 만들었기 때문에 지금의 핵가족 시대, 맞벌이부부 시대에는 전혀 맞지 않는 기준이 되고 있다. 따라서 충분한 인력 확보를 통한 최상의 입원 서비스를 확보하기 위해서는 인력 기준과 수가제도, 보상제도가 새롭게 마련되어야 한다. 이를 위해 정부는 간호관리료 수가제도 등을 대폭 개선해 인력 충원에 따른 비용 지원 방안을 새롭게 마련하고 장비와 검사, 약가 수가보다는 인력 충원에 따른 수가보상을 강화하는 방향으로 새로운 인력 수가제도를 만들어야 한다.

둘째, 병원 인력 확충의 올바른 해법을 찾기 위해서는 의사, 간호사 인력 부족의 원인을 정확히 진단해야 한다. 우리나라 병원 인력을 대표하는 간호사의 경우 병원에 근무하는 간호사 숫자가 OECD 평균에 비해 3분의 1 수준에 불과하지만 간호사 면허 숫자가 절대적으로 부족한 것은 아니다.

2013년 현재 간호사 면허 등록자는 31만 명이며, 이 중 요양기관에서 근무하는 간호사는 40%에 불과하다. 나머지 60%는 소위 말하는 장롱면허, 유휴 간호사들이다. 이 60%의 간호사가 병원 현장으로 돌아오지 않는 것이 문제의 핵심이다. 즉 간호대학 입학정원 확충, 외국 간호사 수입 등을 통해 간호 수급을 늘리는 것이 아니라 먼저 이들을 병원으로 돌아오게 만드는 것이 인력 정책의 핵심이 돼야 한다. 그리고 20%를 넘고 있는 간호사들의 이직률을 낮추는 것도 인력 정책의 또 하나 중요한 핵심 포인트이다.

근무하는 간호사는 병원의 열악한 노동조건을 견디지 못한 채 떠나고 더 많은 간호사들은 병원으로 오지 않는다. 그래서 간호 인력이 부족한 것이다. 그럼 이런 문제를 어떻게 해결해야 하는가?

먼저 각종 조사에서 간호사가 이직을 고민하는 주요한 원인이 밤근무의 어려움으로 나타나고 있기 때문에 현재 한 달에 10개 이상 하고 있는 밤근무 숫자를 6개 이하로 줄이고 밤근무 업무량도 대폭 축소하면서 교대 근무 방식을 전면 개선해야 한다.

더불어 야간노동과 숙련노동에 인센티브를 제공하면서, 간호사들의 장기 근무를 유도해야 한다. 그리고 직종 간 명확한 업무 분장안인 job description(직무 내용 설명서, 업무 분장)을 마련하고, 간호사 인력 확보는 물론 간호사 이외 직종(약사, 간호보조, 이송반 등)도 충분한 인력을 확보해야 한다. 전문 직업인에 걸맞은 임금수준 확보와 복지후생 강화, 직종 간 상호 존중하는 민주적 직장문화, 폭언 폭행 없는 좋은 병원 분위기 조성, 환자 만족과 직원 만족이 동시에 이루어지는 병원 조직문화 혁신운동도 병원 인력을 확충하는 주요 과제들이다. 이런 근본적인 노력 없이 단순히 병원 인력, 간호 인력을 양적으로만 수적으로만 확충하는 것은 결국 밑 빠진 독에 물 붓기로 악순환이 반복될 것이다.

의사 인력의 경우에는 OECD 평균에 비해 의사 인력이 절대적으로 부족하지만 특히 공공의료를 책임질 의사가 절대적으로 부족하다. 지금처럼 최고 점수의 학생들이 최우선적으로 의대를 지망하고, 수천만 원의 비용이 소요되는 지금의 의대 교육 시스템으로서는 공공의료를 책임질 의사 인력을 양성하는 것은 우물에서 숭늉 찾는 격이다. 따라서 보다 적극적인 공공 의사 인력 양성 방안을 모색해야 한다. 이를 위해서는 쟁점이 되었던 국방의학원 설립보다는 좀 더 폭넓은 국립중앙보건의료대학원 설립이 적극 검토돼야 한다. 이 대학원은 국립중앙의료원, 근로복지공단 산재병원, 보훈병원, 한국원자력의학원 등 특수 목적 공공의료기관의 수련병원으로서 역할을 할 수 있을 것이다. 그리고 국립대병원 전면 무상교육을 실시하여 졸업과 동시에 의사들이 일정기간 준 국가공무원으로 공공의료기관에 근무하는 시스템을 적극 모색해야 한다. 나아가 광역단위별로 보건의료 지역 향토 장학생 제도와 공중보건의료인 제도 시행, 남자 간호사 병력 특례 도입 등 다양한 방법을 통해 의사와 간호사, 의료기사 등 의료 인력의 공공적 양성이 절대적으로 필요한 시점이다. 이런 근본적인 대책이 없는 한 지금의 의대 교육 시스템으로는 공공 의사 양성은 불가능하다.

셋째, 환자 안전을 위한 인력 확충이 전 병원에서 조속히 실현되기 위해서는 2016~2017년 열린 정치적 공간을 적극 활용해야 한다. 먼저 19대 국회 회기의 마지막인 2015년 정기국회에서 2014년 통과된 '환자안전법'에 이어 '보건의료인력지원특별법'을 통과시켜야 한다. 그리고 2016년 총선과 2017년 대선 국면에서 대대적인 정치 캠페인을 통해 인력 법안을 지지하는 후보를 국회의원과 대통령으로 뽑아야 한다.

5. '보건의료인력지원특별법'은 기존의 법과는 다른 획기적 법안

그럼 '보건의료인력지원특별법'은 어떤 법인지 함께 살펴보자.

이 법은 19대 국회 개원과 함께 2012년 6월 27일 민주통합당 김용익, 은수미, 윤관석 의원, 통합진보당 박원석, 심상정, 정진후 의원 등이 환자 안전과 의료 서비스 질 향상, 고령 사회 대비를 위해 공동 발의하였다. 이 법을 한마디로 요약하자면, 도래하는 초고령화 사회에, 우리의 노후와 건강을 책임질 보건의료 인력을 더 이상 시장에 맡기지 말고 범국가 차원에서 체계적으로 준비하고 관리하자는 법안이다.

보건의료와 관련된 수많은 법이 있지만 이 법은 기존의 법과는 질을 달리하는 획기적인 법안이다. 정부는 그동안 보건의료 정책을 수립할 때 건강보험, 의료공급체계, 공공의료, 병상 총량제, 시설과 장비 등에 대해서는 많은 계획과 대책을 제시했지만 단 한 번도 보건의료 인력 문제를 전면적으로 진지하게 검토하거나 계획을 세운 적이 없다.

병원 매출액에서 인건비 비중이 50%를 차지할 만큼 노동집약산업으로서 보건의료 인력이 60만 명을 넘어서고 있다. 하지만 인구 대비 보건의료 인력은 OECD 국가의 절반 수준에도 못 미치고 있다. 인력 부족으로 보호자가 환자 간병을 위해 병원에 상주해야 하고, 환자 안전사고의 우려가 높다. 이직률이 높아 의료 서비스 질 하락이 우려되고, 지방 중소 병원에 의사, 간호사 인력이 부족해서 의료 공백이 생긴다. 이처럼 인력 관련한 문제가 다방면에서 제기되고 있음에도 불구하고 인력 문제는 늘 정책의 우선순위가 아니었다. 의사 인력에 대해서만 몇 차례 검토된 적이 있을 뿐이다.

2011년 3월 정부가 야심차게 '의료기관 기능 재정립을 위한 10대 과제'를 발표했지만 거기서도 인력 문제는 '인력 양성·공급체계 개편'이라는 소제목 아래 의사 인력이 주로 언급되어 있을 뿐, 나머지 인력 문제는 '의료 서비스 수준 향상을 위한 간호 인력 수급 및 수가지원체계 개선'이 전부다. 그들의 눈에 의료기관 기능 재정립이란 의료 시스템과 건물, 시설, 장비만 보이고 거기서 일하는 '사람'은 보이지 않는다.

하지만 이제 한국 사회가 급속도로 고령화되면서 질병구조의 변화로 인한 보건의료 서비스의 수요가 급증하고 있고, 현재 보건의료기관의 양극화와 지역별 편중으로 인하여 수도권을 제외한 많은 지역에서 보건의료 인력 수급이 원활하게 되지 않아 환자에게 필요한 양질의 적정 의료 서비스를 제공하는 문제가 주요 관심사로 떠오르고 있다. 현재 보건의료기관에 종사하는 보건의료 인력 수준으로는 환자 안전과 보건의료 서비스의 질을 담보할 수 없다는 문제의식이 커지고 있다. 따라서 보건의료기관에 종사하는 보건의료 인력의 원활한 양성과 공급, 근로환경 개선 및 복지 향상 등을 통해 고령사회를 대비할 안정적이고 종합적인 보건의료 인력 지원 정책 수립의 필요성이 강하게 대두되고 있다.

하지만 보건의료 인력 지원 정책 수립의 근거인 현행 의료법 등 관련 법령이 이와 관련된 내용이 미비하고, 설령 있다 하더라도 강제성이 떨어져 실효성이 전혀 없다. 그런데, 의료기관은 인력 관리에 있어 의료라는 특수성에 의하여 다른 조직체보다 엄격한 법률적 규제를 받는 대상이기 때문에 법적, 제도적 정비를 통해서만이 보건의료 인력 지원 사업이 가능하다. 따라서 반드시 법률적 정비와 함께 문제해결의 주체를 바로 세우면서 중장기적 세부 실행계획이 수립되어야 한다.

이런 문제의식을 배경으로 발의된 인력법은 다음과 같은 새로운 내용을 포함하고 있다.

첫째, 최근 보건의료 현장의 변화를 반영하기 위해 '보건의료기관'과 '보건의료 인력'에 대한 정의를 최대한 확장하여 법 적용의 사각지대를 없애려고 노력하였다. 대상 보건의료기관은 일반 의료기관은 물론 노인복지법, 장기요양보험 관련 장기요양시설, 혈액원 등도 모두 포함하는 것으로 했다. 보건의료 인력도 의사, 약사, 간호사, 간호조무사, 의료기사는 물론 안경사, 안마사, 요양보호사, 사회복지사, 사무직, 영양사, 전기기사, 보일러기사 등 현장 기술직 포함 의료기관에 종사하는 모든 인력을 포함시켰다. 노동법상 필수공익사업 대상, 의료법상 의료기관 평가인증 대상 부서와 직종도 업무의 중요성을 감안 포함시켰다.

둘째, 보건의료 인력 지원에 대한 국가와 지방자치단체의 책무를 분명히 명시하고, 정부가 인력 문제의 현실을 파악하기 위해 3년마다 보건의료 인력지원 종합계획과 연도별 시행계획을 수립·시행하고, 인력 지원 및 개선에 필요한 종합적 실태조사를 실시하도록 했다. 여기에 임금, 노동조건과 여성, 외국인, 비정규직 직원 등의 현황도 포함하도록 했다. 조사 없이 올바른 정책이 나올 수 없는데 그동안 정부 차원에서 제대로 된 인력종합 실태조사를 실시한 적이 없다. 이런 기본 사업을 위해 보건복지부 장관을 위원장으로 하는 '보건의료 인력지원 심의위원회'를 설치·운영하고 여기에 정부는 물론 공급자, 소비자, 직종협회, 환자단체, 노조 등 현장 중심으로 구성하도록 하였다. 더불어 보건의료 인력지원 업무를 전담하는 '보건의료 인력원'을 설치할 수 있도록 하였다. 이것은 의료기관 평가인증제와 관련한 현행 의료법 제58조(의료기관인증) ② 인증전담기관과 제58조의 2(의료기관인증위원회)를 벤치마킹한 것이다. 현재 보건복지부 산하에 보건의료 인력 관련 기관은 한국보건의료인국가시험원(국시원)과 한국보건복지인력개발원 2개가 있다. 하지만 2개의 기관은 그 설립 목적에서 보는 것처럼 보건의료 인력 수급 원활화와 인력 관리 및 지원, 노동조건의 개선, 복지향상을 위한 종합적인 업무 수행이 불가능하며, 면허시험 관리(국시원)와 교육훈련(한국보건복지인력개발원) 등 극히 제한된 범위에서 보건의료 인력업무를 수행하고 있다. 따라서 제대로 된 인력 전담기구 설치가 불가피하다. 사실 그동안 의료 현장에서의 인력부족 문제가 심각하고, 사회적으로 새로운 일자리 창출이 핵심의제로 부상하고 있음에도 불구하고 이 문제의 해결 주체인 정부는 그것을 담아낼 그 어떤 기구와 조직을 준비하고 있지 않았다.

셋째, 정부 차원에서 보건의료 인력이 제대로 일할 수 있는 노동환경과 복지시설을 갖추는데 필요한 지원을 할 수 있도록 하는 근거를 만들었다. 국가는 보건의료기관이 어린이집, 연수복지시설 등 공동복지시설을 설치 및 운영하는 데 필요한 경비를 지원할 수 있도록 했다. 사실 다른 산업과 비교할 때 보건의료산업 60만 종사자가 제대로 교육받고 쉴 수 있는 연수원 하나 없다는 것은 참으로 부끄러운 일이다. 웬만한 업계에서는 좋은 연수원과 휴양시설을 다 갖추고 있지만 보건의료산업은 전무한 상태이다. 보건복지부는 물론 사용자단체, 직종 협회, 노조 모두가 반성할 일이다. 그리고 보건의료 인력의 이직률을 낮추어 장기 재직을 유도하기 위해 다양한 지원책을 모색하고, 보건의료 인력 지원에 필요한 재정 지원, 신용보증지원, 의료수가개선 등 금융 및 세제 지원을 할 수 있도록 하였다. 특히 중소병원과 지역거점병원에 대한 지원을 우선하도록 했으며, 의료기관이 청년 실업자 취업, 고용 확대, 근로시간 단축 사업을 할 시 적극 지원하도록 하였다. 이런 식의 법안이 처음 시도되는 것은 아니다.

이미 ▷중소기업 인력지원특별법(시행 2011. 12. 8), ▷뿌리산업 진흥과 첨단화에 관한 법률(시행 2012. 1. 26), ▷ 항만인력공급체계 개편을 위한 지원특별법(시행 2011. 5. 19), ▷ 건설근로자의 고용개선 등에 관한 법률(시행 2011. 10. 26), ▷ 교원지위향상을 위한 특별법(시행 2008. 6. 15) 등 타 산업에서 유사한 입법 선례가 많이 있다. 따라서 2015년 정기국회에서 조속한 심의를 통해 연내 법안 통과가 되기를 강력히 희망한다.

인력법은 여야 구분 없이, 보수진보 구분 없이, 직종 구분 없이 누구나 동의할 수 있는 국민을 위한 국민의 법안이다. 더구나 국민경제 관점에서도 고용유발 효과 및 부가가치가 가장 높은 보건의료산업에서의 인력 확충 정책은 국민건강증진과 함께 일자리 창출 효과도 가장 극대화할 수 있다. '내가 노인이 되었을 때 누가 나를 돌볼 것인가?' 이런 질문을 던지면서 '보건의료인력지원특별법' 제정에 힘을 모으자.

6 '생명보다 돈'이 우선인 한국 의료를 '돈보다 생명'이 우선하는 의료로!

마지막으로 국민주권 시대에 의료혜택 확대를 위해서는 노동자 국민 스스로가 이 운동의 주체로 나서야 한다. 전문가와 정치권 등 상층 중심의 선언적 소수자 운동에서 한걸음 더 나아가 조합원과 국민, 환자와 환자보호자가 주체가 되는 대규모 보건의료 대중운동으로 나아가야 한다.

환자 안전을 위한 병원 인력 확충은 물론 건강보험 보장성 90% 확대로 무상의료 실현, 의료공급체계 전면 개편의 필요성을 자신의 경험에 기초해서 적극적으로 알려나가야 한다. 그래서 국민들의 절박한 요구를 대변하고자 하는 국회의원 후보와 대통령 후보가 이런 국민 여론과 분위기를 의식하여 의료혜택 확대를 최우선 공약으로 채택하고 2017년 이후 새 국회와 새 정부에서 최우선 정책으로 시행하도록 해야 한다.

'돈보다 생명을(Life before Money)', '이윤보다 환자를!(patients before profits).'

이것이 국민의 건강을 책임지고 있는 보건의료 노동자들의 철학이자 활동 방향이다. 이것이 2016~2017년 총선과 대선 국면에서 '무상의료 실현, 공공의료 강화, 적정 인력 확보'를 요구하는 우리들의 근본 방향이 되어야 한다.

이제 시간이 그리 많이 남아 있지 않다. 2016~17년을 우리가 어떻게 움직이느냐에 따라 '생명보다 돈'이 우선인 한국의 의료는 '돈보다 생명을'이 실현되고, '환자보다 이윤을' 앞세우는 한국의 병원은 '이윤보다 환자를!' 먼저 생각하는 본래의 병원으로 되돌아올 수 있을 것이다.

▲ '내가 간호사로 살아간다는 것', 독일 시사만화 가운데 일부

▲ '내가 간호사로 살아간다는 것', 미국 시사만화 가운데 일부

보호자없는병원(포괄간호 서비스) 제도화의 현 단계와 과제

윤은정 · 전국보건의료산업노동조합 정책국장

1. 보호자없는병원 사업의 도입 배경 및 필요성

1) 환자의 간병문제 사회적 문제로 대두

병원 환자에게 가장 힘든 부분은 병원비보다 간병 문제이다. 환자의 입장에서는 가족이 간병을 담당하거나 사적 간병을 이용하고 비용을 지불하는 수단 외에는 간병 문제를 해결할 방법이 없다. 핵가족화 시대에서 간병을 담당할 만한 가족이 없고, 나홀로 가구는 매년 증가하고 있어 더 이상 가족 간병을 기대하기는 어려운 현실이다.

또한 사적 간병은 비전문인에게 맡겨진 환자 돌봄에 비용 대비 효율성이 떨어지는 것이 사실이다. 환자나 보호자가 간병비로 지불하는 비용은 일일 60,000~90,000원으로 병원비보다 간병비로 지출되는 금액이 커서 가족 간의 갈등이나 환자 방치, 가계부채로까지 이어져 심각한 사회문제가 발생하기도 한다.

환자의 간병을 별도로 분리하는 나라는 우리나라와 대만, 중국이 유일하다.

2) 의료 현장의 심각한 간호 인력 부족

해마다 우리나라의 병원은 병상 수를 늘리고 의료장비를 갖추느라 막대한 예산을 지출하고 있다. 이런 결과로 우리나라의 총병원 병상 수는 인구 1,000명당 10.3병상으로 OECD 평균 4.8병상보다 2.1배 많고, MRI, CT와 같은 고가 의료장비는 인구 100만 명당 23.5대로 OECD 평균 14.0대보다 9.5배 많다.

그러나 의료 인력은 증가하는 병상 수에 비해 턱없이 부족하다. 의사 인력은 인구 1,000명당 2.1명으로 OECD 평균 3.2명보다 1.1명이 적고, 간호 인력은 간호조무사를 포함해도 인구 1,000명당 4.8명으로 OECD 평균 9.3명의 절반 수준이다.

이런 간호 인력의 부족은 환자의 안전을 위협하고 의료 서비스 질을 하락시킬 뿐만 아니라 간호사의 노동강도가 심해져 병원 현장을 떠날 수밖에 없는 현실을 만들고 있다.

따라서 병원의 부족한 간호 인력 및 인구 고령화, 만성질환자의 증가, 가족구조의 변화, 여성의 경제활동 증가 등은 가족 내에서 환자 및 노인 부양 기능을 약화시키고 있어 보호자없는병원 실현은 시급한 사회적 과제로 대두되었다.

이에 보건의료노조는 2009년 '보호자없는 병원 만들기를 통한 현장 인력 확충'을 산별 전략 과제로 설정하고, 연석회의 구성을 시작으로 시범사업 예산 확보, 대국민 홍보작업, 지자체 후보와 정책협약 등을 통해 사회적으로 보호자없는병원 사업을 단숨에 주요 의제로 만들어내었다.

2. 보호자없는병원 사업의 의미와 추진과정

1) '보호자없는병원'이란?

'보호자없는병원'이란 보호자나 개인 간병인이 없어도 병원에서 필요한 서비스를 제공하는 것으로, 적정 간호 인력 확보를 통한 환자 안전, 간호간병 서비스의 질 개선을 모색하기 위한 것이다. 즉 병원종별에 따라 적정 간호사와 보조 인력 확보로 환자의 간호와 간병을 포괄적으로 제공하며 환자에게는 간병비의 부담을 덜고 환자 안전과 질 높은 의료 서비스를 제공하는 것이다. 또한 병원 노동자에게는 인력 부족으로 식사조차 못하고 매일 연장근무와 휴일까지 반납하는 현실에서 벗어나 최소한의 인간다운 삶을 누릴 수 있는 병원 환경을 만드는 것이다.

2) 추진 과정

보호자없는병원 사업 추진 과정을 보면 1994년 의료보장개혁위원회에서 병원 인력 확보로 간호간병 서비스가 제공되는 '보호자없는병원' 사업이 검토되었으나 시행되지 못하였고, 2007년 '보호자 상주가 필요 없는 병원' 서비스 모델구축을 위한 시범사업이 4개 병원에서 추진되었다.

이후 2010년 '간병 서비스 제도화' 시범사업이 전국의 10곳 병원에서 6개월간 시범사업으로 추진되었고, 2012년 '한국형 간병 서비스 제도화 추진 방안'에 대한 연구 용역을 바탕으로 2013년~2014년 '보호자없는병원-포괄간호 서비스' 시범사업이 추진되었으며 2015년부터는 '포괄간호 서비스 수가시범사업'이 현재 진행되고 있다.

3. 보호자없는병원 시범사업의 주요 내용

1차와 2차 시범사업은 간병 인력만 투입한 시범사업으로 1차 시범사업이 대상 병원을 간호등급 2등급 이상인 병원을 선정하여 간호간병팀 구성에 따른 시범사업이었다면, 2차 시범사업은 대상 병원의 간호등급과는 무관하게 진행한 공동 간병 시범사업이었다.

반면 3차 시범사업은 기존의 간호와 간병을 분리한 형태에서 벗어나 간호간병 포괄형 시범사업으로 기존 시범사업 형태를 벗어나 간호사 중심의 시범사업이었다. 즉 병원 종별에 따른 간호 인력 배치 기준을 적용하였으며, 병실 단위에서 병동 단위로, 병동 내 간호 인력을 4~5개 팀으로 구성하여 서비스를 제공한 모델이다.

하지만 기존 병실 중심의 환자 케어에 익숙한 병원 분위기 탓에 병동 단위의 시범사업은 병원 진료 파트의 익숙하지 않음에 대한 우려로 중증 환자 기피, 비협조 등의 사례도 빈번히 발생하였다.

구분	1차 시범사업 (2007년)	2차 시범사업 (2010년)	3차 시범사업(포괄간호 서비스) (2013~2014년)
예산	노동부 사회적 일자리 (간병 인력 인건비 보조)	44억 (정부 24억, 공단 24억)	2013년 130억(정부 100억, 공단 30억) 2014년 187억(정부)
형태	▶간호간병 서비스 개선을 위한 시범사업 ▶대상 병원 간호등급 2등급 이상의 병원으로 제한 간호사 : 환자 비율=1:14 ▶병실 단위로 운영	▶간병 서비스 제도화를 위한 기술 지원 및 성과 평가 간호등급 제한 없음(병원마다 상이) ▶2등급~6등급 ▶병실 단위로 운영 ▶공동 간병 서비스	▶간호사+보조 인력(포괄간호 서비스) ▶간호 인력 배치 기준(1인당 환자 수) | 구분 | 상급 | 종합 | 병원 | | 간호 인력 | 1:6.4 | 1:7.6 | 1:8.7 | | 간호사 | 8.0 | 10.1 | 12.4 | | 보조 인력 | 32.0 | 30.4 | 29.0 | ▶병동 단위로 운영(병동 내 서브스테이션 설치) ▶팀 구성으로 운영

대상 병원	한양대병원, 건국대병원, 화순전남대병원, 천안단국대병원(4곳)	아주대병원, 조선대병원, 일산공단병원, 삼육서울, 청주의료원, 김천의료원, 강진의료원, 강원의료원, 울산중앙, 부산고려병원(10곳)	−상급 종합병원: 인하대학교병원(1곳) −종합병원: 삼육서울병원, 부천세종병원, 목포중앙병원, 순천한국병원, 온종합병원, 좋은삼선병원(6곳) −공공의료기관: 지방의료원(20곳), 일산공단병원 −병원: 목동힘찬병원, 수원힐스기념병원(2곳)

4. 보호자없는병원 시범사업의 문제점

1) 2007년과 2010년 시범사업의 문제점

① 정부 주도의 시범사업이 아닌 민간에 맡겨진 시범사업

과거 두 번의 시범사업은 정부가 주도적인 역할을 하지 못한 채 형식적으로 진행한 시범사업이었다. 특히 노무현 정부 말기 시작한 2007년 '보호자 상주가 필요 없는 병원' 시범사업의 경우 시범사업 대상 병원을 간호등급 2등급 이상으로 한정하고 간병 인력은 노동부 사회적 일자리 지원 예산으로 운영한 탓에 정부에서 적극적으로 개입하지 못했으며 이후 시범사업이 지속적으로 진행되지 못하고 1년여 지난 시점에 폐지되고 말았다.

이후 2010년 진행된 시범사업 역시 간병급여를 비급여로 설정하고 간호 인력 확충 없이 간병 인력만 투입한 공동 간병 시범사업으로서 간병이 절실한 중증 환자는 제외되는 등 보호자없는병원의 본래 목적과 취지에 부합하지 못한 결과를 초래하였다. 이런 결과들은 정부의 세밀한 사전계획 없이 주어진 예산안에서 급하게 진행되고 담당 주무부서가 수시로 교체되면서 시범사업을 애초부터 불안하게 시작한 탓이었다.

② 간호 인력 확보 없이 중증 환자가 소외된 시범사업

긴 병에 효자 없다는 말이 있듯이 간병이 필요한 환자는 장기 입원 환자, 중증 질환자들이다. 하지만 환자들 대부부분은 간호 인력이 부족한 탓에 간호사가 직접 제공해야 하는 의료 행위들이 비전문가에 맡겨져 제공되는 경우가 많고 이는 의료사고로 이어지기도 한다. 간병 문제를 해결하는 것은 간호 인력이 충분히 확보되어야만 가능한 일이고 단순히 보조 인력만으로 시범사업을 진행한 두 번의 사례는 간병이 절실한 중증 환자들을 소외시키는 결과를 초래했다.

③ 단기시범사업, 제도화에 대한 전망 없이 진행

보호자없는병원 시범사업이 제도화로 진행되기 위해서는 최소한 2-3년의 시범사업 과정이 연속적으로 진행되면서 인력 배치와 수가 개발, 인력 수급, 예산 추계 등의 제도화에 대한 로드맵이 정책적으로 제시되어야하나, 시범사업마다 단기 사업으로 종료되어 시범사업 결과에 대한 정책적 대안이 마련되지 못했다.

2) 2013-2014년 포괄간호 서비스 시범사업에 대한 문제점

① 간호사 확보 어려워 시범사업 포기 상태

포괄간호 서비스 시범사업은 지방의료원의 간호 인력 수급이 어려운 상황을 고려하지 않은 채 진행되었다. 이런 상황은 병원의 의지와는 관계없이 간호사 확보가 거의 이루어지지 못해 시범사업을 시작조차 못한 병원이 6곳이나 되었다. 특히 지역거점 공공병원은 간호등급이 대부분 5~6등급으로 간호 인력 부족이 심각한 수준이며 임금이나 근로조건이 수도권의 상급 종합병원에 비해 많은 차이가 있다.

② 현실성 없는 인력 배치 기준

간병이 필요 없는, 환자가 안심할 수 있는 보호자없는병원 모델을 개발하기 위해서는 실효성 있는 인력 배치가 필요했으나 시범사업에서 제시된 인력 배치 기준은 환자 안전을 담보할 수 없었다. 2014년 시범사업 결과보고서에 의하면, 환자의 기본 간호, 체위 변경 및 피부 간호, 식사 준비 및 feeding 시키기 등이 빠뜨린 간호로 지적되었다. 또한 빠뜨린 간호의 주된 이유는 인력 부족으로 조사되었다.

③ 보조 인력 자격 기준에 대한 갈등

정부가 추진하고 있는 포괄간호 서비스는 보조 인력 자격을 간호조무사로 한정하고 있고 기존에 간병 업무를 담당하고 있는 요양보호사는 제외시켜놓고 있다. 하지만 전국적으로 5만여 명의 간병인(요양보호사)이 현재 환자 간병을 담당하고 있는 현실에서 포괄간호 서비스가 본격적으로 제도화된다면 간병 인력들이 대규모로 일자리를 잃는 상황이 발생할 수 있다.

5. 보호자없는병원 제도화를 위한 연석회의 활동과 성과

1) 연석회의 출범

보호자없는병원 제도화를 위한 연석회의는 2009년 11월 5일 보건의료노조가 주도하여 시민사회단체(전국실업단체, 전국연성연대 및 여성단체, 전국지역자활센터협회, 환자단체연합, 휴먼서비스네트워크 등)와 노동단체(한국노총 의료산업연맹)와 함께 구성하여 출범시켰다.

2) 연석회의 활동과 성과

① 2010년 '간병 서비스 제도화' 시범사업 예산 확보

연석회의는 국회의원 간담회를 통해 2010년 지역거점 공공병원을 중심으로 간호 인력 확보를 통한 보호자없는병원 시범사업을 추진하기 위해 시범사업 예산 100억 원을 국회에 요구하였다. 그러나 2009년 12월 정부와 여당의 비협조로 요구했던 예산은 대폭 삭감되어 24억 원만 통과되었고 이듬해 2010년 건강보험공단 예산 24억 원을 추가로 요구하여 시범사업 운영 모델을 제시하기도 했다.

그러나 정해진 예산 안에서 간호 인력 충원은 정부의 반대로 성사되지 못한 채 공동 간병 시범사업으로 진행되고 말았다. 하지만 연석회의는 시범사업 병원을 모니터링하여 2007년 시범사업과 비교한 조사 자료를 국회 토론회를 통해 발표하였고, 이후 시범사업의 문제점과 제대로 된 보호자없는병원 모델을 제시하면서 정부를 압박하기도 했다.

② 간병서비스제도화추진협의회 구성

2010년 시범사업의 연구결과물로 '간병 서비스 비급여'에 대한 정부정책이 공청회를 통해 발표되면서 연석회의는 '건강보험급여로 국민 모두가 원하는 보호자없는병원 만들기'를 선포하고, 보건복지부에 사회적 대화기구를 구성하여 '국민이 원하는 보호자없는병원 만들기'에 동참해달라고 요구하였다. 이에 2011년 2월 보건복지부는 '간병 서비스제도화추진협의회'를 구성하였다. 이 협의회는 정부, 시민사회단체(연석회의단체가 주로 참석함), 병협, 간호협회, 조무사협회, 전문가로 구성되어 보호자없는병원 제도화를 추진하기 위한 자문 역할을 수행하면서 현재 포괄간호 서비스 시범사업과 제도화 방향까지 이끌어낸 성과를 가져왔다.

③ 2012년 대선후보들과 정책협약 진행

2012년 10월 보호자없는병원(포괄간호 서비스) 연구 결과물이 도출되면서 제도화를 추진하기 위한 시범사업 예산을 확보하기 위하여 연석회의는 대선후보들과 정책협약을 체결했다.

2013년 야당 의원들이 제기한 보호자없는병원 시범사업 예산이 100억 원으로 최종 확보되면서 2013년 7월부터 보호자없는병원(포괄간호 서비스) 시범사업이 추진될 수 있었다.

3) 지방자치단체 보호자없는병원 사업

① 환자 간병비 부담 감소와 여성 일자리 창출 기여

지자체 보호자없는병원 사업은 지난 2010년 6·4 지방선거에서 보건의료노조가 야당 단일 후보들과 정책협약을 맺은 대표적인 사업이다. 당시 보건복지부는 '간병 서비스 제도화' 시범사업을 진행하고 있었으나 제도화까지 추진할 만한 전망이 거의 불투명한 상황이었다. 이런 이유로 연석회의단체는 전국의 지역거점 공공병원부터 보호자없는병원을 확대하여 지역의 공공병원을 이용하는 환자들의 간병비 부담을 감소시키고, 인력 확보로 환자 안전과 의료 서비스 질을 향상시키고자 지자체 선거에 출마한 후보들과 정책협약을 맺었다. 이후 당선된 지자체장들은 2011년 경남을 시작으로 인천, 충남, 충북, 서울 등의 지자체들이 보호자없는병원 사업을 추진하였다. 다만 진행과정에서 지방자치단체마다 재정 자립도가 다르고 지역 현안 사업에 예산을 우선 배치하면서 '지자체 보호자없는병원 사업'에 대한 예산 확보가 어려워졌다. 이런 이유로 서울을 제외한 타 지역에서는 간호 인력 확보가 우선시되던 지역거점 공공병원에 간호 인력이 확충되지 못하고 간병 인력만 확보되어 환자들의 간병비 부담 감소와 저소득층의 여성 일자리 창출로 사업 내용이 일부 변경되었다.

② 서울의료원 '환자 안심 병원' 사업 진행

박원순 시장 당선과 함께 서울시 보호자없는병원 사업은 서울의료원 180
병상에 간호사 중심의 '환자 안심 병원' 시범사업을 실시하는 방식으로
추진되었다. 서울의료원의 '환자 안심 병원' 시범사업은 '지자체 보호
자없는병원 사업'의 또 다른 모델로서 정부가 추진하고 있는 포괄간호
서비스의 모태가 되었으며 시범사업에서 주도적 자문 역할을 수행했다.

6. 보호자없는병원 제도화를 위한 과제

1) 간호사 유입을 위한 정책적 대안 필요

포괄간호 서비스 시범사업이 2년 동안 진행되면서 지역거점 공공병원
은 간호사 확보가 어려워 시작조차 못한 병원이 6곳이나 된다. 이는 열악
한 임금과 근로조건 등으로 지역거점 공공병원을 기피하고 수도권 상급
종합병원으로 인력 쏠림이 심하기 때문이다.

또한 현재 우리나라는 인구 대비 활동 간호사 수가 다른 선진 국가에
비해 낮은 수준이나, 우리나라보다 간호사의 수가 높은 국가에서도 간호
사의 인력 부족과 간호 인력의 재취업 증가를 위한 많은 정책을 시행하고
있다. 따라서 간호사의 이직을 감소시키고, 유휴 인력의 유입을 위하여 다
각적인 정부 지원 정책이 필요하다.

2) 간호 인력 배치 기준 상향 조정 필요

기존 병실에 상주해 있던 보호자나 간병인이 행한 업무들을 간호사와

보조 인력만으로 제공해야 하는 포괄간호 서비스는 현재 제시된 인력 배치 기준으로는 환자에게 모든 서비스를 제공할 수 없다. 특히 간호 인력 비율에 간호사와 보조 인력을 포함하여 산출한 비율은 비현실적이며 외국의 경우만 보더라도 간호 인력에 보조 인력을 포함시키지 않고 있다. 따라서 포괄간호 서비스 수가시범사업이 성공적으로 추진되려면 간호 인력은 간호사만으로 구성하여 병원 종별, 환자 중증도에 따라 비율을 책정하고 보조 인력은 별도로 구성해야 할 것이다.

3) 보호자없는병원 적극적인 홍보

올해부터 보호자없는병원(포괄간호 서비스) 수가시범사업이 진행되고 있지만 국민들은 아직도 보호자없는병원(포괄간호 서비스)에 대해 모르는 경우가 많다. 특히 대도시를 제외한 지방 중소도시의 경우 지역 언론에 보도된 바가 거의 없고, 시범사업에 참여하는 병원조차 없어 정보 공유는 거의 이루어지지 않고 있다. 또한 일부 지역 중소병원에서 시범사업이 진행되고 있어도 해당부서를 제외한 타 부서의 직원들은 보호자없는병원(포괄간호 서비스)에 대하여 잘못 알려진 정보로 사업자체를 오해하는 경우가 많다. 따라서 정부는 대국민 홍보를 위해서 중앙언론뿐만 아니라 지역 언론, 지하철 광고 등 국민들이 쉽게 접근할 수 있는 방법으로 지속적인 홍보를 펼쳐야 할 것이다.

4) 공공병원 수가시범사업 참여 확대를 위한 정부 지원 필요

정부는 올해부터 수가시범사업을 추진하면서 지역거점 공공병원과 중소병원을 중심으로 추진하겠다는 방침을 세운 바 있다. 하지만 매년 지역거점 공공병원은 착한 적자를 내고 있고 심지어 직원들의 인건비조차 체불되는 병원까지 있다. 또한 지역 중소병원들도 대중교통의 발달로 수도권에 환자들이 대거 몰리면서 지역의 병실 폐쇄, 인력 감축 등 힘겨운 병원 운영을 하고 있다. 따라서 지역거점 공공병원과 중소병원을 살리고 의료공급체계를 바로 세우기 위해서라도 포괄간호 서비스 수가 시범사업은 공공병원과 지역 중소병원에 대한 정부의 다양한 지원책과 면밀한 검토가 필요하다.

5부

외국 병원과 의료공급 시스템이
우리에게 주는 시사점은 무엇인가?
−미국, 일본, 영국의 의료제도

미국 의료공급체계가
우리에게 주는 시사점

김태현 · 연세대학교 보건대학원 교수

　미국은 우리나라와 지리적으로는 매우 멀리 떨어져 있는 나라지만, 여러 가지 이유로 그 어느 나라보다도 우리 언론매체에 자주 소개되고 있다. 최근 들어 미국의 경제가 침체되고, 여러 가지 개혁을 추진하는 과정에서 부각된 미국의 각종 사회적 문제점이 보도되면서 다소 부정적인 면이 많이 알려진 편이다. 하지만 미국은 3억 5,000만 명의 인구와 광활한 영토, 50개의 주로 이루어진 나라이기 때문에, 미국 내의 여러 가지 사회 현상이나 제도에 대해서 몇 가지 사례만을 부각시켜, 일반적으로 혹은 전반적으로 어떤 부분이 문제가 많다는 식으로 말하기는 어렵다.

　특히 몇 년 전 한국에도 소개된 적이 있는 「식코(Sicko)」라는 영화 덕분에 미국의 보건의료체계가 형편없는 것처럼 비친 것 같다. 사실 그동안 미국의 고소득층 국민들은 세계 어느 나라에서도 받기 어려운 양질의 의료 혜택을 받아온 반면, 의료 혜택의 사각지대에 놓여 있는 계층은 의료 서비스 접근 자체에 큰 어려움을 겪는 등 양극화 현상이 큰 사회문제로 지적되었다. 그렇기 때문인지 천문학적인 의료비 지출에도 불구하고 평균 수명과 신생아 사망률을 비롯한 여러 보건지표가 선진국 중 하위 수준을 기록해 이를 개선하는 것이 시급한 과제가 되었다. 최근 오바마 정부에서도 이러한 문제점들을 해결하기 위한 의료개혁에 노력을 기울이고 있다. 이런 사실이 어느 정도 알려지면서, 우리 국민들은 한국의 보건의료체계, 특히 그중에서도 건강보험제도를 상대적으로 매우 좋은 것으로 인식하고 있는 듯하다. 이 글에서는 미국 보건의료에 대한 정보나 문제점을 나열하기보다는 미국 보건의료체계의 장단점에 대해 나름 조명해보고, 민간이나 공공 부문에서 어떤 과정을 통해 그들이 시스템을 개선해나가고 있는지에 초점을 맞추고자 한다.

1. 의료보장 및 공급체계의 특징과 개괄

혹자는 미국의 의료제도가 '시장주의다' 혹은 '자유방임주의다'라고까지 말하고 있으나, 실제로 미국의 의료체계에는 수많은 규제와 법규가 존재하고 있고, 여러 문제점을 타개하기 위해 중요한 정책들이 입안되고 실행되어왔기 때문에, 정부나 공공 부문의 개입이 상당한 수준이다. 다만 미국이라는 나라가 전통적으로 개인의 책임이나 자유를 보다 많이 강조하다 보니 전반적으로 국가가 혹은 정부가 무엇인가를 해줘야 한다는 분위기가 덜한 것이 아닌가 싶다. 여기서 그런 이념적인 문제를 자세히 다루기는 어렵지만, 의료 공급자나 보험자의 다수가 민간 부문에서 자발적으로 진입·성장한 것 역시 그러한 배경에 바탕을 둔 것이라고 볼 수 있다.

미국의 의료보장체계를 전반적으로 살펴보면, 우선 의료 서비스에 대한 보상과 지불을 담당하는 지불자로는 연방정부가 운영하며 65세 이상의 노인을 대상으로 하는 메디케어(Medicare)와 저소득층을 대상으로 주정부에서 운영하는 메디케이드(Medicaid), 그리고 수많은 민간보험회사들이 주류를 이루고 있다. 이외에도 어린이건강보험 프로그램(State Children's Health Insurance Program: SCHIP), 군인의료보험(TRICARE), 연방공무원의료혜택(FEHBP), 인디언보험(Indian Health Service) 등 정부에 의해 운영되는 의료보장제도가 보완적 역할을 담당하고 있다.

의료보험이 도입된 초창기부터 1960년대까지 민간의료보험회사들은 의료 서비스 가격을 비교적 후하게 지불하였고, 그것이 미국의 의료비 증가에 크게 한몫을 하였다. 그로 인해 1970년대부터는 민간 부문에 관리 의료(managed care)가 도입되었다. 관리 의료는 여러 가지 형태와 목적을 가지고 있지만, 가파르게 상승하는 의료비 증가를 억제하려는 데 주안점을 두고 있다. 예를 들어 민간보험회사의 한 형태인 HMO(Health Maintenance Organization)는 병원이나 의사와 계약을 맺어 네트워크를 형성하고 HMO 가입자에게 이 네트워크에 속해 있는 병원이나 의사에게 서비스를 제공받도록 하고 있다. HMO는 주치의를 정해주어 환자의 상태에 가장 적합한 의료 서비스를 제공받도록 하였으나 가입자의 의료기관 선택 또는 의료 서비스 이용에 제한을 부과하는 동시에 보험료를 높이는 과정에서 원하는 주치의를 선택할 수 있는 PPO(Preferred Provider Organization), 주치의와 의료기관을 자유롭게 선택할 수 있는 POS(Point of Service)와 같은 고가의 보험상품이 등장하였다.

의료공급체계는 한국과 비슷한 점이 많다. 전통적으로 병원과 의원이 큰 축을 담당하고 있고, 너싱홈, 장기요양시설, 재활병원, 가정보건 서비스(Home Health Care), 호스피스 서비스 등이 증가하고 있는 추세이다. 미국의 의료공급은 민간이 주도한다고 볼 수 있다. 병원의 예를 들면, 민간병원이 약 75%, 공공병원은 약 25%를 차지한다. 민간병원은 다시 비영리병원(not-for-profit hospital)과 영리병원(for-profit hospital)으로 구분된다. 비영리병원은 미국 전체 병원의 약 60%에 해당되어 가장 큰 비중을 차지하고 있으며, 영리병원은 약 15%를 차지하여 비영리병원이나 공공병원에 비해 그 비중이 매우 낮다. 그럼에도 불구하고 간혹 한국에서는 미국 병원의 대대수가 영리병원인 것처럼 왜곡되어 알려지고 있다.

연방이나 주 혹은 지자체에서 운영하거나 지원하는 병원은 물론이고, 민간의료기관이라고 해도 연방정부나 주정부에서 정한 각종 법률이나 규제의 많은 영향을 받고 있다. 정부 차원에서 의료기관을 관리하는 시스템이 많이 있으나, 그중에서도 최근에 중요한 이슈로 부각된 것은 비영리병원의 공공성 혹은 사회적 책임성 문제다. 한국과 비슷하게 미국의 비영리병원들도 주로 설립 주체가 기독교 혹은 가톨릭에 기반을 둔 경우가 많으며, 대학병원이나 지역사회 병원들 다수도 비영리병원이다. 따라서 이들 병원의 설립 이념은 환자와 지역사회에 대한 기여를 중요시한다. 그런 이유로 미국의 대부분의 비영리병원들은 면세 혜택을 받고 있고, 그로 인해 면세 병원(tax-exempt hospital)이라고도 불린다. 즉 이들 병원은 법인세(소득세)를 부담하지 않아도 되는 것이다. 물론 그것은 그 병원들이 '비영리' 조직이기 때문에 영리성을 추구하기보다는 환자와 지역사회에 기여할 것이라는 기대 혹은 가정 때문이다. 하지만 실제로는 꼭 그렇지도 않으며, 오히려 영리성을 강하게 띠고 있다는 비판이 많이 제기되고 있다. 일례로 비영리병원들의 공공성을 측정하기 위한 지표 중 하나가 수익 대비 무료 진료의 비중인데, 미국 국세청의 보고에 따르면 비영리병원의 약 45%가 수익의 단 3% 혹은 그 이하를 무료 진료하는 데 쓰고 있다고 한다. 또 다른 자료에 따르면 전체적으로 비영리병원과 영리병원 간의 무료 진료 비중의 차이는 고작 0.6%밖에 되지 않는다고 한다. 이는 결국 비영리병원들이 정부에서 주는 혜택은 받으면서도 실제로 그들의 미션 중 하나인 지역사회 기여에 큰 역할을 하지 않고 있다는 것이다. 그로 인해 일부 연구자들은 영리병원이 제공하는 무료 진료와 그들이 납부하는 법인세가 공익에 기여하는 부분을 합치면, 오히려 비영리병원보다 사회에 더 많은 기여를 한다고 주장하고 있다.

실제로 일부 비영리병원은 지나친 영리 추구와 지역사회 기여에 대한 임무 소홀로 인해 해당 지역 주 정부로부터 면세 지위를 박탈당하기도 한다. 최근 오바마 정부는 비영리병원의 지역사회 건강증진에 대한 기여 강화를 강조하고 있고, 비영리병원이 지역사회의 건강증진에 이바지하는 정도를 조사하고 그 결과 필요한 사항이 발견되면 이를 실행하기 위한 재정 마련 계획을 수립하기로 하였다. 이 새로운 책무를 소홀히 할 경우 매년 5만 달러의 벌금을 부과한다는 조항도 붙었다.

미국의 비영리병원들이 정부로부터 받는 혜택은 법인세 면제뿐만이 아니다. 그들은 면세채권(tax-exempt bond)을 발행함으로써 영리병원에 비해 더 싼 이자율로 자금을 확보할 수 있다. 면세채권은 그 투자자가 수익에 대해 소득세를 납부하지 않아도 되기 때문에 세금을 납부해야 하는 일반 기업에서 발행하는 채권에 비해 세전 이자율이 낮음에도 불구하고 투자를 하게 되는 것이다. 따라서 비영리병원들은 병원 신축이나 확장, 고가 의료 장비 구입 시 면세채권을 통해 자금을 확보하는 데 크게 의존해왔다. 병원의 경우 지속적으로 시설과 장비에 투자를 해야 하기 때문에, 주식을 발행해서 자금을 확보할 수 있는 영리병원에 비해, 그렇지 못한 비영리병원의 불리한 상황을 해결해주기 위해 면세채권제도가 있는 것이다. 하지만 상대적으로 저렴한 비용으로 자금을 확보할 수 있다 보니, 상당수의 비영리병원들이 그 자금으로 효율적이지 않은 혹은 방만한 고정자산 투자를 해왔다는 지적도 받고 있다.

"비영리병원이라고 해서 꼭 선량한 조직인 것은 아니다!(not-for-profit hospital is not necessarily a good guy!)"라는 말은 미국 병원계의 현실을 꼬집는 말이지만, 비단 그러한 현실이 미국뿐만 아니라 한국에서도 벌어지고 있다는 것이 필자만의 생각은 아닐 것이다.

2. 의료보험과 진료비 지불제도

민간보험이 큰 비중을 차지하고는 있지만, 미국 의료보험의 핵심은 사실 공적 보험인 메디케어라고 볼 수 있다. 건강보험공단이라는 단일 공보험자가 있는 한국과 달리, 잘 알려진 대로 미국은 민간보험의 비중이 높다. 단일 보험자로서는 메디케어가 약 30~35%로 가장 큰 비중을 차지하고 있다. 미국의 메디케어가 전 국민을 대상으로 하고 있지는 않지만, 메디케어에서 도입하거나 실시해온 각종 제도(특히 진료비 지불제도)나 정책들은 미국 의료계 전반에 큰 영향을 주고 있으며, 많은 민간의료보험회사 역시 그들의 정책이나 운영 방향에 메디케어를 따르거나 참고하고 있다.

메디케어를 통해 도입한 DRG 수가제 혹은 포괄수가제는 전향적 지불 방법으로 현재 병원의 입원 서비스뿐만 아니라, 외래 서비스 그리고, 병원이 아닌 다른 의료기관이 제공하는 서비스에도 확대되었다. 하지만 여전히 전체적으로 보면 행위별수가제가 가장 큰 비중을 차지하고 있으며. 인두제(capitation) 역시 상당 부분을 차지했으나 다소 감소하고 있는 추세이다. 메디케어의 경우에는 수가 산정 시 해당 의료기관이 위치한 지역의 임금 수준(wage index)을 조사하여 수가에 반영하고 있다.

미국에는 공적인 보험뿐만 아니라 다양한 민간보험이 존재하고, 그 민간보험회사들이 병원들과 각자 협상을 통해 수가를 계약하기 때문에, 미국 의료보험의 수가제도를 일반화해서 말하기는 쉽지 않다. 실제로 동일한 질병을 가진 환자가 같은 병원에서 비슷한 의료 서비스를 받는다고 해도, 그 환자가 가입한 의료보험에 따라 그 서비스의 가격이 크게 달라진다고 보면 된다. 예를 들어, 미국의 병원에서 웬만한 질병으로 2~3일 입원하거나 입원하지 않고 외래로 수술을 받아도, 병원이 환자에게 보내오는 청구서는 보통 1만 달러(1,000만 원 이상)를 초과한다. 물론 보험에 가입한 환자는 보험회사에서 상당 부분을 급여해주기 때문에 미리 정해진 범위 내에서 본인부담 금액을 납부하면 된다. 그리고 보험회사도 병원이 청구하는 금액대로 지불하지는 않는데, 보통 민간보험회사들은 청구액의 40% 내외, 즉 이 경우 약 4,000만 달러를 지불하게 된다. 문제는 보험이 없는 사람들이다. 그들 중 특히 병원이 청구한 금액이 실제로 그 병원이 받기를 기대하는 금액은 아니라는 사실을 모르는 환자들이나 가족들은 청구액대로, 즉 1만 달러를 지불하게 된다. 물론 개인적으로 병원이라는 기관에 대항하기는 쉽지 않지만, 경제적으로 어려운 상황임을 호소하면 종종 상당액을 감액받는 길도 열린다.

그렇지만 일단 보험이 없는 경우, 이러한 큰 금액이 청구될 것이라는 부담감 때문에라도 병원의 문을 두드리기는 쉽지 않다. 또 다소 저렴한 보험에 가입한 사람들도 복잡한 보험 약관을 숙지하지 않은 결과, 의료 서비스를 받고 난 후에야 보험회사가 급여를 거부하는 경우가 발생하여, 결과적으로 본인이 막대한 진료비를 부담하는 결과가 생기기도 한다. 이런 경우는 대체로 환자가 보험회사가 정한 네트워크를 벗어난 의료기관에서 진료를 받았거나, 기왕증이 있었는데 보험회사가 사전에 가입자로부터 고지받지 못했다가 나중에 알게 된 경우, 혹은 진료비가 보험이 보장해주는 금액을 초과한 경우 등이다.

이유야 어찌 되었건 그동안 민간의료보험회사들에 대한 여러 가지 불만사항들이 표출되었고, 그에 따라 최근 추진되고 있는 의료개혁 과정에서도 민간의료보험에 대한 개혁과 규제가 많이 포함되었다. 일례로 의료보험료의 급격한 인상을 방지하기 위한 보험료 실사 제도가 설치되었다. 연방 정부는 주 정부와 협력하여 보험회사가 보험료를 크게 인상할 경우 인상이 타당한 것인가를 실사하는 제도를 확립했다. 또한 주 정부에 재원을 조달하여 주 정부가 효과적으로 각 보험회사의 보험료 변동을 감시하고 변동이 발생하면 이를 효과적으로 실사할 수 있게 하였다(참고로 민간의료보험회사의 규제권은 주 정부에 있다). 지난 20년에 걸쳐 전체 보험회사의 80%에 이르는 영리 목적의 보험회사들 중 상당수가 투자자들의 이익 배당을 늘리기 위해 무분별하게 보험료를 인상해 물의를 일으킨 바 있다.

미국의 의료보험업계는 크게 영리와 비영리 조직으로 나뉘고, 각 조직 내에서도 환자의 의사와 병원 선택의 자유도에 따라 서너 가지의 또 다른 보험 종류로 나뉘는 등 지나친 세분화와 이윤 추구로 간접비용(overhead cost)이 전체 운영비의 20~30%를 차지해 국가 전체 의료비 상승의 주요 인이 되어왔다. 유럽연합 국가들과 일본, 캐나다 등 선진국의 경우 간접비용이 10% 미만임을 감안하면 미국 의료계는 쓸데없는 곳에 돈을 쏟아부어 의료비가 상승된다고 알려졌다. 이를 방지하기 위해 각종 보험회사의 간접비용에 대해 대중에게 투명하게 알려 간접비용 상승을 억제함으로써 전체 의료비 상승을 막겠다는 복안이다. 이 시행령은 또한 큰 보험회사의 경우 보험료의 85% 이상을 직접적인 치료와 의료의 질 향상을 위해 지출할 것을 의무화했다(작은 보험회사는 80%). 이를 어길 경우 세금 부과를 통해 제재를 받게 된다.

3. 의료전달체계와 관리 의료

미국의 의료전달체계는 한국과는 다소 차이가 있는데, 그 주된 이유 중하나는 미국의 병원이 대부분 개방형(open system)이기 때문이다. 즉 미국의 의사는 좀 더 독립적인 의료 공급자로서 병원에 직접 고용되어 있기보다는 독자적으로 단독 혹은 공동으로 개원한 의원에서 외래 환자를 진료하면서, 그 환자들을 자신이 속한 네트워크에 가입되어 있는 다른 전문의한

테 의뢰하거나, 자신과 계약을 맺은 혹은 네트워크에 속한 병원에 입원시키거나 수술을 받게 하는 형태이다. 여기서 네트워크는 관리 의료(managed care)의 주된 축인 HMO나 PPO 같은 형태를 말한다. 따라서 개방형 구조의 병원과 관리 의료가 일반적으로 미국 의료전달체계에 중요한 영향을 미치고 있다. 관리 의료, 그중에서도 특히 HMO의 경우에는 1차 진료 의사, 즉 가정의학과, 일반내과, 산부인과 의사 등이 가입자의 주치의 혹은 단골 의사가 되며, 그들의 역할이 의료전달체계에서 중요한 기능을 담당하고 있다.

필자의 경우, HMO에 가입되어 있어서 그 HMO에서 지정한 네트워크에 속해 있는 가정의학과 의사를 1차 진료 의사로 선택했었고, 감기 등의 증상이 있었을 때 그 의사를 우선적으로 찾아가 진료를 받아야만 보험 혜택을 받을 수 있었다. 그리고 검사나 수술 혹은 좀 더 전문적인 진단이나 서비스를 받기 위해 다른 전문의를 찾아야 하는 경우에는 1차 진료 의사로부터 진료 의뢰를 받아야 했다. 우선 진료 의뢰를 받게 되면, HMO로부터 그에 대해 승인을 받기를 기다려야 한다. 예를 들어 대학병원 소화기내과 전문의를 만나거나, 병원과 계약을 맺고 있는 동시에 별도로 외부에서 개원하고 있는 성형외과 전문의를 만나기 위해서는 HMO의 승인을 받아야만 하기 때문에 한국에서 생활하다가 간 필자로서는 솔직히 불편하다고 느꼈다. HMO로부터 진료 의뢰 승인을 받아서 소화기내과 전문의나 성형외과 전문의를 만나 상담을 받고 난 후에도, 초음파 검사를 받거나 수술을 하기 위해 병원으로 가야 할 경우 역시 다시 한 번 HMO의 승인을 기다려야 했다. PPO에 가입되어 있을 경우, 이러한 제한이나 승인을 받기 위한 대기 시간이 줄어든다. 물론 동일한 조건일 경우 HMO에 비해 일반적으로 보험료를 더 지불해야 한다.

이러한 상황을 국내의 경우에 대입해보면 다음과 같다. 서대문구에 사는 A씨는 30대로 중견 기업에 근무하며, 평소 건강한 편이라 병의원을 찾을 일이 별로 없을 것이라 생각하여 월 보험료가 저렴한 의료보험인 성산로HMO에 가입했다. A씨는 성산로HMO가 지정한 네트워크에 속한 가정의학과 의사나 일반내과 의사를 주치의로 정해야 했다. 그래서 A씨는 자신이 거주하는 서대문구에 있는 세브란스병원을 이용할 가능성을 염두에 두고, 세브란스병원 가정의학과 의사 B씨를 주치의로 정했다. 그 후 A씨는 건강에 이상이 있을 경우 의사 B씨에게 진료를 받아야만 보험 혜택을 받을 수 있고, 다른 전문의에게 진료를 받거나, 검사·진단·치료 등을 받기 위해서는 성산로HMO로부터 사전에 승인을 받아야만 했다. 이러한 다소 불편한 의료전달체계로 인해 A씨는 보험료를 좀 더 지불하더라도, 선택 가능성이 넓고 제한이 덜한 PPO에 가입해야겠다고 생각했다.

민간의료보험, 특히 관리 의료, 그중에서도 HMO가 이러한 의료전달체계를 따르는 것은 그들이 판단하거나 미리 정해놓은 기준에 부합하지 않은 의료 이용을 줄임으로써 비용을 통제하기 위해서이다. 물론 관리 의료는 비용 절감뿐만 아니라 의료의 질 관리 또한 보장하는 것을 목표로 삼고 있지만, 위에서 언급한 부분은 다분히 이용량과 비용 통제에 초점이 맞추어져 있다고 봐야 할 것이다. 최근 들어 이러한 의료전달체계에 대한 가입자들의 불만을 해소하고자 각종 제한을 완화하려는 노력도 병행되고 있다.

4. 책임의료기관(Accountable Care Organization, ACO)

의료개혁법에 포함되어 그 실체가 드러나기 시작한 Accountable Care Organization(ACO)은 Centers for Medicare & Medicaid Services(CMS)가 지난 30년에 걸친 천문학적인 의료비 상승을 억제하고 의료 서비스의 질을 높이고자 고안해낸 메디케어의 합동 절약 프로그램(Shared Savings Program)이다. Accountable이란 책임을 진다는 의미로서, ACO는 환자의 건강을 책임지는 단체/조직이라고 해석할 수 있다. ACO는 1차 의료인, 전문 의료인, 가정보건 서비스(home care), 그리고 병원이 컨소시엄 형태로 묶인 단체이다. ACO는 다양한 형태를 가질 수 있어 Medical Group(의원들)과 병원이 한 묶음이 될 수도 있다. 물론 보험회사도 기존의 네트워크를 활용해 ACO를 구성할 수 있다.

ACO는 기존의 단편적인 의료 서비스를 통합형으로 바꾸어 환자의 건강을 총체적인 관리를 통해 중복되거나 단편적 치료, 처치를 피하고 예방에 중점을 두려고 한다. 또한 ACO에서는 기존의 행위별수가제(fee-for-service)를 총액지불제(Global Payment) 형태로 전환해 의료 서비스의 질을 향상시키고 책임치료의 발판을 마련하고자 하고 있다.

예상보다 빠르게 메디케어의 재원이 고갈될 것으로 보이자 CMS는 해결 방안에 골몰해왔다. 이처럼 다급한 처지에서도 CMS는 비난의 대상이 되어온 HMO와 같은 모델을 다시 도입할 수는 없었고, 의료 서비스의 질과 결과에 중점을 두는 총체적 의료 서비스 개념을 도입하기로 결정했다. 이는 보너스 개념을 가미한 것인데, 채찍만 가지고는 민간의료기관의 참여를 유도하기 힘들 것이 뻔하니까 환자 관리가 잘되어 환자들의 건강상태가 크게 향상될 경우 이들은 의료 서비스를 많이 받지 않게 될 것이고, 이로 인해 발생되는 잉여금의 60%까지 의료기관에 보너스로 되돌려주겠다는 것이다. 반대로 환자의 건강이 향상되지 않고 치료비가 오히려 증가하거나 비용이 초과될 경우 ACO는 치료비의 10%를 CMS에 되갚아야 한다.

5. 공공의료 및 특수 목적 의료기관의 현황과 과제

미국의 공공병원은 사회 안전망 병원의 주된 축이다. 미국 의료체계의 가장 큰 문제는 아무래도 고비용이다. 의료 서비스 비용이 전반적으로 비싸기 때문에 보험 역시 비쌀 수밖에 없고, 비싼 보험료를 지불하지 못하거나 혹은 안 하는 계층이 많이 생겼다. 한국과 같이 민간병원이 주를 이루는 상황이지만, 전 국민을 대상으로 하는 공적 보험이 없고 건강보험당연지정제와 같은 강제도 없는 상황에서(물론 대부분의 병원이 메디케어 환자는 받는다), 공공병원의 주된 역할은 의료보험이 없거나 있더라도 보장성이 충분치 못한 사람들에 대한 사회 안전망 기능을 수행하는 것이다. 미국의 공공병원이 전체 병원 중에서 차지하는 비중이 한국보다는 높은 25% 선이지만, 공공병원의 특수성 때문에 재무적 측면에서의 경영 성과가 낮고, 그에 따라 인력이나 시설에 대한 투자가 민간병원에 비해 뒤떨어지다 보니 전반적인 의료 서비스 질이 떨어지기 쉽다. 또 최근 들어 미국의 경제 상황이 워낙 좋지 않다 보니, 주 정부의 재정 상태에 따라 공공병원에 대한 지원 폭이 크게 줄어들기도 하여 병원 운영이 쉽지 않은 상황이다. 만성적인 적자와 여러 가지 상황으로 인해 폐업 위기에 놓인 공공병원을 영리병원 체인에 매각하는 경우도 있다. 영리병원의 경영 노하우와 구조조정을 통해 경영 성과를 높이기를 기대하는 것이다. 하지만 아무리 영리병원이라고 해도 인수한 병원이 위치한 지역의 주민들 대다수가 절대빈곤층이거나 주변 지역에 명성이 높은 대형 대학병원이 있을 경우, 해당 병원을 단시간 내에 일정 수준 이상으로 끌어올려서 경쟁력을 높이는 것은 쉽지 않기 때문에 1~2년 만에 재매각되기도 한다. 그러다가 인수자가 나타나지 않으면 폐업을 하기도 하며, 결국 그 피해는 해당 지역사회에 돌아간다고 볼 수 있다.

미국의 대학병원은 상당수가 적자 경영을 하고 있다고 한다. 미국의 교육수련 병원 혹은 대학병원은 오랜 역사와 전통을 자랑하는데, 주로 도심에 있다 보니 저소득층이 많이 거주하는 슬럼 지역과 가깝고, 그로 인해 무보험 환자를 받는 경우가 꽤 있어서 무상 진료의 비중이 높아 다른 공공병원들과 함께 일종의 사회 안전망 역할도 담당하고 있다. 유명 대학병원 응급실은 겉으로 보기에는 크게 위급한 상황이 아닌 것처럼 보이는 사람들로 붐비는데, 알고 보면 대체로 보험이 없는 사람들이 외래 진료를 받으러 온 경우가 많다. 보험이 없더라도 응급실을 통해 찾아온 환자의 진료를 거부할 수는 없도록 되어 있기 때문이다. 또한 교육수련 및 중증 환자 진료, 신의료기술 개발 및 적용 등과 관련된 비용 부담으로 인해 대학병원의 경영 성과가 좋지 않은 경우도 있다. 미국의 메디케어에서는 이러한 대학병원의 기능을 지원하기 위해서 레지던트 교육 및 수련에 관련된 비용을 일부 부담해주고 있다. 또 중증 환자를 치료하는 데 드는 고비용 역시 일부 부담한다. 물론 지역사회에 기여하기보다는 부동산 투자 등에서 얻은 수입으로 좋은 시설과 환경을 갖추고, 그로 인해 많은 이익을 남겨 경영층에게 과도한 성과급을 지불해서 비난받고 있는 사립대학 병원들도 꽤 있긴 하다.

재향군인병원(Veterans Adminstration Hospital, 줄여서 VA Hospital) 혹은 보훈병원은 미국 의료계에서 차지하는 비중이나 위상이 높은 편이다. 152개의 병원과 1,400여 개의 의원으로 구성되어 미국에서 가장 큰 단일 의료조직인 재향군인병원은 몇몇 조사에서 일반 민간병원에 비해서 의료의 질이 더 좋다는 결과가 보도되었다. 한국의 보훈병원보다는 상대적인 측면에서 더 나은 서비스를 제공하는 것으로 알려져 있는 것이다. 그것은 결국 의료진 때문이다. 앞서 언급한 것처럼 미국의 병원은 대부분 개방형으로 이루어져 있다 보니, 유명 대학병원에서 진료하는 의사들이 재향군인병원에서도 진료를 하는 경우가 많다. 예를 들어 노스캐롤라이나 주 더럼(Durham) 시의 Durham VA Hospital은 듀크대학병원 길 건너에 위치해 있어서 듀크대학병원에서 진료하는 의사들 일부를 공유하고 있다. 미국 내 최고 수준의 듀크대학병원 의사들이 보훈병원에서 진료를 하니 그 수준이 높아질 수밖에 없다. 이는 서대문보훈병원(가칭)이 신촌에 위치해 있어서 연세대 의대 세브란스병원 의료진이 공동으로 보훈 대상 환자들을 진료하는 것과 마찬가지이다. 보훈병원의 역할과 기능을 높이기 위해 규모를 늘리고 자본 투자를 통해 좋은 시설 및 장비를 확보하는 것도 중요하지만, 양질의 의료 서비스를 제공하기 위해 무엇보다 중요한 것은 우수한 의료진의 확보가 아닐까 싶다.

6. 보건의료 인력 관련 정책

최근 미국 보건의료 인력과 관련된 정책 중 가장 중요하게 논의된 것은 간호 인력 비율이다. 즉 간호사 1인당 환자 비율을 일정 수준 이상 유지하도록 주문하고 있는 각 주 정부나 관련 단체에 대해 병원 경영계는 비용 부담 등을 이유로 반대 입장을 취했다. 각 주에 따라 다르기는 하지만, 간호사 1인당 환자 5~6명 이하를 유지하도록 요구하는 경우가 많으며, 고가의 서비스를 제공하는 병원들은 간호사 1인당 환자 4명 이하로 유지하고 있다. 간호사 수를 늘리는 것과 의료 서비스의 질 간에 선형관계가 꼭 성립하는 것은 아니지만, 일정 수준까지는 환자와 간호사 모두 서비스 향상 및 만족도 증가의 효과를 보인다고 많은 연구 결과들은 말하고 있다.

또 최근의 의료개혁법안에서는 1차 의료 및 예방 서비스 강화를 위해 1차 의료 담당 의사들이 제공하는 서비스에 대한 메디케어 수가를 인상해, 중장기적으로 1차 의료 의사들을 현재보다 많이 배출하게 되기를 정부는 희망하고 있다. 실제로 가정의학과, 소아과, 내과 등 1차 의료 의사들은 다른 전문의들에 비해 연봉이 적어서 의과대학 졸업생들의 선호도가 낮았고, 그로 인해 그 숫자가 감소해왔다. 이를 개선해나가기 위해 개혁법에는 1차 진료과를 지망하는 의사와 간호사들에게 학비 때문에 진 빚을 탕감해주는 제도를 포함시켰고, 이들에 대한 의료비용 지불을 10% 인상했다. 또한 국가의료인력수급위원회를 신설해 의료 인력의 균형 공급을 위해 중지를 모으고 자문을 하도록 하고 있다. 동시에 의료인의 자질을 검증하기 시작했다. 메디케어는 의사의 자질을 비교할 수 있는 웹사이트를 개설해 환자들의 의사에 대한 경험담과 의사의 자질에 대한 정보를 제공하고 있다.

의료계에는 매우 다양한 직종이 근무하고 있어서 세부 직종별로 인력 확보에 관한 기준을 다 이야기하기는 어렵다. 하지만 의료기관 평가에서 인력 확보는 중요한 기준으로 활용된다. 또 갈수록 많은 직종이 좀 더 전문화되어 더 높은 수준의 학력을 갖추도록 각 협회 차원에서 요구하고 있다. 예를 들어 물리치료사나 작업치료사도 기본적으로 대학원 과정을 마치도록 하고, Doctor of Physical Therapy, Doctor of Occupational Therapy 학위를 받도록 하고 있다. 물론 이러한 학력 수준 상승이 임금 인상과 직결되는 것은 아니다.

7. 의료기관평가인증제도의 최근 현황

미국의 의료기관평가위원회 The Joint Commission은 최근 의료 서비스의 질과 환자의 안전을 더욱 중요시하여, 평가의 패러다임을 시설과 구조 그리고 과정을 중점적으로 심사하던 관행에서 벗어나 의료 결과에 비중을 두는 것으로 바꾸었다. 이를 위해 병원의 환자 진료 실적을 증거 위주로 심사해 병원들이 과연 환자 치료 결과를 향상시키고 있는지 평가하겠다는 것이다. 실제로 최근에 9개의 평가 항목(심장마비, 폐렴, 외과수술, 어린이 천식 등)을 두고 치료의 질과 안전에 그 초점을 맞춰 미국 전역의 8,000개가 넘는 병원 중 우수 병원 405개를 선정 발표했다. 국제적인 권위를 자랑하는 이 위원회는 앞으로 증거를 바탕으로 한 심사를 강화해 병원들이 의료의 질을 높이도록 독려할 것이며 향상된 치료를 통해 환자의 삶의 질을 높여 궁극적으로는 건강한 나라를 만드는 데 기여하겠다고 선언했다. 이러한 패러다임의 변화는 앞으로의 인증 기준에도 반영될 것이다. 또한 미 정부가 추진하고 있는 ACO 정책과 함께 의료계의 변혁을 촉진할 것으로 예상된다. 무엇보다 진료의 질과 그 결과를 평가하는 객관적 기준이 확립되어, 장차 의료보험 지불 산정 방법에 변화를 가져올 것으로 예상된다.

8. 미국 오바마 의료개혁의 결과와 평가

2010년 3월 통과된 의료개혁법은 시행한 지 2년도 되지 않았지만 미국 의료계에 여러 가지 면에서 긍정적인 효과를 가져온 것으로 평가되고 있다. 물론 개혁법의 핵심인 개인의료보험 가입 의무 조항을 포함, 상당수의 세부 조항들이 향후 8년에 걸쳐 점진적으로 시행될 예정이기 때문에 개혁법의 성공 여부는 모든 개혁법의 세부 사항 시행이 완결되는 2020년에 가서야 알 수 있을 것이다.

개혁법의 진행 상황을 보면, 우선 26세 이하의 자녀가 부모의 보험 혜택을 계속 받을 수 있게 되었다. 사실 그동안 미국의 20대 청년층은 그 어느 계층보다도 의료 혜택 면에서 소외되어 있었다. 또한 만성질환이나 지병으로 최소한 6개월 이상 보험 가입을 할 수 없었던 많은 무보험자들이 각 주 정부가 제공하는 임시 보험인 '기왕증 보험(Pre-existing Condition Insurance Plan, PCIP)'에 가입할 수 있게 되었다. 이와 더불어 보험회사가 가입자의 건강이 악화될 때 보험을 취소하던 관행을 금지하였으며, 보험회사가 보험 가입자 한 명당 연간 혹은 평생 혜택 상한선을 정하던 관행도 불법화하였다. 개혁법은 더 나아가 대기업을 상대하는 대형 보험회사가 거두어들인 보험료에서 85% 이상을(소규모 기업체 및 개인 상대 보험회사인 경우 80%) 실제 의료 혜택을 제공하는 데 지출해야 한다고 못 박고 있다. 이 강제 조항을 이행치 않을 경우 보험회사는 가입자에게 보험료 일부를 돌려주어야 한다.

개혁법은 질병의 치료보다는 예방에 큰 비중을 두고 있다. 과거에는 질병 예방에 필수인 각종 검사와 예방접종이 보험 혜택에 포함되지 않았으나, 개혁법에서는 메디케어부터 민간보험까지, 각종 암 검사, 유방암 검사, 내시경 검사, 간질환 검사 등 많은 검사들을 혜택에 포함해 치료보다는 예방에 중점을 두는 패러다임의 변화를 꾀하고 있다.

미국의 은퇴자들은 65세가 되면 노인의료보험인 메디케어를 받게 된다. 따라서 조기 은퇴를 할 경우 직장 제공 보험도 받지 못하고 메디케어도 받을 수 없어 무보험자로 전락하곤 했다. 이러한 문제점을 해결하기 위해 고용주가 65세 이하인 은퇴자들에게 보험을 제공할 경우 이들에 대한 보험료를 정부가 대신 납부해주는 제도가 정착되었다.

주로 긍정적인 효과를 나타내고 있는 사항들을 언급했는데, 모든 세부 조항들이 이처럼 순탄하게 시행되고 있는 것은 아니다. 개혁법에서 야심차게 추진 중이던 CLASS(클래스, Community Living Assistance Services and Supports) 프로그램은 장기요양을 필요로 하는 노년층이 급격하게 늘고 있는 데 대한 지원책으로 미국은퇴자협회(AARP)와 장기요양소협회, 노인학회 등으로부터 전폭적인 지지를 받았지만, 미의회 예산국과 정부 회계 담당자들의 계산 결과 이 프로그램이 수입보다 지출이 지나치게 많아 지속이 불가능하다는 판단에 따라 결국 정부가 자진해서 포기하게 되었다.

9. 맺는말

'고비용 저효율' 구조는 어쩌면 그동안 미국이 겪어온 의료계의 고질적인 문제를 단적으로 드러내는 말이라고 할 수 있겠다. '고비용' 구조가 된 원인은 여러 가지가 있지만 의료 소비자, 공급자, 보험자가 일정 부분 공동으로 기여한 것이다. 전반적으로 인건비가 비싼 나라에서 서비스, 특히 양질의 의료 서비스를 받기 위해서는 높은 비용이 지불될 수밖에 없었고, 경제적으로 풍요로웠던 상황에서 그런 측면을 어느 정도 용인한 탓도 있었다. 그러나 지속적인 의료비 상승과 그에 따른 무보험자의 접근성 문제와 함께 벌어진 양극화 현상은 의료개혁을 서둘러 시행하지 않을 수 없게 만들었다. 한국에서도 전반적으로 생활수준이 향상되어 보다 나은 의료 서비스를 받기 위한 수요가 점점 늘어날 것이다. 동시에 늘어나는 의료비를 어떻게 부담해야 할지에 대한 고민 또한 안고 있다. 여러 가지 상황은 한국의 의료공급체계 발전을 위해 더 많은 재원을 확보할 것을 주문하고 있다.

한편으로 한국에서는 아직 부족한 부분이지만 미국 의료계에서는 시행하고 있는 정책이나 제도의 도입을 검토해봐야 할 것이다. 비영리병원의 공공성을 확보하기 위한 지원과 규제, 민간보험회사에 대한 감시와 규제 강화, 병원의 연구교육에 대한 지원, 행위별수가제 보완, 예방 중심으로의 전환 등은 우리도 진지하게 고민해보아야 할 것들이 아닐까?

참고문헌

김태현, 『2010년 4/4분기 미국의 건강보험제도 동향 보고』, 건강보험심사평가원.
정규석, 『2011년 4/4분기 미국의 건강보험제도 동향 보고』, 건강보험심사평가원.
Centers for Medicare & Medicaid Services. http://www.cms.gov/
Health Reform. http://www.healthcare.gov/
Kim, T. H., Factors Associated with Financial Distress of Nonprofit Hospitals, The Health Care Manager, 2010; 29(1): 52–62.
Kim, T. H., M. J. McCue, and J. M. Thompson, The Relationship of Financial and Mission Factors to the Level of Uncompensated Care in California Hospitals, Journal of Healthcare Management, 2009; 54(6): 27–46.
Kim, T. H. and M. J. McCue, Association of Market, Operational, and Financial Factors with Nonprofit Hospitals' Capital Investment, Inquiry, 2008 Summer; 45(2): 215–231.

일본의 의료제도
현황과 쟁점

남상요 · 유한대학교 보건의료행정과 교수

시작하는 글

우리나라의 보건의료제도는 일본으로부터 많은 영향을 받아 유사한 점이 많다. 우리나라에 근대적인 의료제도가 도입된 것은 일제 강점기였고 의료보험제도나 장기요양보험제도도 일본의 제도를 참고한 것으로 알고 있다. 그러다 보니 의료법 체계나 의료전달체계, 의료인의 행태 등에 유사한 점이 많다. 대부분의 보건의료제도는 선진국의 사례를 참고로 하여 도입된다. 따라서 선진국의 제도에 대해서 우리가 좀 더 자세히 알 필요가 있다. 특히 일본은 우리나라에 직간접적으로 영향을 많이 줬기 때문에 무엇이 문제인지, 무엇을 잘하는지 정확히 알아서 무조건 받아들이기보다는 취사선택을 해야 한다.

먼저 일본의 특징을 몇 가지 열거해보면 일본의 인구는 그동안 계속 증가해오다가 출생율 저하와 함께 최근에는 인구 감세 추세로 돌아섰다. 일본의 인구는 2015년 현재 약 1억 2,700만여 명으로 우리의 2.5배에 달한다. 병원은 우리가 지금 약 3,000개 정도 되는데 일본은 1만 개를 넘어섰다가 지금은 8,500여 개 정도로 줄어들었다. 일본의 의료기관은 공급 과잉 상태로 인구 대비 병상 수는 세계 최고 수준이다. 일본은 지방자치가 발달한 나라로 의료제도나 정책이 지방자치단체를 통해 이루어지고 있다. 보건의료체계는 정치와 경제의 하위 개념으로 좋은 의료제도가 유지되려면 경제가 뒷받침되어야 하고, 또 정치철학하고도 맞물려야 한다. 이러한 것들이 같이 고려되어야 제대로 된 의료정책을 펼 수 있다.

의료개혁이 되어야 하는 당위성으로 인구구조 변화와 이에 따른 고령화의 진전을 언급하지 않을 수 없다. 우리나라의 인구는 2000년대 들어 고령화가 시작되어 지금은 65세 이상의 노인 인구가 전체 인구의 10%를 넘어섰으나 일본은 30여 년 전인 1970년대에 이미 고령화가 시작되어 최근에는 노인 인구 비율이 25%를 넘어서서 초고령화 사회를 맞이하고 있다. 현재 일본은 인구 5명 중 1명이 65세 이상의 노인이며 다가오는 2025년에는 인구 5명 중 1명이 75세 이상이 될 것으로 예측되고 있다. 정치적으로 일본은 오랫동안 자민당 장기집권 체제였다가 이것이 붕괴되어 몇 차례의 정권 교체를 거치고 연립정권이 성립되는 등 정치적으로 혼란을 거듭하고 있다.

2011년 3월에는 후쿠시마에 지진이 발생하여 많은 피해를 입었고 경제적으로도 장기 침체 상태이다. 일본 사회는 급격한 고령화로 인해 생산성이 떨어지고 경제 성장이 정체되고 있다. 과거에 칭송받았던 일본식 경영도 평가 절하되고 있고, 제대로 된 정치적 리더십도 찾아보기 어렵다. 그런데다 최근엔 우리나라가 여러 분야에서 일본을 제치고 약진을 거듭하고 있다. 일본에 대해 우리가 배울 점도 많지만 우리가 일본보다 잘하는 것도 많다. 완전 의약분업의 실시, 의료보험제도의 통합, 의료정보 시스템의 발전 등은 우리가 앞서나가고 있는 부분이다. 국제화도 진전되어 의료 관광과 병원 수출에서도 우리나라가 실적을 내고 있다. 삼성이 소니를 앞질렀듯이 머지않아 의료 분야에서도 일본을 앞지를 수 있게 되리라 기대한다.

선진적인 의료제도를 시행하기 위해서는 면밀한 분석과 철저한 준비가 필요하다. 우리 입장에서는 지금부터 10년 후를 어떻게 준비해야 하는가를 알아야 하는데, 그것을 알려면 일본의 역사가 많은 참고가 된다. 제2차 세계대전이 끝난 후, 경제 성장과 산업 발전, 인구구조 변화와 함께 일본에서는 그동안 5차례 전면적인 의료법 개정이 있었다.

이러한 의료법 개정이 일본에서는 어떻게 이루어졌는지 그리고 그 공과는 무엇인지를 훑어보는 것은 앞으로 우리가 어떤 방향으로 계획을 짜서 어떻게 나아가야 할지 하는 데 중요한 어젠다를 제공한다고 보기에, 일본 의료법 개정 내용을 정리해보고 이를 타산지석으로 삼고자 한다.

5차례의 의료법 개정과 의료개혁의 개요

먼저 의료공급체계를 살펴보면, 일본의 의료제도는 명치시대인 1875년에 제정되면서 근대적인 의료제도가 도입되었다. 현재 의료제도의 근간이 되는 것은 그 시대에 이미 만들어졌다. 그 이전에 일본은 한의학이 주류를 이루었는데, 서양식 의료제도를 받아들이면서 한의학을 폐지해버렸다. 따라서 일본에는 한의대도 없고, 한의사도 없고 한방병원도 없다. 의약 분업의 실시도 이미 이 의료제도에 명시되어 있었으나 의사들의 반발로 아직도 완전한 의약분업은 실시되지 못하고 있는 실정이다. 제2차 세계대전 후에는 미국이 점령을 해서 1948년에 새롭게 의료법이 만들어졌다. 이때 만들어진 의료법에 따른 공급체계가 몇 차례의 개혁을 거쳐 지금까지 이어져오고 있다.

1945년 전쟁이 끝난 후 일본은 폐허였다. 의사도 없었고 병원도 없었기에 의료기관의 양적인 성장이 우선시되었다. 따라서 의료법이 제정되고 난

후의 당면 과제는 부족한 의료시설을 확충하고 의료인을 양성하는 일이었다. 전후 한국전쟁의 발발과 함께 1960~1970년대 일본 경제는 비약적으로 발전하고 자금 사정이 호전되어 의료기관의 양적 성장이라는 애초의 목표를 충분히 달성할 수 있었다. 전국적으로 많은 수의 병원이 경쟁적으로 건립되었고 그러다 보니 필요 이상으로 병원이 많아졌다.

이러한 상황에서 첫 번째 의료법 개정이 1985년에 이루어졌다. 1948년에 의료법이 제정된 후 37년이 지난 시점이다. 의료법 개정이 일어난 구체적인 배경은 의료기관의 공급 과잉과 고령화이다. 이때의 안건은 의료공급을 억제하는 것과 노인이 증가함에 따라 이에 어떻게 대처할 것인가 하는 것이었다. 이때 일본은 의료법 제정 당시의 의료기관의 양적 팽창이라는 목표를 초과 달성하여 공급 과잉 상태에 이르러 신규 병원 설립과 병상 증설을 억제하는 규제가 시작된다. 이것이 지역의료계획으로, 이때부터 지역에서 마음대로 병원의 병실을 증설할 수 없게 된다.

2차 의료법은 1992년도에 개정되었다. 2차 의료법에서 중요한 것은 질이다. 이미 양적 성장을 초과 달성한 상태에서 문제는 의료의 질에 관한 것으로, 이때에 의료기관의 기능 분화와 연계에 대한 것이 본격적으로 검토되기 시작하였다.

1993년도에는 거품경제가 꺼지면서 경제불황이 시작되었다. 노인 인구가 기하급수적으로 증가하고 의료비도 늘어나 재정적으로 큰 부담을 안게 되었으나 사회복지 혜택을 후퇴시키기는 힘들어 엄청난 적자가 생겼다. 이에 따라 재정 악화 문제를 어떻게 해결할 것인가 하는 문제가 대두된다. 1995년 이후에는 노인인구 비율이 14%를 넘어 고령화 사회에서 고령 사회로 넘어간다. 이러한 상황에서 1997년 제3차 의료법 개정이 일어났는데, 이때는 재정 악화 문제를 해결하는 것이 중요한 사안이었다. 이를 해결하기 위해 2000년도에 장기요양보험제도가 생긴다. 처음에는 의료 서비스를 받지 않는 노인들까지 오랫동안 입원생활을 하기 때문에 국민 의료비가 기하급수적으로 늘어나니 의료와 케어를 분리해야겠다고 해서 시작된 것이 개호보험제도이다.

2000년도에 실시된 제4차 의료법 개정에서는 개인정보보호법이 제정되었다. 또 자율권을 부여하자는 방향으로 개정이 되기 시작하였다. 마지막으로 2006년에 5차 의료법이 개정되었는데 핵심 포인트는 재정 관리와 의료공급체계를 동시에 개혁한다는 것이었다.

1992년 이전

| 특별 양호 노인 홈 | 노인 보건 시설 | 무 상 진 료 소 | 유 상 진 료 소 | 특별허가 외 노인병원 | 특별허가 노인병원 (개호력 강화형 병원등) | 일반 병원 | 대학병원 등 고도 의료 기관 |

제2차 의료법 개정 후(1992년 이후)

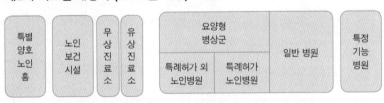

| 특별 양호 노인 홈 | 노인 보건 시설 | 무 상 진 료 소 | 유 상 진 료 소 | 요양형 병상군 | | 일반 병원 | 특정 기능 병원 |
| | | | | 특례허가 외 노인병원 | 특례허가 노인병원 | | |

제3차 의료법 개정 후(1997년 이후)

특별 양호 노인 홈	노인 보건 시설	무 상 진 료 소	유 상 진 료 소	요양형 병상	일반 병원	지역중핵 병원	특 정 기 능 병 원	특 정 기 능 병 원	교 육 연 수 형
				소규모 병원		전문병원	일 반 형	일 반 형	
						기타 특수 의료			

〈그림 1〉 의료개혁에 따른 의료시설체계의 변화

복지 및 중간시설	1차 의료기관	2차 의료기관				3차 의료기관
		장기요양	아급성기	일반 급성기	첨단의료	
특별양호 노인홈 / 노인보건시설	무상진료소 / 유상진료소	요양형 병상군 [개호보험 요양 병동 / 의료보험 요양 병동]	재활병원 / 정신병원 / 특수병원	전문병원 / 지역 의료 지원병원 / 일반 병원	특정기능병원 (일반형) / 특정기능병원 (교육형)	

병동 종별 인력 기준/시설 기준/수가 기준

의료요양 병동	개호요양 병동	일반 병동	재활 병동
치매치료 병동	치매요양 병동	완화 병동	정신 병동

〈그림 2〉 일본의 현행 의료공급체계

의료법 개정의 세부 내용

1차 의료법 개정(1985년)에서 중요한 내용은 지역사회에 대한 의료공급체제의 실현이다. 두 번째는 중앙정부가 행하던 일들이 지역단위별로 책정되게 되는 점이다. 1차 의료권은 자기 동네, 2차 의료권은 대학병원을 중심으로 병원 간의 연계가 될 수 있는 진료권을 설정하여 지역단위별 진료전달체계를 구축하였다. 3차 의료권은 광역자치단체 단위로 계획을 세워서 그 안에서 병상의 신설과 증설을 허가받아서 꼭 필요한 경우만 하도록 하였다. 물론 예외 상황도 있는데 장애인이나 응급의료 병상은 예외가 된다. 중요한 것은 기본이 되는 2차 의료권인데, 2차 의료권은 일본 전국에 345권역이 설정되었다. 인구가 많은 곳은 10만 명 정도가 되고 적은 진료권은 2만 명 정도가 되는데, 일본 전국이 2차 의료권으로 나뉘어서 그 안에서 병상을 조정하게 되었다.

2차 의료법 개정(1992년)에서는 질(質)이 중요한 테마로 등장한다. 그동안은 하드웨어적인 성장에만 치중해서 의료 서비스나 소프트한 면이 경시되었다고 본 것이다. 그리고 의료시설의 기능 분화와 연계가 본격적으로 시작된 것이 2차 의료법 개정 때이다. 이 시기 인구의 고령화와 함께 의료시설의 기능 분화가 시작되었는데 노인 환자를 위한 노인전문병원이 만들어지기 시작하였고 급성기 환자를 위한 특정기능병원제도가 시작되었다. 그리고 업무 위탁이 활발히 이루어지기 시작했는데, 일본에서는 업무 위탁이 병원 경영의 효율화를 위해서 바람직하다고 보아 일본 정부에서도 정책적인 지원을 아끼지 않고 있다. 가능하면 의사의 진료와 간호를 뺀 모든 부분을 위탁한다고 할 정도로 업무 위탁이 활성화되어 있다. 그다음에 의료법인 업무에 질병 예방도 포함되어야 한다고 해서 의료의 개념을 치료뿐만 아니라 예방, 재활까지 확대하기 시작했다.

2차 의료법 개정이 중요한데, 처음으로 의료시설에 대한 근본적인 제도를 검토한 것이 바로 2차 의료법 개정 때이다. 병원을 기본으로 2차 의료를 담당하는 종합병원, 3차 의료를 담당하는 특정기능병원 그리고 만성기 및 노인 의료를 담당하는 노인병원 등이 의료공급체계의 핵심을 이루고 있다. 일본에서 병원은 20병상 이상이 되어야 하며 종합병원은 80병상 이상을 갖추어야 한다. 특정기능병원은 외래 환자 중에서 30%를 반드시 타 의료기관으로부터의 소개 환자로 채워야 수가 가산을 받을 수 있다. 우리나라는 병원 종별로 가산이 붙게 되어 있는데 일본에는 병원 종별 가산 제도가 없다. 모든 의료보험수가나 제도가 병동별로 되어 있다.

엄밀하게 말해 노인병원이란 제도는 일본에 없고, 요양 병동이 있는 병원이 존재한다. 노인병원이 있는 것이 아니고 요양 병동을 소유한 병원이 있을 뿐이다. 그래서 한 병원에서 100병상은 노인 병동, 100병상은 일반 병동, 나머지 100병상은 또 다른 병동, 이렇게 병동별로 되어 있고, 병동별로 시설 기준, 보험수가가 다 다르다. 대학병원이냐 일반 병원이냐에 관련이 없고, 요양 병동이냐 ICU 병동이냐에 따라서 수가가 다르다. 대학병원에 있는 중환자실이나 동네 진료소에 딸린 중환자실이나 수가가 같다고 보면 된다. 요양 병동도 마찬가지다. 처음부터 요양 병동이 생긴 것은 아니고 처음에는 노인 환자가 많은 병원을 특별히 노인 병원으로 지정해주다가 후에 노인요양 병동 제도로 변경이 되었다.

일본에는 요양 병동, 정신 병동, 재활 병동이 따로 있어서 각 병동마다 시설 기준과 인력 기준, 보험수가가 다 다르다. 아직 우리에겐 없는 완화 케어 병동(호스피스 병동)도 있다.

노인보건시설도 만들어졌는데, 이 시설은 병원을 퇴원하고 재활 서비스를 받아 가정에 복귀하기 위한 전문 시설이다. 의료공급체계에서 복지와 의료, 요양을 연결해주는 시설이 필요한데, 노인보건시설은 바로 이런 시설과 시설을 연계해주는 중간 시설이라고 말할 수 있다. 병원에서 치료는 끝났고 재활치료를 해야 하는데 병원에 있기는 적절치 않고 그렇다고 해서 바로 집에 가기엔 아직 이른 사람들을 대상으로 따로 사회 복귀 훈련을 하는 것이다. 내용상으로는 물리치료, 작업치료가 주가 되는데 수용 기간은 6개월에서 1년 이상을 넘지 못하도록 한다. 노인보건시설은 의료와 복지의 중간 형태의 시설이다.

3차 의료법 개정(1997년)에서는 재정 문제가 심각해져서 의료비 억제 정책이 시행된다. 특히 미국에서 의료정책을 공부하고 돌아온 학자들이 중심이 되어 여러 가지 의료비 억제책을 만들어내고 있다. 이미 1990년대 중반에 이르러 일본의 재정 상태가 아주 악화되어서 의료보험에서도 몇 조원의 적자를 내게 된다. 보험수가는 인상이 아니라 몇 년째 인하가 되고 있다. 우리는 보험수가 개정이 되면 조금이라도 인상이 되지만 일본은 몇 년 전부터 오르기는커녕 인하되고 있는 실정이다.

3차 의료개혁에 대한 국민의 반응

1997년에 시행된 건강보험법 개정의 영향을 알아보기 위해 1997년 9월에 실시한 의료경제 실태조사를 보면(중앙사회보험의료협의회, 1997년), 진료소 및 병원의 수익이 점점 더 악화하고 있는 것으로 나타났다. 이 중 국공립병원은 대부분 적자이고, 민간병원은 표면상으로는 흑자이지만 수익은 줄어드는 형편이다. 시설 종류별로는 요양형 병상군 등 장기요양형 병상을 운영하고 있는 시설의 수지 상태는 개선되고 있어 진료수가체계가 장기요양형 병원에 유리하게 전개되고 있다는 사실을 확인할 수 있다. 이는 1997년 건강보험법 개정의 영향으로 신골드플랜[1]과 더불어 노인 관련 시설을 적극 육성하려는 정부의 의지가 반영된 결과로 풀이된다.

의사들은 의료법 개정에 반대하는 입장으로 1997년의 의료법 개정은 환자 부담이 증가하는 것일 뿐 개선이 아닌 개악에 지나지 않는다는 반응을 보였다. 홈페이지를 개설하고 있는 의사, 의원, 의사회에서는 배경색을 검정으로 하는 의료법 개악 반대 캠페인(Black out Campaign)을 실시하였는데 100개 이상의 의료기관이 참가하였다.[2] 전국보험의 단체연합회에서도 다음과 같이 반대 의사를 밝혔다.

진료수가제도의 개편으로 환자는 의료 서비스로부터 점점 멀어져가고 의료기관도 환자의 요구에 따른 의료 활동을 행하는 것이 어려워져 의료기관의 경영도 한층 곤란해진다. 정부는 이러한 개악을 의료기관의 부정 청구 보도 등으로 매스컴을 이용하여 의료기관과 환자, 국민의 분열을 꾀하

---

1 골드플랜은 1989년 책정된 고령화 사회에 대비한 재가 서비스, 시설 서비스의 확충과 맨파워의 양성을 내용으로 하는 고령자보건복지추진 10개년 전략으로 신골드플랜은 1994년에 이를 새롭게 보강한 것이다.
2 高橋基文, 「インターネット醫療」, 千早書房, 1998, p. 121.

며 추진해나가려 하고 있다. 이러한 상황하에서 전국보험의 단체 연합회에서는 의료개악 반대 500만 서명운동을 추진하고 있다.[3]

국민들은 의료비를 개정 전으로 되돌리는 연속 개악을 철회하기 위한 서명운동을 하는 등 반발하였다. 도쿄 북부 의료생활협동조합에서는 조합원들에게 다음과 같은 유인물을 배포하였다. 이 유인물은 당시 일본 의료가 처해 있는 상황의 한 단면을 적나라하게 드러낸다.

<그림 3> 동경 북부 의료생활협동조합의 의료개혁에 대한 안내 유인물

"1997년 9월 1일 창구 부담이 3배 이상 증가한 의료보험의 개악이 실시되었다. 이 개악에 의해 생명이 위협받는 피해가 속출하고 있다. '더 이상 참을 수 없다'고 환자는 비통한 소리를 내고 있다. 예를 들어 당뇨 치료 중인 환자가 하루 3회 복용해야 하는 약을 1회로 줄여 증상이 악화한다든가 고혈압, 당뇨, 고지혈증의 환자가 의료비 부담 때문에 치료를 포기하는 사례가 속출하고 있다. 이러한 가운데에서도 정부는 국민 부담을 계속 증가시키려 하고 있다. 정부는 국민에게 막대한 부담을 지우면서 은행에는 30조 엔의 공비를 투입하고 있다. 이러한 정치가 허용될 수 있는가?"

정부의 2000년까지의 의료제도 개악 계획

1. 생명도 돈에 의해 좌우
현재 병실과 급식의 일부분에 인정하고 있는 차액료를 확대하려 한다.

---

3 月刊保險醫團體聯合會, 「點數表改定のポイント」, 全國保險醫團體聯合會.

대규모 병원은 소개제로 하여 소개장이 없으면 차액료를 지불해야 한다. 병원 이용 시에도 유흥시설 입장료 같은 시설 사용료를 징수하려 한다. 그 위에 소화기나 순환기 등 전문의에게 진료를 받으면 특별 요금을 지불해야 한다.

2. 의약품의 보험 제외·차액 징수
비타민제, 감기약, 한약 등은 앞으로 보험이 적용되지 않는다. 또한 보험에서 지불하는 상한을 결정하여 병원에서 지불 상한액보다 비싸게 구입한 약은 환자로부터 차액을 징수한다. 치료에 필요한 약이 돈에 의해 좌우되어서는 건강을 지킬 수 없다.

3. 부담이 증가할 뿐인 신노인보험제도
70세 이상의 고령자보험을 별도로 신설하여 노인으로부터도 보험료를 징수하려 한다. 연금으로부터도 보험료를 지불하도록 하는 것은 어불성설이다. 창구 부담도 정률로 하여 지금보다 비싸게 하려 한다.

4. 필요한 의료를 억제하는 정액제
어떤 치료를 받아도 같은 질병이면 정해진 액수만이 의료기관에 지불되는 정액제로 바꾸려 하고 있다. 이렇게 되면 치료가 대폭으로 제한되어 의료 서비스를 제공받을 권리가 침해된다.

일본의 제도에서 무엇을 배울 것인가?
의료개혁을 위해서는 문제점에 대한 해결책을 담론으로 끝낼 게 아니라 테마별로 하나하나 정책을 정하고 액션플랜을 정해서 이를 실천해나가야 한다. 일본의 3차 의료개혁 당시 의료개혁 방안에 대한 자료를 찾아보니 그런 것들이 정리가 잘 되어 있었다. 의료비 증가에 어떻게 대처해야 하고 의료기관 간 기능 분담을 어떻게 해야 하나 그리고 보험수가, 약값 제도 등에 대해서는 어떻게 대응해야 하는가에 관해 좋은 정보를 제공해준다.

먼저 단계별 대책을 보면, ① 노인 의료비 증가에 대응, ② 사회적 입원의 해소, ③ 급성기 의료의 충실, ④ 의료기관의 기능 분담과 연계 강화, ⑤ 의료의 효율화, ⑥ 건강보험수가제도 재검토, ⑦ 약가 제도의 검토, ⑧ 의료보험제도 재검토, ⑨ 정보화의 추진, 보험자 기능의 강화 등 9개 분야에 관해 단계별로 3단계에 걸친 시행계획이 나와 있다. 그리고 제도 개혁을 위한 검토 항목으로 첫째 국민경제와 국민의료에 관해 국민 의료비 증가를 국민소득의 증가 범위 내에 멈추게 하는 방안이 검토되고 있다.

둘째, 의료제공체제와 관련하여 ① 사회적 입원 해소 프로그램의 추진, 개호 시설에의 전환 촉진 등, 평균 재원일수의 단축과 병상 수 삭감, 지역별 필요 병상 수의 재검토, 진료보수체계의 재검토가 행해지고, 기타 ② 의사 수의 재검토, ③ 의료기관의 기능 분담과 연계, ④ 의료관계 정보 제공의 충실, ⑤ 의약분업, ⑥ 의사 교육 방법 등이 검토되었다.

셋째, 의료보험제도에 있어 대응 방안에 관해 향후 의료보험제도의 역할, 의료보험제도의 재검토, 환자 부담의 재검토, 진료보수체계의 재검토, 진료 제공 시스템의 충실 등에 관한 검토가 행해졌다.

넷째, 향후 추진 방향으로는 중기 개혁 비전의 책정, 1997년도의 개혁 사항의 선택, 제도의 효율화 우선 등이, 국민의 컨센서스와 관련해서는 국민에 의한 선택을 위한 복수 개혁 메뉴의 제시, 소규모 집회 개최, 전문가 조사의 실시가 검토되었으며, 기타 사항으로 관계심의회와의 연계, 21세기 사회보장을 생각하는 싱크탱크 설치 등이 검토되었다. 이러한 일본의 단계별 개혁에 대한 검토 내용은 향후 의료개혁에 관하여 우리에게 시사하는 바가 크다.

3차 의료법에서 핵심적 내용은 지역 중핵 병원의 설치이다. 일본에서는 1997년에 종합병원제도가 없어졌다. 종합병원 제도가 현실에 맞지 않기 때문인데 예컨대 종합병원 간판을 내걸려면 산부인과 환자가 없어도 산부인과를 만들어야 하고 의사 채용을 해야 하고 관련된 장비를 구입해야 한다. 그래서 일본은 종합병원 대신에 지역의료지원병원이 만들어져 일종의 attending hospital로서 기능하고 있다. 지역의료지원병원이란 시설을 공유할 수 있고 입원시킬 수 있는 지역의 중심 의료기관을 말한다.

일본이 5차례의 의료법 개정을 통해 만들어낸 결과를 우리가 한꺼번에 가져올 수는 없을 것이다. 일본을 참고로 우리와 비슷한 상황에서 의료공급체계가 어떻게 변화 해왔는지를 아는 것이 중요하다. 노인병원을 예로 들면, 일본에서도 1990년대에 환자 학대, 과잉 진료 등 노인병원을 둘러싼 많은 문제들이 사회적 이슈가 된 적이 있었다. 이러한 문제에 대처하기 위해서 병원 형태보다는 요양 병동 형태로 바뀌게 되었고 노인병원의 질을 인증해주면서 관련 시설의 기능이 세분화되어왔다. 의료법인의 형태도 일본은 매우 다양하게 발전되어왔다. 특별 의료법인이라는 것이 있어서 조금 더 공적인 성격을 강화시키고 대신에 병원 재정을 강화하기 위한 수익 사업이 가능하도록 허가해주었다. 병원이 공식적으로 목욕탕도 할 수 있고 음식업도 할 수 있게 된 것이다. 최근에는 사회의료법인 제도가 생겨 의료시설의 공익적인 성격을 더욱 강화하고 민간의 사회의료법인 병원들에 대한 여러 가지 지원책도 마련하고 있다.

노인 인구의 급격한 증가와 날로 늘어만 가는 의료비 문제로 일본 정부에서는 여러 가지 의료비 억제책을 강구하지 않을 수 없는 형편으로 2000년대 중반부터는 DPC(Diagnosis Procedure Combination)라고 해서 일당수가제 형태의 변형된 DRG가 3차 의료기관을 중심으로 전면적으로 시행되고 있으며 환자의 본인부담도 늘고 있다. 이에 대해 국민부담은 증가하는데 의료 서비스의 질은 오히려 떨어진다는 반발이 있다.

4차 의료법 개정은 2000년에 시행되었다. 노인 인구의 증가로 의료공급체계에서도 기능이 더욱 세분화되고 있다. 영리병원에 대한 논의도 거듭되고 있다. 경제특구에서는 영리병원의 설립과 운영이 가능하나 실적도 없고, 전혀 시행될 기미도 보이지 않고 있다.

2006년에는 5차 의료법 개정이 있었다. 2차 의료법에서 근본적 틀이 만들어졌기 때문에 5차 개정이 큰 의미는 없는 듯하지만, 의료의 공공성을 강조한다는 점을 지적할 수 있다. 의료전달체계 하면 1차, 2차, 3차로 종적인 연결을 생각하기 쉬운데 횡적인 연결을 중요하게 봐야 한다. 일본에서는 병병(病病) 연계, 병진(病診) 연계라는 말을 쓰는데, 병원과 병원 상호 간의 연계, 병원과 진료소의 연계를 중요시하는 개념이다. 연계 critical path라고 해서 환자가 1차 기관에서 3차 기관까지 옮겨 가면서 치료하는 전체 과정을 시설과 상관없이 연계하여 치료받을 수 있도록 하는 시스템을 구축하고 있다. 이런 식으로 연계를 굉장히 중요시한다.

병원의 경영 상태를 보면 전체 병원 중 86%가 적자이고 지방자치단체는 90%가 적자이며, 10%만 흑자이다. 기타 공적 기관은 60%가 적자, 개인 병원은 반반이다. 일본의 공립병원은 대부분이 적자 상태이지만 공적 자금을 막대하게 투자해서 병원을 짓는다. 상당한 적자를 보고 있지만 영리를 취하는 병원이 아니기 때문에 정부나 지방자치단체에서 지원도 많이 해주고 이러한 공공병원들은 소위 정책 의료라 해서 병원 수익과는 관계없이 주민들을 위해 꼭 해야 할 의료를 담당하고 있다.

향후 일본의 새로운 의료체제 2025년 모델

2025년에는 일본의 전후 베이비붐 세대가 75세 이상이 되는 해로 75세 이상의 노인 인구가 2,000만 명에 이르러 인구 5명 중 1인이 75세 이상이 된다. 이에 따라 의료 및 요양에 대한 니즈(needs)가 급증할 것으로 예상되

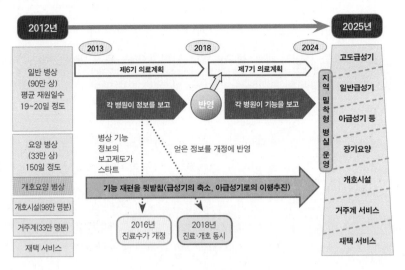

〈그림 4〉 2025 모델의 개요

나 마땅한 제도가 정비되어 있지 않아 새로운 의료공급체제와 사회보장 제도를 구축할 필요가 생겼다. 특히 도심부의 고령자에 대한 케어에 있어 시설과 서비스 체계에 심각한 문제가 예상된다. 2025년 모델의 주요 내용은 일반 병상과 요양 병상으로 이루어진 현재의 체제를 두 차례에 걸친 의료계획을 통해 고도급성기, 일반급성기, 아급성기, 장기요양 등으로 기능 분화하고, 아급성기는 다시 경도급성기, 회복기 재활, 만성기 응급, 호스피스 병동 등으로 세분화한다는 것이다.

일본의 의료보험제도 개혁

일본의 의료보험체계는 우리나라와 유사한 점이 많다. 왜냐하면 우리가 의료보험을 만들 당시 일본의 제도를 많이 참고로 했기 때문에 의료보험 통합 이전의 형태와 흡사하다. 크게 다른 점은 우리는 보험자가 하나밖에 없는데 일본은 4,000개가 넘는다는 점이다. 일본은 각 지방자치단체가 전부 보험자가 되어 있어서 심사 기준도 다 다르다.

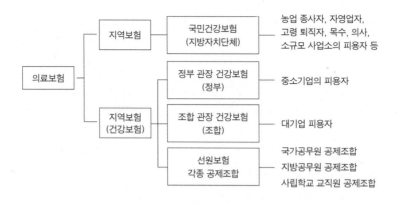

〈그림 5〉 일본의 의료보험제도 개요

일본의 의료보험 개혁의 방향이 잘 나타난 것은 1997년 발표된 진료수가 체계의 재구축 안이다. 이 내용은 크게 3부문으로 대별된다. 그 내용은 ① 기술, 물자, hospital fee의 평가, ② 의료기관의 기능에 따른 평가, ③ 급성기, 만성기 의료에 따른 평가 등이다. 기술, 물자, hospital fee의 평가에 관해 지금까지는 기술, 물자, hospital fee가 뒤섞인 상태에서의 평가였으나 앞으로는 이를 명확히 구분한 평가를 실시하겠다는 것이다. 즉 기술료에 의해 경영이 성립되는 시스템을 지향하여 진료과의 특성, 기술의 난이도, 필요 시간, 필요 인원 등을 반영해나간다는 방침이다. 물자에 관해서는 가격의 적정화, 투명화를 위해 시장원리가 움직이는 제도를 도입하여 가격을 낮추는 것을 목표로 하고 있다.

이에 따라 약가 차익을 없애고 독일에서 시행하고 있는 참조가격제도를 도입하였다. 참조가격제도란 약가급여 기준액을 정해놓고 병원들이 구입한 가격이 기준액보다 적으면 시장 구입 가격으로, 기준액에 구입했을 경우에는 기준액으로 지급해주고 기준액을 초과하여 구입했을 때 그 차액은 환자로부터 징수하도록 하는 제도이다.

의료기관의 기능에 따른 평가는 외래 환자 제한을 목표로 하고 있다. 이는 기술료의 평가에 의해 조정된다. 급성기, 만성기 의료에 따른 평가에서 초점이 되는 것은 급성기 입원 의료의 정액제 도입이다. 후생성에서는 ① 입원 초기는 행위별 수가제, 일정 기간 후에는 1일 정액 지불제, ② 의료 경과가 정형적인 질환에 관해서는 1건당 정액 지불제 등의 안을 내놓았다.[4]

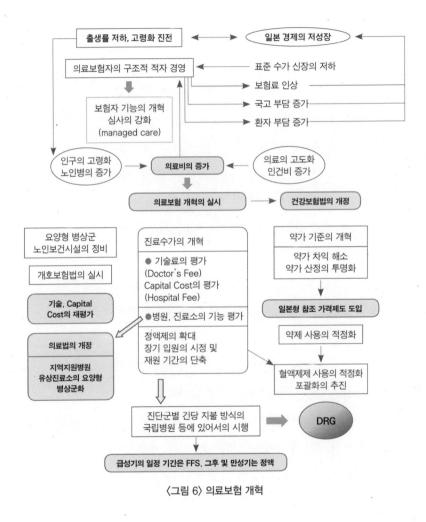

〈그림 6〉 의료보험 개혁

---

4 橋本佳子外, "技術料評價機能分化狙い體系再構築へ", 日經ヘルスケア, 1998. pp. 17~20.

일본에서는 매 2년마다 의료보험수가 개정 작업을 하고 있는데 가장 최근에 행해진 2014년 의료보험수가 개정의 기본 방침은 다음과 같다.

(1) 일본의 의료는 국민개보험 아래에서 의료 관계자의 헌신적인 노력과 보건 사업에 관한 보험자의 노력, 공중위생의 향상 등으로 세계 최고 수준의 장수와 저조한 신생아 사망률과 모성 사망률을 실현해왔다. 또한 의료비의 대 GDP 비율은 OECD 국가 중에서 중간에 있으며, 세계 제일의 고령화 수준을 감안하면 세계적으로 높이 평가되는 비용 대비 효과를 달성해왔다. 향후 초저출산 고령 사회에서도 필요한 의료보험 진료가 행해져야 한다는 기본 이념 아래 국민개보험 제도를 계속해서 견지하고 국민의 건강을 지켜나갈 필요가 있다.

(2) 그러나 향후 고령화의 진전에 따라 의료수요가 만성질환을 중심으로 증가함과 동시에 의료의 내용이 바뀌어가는 가운데 계속 국민이 안전하고 질 높은 의료를 받을 수 있도록 하기 위해서는 국민의 이해를 얻고, 의료제공체제의 재구축에 대해, 한정된 의료 자원을 효과적으로 낭비 없이 활용할 수 있도록 할 필요가 있다.

(3) 따라서 사회보장 세금 일체 개혁에서는 소비세율을 인상하고 그 재원을 활용하여 의료 서비스 향상과 동시에 중점화·효율화에 노력하여 2025년을 향해 의료제공 체제의 재구축, 지역 포괄 케어 시스템 구축을 도모한다. 구체적으로는 진료 보수 개정, 보조금의 활용, 의료법 개정 등으로·급성기 병상의 위치를 명확히 하고, 의료 자원의 집중 투입에 의한 기능 강화를 도모하는 등, 의료기관의 기능 분화 강화와 연계를 추진·의료기관의 연계, 의료·개호 연계 등 필요한 서비스를 확보하면서 일반 병상에 있어서 장기 입원의 적정화를 추진·재택 의료의 거점이 되는 의료기관의 역할을 명확히 하는 등 재택 의료를 충실히 할 필요가 있다.

(4) 베이비붐 세대가 75세 이상이 되는 2025년을 향해서, 급성기에서

회복기, 만성기, 재택 의료까지 환자 상태에 맞는 적절한 의료를 받을 수 있도록 2014년 8월 6일 정리된 사회보장제도 개혁 국민회의의 보고서에 입각하여 환자의 부담에도 유의해가며 의료기관의 기능 분화와 강화와 연계를 진행하여 병상의 역할을 명확히 한 후 기능에 충실함과 동시에 급성기를 지난 후의 환자를 대상으로 하는 병실, 주치의 기능, 재택 의료 등을 충실히 해나가야 한다.

(5) 진료수가 개정에서는 의료법 개정에 따른 대응에 앞서, 2014년도 진료수가 개정 과정에서 입원 의료·외래 의료를 포함한 의료기관의 기능 분화 강화와 함께 재택 의료의 충실 등에 대한 조처를 취할 필요가 있다.

소비세 인상 재원을 의료 기능 강화에 충당함에 있어서는 국민의 이해를 얻을 수 있도록, 의료 기능 강화와 함께 의료의 효율화에 임할 필요가 있다.

일본의 의료행정 내용과 특징

한국과 일본 제도의 유사점과 차이점을 살펴보면 먼저 유사점은 의료보험제도, 장기요양제도가 굉장히 닮았다는 것이다. 우리가 문제로 생각하는 것은 일본도 문제로 생각하고 있고. 우리가 좋다고 생각을 하는 것은 일본도 좋다고 생각하기 때문에 일본이 어떤 문제를 해결했다면 우리한테도 도움이 될 수 있으리라고 생각한다. 우리와 다른 점은 일본은 의료공급체계가 이미 공급 과잉 상태라는 점이다.

아마 우리도 조만간 의료시설이 과잉 상태가 될지 모르겠다. 일본은 1985년도에 이미 공급이 과잉되어서 의료 규제가 일어났고, 노인의료시설의 기능이 분화되어 있다. 앞으로 의료공급체계에서 중요한 것은 인구의 고령화에 대한 대책이다. 전면적인 개편이 되지 않으면 급격한 고령화를 따라갈 수가 없을 것이다. 일본에서 종합병원은 이미 없어진 제도로 대신 지역지원병원이 있다. 또 시설 상호 간에 연계를 중시하고 보건의료와 복지가 통합이 되고 있다. 요즘에 병원을 지으면 병원만 짓는 것이 아니라 병원 옆에 반드시 노인요양시설과 노인보건시설을 지어 일종의 복합체를 이루는데 이를 '3종 세트'라고 한다.

노인 인구가 늘어나면 노인 관련 질환의 발생률이 급격히 올라가는데 이에 관한 대책이 필요해진다. 일본은 75세 이상 인구를 아예 별도로 떼어 놓고 새로운 고령자 의료보험을 만들었다.

수가체계는 한국과 일본이 다르다. 우리는 상대가치 체계(RBRVS)를 도입하고 있는데, 일본은 아직도 이러한 체계를 도입하지 못하고 있다. 수가도 인상이 되는 게 아니라 전체적으로는 인하되고 있다. 우리나라와 일본의 의료공급체계를 비교해보면 일본은 상당히 기능이 분화되어 있음을 알 수 있다. 그에 비해 우리나라의 의료공급체계는 아직 충분한 기능 분화가 이루어지지 않아 단순한 편이다.

인구의 고령화에 따라 의료전달체계를 급성기-만성기-회복기-유지기로 나누어 각각의 단계마다 다양한 니즈에 맞는 의료시설이 만들어져야 한다. 우리보다 일찍 고령화가 시작된 일본에서는 그동안 5차례의 의료법 개정과 더불어 의료시설의 기능 분화가 일어났다. 먼저 급성기 의료를 끝낸 환자는 빠른 시일 안에 재활을 시작해야 한다. 이를 위해 일본에서는 회복기 재활 병동이라는 제도를 만들어 집중적인 재활치료가 가능하도록 하고 있다.

그리고 재활을 통한 가정 복귀 훈련을 위해 별도로 노인보건시설이라는 중간 형태의 시설도 운영하고 있다. 또한 각가지 재가 의료 지원을 위한 제도와 시설들을 운영하고 있다. 종합병원제도를 없애고 지역 중핵 병원제도를 만들어 지역 내에서의 효율적인 의료공급체계를 시도하고 있다. 병동제도도 호스피스 병동이라든지 치매 환자의 경우 치매 치료 병동이라든가 치매 요양 병동 등으로 각각의 시설 기준과 인력 기준 수가가 설정되어 운영되고 있다. 이러한 의료공급체계를 참고로 하여 우리나라의 의료공급체계도 급성기-만성기-회복기-유지기를 아우르는 형태로 분화 발전되어가야 한다고 생각한다.

병원의 구조조정 방향은 급성기 질환에서 만성기 위주로 치료 의학보 다는 예방이나 건강 서비스 쪽으로 진행되고 있다. 그리고 이제는 양보다 는 질 위주이다. 규제 완화가 돼야 하고, 병원이 비대해지지 않도록 핵심 역량만 두고 나머지는 전문 업체에 맡기는 쪽으로 가고 있다. 병원의 질 평가를 위한 제3자 기구 설립 같은 것도 참고할 필요가 있다. 일본의 의료 기관 평가기구는 1995년 설립되었다. 우리나라의 의료기관 평가인증원이 2010년도 설립되었으니 15년 앞서 생긴 셈이다. 그런데 일본의 의료기관 평가기구는 미국의 JCAHO와 같은 형태로 우리나라와 달리 정부나 병원 관련 단체로부터 독립된 제3의 기관이다.

일본은 행정이 지방자치단체 위주로 돌아간다. 의료정책이 위에서부 터 내려오는 것이 아니라 밑에서 자율적으로 이루어지고 그중에 모범적 인 케이스가 있으면 중앙정부에서 채택해서 전파하는 식이다. 여기서 한 국과 일본의 제도에 관한 장단점을 잠깐 비교해보면 정책 집행의 일관성 이나 데이터 분석이 일사불란하게 되는 것은 우리가 앞서고, 지역 주민에 게 맞는 정책을 구현할 수 있다는 점은 일본이 나은 것 같다. 일본은 장기 간에 걸쳐 검토를 많이 하고 충분한 컨센서스를 통해 의사결정을 하는 구 조로 계획 자체가 완벽하지 않으면 실행에 옮기지 않는데 우리는 검토와 컨센서스에 시간을 들이기보다 일단 시행한 후에 드러난 문제점을 시정 해가는 쪽이라 정책을 결정하고 집행하는 데에 양자 간에 큰 차이가 있다.

일본 의료체계에서 국민이나 단체는 모두 조연이고, 의사결정을 하는 쪽은 일본의사회이다. 일본 정책의 핵심을 알려면 일본의사회 정책연구 센터에 가야 한다. 개업의 단체인 일본의사회는 상당한 정치적인 힘을 갖고 있고 때로는 정부에 압력을 행사하는 파워 집단으로서의 역할을 한다.

일본 의료 행정의 특징을 요약해보면 정책을 한꺼번에 드라마틱하게 시행하기보다는 단계별, 점진적으로 시행한다는 점이다. 의약분업만 해도 우리는 2000년대 초반에 정치적으로 100% 완전 의약분업을 시행하는 것으로 해결을 보았는데, 일본은 1870년부터 완전 의약분업을 한다면서 아직까지 완전 의약분업을 실현시키지 못하고 있다. 정치적으로 해결하기보다는 처방전 발행에 대한 수가를 높여주는 등 인센티브에 의한 유인책을 쓰고 있다.

마치는 글: 일본의 의료제도가 우리에게 주는 시사점

보건의료제도의 발전에 있어 우리가 일본으로부터 많은 영향을 받아온 것은 사실이지만 최근에 와서는 우리나라가 앞서고 있는 것들도 많아지고 있다. 우리나라의 EDI에 의한 의료보험 청구 시스템과 일원화된 체계에 의한 분석 시스템은 세계적인 성공 사례이다. 온라인 청구 및 분석 시스템을 우리는 당연한 것으로 알지만 일본은 우리나라에 비해 청구, 심사, 분석 시스템이 뒤떨어져 있다. 의료보험 일원화, 완전 의약분업의 실시도 우리가 먼저 달성한 것이다. 의료 관광도 우리가 훨씬 잘하고 있다. 이러한 장점은 우리가 앞으로도 잘 실려나가야 한다고 생각한다.

우리가 개선해야 할 점을 몇 가지 들어보면 첫째, 향후 의료공급체계에서 기능 분화가 더 일어나야 한다는 점이다. 우리는 급성기 관련 의료체계와 병원은 잘 되어 있는 것 같은데 아급성기는 제대로 갖추어지지 못했다. 회복기 유지기, 만성기의 각 단계별로 아주 정교하게 체계화시켜야 한다. 그리고 포괄적인 서비스를 위해 시설 간의 상호 연계도 강화해야 한다. 세계에서 CT, MRI가 제일 많은 나라가 우리나라와 일본이라고 하는데 자원의 중복 투자로 인한 낭비와 폐해를 줄이기 위한 제도가 마련되어야 할 것이다. 고령화의 진전과 함께 우리도 이제 지역의료에 대해 생각할 시기가 되었다. 권역별로 과잉이 되지 않도록 지역별 병상의 증설과 의료기관 신설에 대해 어떤 기준이 필요할 것이다.

특히 의료공급체계에서 반드시 생각해야 할 것이 고령화에 따른 대처이다. 노인과 관련된 의료 서비스는 그 패러다임이 다르기 때문에 먼저 보건의료 복지의 통합에 대한 공감대가 형성되어야 한다. 그다음에 중앙집권적인 운영 형태에서 벗어나 지역이 기반이 되는 시스템이 만들어져야 할 것이다. 다양한 서비스가 개발되어야 하고 전문 직종이 지원되어야 한다. 우리나라가 지금 장기요양보험제도를 운용하면서 결정적으로 문제가 되는 점은 중심이 되는 직종이 없다는 것이다. 물론 요양보호사가 있긴 하지만 2, 3개월밖에 공부하지 못한 사람이 어떤 제도의 중심이 되는 직종으로 역량을 발휘하기에는 한계가 있을 것이다. 일본의 경우 대학에서 몇 년간 정규 과정을 이수하고 국가시험을 통해 면허를 부여받은 개호복지사라는 전문직이 있어 이 사람들이 개호보험의 중추적인 직종으로 활약하고 있다. 또 국민들의 의료 서비스 혜택과 관련하여 의료보험급여의 범위와 수준을 제고해야 하고 특히 재가 의료 서비스가 확충되어야 한다.

앞으로 우리나라는 일본을 누르고 세계 최고 고령 국가가 된다. 스스로 최고의 시스템을 만들지 않으면 안 될 시기가 오고 있다. 우리가 최고의 시스템을 만들면 전 세계에서 우리나라의 의료 시스템을 벤치마킹하기 위해 찾아올 것이다. 끝으로 우리보다 고령화가 진전된 일본의 예를 참고로 하여 다가오는 고령화에 따른 노인의료요양체계 개편을 위한 방안을 제시하면서 이 글을 마치고자 한다.

1) 지역 포괄 케어의 실천

지역 포괄 케어란 지역 주민을 대상으로 의료 서비스뿐만 아니라 보건 서비스(건강증진), 재가 케어, 재활, 복지 개호 서비스의 모두를 포함하는 것으로 시설 케어와 재가 케어와의 연계 및 주민 참가를 기준으로 주민의 QOL 향상을 지향하는 것을 말한다. 이때 지역이란 단순한 공간의 개념이 아닌 커뮤니티(community)를 말한다.

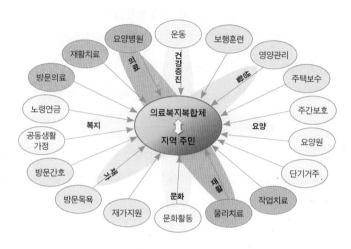

〈그림 7〉 지역 포괄 케어의 개념

2) 케어 매니저 제도의 도입과 케어 플랜의 작성

장기요양보험의 운영에서 일본이 우리와 다른 점은 케어 매니저와 케어 플랜 제도이다. 일본에서는 케어 매니저 제도를 운영하여 케어 매니저가 노인의 케어에 관한 종합적인 케어 플랜을 짜서 이에 따라 체계적인 케어를 하여 자원의 낭비를 막고 있다. 의사를 비롯 간호사, 재활치료사, 사회복지사 등이 다년간의 임상 경험을 바탕으로 자격증을 취득하여 케어 매니저로 활동하고 있다.

노인을 위한 종합적이고 체계적인 케어를 위해서는 케어 플랜뿐 아니라 의료기관과 복지시설을 망라한 종합적인 클리니컬 패스(CP: Clinical Path)

도 필요하다. 이러한 서비스의 연계와 종합화를 위한 도구가 없으면 효율적이고 효과적인 케어를 제공하는 데 한계가 있다. 요양병원과 요양원에서의 노인 케어에 관한 가이드나 표준화된 도구가 있어야 제대로 된 질 관리가 가능하다. 일당수가제하에서의 노인요양병원 서비스 관리의 문제점은 과소 치료에 있다. 기본 가이드라인과 프로토콜을 제시하여 이를 준수하지 않는 병원이나 시설은 과감히 정리해야 한다.

3) 예방 케어를 위한 수가의 개설

예방은 치료보다 훨씬 비용 효과적이다. 노인은 한번 상태가 나빠지면 회복이 불가능하다. 와상 예방에 힘을 쓰면 결과적으로 의료비를 절감할 수 있다는 연구 결과도 나와 있다. 치매도 미리 손을 쓰면 완화시킬 수 있다. 건강증진, 와상 예방, 구강 케어, 영양 상담 등도 수가화되어야 한다.

4) 재가 케어의 지원

향후 과제 중 재가 케어가 있다. 늙고 병들어 임종을 맞을 때 최후의 순간을 병원에서보다는 자신이 살던 집에서 사랑하는 가족 곁에서 맞고 싶은 건 인지상정일 것이다. 그러려면 이러한 제도와 시스템이 뒷받침되어야 한다. 노인 케어의 축이 재가 케어 중심으로 이동하고 있는 것은 세계적인 추세이다. 일본도 노인 케어의 중심은 병원이나 요양시설이 아닌 가정에 맞추어져 있다. 노인요양병원에서도 이러한 점을 감안하여 재가 케어 지원을 위한 서비스를 개발해야 한다. 제도적으로도 자택에서 의료 서비스를 비롯한 재활 서비스, 영양 서비스, 구강 케어 서비스 등을 받을 수 있도록 수가를 개설하고 지원 체계를 만들어야 할 것이다. 의사가 왕진을 가면 수가가 나오고 재활 서비스도, 영양 지도 서비스, 복약 지도 서비스, 호스피스 서비스도 집에서 제공받을 수 있는 시스템을 만들어야 한다.

5) 의료공급체계의 개편

노인의료복지 공급체계는 주민의 니즈에 맞게 더욱 기능 분화가 일어나야 한다. 노인의료전달체계의 정립에 있어 중심이 되는 것은 아급성기의 개편이다. 우리나라는 급성기와 만성기로 2분화되어 있는데 향후 평균수명의 연장과 함께 75세 이상의 후기 고령자가 급증할 것으로 예상되므로 이들이 필요로 하는 아급성기 케어에 대한 대책을 마련해야 할 것이다. 일본은 향후 10년을 바라본 2025 모델을 제시하여 단계별로 노인의료 공급체계를 개편하고 있다. 우리도 단기적이고 임기응변적인 계획이 아닌 장기적인 관점에서의 노인의료복지 공급체계 개편에 대한 논의와 작업을 시작해야 한다.

6) 한국형 의료복지 복합체의 구성

지역 주민을 위한 종합적인 포괄 케어 시스템을 마련하기 위해서는 요양병원을 비롯한 노인과 관련된 시설 간의 연계를 통한 서비스 제공이 필요하다. 노인과 관련된 시설은 요양병원 외에 요양원, 단기간의 노인 보호 서비스를 제공하는 주간보호센터, 단기보호센터를 들 수 있으며, 이들 기관이 서로 연계를 통해 노인의 건강 상태에 따른 적절한 서비스가 제공되어야 한다. 궁극적으로는 이들 서비스 외에 노인들에 대해 포괄적인 서비스를 제공하기 위한 교육기관의 설립, 건강증진 시설 제공, 노인의료복지 주택의 제공 등이 제대로 이루어져야 비로소 노인에 대한 포괄 케어 시스템이 제공되는 것이라고 볼 수 있다. 향후 노인장기요양과 관련한 여러 가지 서비스는 개별적인 제공보다는 상호 연계와 정보 공유를 통해 조직 내에서 다양한 서비스를 제공하는 모형으로 확대될 수 있을 것이다.

〈노인 주거 + 여가 복지시설 복합체〉

| 노인의료 | 재활의료(물리치료/작업치료) | 주간보호 | 방문간호 | 방문요양 | 운동/식사/ 생활지원 |

노인요양병원 노인요양원/요양공동생활가정 재가노인복지시설

• 주간보호
• 단기거주
• 방문간호
• 방문요양

의료 서비스   요양 서비스   재가 서비스

• 기능보강사업   의료복지복합체   • 노인병연구소
• 치매전문병동   • 치매교육센터

주거 서비스   교육상담 서비스   여가 서비스

양로시설 노인복지주택 노인복지관 경로당 노인교실 노인휴양소 상담소

〈그림 8〉 노인을 위한 한국형 보건의료복지 복합체의 구성

7) 고령화 관련 연구 개발 및 세계시장 진출

향후 우리나라는 세계 최고의 고령 국가가 될 것으로 예측되고 있다. 이에 대비하여 효과적인 노인의료복지 체계를 정비하고 대단위 의료복지 복합 클러스트를 구축하여 노인과 관련된 Anti Ageing 관련 의학 연구와 상품의 개발, 유전공학과 줄기세포 연구, 신약 개발, 복지기기 개발 등 관련 연구와 관련 산업의 육성을 꾀하여 세계 최고의 노인의료복지 서비스 체계를 갖춘 나라로 세계에 진출하게 되길 기대한다.

영국 노동당 정부의
NHS 개혁

윤태호 · 부산대학교 의학전문대학원 교수

1. 영국 NHS 제도 개괄

영국은 잉글랜드, 웨일즈, 스코틀랜드, 북아일랜드[1]로 나뉘며, 각 지역마다 국가수준에 준하는 자치정부조직을 가지고 있고, 의료제도 역시 지역마다 다르다. 우리가 흔히 알고 있는 영국의 의료제도 개혁에 대한 내용은 주로 잉글랜드 지역의 의료제도를 통칭한다. 스코틀랜드, 웨일즈, 북아일랜드는 역사적·지역적 특성을 고려하여 별도의 NHS 제도를 운영하고 있다. 예컨대, 2009년 현재 1차 의료 부문을 담당하는 기구는 잉글랜드의 경우는 1차 의료 트러스트(primary care trust)이지만, 웨일즈는 지역 네트워크(local network), 스코틀랜드는 지역 보건 파트너십(community health

---

1 2008년 기준. 인구수는 잉글랜드가 약 5,000만 명, 웨일즈 300만 명, 스코틀랜드 500만 명, 북아일랜드 170만 명으로 잉글랜드가 전체 영국 인구수의 80% 이상을 차지한다.

partnership), 북아일랜드는 지방 커미셔닝 그룹(local commissioning group)
이다. 또한, 잉글랜드 지역은 약제비에 대한 정액(처방건당 7.4 파운드)[2] 방
식의 본인부담을 유지하고 있으나, 웨일즈(2007년부터), 북아일랜드(2010년
부터), 스코틀랜드(2011년부터) 약제비를 모두 무료로 전환하였다.[3] 따라서
여기에서 서술하는 내용들은 영국에서도 주로 잉글랜드 지역을 중심으로
하였다는 점을 언급하고자 한다.

이러한 차이점에도 불구하고, 영국 NHS 제도를 규정하는 기본적 특성
은 다음과 같이 요약할 수 있다(Whitehead, 1994).[4]

첫째, 영국에 거주하는 모든 사람들에게 보건의료 서비스를 제공하는
보편성이다. 보건의료 서비스를 이용할 수 있는 자격을 가려내기 위한 자
산조사 등이 불필요하며, 따라서 사회적 낙인 역시 존재하지 않는다.

둘째, 재정적 위험의 통합(pooling)이다. 대부분의 재원을 조세를 통해 운
용하며, 이는 지불가능 능력에 따른 누진적 방식의 재원 부담을 의미한다.

셋째, 보건의료 서비스의 이용 시점에서의 무상이다. NHS 법에서 명시
한 극히 제한적인 본인부담 항목이 있긴 하지만, 대부분의 서비스는 무상
으로 제공하며, 중증 질환이나 장애가 발생하였을 경우의 경제적 어려움
을 제거하는데 효과적이다.

넷째, 포괄적 서비스와 평등한 접근성과 지역적 서비스의 균형 분포이
다. 사람들이 당면할 수 있는 모든 범위의 보건의료 서비스를 제공하며,
지역적 접근성에 어려움이 없다.

---

2 물론, 아동, 노인, 저소득층, 암 환자 등 중증 질환자는 모두 약제비가 무료이다
3 BBC News. Prescription charges abolished in Scotland. 2011년 4월 1일. 다음의 인터넷 사이트에서 확
인 가능함. http://www.bbc.co.uk/news/uk-12928485
4 Whitehead M. Is it fair?: Evaluating the equity implications of the NHS reform. In: Robinson R, Le Grand
J ed. Evaluating the NHS reforms, London, King's Fund Institute, 1994. pp. 208-242.

다섯째, 모든 사람들에게 동등한 양질의 서비스 제공이다. 빈곤층에는 기본적 서비스만 제공하고, 경제적 능력 또는 권력이 있는 계층에게는 높은 수준의 서비스가 제공되는 것은 원천적으로 금지한다.

여섯째, 임상적 필요에 근거한 서비스 제공이다. 사회적 또는 재정적 상태보다는 필요에 근거하여 모든 서비스를 제공하며 희소한 자원은 형평성에 근거하여 배분된다.

일곱째, 서비스의 비착취적 기풍(ethos)이다. NHS에서 일하는 이들은 높은 수준의 통합성과 이타성에 기반하며, 이윤을 취할 목적으로 환자를 착취하게끔 만드는 재정적 인센티브를 가질 수 없다.

2. 탄생에서 대처 정부까지의 NHS의 변화

1) NHS 설립 전후의 상황

NHS 제도의 탄생에서 빼 놓을 수 없는 인물이 바로 NHS 설립 당시 보건부 장관이었던 베번이다. 제2차 세계대전 종전 직후에 실시된 총선에서 애틀리의 노동당은 전쟁을 승리로 이끈 영웅인 처칠의 보수당에 압승을 거두었고, 이는 현대 영국 복지제도의 출발을 알리는 신호탄이었다. 당시 내각에서 가장 젊은 각료였던 보건부 장관 베번은 가장 어려운 두 가지 임무를 맡게 되었는데, 하나는 전쟁으로 인해 파괴된 주택 문제의 해결이었고 다른 하나는 이해당사자의 복잡한 이해관계가 얽혀 있어 난항[5]을 거듭

---

5 당시 전시내각정부에서는 베버리지 보고서에서 지적한 포괄적 보건 서비스를 구체화하기 위하여 NHS 백서를 발간하였다. 하지만, 이 백서에 대하여 주요 이해 당사자인 영국의사협회, 병원협회, 지방정부 등은 모두 반대하는 입장을 취하였다. 정부에서는 이견을 좁히기 위한 노력을 기울였으나, 노동당이 총선에서 선거를 거두기 전까지 합의는 끝내 이루어지지 않았다.

하고 있었던 국영보건 서비스(NHS)의 확립이었다. 베번은 NHS에 대하여 세 가지의 원칙적 방안을 각료회의에 제출하였고, 각료회의에서의 논란에도 불구하고, 모두 베번이 제출한 계획에 따라 승인을 받았다.

첫째, 모든 환자와 의사 간에 어떠한 형태의 의료 서비스를 사고파는 행위를 금하는 것이었다. 베번은 의사가 환자에게 최선의 진료 서비스를 제공하고, 환자와 의사 간에 적절한 관계를 위해서는 양자 간의 금전적 거래가 없어져야 한다고 생각하였다. 그리고 이는 이후 NHS를 운영하는 데 가장 기본적 원칙이 되었다.

둘째, 개원의들에 대해서는 독립 자영업자의 위치는 그대로 유지하되, 기본 수당과 인두제를 합산한 방식의 수가를 지불하는 것이었다. NHS 이전의 영국 의료제도는 국민건강보험체계[6]로 의사들의 수가는 등록제에 근거한 인두제 방식이었다. 그런데, 베번은 진료비 지불을 인두제로만 의존할 경우, 경력 있는 의사에게는 유리하지만 새로 진입하는 젊은 의사들에게는 불리하다고 보고 모든 개원의들에게 기본 수당을 제안하였다. 하지만, 기본 수당에 대하여 영국의사협회는 개원의들을 공무원화하는 조치라고 하면서 끝까지 거부하였다. 결국, NHS 설립 당시에는 기본 수당은 삭제된 채 개원의들에게는 인두제에 의한 진료비 지불 방식으로 정해졌다.[7]

셋째, 각료회의에서 가장 논란이 되었던 것으로 모든 병원을 국유화하고 그 책임자를 보건부 장관으로 하는 것이었다. 제2차 세계대전 직전 영국 병원은 1,000여 개의 자선병원과 3,000여 개의 공공병원이 운영되고

---

6 영국의 국민건강보험은 1911년에 도입된 것으로 이름은 국민건강보험이지만, NHS 탄생 직전까지도 가입자는 전체 인구의 50% 정도에 불과하였다. 직업이 없는 여성, 아동, 노인들은 건강보험에서 모두 제외되어 있었다. 당시 영국의사협회는 NHS 대신에 국민건강보험 가입자를 전 인구의 90% 까지 확대하자는 개혁안을 내놓은 바 있다.
7 하지만, 1960년대 중반 개원의들의 상황이 악화되자, 이번에는 개원의들이 기본 수당 제도의 도입을 주장하기에 이른다

있었다. 하지만, 이들 간의 협조 관계는 전무하였을 뿐 아니라 자선병원 간 협력도 빈약하였고, 공공병원에 대한 지방정부의 관리 능력은 취약하였으며, 병원 시설 및 인력 분포의 지역적 불균형 역시 심각하였다. 자선병원들의 경우 재정 상태가 심각하여, 공공 재정에서 지원되는 금액이 전체 자선병원 예산의 70% 이상이었으며, 심지어 80~90%에 달하는 곳도 있었다. 즉, 공공 재정이 투입되지 않으면 자선병원의 운영이 불가능하였다. 지방정부에서 운영하고 있던 공공병원 역시 지역의 범위가 병원이 관할하는 진료권 범위와 대부분 일치하지 않았고, 현대적인 전문 서비스를 조직화하는 데 필요한 전문 행정가를 양성하는 데 지방정부는 부적절하였다. 이러한 이유로 베번은 병원을 보건부 장관 책임 아래 두는 국영화 방안을 제안하였다.

  NHS 설립 당시의 보건의료 행정체계는 삼원화 체계로 표현할 수 있다. 1차 의료 부문은 기존의 국민건강보험체계에서 있었던 1차의료협의회(Executive Council)[8]을 재편하여 1차 의료를 책임지도록 하였다. 이 위원회는 지역의 의료전문가, 지방정부, 보건부에서 임명받은 위원들로 구성되었으며, 보건부로부터 직접 재정을 받아서 지역의 1차 진료 전문가들과 계약하고, 지역 의료인의 목록을 유지하고 환자의 불만을 관리하는 역할을 담당하였다. 병원부문은 병원의 기능에 따라 두 부분으로 나뉘었다. 먼저, 의과대학을 통해 의학교육과 수련을 담당하고 있는 대학병원들에 대해서는 수련병원협의회(Boards of Governors)를 통해 보건부 장관이 직접 관할하였다. 그 외 병원은 지방병원협의회를 통해 관리하였는데, 잉글랜드와 웨일즈 전역에 걸쳐 14개의 대진료권별로 설치하였고, 400개 지역

---

8 당시 영국의 국민건강보험에서는 병원 서비스에 대한 급여를 하지 않았고, 1차 진료에 대한 급여 서비스만 제공하였다.

에 병원관리위원회를 두었다. 공중보건 부문은 지방정부에서 맡도록 하였으며, 모자보건 클리닉, 방문보건, 조산사, 보건교육, 예방접종, 응급구조 등이 여기에 속하는데, 필요한 재정은 중앙정부의 지원과 지방정부의 재정으로 운영하였다.

하지만 타협의 산물이라 일컬어지는 삼원화된 NHS 체계에서 1차 의료, 병원, 공중보건 부문 간의 협력은 미미하였으며, 이들 세 부문 간의 협력을 어떻게 효과적이면서 공고히 할 것인가에 대한 논의는 이후 NHS 개혁의 핵심적 내용 중의 하나로 계속 이어지게 되며, NHS가 설립된 지 60년이 훨씬 지난 지금도 적합한 방안을 내놓지 못하는 실정이다.

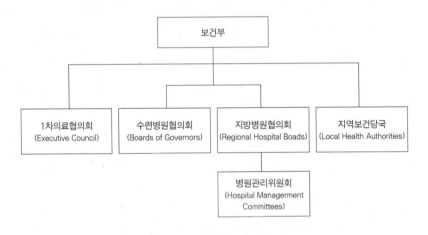

〈그림 1〉 설립 당시 NHS 체계

게다가 NHS라는 새로운 제도가 탄생되었음에도 불구하고, 개원의들에 대한 연금 가입과 서비스의 판매 행위 금지에 따른 진료비 손실 보상을 제외하고는 추가적인 지원은 이루어지지 않았다. 병원이 국유화되었지만, 병원의 신축이나 시설 투자는 전혀 없어 1800년대 중반에 설립되었던 병원들에서 현대적 병원 서비스를 제공해야만 했다. NHS 제도를 통해 모든 국민이 의료보장을 받아 미충족 의료의 해소에 따른 국가 재정 부담과 함께 제2차 세계대전 직후의 영국 경제 상황이 좋지 않았기 때문에 재원 마련에 한계가 있었다. 병원 투자계획이 수립된 것은 10년이 훨씬 지난 1962년에 이르러서였다. 당시 보수당의 보건부 장관이었던 포웰(Powell)은 잉글랜드와 웨일즈에 1971년까지 90개의 병원을 신축하고, 134개 병원을 증·개축하기 위하여 5억 파운드를 투자하기로 재정부와 협의하였다. 이 병원계획의 핵심은 지역거점병원(District General Hospital)으로, 인구 100,000명에서 150,000명당 600~800병상의 종합병원을 운영하도록 한 것이다. 하지만, 신축 병원에 소요되는 비용이 예상을 초과하였고, 기간 역시 길어진관계로 애초 계획이 순조롭게 진행된 것은 아니었다.

2) 지역을 중심으로 하는 보건행정체계 재정비

NHS 설립 당시 타협의 산물인 삼원화된 체계 아래에서 공중보건 서비스, 1차 의료 서비스, 병원 서비스 간 협력 미흡에 대한 끊임없는 비판이 있었고, 지역을 중심으로 한 전반적인 체계 재정비 노력이 1970년대 중반에 있었다.

이 당시 보건체계의 재정비는 크게 세 가지 목적 아래에서 이루어졌다. 첫째, 분산적으로 관리되었던 보건 서비스를 하나의 행정당국에 의해 통합하는 것이었다. 하지만, 1차 의료 영역은 독립 계약자로 여전히 남아 있었기 때문에 완전한 통합은 아니었다. 둘째, 보건당국과 지방정부 간에 더나은 협력을 이끌어내는 것이었다. 셋째, 다부문 팀 운영, 합의에 의한 관리 등 더 나은 관리를 도모하는 것이었다.

지방병원위원회의 권한을 물려받은 지방보건당국(RHAs)를 신설하고, 그 위원은 보건부 장관이 임명하도록 하였다. 주요 기능은 지역 주민의 필요를 충족하는 보건 서비스를 계획하는 것인데, 그 산하에는 90개의 지역

보건당국(AHAs)를 설치하였고, 위원은 지방보건당국, 지역정부, 일반 주민들 중에서 선임하였다. 이와는 별도로 가정진료위원회를 두어 1차 진료 의사, 치과의사, 약사 등과 계약을 맺도록 하였다.

그리고 대중들의 보건의료 의사결정에 대한 참여 보장을 위하여 기초 지자체 단위에는 일반 주민들이 참여하는 200여 개의 지역사회보건위원 회를 운영하였다. 이렇듯 NHS는 1970년대에 주민 참여를 통해 기존의 관료적인 부분을 해결하고자 하였고, 1차 의료-병원-공중보건 서비스 간의 미흡한 협력 관계를 해결하고자 하는 노력을 계속하고자 하였다. 하지만, 이러한 노력은 오래가지 못하였다. 오일쇼크에 의한 영국의 경제위기로 인해 모든 공공 서비스는 축소될 위기에 처했으며, 이는 1979년 대처의 보수당이 총선에서 승리를 거둠에 따라 현실화되었다.

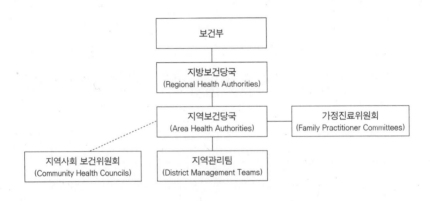

〈그림 2〉 잉글랜드 NHS 조직체계, 1974–82

3) 대처 정부 시절의 NHS 개혁

대처 정부의 NHS 개혁을 요약하자면, '긴축 재정'과 '경쟁을 통한 효율성 제고'라 할 수 있다. 오일쇼크로 인해 발생한 경제위기 극복을 제1의 국정과제로 삼은 대처 정부는 공공 서비스 중에서 철도, 전기, 수도 등 공공 서비스를 모두 민간에 넘긴 반면, NHS 병원은 그대로 유지하였다. 하지만, NHS 역시 강도 높은 긴축 재정과 시장 경쟁 체제의 회오리를 벗어날 수는 없었다.

먼저, NHS의 모든 조직과 모든 병원에 일반 경영자를 두도록 조치하였는데, 이는 이후에 NHS 트러스트의 최고경영자(Chief Executives)가 된다. 이를 통해 NHS 병원은 일반 기업과 같은 방식의 경영이 이루어지도록 하였다.

다음으로는 보건의료에 대한 예산과 병원 및 지역사회 보건 서비스를 통합적으로 관리하였던 지역보건당국(DHAs)의 기능을 구매자로서의 기능과 서비스 제공자로서의 기능으로 분리하는 방식의 계약 시스템으로 전환하였다.[9] 이를 위하여 병원부문에서는 자치권을 부여한 완전히 새로운 조직인 NHS 트러스트를 만들어서 지역보건당국은 해당 주민들에게 필요한 보건의료 서비스를 구매하는 기능에 집중하도록 하였다.[10] 이와 동시에, 기금 보유 1차 진료의(GP Funderholder) 제도를 신설하여 지역보건당국과 경쟁하는 방식으로 병원 서비스를 구매할 수 있도록 하였다. 이에 따라 지역 보건당국과 기금 보유 1차 진료의 모두가 구매자로서 NHS 트러스트와 계약을 할 수 있도록 하였다. 이와 같이 구매와 서비스 제공의 책임을 분리함으로써 공급자 간의 경쟁을 촉발시키는 것이 흔히 알고 있는 내부 시장(Internal Market)의 핵심 내용이다.

내부 시장과 관련한 대처 정부의 병원부문 개혁 핵심은 앞서 지적한 NHS 트러스트를 창설한 것이다. 1991년에서 1995년에 걸쳐 모든 NHS

---

9 구매자–공급자 분리(Purchaser–Provider Split)로 불리는 이 용어는 이후 NHS 개혁의 핵심적 개념이 됨. 이후 토니 블레어의 노동당 정부에서도 이 개념을 그대로 적용하였는데, 1차 의료 트러스트(Primary Care Trust)가 그 대표적 공공조직이다. 그리고 현 정부에서는 공공조직인 1차 의료 트러스트를 없애고, 의료인들에게 더 막강한 권한을 부여하는 민간조직에 가까운 임상 커미셔닝 그룹(Clinical Commissioning Group)이 구매자 역할을 하도록 하는 개혁법안을 상정하였다.
10 Department of Health. Working for Patient. London: HM Stationery Office. Cm 555.

병원을 공공 소유의 자치기구인 NHS 트러스트로 전환하였다. 즉, 병원의 소유권은 여전히 국가에 있지만, 각 병원에 운영의 자율성을 부여한 것이다.[11] 각 NHS 트러스트는 직원의 고용, 계약 조건과 서비스 내용, 자산의 소유와 처분, 이윤의 보유, 정부와 민간 부문으로부터 자금을 빌릴 수 있는 권한을 부여 받았으며, 지역보건당국과 기금 보유 1차 진료의와의 계약을 통해 수익을 얻도록 하였다.

하지만 대처 정부의 NHS 개혁의 핵심인 내부 시장은 효율성에서는 약간의 개선이 있었으나, 의료 서비스의 질, 선택, 반응도에는 별 개선이 없었고, 형평성은 기금 보유 1차 진료의 제도로 인하여 악화된 결과를 초래하였으며, 전체적으로 내부 시장으로 인한 개혁 성과는 거의 미미하였다.[12]

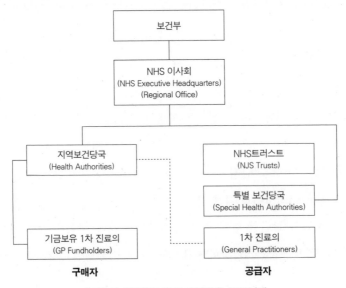

〈그림 3〉 잉글랜드 NHS 조직체계, 1990년대

---

11 NHS 트러스트는 자율성을 부여받았지만, 관리감독의 책임자는 보건부 장관이었다. 이는 이후 노동당 정부에서 만들어졌고, 보건부 장관의 직접적 관리를 받지 않는 Foundation 트러스트와 대비되는 점이다.
12 Le Grand, J., Mays, N. and Mulligan, J.(eds), Learning from the NHS internal market, London, King's Fund, 1998.

3. 신노동당 정부의 NHS 개혁

토니 블레어의 신노동당 정부는 보수당 정부에서의 NHS 개혁의 대표적 부작용이었던 기금 보유 1차 진료의 제도를 폐지하고, 대신 모든 1차 진료의들을 포괄하는 1차 의료 그룹(Primary Care Group)을 만들었다. 노동당 정부는 '새로운 국영보건 서비스 (The New NHS)' 백서[13]를 통해 다음과 같은 6가지 원칙을 천명하였다.

- NHS가 진정한 국영 서비스(National Service)가 되도록 새롭게 정비
- 지역 중심의 새로운 국가 표준에 부합하는 보건의료 서비스의 전달 확립
- 다양한 부문과의 파트너십에 근거한 NHS 활동
- 더욱 확고한 수행 능력 향상과 관료화 축소를 통한 효율성 증대
- 의료의 질에 초점을 두어서 모든 환자들에게 최선의 서비스를 보장
- NHS의 대중적 신뢰도를 회복

신노동당 정부 초기인 1998년에서 2000년까지의 주된 기조는 경쟁보다는 협력을 강조하되, NHS에 대한 지출은 이전 보수당 정부의 계획을 따르는 것이었다. 이 시기의 주요 정책으로는 의료의 질을 상향 표준화하기 위해 NICE(National Institute for Clinical Excellence)[14]를 창설하였고, 국가

---

13 Secretary of State for Health. The New NHS: Modern, dependable. London, The Stationery Office, 1997.
14 NSF는 국가에서 집중적으로 관리해야 할 보건의료 서비스 영역을 정하고, 이에 대한 표준화된 지침을 제공하는 것으로 영국 보건부는 1999년에 '정신보건'을 시작으로, 관상동맥질환, 암(2000년), 노인(2001년), 당뇨병(2003년), 아동, 신장질환 서비스(2004년), 장기 정신과적 상태(2005년), 만성폐쇄성폐질환(2009년)에 관한 지침을 발간하였다.

에서 중점적으로 관리해야 할 서비스 영역에 대하여 국가서비스기본계획(National Service Framework)을 만들었다.

하지만 2000년대에 들어서자 신노동당 정부에서는 구체적 정책 목표의 수립과 함께 이를 조기에 달성하기 위한 NHS에 대한 대규모 투자계획을 발표하였다. 이와 동시에 초기 정책기조였던 협력보다는 인센티브를 통한 경쟁을 더 강조하게 되었고, 서비스 제공의 다양화라는 이름으로 민간 부문의 참여를 대폭 허용하였다.

첫째, 내부 시장의 핵심 개념인 구매자-공급자의 분리는 그대로 두었고, 과거의 기금 보유 1차 진료의 대신에 강력한 공적 구매자인 1차 의료 트러스트(Primary Care Trust)[15]를 만들었다. 이와 함께 일부 1차 의료 트러스트를 지정하여 시범적으로 진료 의사들이 커미셔닝을 직접 담당하는 '진료에 근거한 커미셔닝(Practice Based Commissioning)'을 실시하였는데, 이는 현 보수당-자민당 연립정부에서 추진하는 개혁의 핵심 중의 하나인 공적 조직인 1차 의료 트러스트를 모두 폐지하고 임상 커미셔닝 그룹(Clinical Commissioning Group)이 모든 구매를 맡는 방안의 모태가 되었다. 둘째, NHS 트러스트보다 더 많은 자치 기능을 부여하였을 뿐 아니라, 보건부 장관의 관리감독에서 벗어나도록 허용한 파운데이션 트러스트(Foundation Trust)를 신설하였다. 그리고 관리감독은 보건부 장관이 아닌 '모니터(Monitor)'라 불리는 독립적 규제 기구에서 맡도록 하였다. 신노동당 정부는 2008년까지 모든 NHS 트러스트를 파운데이션 트러스트로 전환하는 계획을 세

---

15 1차 의료 트러스트는 공적 조직으로 보건부의 직접적 지휘감독을 받는다. PCT는 지역 주민의 보건의료 필요도를 파악하여 계획을 수립하고, 이 계획에 근거하여 NHS 병원 및 GP들과 계약을 하며, 각 병원과 GP들이 제공한 서비스를 평가하는 기능을 담당하는데, 이 일련의 과정을 커미셔닝이라 부른다. PCT의 주된 기능은 구매자로서 계약을 하는 것이지만, Health centres, Primary care centres, Work-in centres 등을 직접 운영하는 등 직접 서비스를 제공하기도 한다. NHS 예산의 약 80%는 PCT를 통해 지출된다.

윘었다. 셋째, 대처 정부 때 도로와 교량 등의 건설부분에 적용하였던 민간투자사업(Private Fiance Initiative)을 NHS 병원 신축 등에 대폭 적용하였으며, 민간(영리, 비영리)병원의 참여 역시 장려하였다.

이러한 개혁 조치를 두고 신노동당 정부의 NHS 개혁은 'NHS의 시장화'라고 비판을 받기도 한다. 하지만, 신노동당 정부의 개혁을 시장화로 규정하는 것은 개혁의 일면만을 본 것이다.

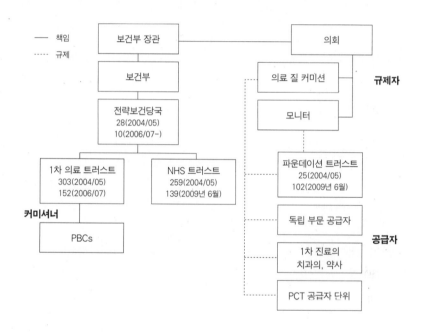

〈그림 4〉 영국 노동당 정부에서의 NHS 체계

1) 영국의 보건의료비 지출

2006~2007년을 기준으로 NHS 재정은 일반조세에서 76.2%, 국가보험 기여금[16](National Insurance Contribution)에서 18.4%, 본인부담금 등에서 2.6%, 기타 2.8%를 통해 조달하였다.

영국의 보건의료비 지출은 신노동당이 집권을 한 기간인 1997~2008년 기간 동안, 특히 2002년 이후로 폭발적인 증가가 있었다. 이 기간 동안 총 보건의료비는 551억 파운드에서 1,254억 파운드로 유례없는 증가를 보였다. 국내총생산에서 차지하는 비중 역시 1995년 6.8%에서 2008년에는 8.7%에 달하였다. 국민 의료비 중 공공 부문 지출은 2000년에 79.3%로 최저점이었으나, 이후 계속 회복되어 2008년에는 82.6%에 달하였다. 특히, 국민 의료비 중에서 민간보험에 의한 지출이 차지하는 비중은 1990년대 3%대에서 2000년대에는 1%로 급속히 하락하였다. 따라서 신노동당 정부하에서 NHS 개혁은 전체적으로는 시장화라기보다는 공공성의 회복이라고 보는 것이 더 바람직할 것이다. 그렇다고 시장화 조치에 의한 부작용을 간과해서는 안 될 것이다.

〈표 1〉 영국의 보건의료 지출 추이[17]

	1980	1985	1990	1995	2000	2005	2008
총 보건의료비(% GDP)	5.6	5.8	5.9	6.8	7.0	8.3	8.7
1인당 총 보건의료비(US$PPP)	468	689	960	1,347	1,837	2,701	3,129
공공 지출(% 총 보건의료비)	89.4	85.8	83.6	83.9	79.3	81.9	82.6
민간 지출(% 총 보건의료비)	10.6	14.2	16.4	16.1	20.7	18.1	17.4
본인부담(% 총 보건의료비)	8.6		10.6	10.9	13.4	11.8	11.1
민간보험(% 총 보건의료비)	1.3	2.5	3.3	3.2	1.6	1.4	1.2

16 고용주, 고용인, 자영업자 등 소득을 버는 사람들이 납부하는 것으로, 2010~2011년 현재 주당 110파운드 이상의 임금소득이 있는 근로자가 11%, 고용주는 12.8%를 부담한다. 자영업자는 연간 5715파운드 이상의 이윤을 버는 자에게는 8%, 43,875 파운드 이상의 이윤을 버는 자에게는 1%를 부과한다.
17 Boyle S. (2011), United Kindom (England): Health System Reivew, Health System in Transition; 13(1).

2) 인력 및 시설 투자

신노동당 정부 초기에는 지난 보수당 정부에서의 NHS 긴축 재정 기조를 그대로 수용하였고, NHS 인력의 협력을 통해 문제점을 극복하고자 하였다. 하지만, 이러한 방식으로는 금방 한계가 있음을 자각하였다. 검사 및 입원 대기 시간을 획기적으로 줄이고, 양질의 의료 서비스를 제공할 목적으로 2000년에 'NHS Plan'이라는 백서를 통해 다음과 같은 장기적인 시설 및 인력 투자 계획을 수립하였다. 이로 인해, NHS의 인적, 물적 인프라 규모는 이전 보수당 정부 시절과는 비교할 수 없을 정도로 확대되었다. 잉글랜드의 인구 1,000명당 의료 인력 수는 2000년 2명에서 2009년 2.7명으로, 간호사(조산사, 방문간호사 포함)수는 1997년 6.6명에서 2009년 8.1명으로 증가하였다. 물론, 유럽연합 15개국 평균보다는 여전히 낮았다.

시설 투자 목표

- 병원과 Intermediate care에 7,000개의 추가 병상
- 2010년까지 100개 이상의 신규 병원을 설치, 500개의 새로운 원스톱 1차 의료센터
- 3,000개 이상의 GP 의원을 현대화하고, 250개를 신규 설치
- 병실의 위생을 청결하게 하고, 병원 식사의 질 개선
- 모든 병원과 GP 의원에 현대적 IT 시스템화

인력 투자 목표

- 7,500명의 컨설턴트(병원 근무 전문의)와 2,000명 이상의 1차 진료의(GPs) 추가 확보
- 20,000명의 간호사와 6,500명의 치료사(therapists) 추가 확보

- 1,000명 이상의 의과대학 신입생 수 확대
- 100개의 어린이집을 설치하여 NHS 스탭을 위한 보육 지원

　NHS에 대한 대규모 투자로 인해 대기 시간은 획기적으로 줄어들고, 의료의 질적 수준이 높아졌으며, 국민들의 서비스에 대한 만족도가 높아지는 등 과거와 분명히 구분되는 NHS 체계에서의 발전이 있었다.

　하지만, 빠른 시간에 정책 목표를 달성하기 위하여 지나치게 민간자본에 의존한 것은 분명한 오류였다. 게다가 민간자본의 이윤을 보장해주기 위해 NHS 재정 상태가 악화되는 부작용을 감수해야만 했다. 또한, 신노동당 이후 들어선 보수당-자민당 연립정부에서 추진하고 있는 NHS 민영화 개혁을 둘러싼 논쟁에서, 현 연립정부의 개혁이 신노동당 정부의 개혁과는 분명 차이가 있음에도 불구하고, 현 정부의 NHS 개혁은 신노동당 정부에서 추진하려고 하였던 계획을 계속 집행하는 것일 뿐이라는 역공에 시달려야 했다.

3) 1차 의료 트러스트를 중심으로 한 지역보건체계 확립

　신노동당 정부는 총선에서 승리를 거머쥔 뒤 곧바로 과거 보수당 정부의 기금 보유 1차 진료의(GP Fundholder) 제도를 폐지하고, 이를 대체할 기구로 1차 의료 그룹(Primary Care Group)을 설치하였다. 그리고 2003년부터는 이를 대체할 지역 수준에서 자체적인 의사결정을 하도록 하는 강력한 공적 조직체로 1차 의료 트러스트를 제안하였다. 1차 의료 트러스트의 세 가지 주요 기능은 지역사회의 건강 향상과 건강 불평등 감소를 위한 계획 수립, 1차 의료와 지역사회 서비스(공중보건 및 건강증진 서비스)의 개발과

제공, 병원 서비스에 대한 구매자로서의 기능이다. 쉽게 말하자면, 지역 수준에서 우리나라의 국민건강보험의 기능과 보건소 기능이 통합되어 있는 조직체 정도 된다고 볼 수 있다. 따라서 각 1차 의료 트러스트에서 수립하는 지역보건의료계획은 지역의 모든 병의원, 공중보건 관련 조직들이 지역 주민들의 건강 수준 향상을 위하여 어떠한 서비스를 어느 수준까지 제공해야 하는 지, 그리고 이에 필요한 예산은 얼마인지에 대한 내용이 포괄되어 있다. 1차 의료 트러스트는 자체 건강센터를 보유하고 있어서 1차 의료 및 공중보건 서비스를 직접 제공하고 있다.

노동당 정부하에서 1차 의료 트러스트는 NHS 예산의 80%를 지출하는 NHS 조직의 핵심이다. 예컨대, 인구 345,000명의 런던 람베스 자치구의 1차 의료 트러스트 회기년도 2009/10년의 총지출은 5억 8,000만 파운드(한화 약 4,572억 원)이며 세부 내역을 살펴보면, 급성기 병원 44%, 1차 의료 서비스 17%, 지역사회 서비스 15%, 정신보건 18%, 기타 6%를 지출하고 있다.

2009년 현재 잉글랜드 전역에 152개소가 설치되어 있으며, 특히 건강이 취약한 지역에 대해서는 '선도 그룹(Spearhead group)'이라는 이름으로 지역의 건강 불평등 해결을 위한 첨병의 역할을 하고 있다.

4) 의료의 질 향상을 위한 공급자 인센티브

신노동당 정부의 의료인(특히 의사)에 대한 기조는 2000년을 기점으로 초기의 '협력'에서 '명령과 관리(Command and Control)' 방식으로 바뀌게 되었다. 이는 의료의 질 향상에서 핵심 인력인 의사의 도덕성에만 의존할 수는 없으며, 적절한 경제적 유인을 통한 의료의 질 향상 활동에 참여를 유도해야 한다는 인식을 반영한 것이기도 하다. 이를 위하여 목표량을 설정하고, 이에 충실히 따를 경우에는 충분한 보상을 주는 진료비 지불 방식의 변화가 있게 된다. 1차 의료 부문에서는 '질결과계획(Quality Outcome Framework)',

병원 부문에서는 '결과에 따른 보상(Payment by Results)'이 바로 그것이다.

1차 의료 부문의 질결과계획은 일종의 성과 지불 방식으로 기존 개원의들의 기존의 진료비 보상 방식[18]에 더하여 1차 의료 수준에서의 의료의 질 목표와 지표를 설정하고, 지표별로 점수를 할당하여 매년 개원의들의 진료 활동을 평가하여 점수에 따른 보상을 하도록 하였다. 2004년 4월 1일 처음 도입되었을 당시 총 146개의 지표에 총 점수는 1,050점이었고, 개원의들이 획득한 평균 점수는 958.7점이었다. 점수 당 보상액은 75파운드[19]였다. 이 제도를 실시하기 위하여 영국 정부는 매년 10억 파운드의 예산을 투입하였으며, 개원의는 이로 인하여 25% 정도의 추가적인 수입을 확보할 수 있게 되었다. 1차 의료의 평가 영역은 크게 임상 영역, 조직 영역, 환자 경험 영역, 부가 서비스 영역 등 4가지로 나뉘었는데, 임상 영역의 배점이 가장 높아 11개 영역에 걸쳐 76개 지표에 550점이 부여되었다. 이렇게 설정한 지표는 매년 전문가 평가를 통해 수정 보완하고 있다. 임상 영역 중에서 가장 큰 배점을 차지하고 있는 고혈압의 지표와 점수는 아래의 표에서 제시한 바와 같다.

〈표 2〉 질결과계획의 지표(예)

지표	점수	보상 등급
등록		
1. 고혈압으로 확진된 환자의 등록명부를 관리	9	
진단과 초기 관리		

---

18 영국의 개원의들에 대한 진료비 지불 방식은 인두제로 널리 알려져 있으나, 인두제 외에도 일부 서비스 항목에 대해서는 행위별 수가제가 적용되고, 정부 지원금도 있었다. 신노동당 정부에서는 이에 더하여 추가적으로 질향상 노력을 충실히 한 개원의들에게는 그 성과에 따른 보상을 하도록 한 것이다.
19 점수당 금액은 계속 증가하여 2011년에는 130.51 파운드로 증가하였다.

2. 진단 이후 최소한 한 번 이상 흡연 상태에 대한 기록이 있는 고혈압 환자의 %	10	25~90%
3. 흡연을 하는 고혈압 환자 중 금연 상담이나 필요한 경우 전문가 서비스를 받도록 의뢰한 적이 있는 환자의 %	10	25~90%
지속 관리		
4. 지난 9개월 내에 혈압 기록이 있는 고혈압 환자의 %	20	25~90%
5. 지난 9개월 내에 측정하였던 혈압이 150/90 미만인 고혈압 환자의 %	56	25~70%

병원 부문에 대해서는 병원의 진료 활동량을 제대로 반영하지 않았던 기존의 총액 계약 방식에서 병원의 진료 활동량이 많으면 많을수록 더 많은 수입을 얻을 수 있는 방식인 'Payment by Result'로 전환하였다. 이 방식은 진단군별 포괄수가제(DRGs)와 유사한 방식으로 보건의료자원그룹(Healthcare resource groups)을 정한 후, 이 그룹에 해당하는 평균 시장가격을 정한 다음 각 병원의 활동량과 병원이 소재하고 있는 지역의 가중값을 곱하여 총수입을 결정하는 방식이다. 예컨대, 양쪽 고관절 치환술(보건의료자원그룹)의 일반수술 평균 시장가격이 6,000파운드이고, 그 병원이 소재한 지역의 가중값이 1.1이라면, 병원의 수입은 6,600파운드가 되며, 병원은 시술량에 따라 정부로부터 보상을 받게 된다.[20] 따라서 각 병원은 더 적극적으로 진료를 행할 경제적 유인을 갖게 되며, 이는 불필요한 서비스량을 줄이면서 서비스의 신속성을 증대시키는 요인으로 작용하였다.

---

20 병원에 대한 진료비 지불 방식의 개혁이 PbR이라면, 1차 의료 부문에서는 Care Quality Framework라 할 수 있다. 이 방법은 기존의 진료 수익은 그대로 유지한 채 기존 수입의 30%까지 인센티브를 부여한 것으로 자발적 참여 프로그램이었지만, 대부분의 GP들이 참여하였음. 2004/05년의 경우, 임상 부문, 조직 부문, 환자경험 부문, 추가 서비스 부문에 걸쳐 최대 1,050점까지 획득할 수 있도록 하였고, 점수당 75파운드를 환산하여 연 단위로 지불하였다. 2004/05 회기년도에 참여한 GP들의 평균점수는 958.7점이었다. 이로 인하여 1차 의료의 질적 수준이 개선이 되었고, GP들의 수입 역시 대폭 증가하였다.

5) 병원 운영의 자율성 확대 · 강화: 파운데이션 트러스트(Foundation Trusts)

앞서 간략하게 언급하였던 바와 같이 파운데이션 트러스트는 병원의 경쟁력과 환자 만족도를 높이기 위한 노동당 정부의 핵심적 병원 개혁 조치이다. 이는 소속은 국립이면서도 독립채산제 방식으로 운영되고 있는 한국의 국립대학교 병원과 유사하다고 이해를 하면 쉬울 것이다. 파운데이션 트러스트로 인정을 받게 되면 보건부 장관의 직접적 관할에서 벗어나기 때문에 일부에서는 NHS 병원에 대한 국가의 책임을 약화시키는 정책으로 비판을 하기도 한다. 신노동당 정부의 적극적 의지로 말미암아 04/05년 회기년도에서는 25개에 불과하였으나, 2009년에는 102개로 급증하였고, 2011년 현재 129개소에 달하고 있다.

자격 요건은 2004년부터 병원 부분의 의료의 질을 향상하기 위하여 스타등급제(Star Rating System)라 불리는 병원평가를 실시하여 최상위 등급인 별 3개를 획득한 병원 중에서 보건부 장관으로부터 지원서를 승인받은 병원에 해당하며, 모든 NHS 트러스트를 2008년까지 파운데이션 트러스트로 전환하도록 계획하였었다.

파운데이션 트러스트가 기존의 NHS 트러스트와 다른 점은 다음과 같다.[21]

첫째, 재정적 자율성이 더욱 확대 · 강화되었다는 점이다. 자본의 차용, 자산 매각, 잉여금 보유의 자율성이 모두 허용되었다.

둘째, 보건부 장관에 의한 중앙통제로부터 벗어나게 되었다는 점이다. 기존 NHS 트러스트는 운영의 자율성이 부여되었으나, 보건부 장관의 직접적 책임 아래 있었다. 하지만, 파운데이션 트러스트는 의회 산하에 설치

---

21 House of Commons Health Committee (2003). Fondation Trusts. Second Report of Session 2002–03 Vol I. London: The Stationery Office Limited.

되어 있는 독립적 기구인 모니터(Monitor)에 의해 통제를 받도록 하였다.

셋째, 병원평가를 통해 필요한 자격을 갖춘 병원만 전환을 허용하였다는 것이다. 이를 통해 NHS 내의 조직적 재편을 하지 않고, NHS 조직과 중앙 정부 간의 관계를 실질적으로 변화시킨 방안으로서의 의미가 있다.[22]

신노동당 정부에서는 파운데이션 트러스트를 통해 병원의 자율성을 확대·강화하도록 함과 동시에 이로 인한 문제점을 해결하기 위하여 지역 주민과 환자들이 병원 운영에 참여하는 이사회(Board of Governors)를 신설[23]하도록 하였다. 이사회는 파운데이션 트러스트의 경영과 책임관리에서 지역 사회의 이해를 대변하고, 다른 멤버들과 함께 중요 의사결정에 대한 정보를 공유하며, 집행위원회의 의장과 비상임위원을 선임하는 권한을 가진다. 하지만, 일상적인 경영과정(예산 설정, 스태프 급여, 기타 운영 등)에는 관여하지 않는다. 이사회의 구성과 위원의 수는 자율에 맡기지만, 주민과 환자로부터 선출된 위원이 과반수를 차지하도록 하였다. 위원의 자격으로는 ① 지역 주민, ② 지역 주민은 아니지만, 최근 3년간 병원에서 치료를 받았던 환자, ③ 해당 트러스트에 고용된 사람, ④ 트러스트와 파트너 관계에 있는 기관의 대표(관할 1차 의료 트러스트와 관련 대학의 대표자는 반드시 포함) 등이다. 일례로 가이즈 및 성토마스 파운데이션 트러스트의 이사회 구성은 다음의 표와 같다.

---

22 Walche K(2003), Foundation hospitals: a new direction for NHS reform?. Jounral of The Royal Society and Medicine, 96, 106–110.

23 Department of Health(2005), A Short Guide to NHS Foundation Trusts. Department of Health Publications, Available at http://www.dh.gov.uk/prod_consum_dh/groups/dh_digitalassets/@dh/@en/ documents/ digitalasset/dh_4126018.pdf. Accessed 20 Dec. 2011.

〈표 3〉 Guy's and St Thomas' Foundation Trust 의 예[24]

이사직 종류	인원	비고
환자	11	
일반 주민	11	
스태프	7	(치과)의사직(2명), 간호직(1명), 보건 전문가(1명), 기타(3명)
파트너 기관	14	관할 PCT(4명), 관할 지방정부(4명), 대학(2명), 병원(2명), NHS London(1명), 기타(1명)

6) 민간 부문의 참여 확대

영국 노동당 정부는 단기간 내 병원의 대기 시간을 줄이기 위하여 필수적인 인프라 확충을 위하여 'Private Finance Initiative(PFI)'로 불리는 민간자본조달 방식에 의존하였는데, 이 조치는 신노동당 정부의 개혁이 시장화 조치라는 비판을 받는 데 가장 핵심적인 정책이다.

앞서 지적한 바와 같이 이는 대처 정부 시절 주로 도로 및 교각 건설에 널리 적용된 것인데, 신노동당 정부에서는 이를 병원 부분에 적극 도입을 하였다. 이는 단기적으로는 정부 재정 부담을 줄이면서 빠른 시일 내 시설을 확충하는 데 기여하였지만, 환자 진료를 위해 필요한 공간보다는 환자 진료와는 별 관련이 없는 공간이 너무 많아졌으며, 환자의 진료보다는 병원과 민간 자본의 이해에 더 신경을 쓰게 되는 결과를 초래하기도 하였다.[25] 더군다나, PFI는 참여한 민간 자본에 일정한 수익률을 보장해주어야 하기 때문에 NHS 지출에서 이자로 지출해야 하는 부분이 지속적으로 증가하는

24 Guy's and St Thomas' NHS Foundation Trust(2011), Guy's and St Thomas' NHS Fondation Trust Annual Reprt and Accounts. Available at http://www.guysandstthomas.nhs.uk. Accessed 20 Dec 2011.
25 Pollock A.M. NHS plc: The privatisation of our health care. London, Verso, 2004.

문제가 발생하게 된다. 이로 인해 NHS 트러스트나 파운데이션 트러스트에서 자금 부족으로 소속 병원을 매각해야 하는 불상사도 나타나게 되었다..

　아래의 그림에서 보는 바와 같이 NHS의 자본투자원에서 공공지출도 분명 획기적으로 늘어났지만, 동시에 특히 2000년 이후로 PFI 에 의한 자본투자가 급격히 증가하고 있음을 확인할 수 있다.

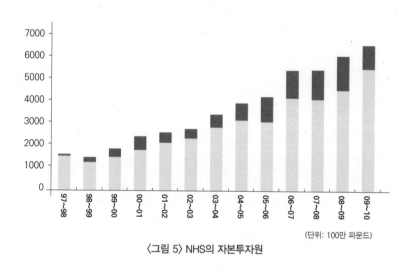

(단위: 100만 파운드)

〈그림 5〉 NHS의 자본투자원

　민간의 자본 참여뿐 아니라, 직접적인 서비스 공급에서의 참여도 활발해졌다. 신노동닝 정부 아래에서 민간병원(영리, 비영리)의 NHS에 대한 참여는 공공-민간 협력(Public Private Partnership) 전략에 따라 활성화되었으며, 독립 부문 치료센터(Independent Sector Treatment Centre) 프로그램으로 구체화되었다. 이 프로그램에 따라 2009년 12월 현재 35개의 독립 부문 치료센터가 개설되었고, 약 150만 건의 진단검사와 200만 건의 수술적 시술이 이루어지고 있다. 또한, 1차 의료 서비스에서도 영리형 민간기업의 참여가 활발해졌으며, 미국의 의료 기업이 영국으로 본격적으로 진출하기도 하였다. 민간병원의 참여도 활발하게 이루어져 2007년 기준으로 잉

글랜드에는 304개의 민간 부문 급성기 병원(대부분 특정 질환 중심의 소규모
이긴 하지만)이 있고, 여기에서 9,572병상을 공급하며 약 30억 파운드를 지
출하는 것으로 추정되고 있다. NHS 예산 중에서 NHS에 속하지 않은 공
급자에 지출한 비용은 1997~1998년 11억 파운드에서 2008~2009년 66
억 파운드로 급증하였다.

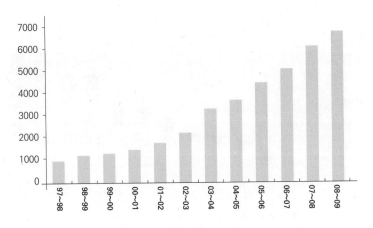

〈그림 6〉 NHS 소속이 아닌 기관에 대한 NHS 지출 규모 추이

4. 영국 노동당 정부의 NHS 개혁으로부터 무엇을 배울 것인가?

NHS 개혁과정, 특히 신노동당 정부에서의 NHS 개혁은 시장적 조치라
는 여러 비판에도 불구하고, 과거 NHS 제도의 어두운 부분을 과감하게 해
결하였다는 점에서 긍정적인 부분을 무시할 수는 없다. 또한, 여러 연구들
을 통해 지난 10년간 NHS의 대기 시간이 획기적으로 감소되었고, 의료의
질은 높아졌으며, 의료 접근성의 개선 및 국민들의 NHS 제도에 대한 만족
도는 높아진 성과가 있었다.

영국 NHS의 개혁이 한국의 국민건강보험체계에 주는 시사점은 다음
과 같이 정리할 수 있겠다.

첫째, 구체적 목표를 수립하고, 실행해야 한다는 것이다. 무엇보다도 미래의 보건의료에 대한 눈에 잡히고 대중적으로도 쉽게 이해할 수 있는 분명한 목표가 있어야 한다는 것이다. 또한 의료비 지출은 중요한 정책적 과제이지만, 그 자체는 목표를 달성하기 위한 수단이지 목표가 아니라는 점을 분명히 인식해야 한다는 것이다. 수단과 목표를 혼동해서는 안 되는 것이다. 지금까지 추진되었던 수많은 개혁 조치들이 화려한 미사여구로 치장되었지만, 진작 불분명한 목표하에서 추진되었고, 그마저도 재정 프레임에 묶여 있었다는 점이 한국 의료개혁의 한계점으로 지적할 수 있다.

둘째, 국가 또는 보험자의 기능과 역할은 계속 강화되어야 한다는 것이다. 흔히, 보건의료 부문에 효율을 강조하는 것을 국가 또는 공적 보험자의 관리적 기능을 폐기처분하는 것으로 이해를 한다. 하지만, 영국의 경우 노동당 정부하에서 공급구조의 다양화와 효율성을 기하기 위하여 보건의료에 민간 부문(영리, 비영리 모두 포함)의 참여를 대폭 허용하였음에도 불구하고, 조절자로서의 국가 또는 사회의 역할은 오히려 확대·강화되었다는 점을 간과해서는 안될 것이다. 우리나라의 보건의료공급구조가 영국처럼 되기는 어렵겠지만, 현재의 시점에서 국가와 보험자의 기능과 역할은 축소되어야 할 성격의 것이 아니라 보다 정교한 방식으로 확대·강화되어야 한다.

셋째, 공급자에 대한 개혁이 중심이 되어야 한다는 것이다. 지금까지 우리나라의 건강보험 또는 의료급여 개혁은 주로 이용자를 겨냥한 조치들이었다. 하지만, 보건의료의 경제적 특성으로 인해 이용자의 바람직한 행동 변화를 위해서는 무엇보다도 공급자의 바람직한 행동 변화가 있어야 한다는 것을 더 이상 간과해서는 안 된다. 최근 영국에서 이루어진 일련의 개혁 조치들 역시 이용자에 대해서는 권리를 보장하는 방식의 개혁이 이루어졌고, 각종 규제는 공급자를 직간접적으로 겨냥한 방식이었다. 우리와의 차이점은 국가와 의사 간의 관계가 적대적이지 않았다는 것이다.

영국도 NHS의 탄생을 둘러싸고 정부와 의사 간의 관계가 적대적이었으나, NHS 제도가 확립된 이후 영국의 의사들은 NHS의 가장 중요한 수호자로 기능을 하였다. 최근의 신노동당 정부에서의 공급자에 대한 개혁은 공급자들이 국가에서 정한 목표를 달성하도록 노력하는 만큼, 상당히 세련된 방식으로 적절한 보상이 뒤따랐고 의견을 충분히 수렴했었다는 것이다. 이러한 점을 고려할 때, 현재의 적대적인 국가(보험자)-공급자 관계를 바꾸기 위한 노력이 한국에서 보건의료개혁을 추진하는 데 주요하게 고려되어야 할 것이다.

넷째, 병원 운영에 주민과 환자를 중심에 두어야 한다는 것이다. 영국 신노동당 정부에서 파운데이션 트러스트를 통해 병원이 정치적 영향력으로부터 비교적 자유롭게 운영을 할 수 있도록 자율성을 획기적으로 부여해준 만큼, 이사회(Board of Governor)에 주민 및 환자가 과반수 이상 되도록 하였고, 병원이 위치하고 있는 지역의 파트너들의 참여를 강화함으로써 병원의 자율성 확대로 인해 나타날 수 있는 부작용을 감소시키고자 노력하였다. 하지만, 영국의 파운데이션 트러스트와 가장 유사한 병원 형태인 우리나라의 국립대학교병원 이사회에서는 주민과 환자의 참여는 원천적으로 배제되어 있다. 보건의료 부문에 주민과 환자의 참여는 거역할 수 없는 시대적 흐름이다.

다섯째, 지역보건체계의 확립과 지역거점병원 중심으로의 병원관리체계 재편이다. 영국 NHS는 대표적인 중앙집권적 방식의 보건행정체계이지만, 실제로는 지역 중심의 서비스전달체계가 아주 공고히 확립되어 있으며, 신노동당 정부에서는 1차 의료 트러스트를 중심으로 지역적 특성에 맞는 보건체계를 확립하도록 하였다. 그리고 지역으로의 예산 배분 역시 지역 주민의 필요를 객관적으로 측정하여 지역 간 격차를 해결하도록 하였다. 이와 비교할 때, 우리나라의 지역보건체계는 취약하다고 밖에 할 말이 없다. 1차 의료와 병원 서비스에 대하여 지역의 보건소와 국민건강보험공단 지사가 주민들의 건강 수준 향상을 위해 협력할 수 있는 부분은 거의 없다고 봐도 무방할 정도이다. 지역보건의료계획 역시 전체 주민들의 건강 수준을 향상시키기 위하여 각 지역의 서비스 공급 조직들이 구체적으로 어떤 역할을 해야 하는 지에 대한 계획이어야 한다. 이를 위한 지역보건체계의 확립 방안이 마련되어야 할 것이다.

병원과 관련하여 영국의 경우, 대부분의 병원을 국유화하여 NHS가 탄생되었음에도 불구하고, 병원에 대한 계획 수립은 한참이 지난 후인 1962년이 되어서야 이루어졌다. 이 당시 계획의 핵심은 지역거점병원(Community General Hospital)을 중심으로 하는 진료권의 확립이었다. 현재 「공공보건의료에 관한 법률」 등에서 규정하고 있는 지역거점병원 역시 민간병원의 공공성 강화라는 차원 또는 의료 취약지 중심의 접근으로 바라보는 것이 아니라, 지역을 중심에 두고, '지역 진료권별 서비스 공급체계를 어떻게 만들어나갈 것인가?'라는 문제인식의 연장선상에 보는 것이 바람직할 것이다.

지난 10년간 영국 노동당 정부에서 추진하였던 NHS 개혁은 향후 우리 사회에서 건강 불평등을 줄이면서 국민들로부터 신뢰받고, 의료 공급자와의 갈등을 최소화하는 보건의료체계를 어떻게 만들 것인가에 대한 중요한 정책적 교훈을 주고 있다.

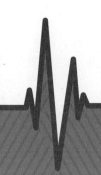

6부

다시 한국 의료의 길을
찾아 나선다

총괄 토론
무상의료 시대! 의료공급체계 개편과 혁신 어떻게 준비할 것인가?

무상의료 시대!
의료공급체계 개편과 혁신
어떻게 준비할 것인가?

다시, 한국 의료의 길을 찾는다
-한겨레사회정책연-전국보건의료노조 워크숍

한겨레사회정책연구소와 전국보건의료산업노동조합, 한국환자단체연
합회는 지난해 11월 3일부터 지난 2월 14일까지 4개월간 "다시, 한국 의
료의 길을 찾는다"는 주제 아래 '의료공급체계 개편과 혁신을 위한 연속
기획 워크숍'을 공동 개최했다. 한국 의료기관의 올바른 좌표를 설정하고
'대한민국 의료기관 비전 2013~17'을 마련하기 위한 대장정이었다. 특히
이번 워크숍은 전국의 중대형 병원 현장을 순회하며 25명의 발제, 90여 명
의 지정토론, 참가자 550여 명이란 기록을 낳은 가운데 총 17회에 걸쳐 진
행됐다. 마무리 격인 지난 14일의 종합토론회를 지상 중계한다. 이번 워크
숍은 독일 프리드리히 에버트 재단 한국 사무소가 후원했다.

사회 · 이창곤 한겨레사회정책연구소장

발제 · 김용익 서울대 교수

토론 · 임종한 인하대 교수, 이진석 서울대 교수, 임준 가천대학교 의과대학 교수,

　　　주영수 한림대 교수, 문정주 국립중앙의료원 팀장

〈김용익 교수의 정책 제언〉

우리 주위에 널린 것이 의원이요 병원이다. 하지만 자신의 질병 치료를 믿고 맡길 만한 의원이나 병원은 찾기가 쉽지 않다. 건강보험 하나로 진료비 걱정이 없고, 어느 병원에나 믿고 찾아갈 수 있는 길은 없는 것일까? 서울에서나 지방에서나 똑같이 믿음직한 병원이 있을 수는 없는 것일까?

■ 제대로 된 치료를 받는지 의심해야 하는 국민들

우리나라의 2008년 기준 인구 10만 명당 병상 수는 5.4개로 경제협력개발기구(OECD) 회원국 평균(3.52개)보다 훨씬 많다. 우리나라는 OECD 국가들 가운데 유일하게 병상 수가 계속 늘고 있는 나라다. 각종 고가의 의료 장비도 OECD 평균의 2배가량이다. 2010년 기준 인구 100만 명당 CT(컴퓨터단층촬영) 보유 대수는 37.1대로, OECD 평균(19.2대)의 2배가량이다. MRI(자기공명영상촬영)도 우리나라가 인구 100만 명당 19대로 OECD 평균(10.4대)의 약 2배다.

고액 진료비로 파산 않게 환자 부담 크게 낮춰야

병원이 경제적으로 운영되려면 일정 정도의 인력, 병상, 시설을 갖춰야 한다. 예컨대 300병상 이상을 갖추고 있어야 경제적으로 병원이 운영된다. 하지만 우리나라 전체 입원 의료기관의 97.7%가 300병상 이하다. 합리적인 병원 운영으로는 이익을 낼 수 없기 때문에 고가의 의료기기를 앞

다퉈 들여와 과잉 진료를 하거나 건강보험에 부당 청구를 하는 등의 방법을 쓴다. 약품 및 치료 재료 구입에서 리베이트의 유혹도 떨쳐버릴 수 없다. 이런 상태에서 동네 의원에도 입원실이 있고 대형 병원에도 외래 진료실이 있어서 의원 · 중소병원 · 대형 병원이 모두 같이 경쟁하는 체제다. 국민들 입장에선 병원이 돈벌이를 위해 진료할 뿐 환자를 위해 진료한다는 생각을 하기 쉽지 않다.

공공병원 100개로 확대, 지방에도 좋은 병원 배치

신뢰할 만한 의사를 구하지 못한 환자들은 대형 병원으로 이동한다. 대부분 대학병원인 상급 종합병원의 외래 수입 비중은 2002년 21.7%에서 2010년에는 28.7%로 높아졌다. 대학병원의 외래에 한 번이라도 가보면 1시간 이상 기다렸다가 1~2분가량 진료받고 나오는 풍경을 쉽게 볼 수 있다. 이른바 '빅5'에 속하는 서울아산병원 · 삼성서울병원 · 서울성모병원 · 세브란스병원 · 서울대병원이 2010년 기준 전체 상급 종합병원 진료비의 35%를 차지하고 있다. 이 비율은 2005년(30%)에 견줘 5년 만에 5%포인트나 올랐다. 이와 반대로 건강보험 지출 가운데 동네 의원이 차지하는 비중은 같은 기간 43.2%에서 29.5%로 크게 줄었다. 동네 의원 수가 크게 줄어든 것도 아닌데 전체 수입은 줄었으니 동네 의원 의사들은 '악' 소리가 나오는 상황이다. 지방 환자의 수도권 쏠림 현상이 강화되면서 수도권과 지역의 의료 격차도 심각해지고 있다. 치료를 위해 수도권 병원에 입원해 진료받은 지방 거주 환자는 2003년 170만 명에서 2010년 241만 명으로 늘었다. 엄청난 시설과 인력이 있는데도 고혈압과 같은 만성질환에 걸린 환자 10명 중 6명이 제대로 치료를 받지 못하고 있다. 질병 치료 부담도 만만치 않다. 건강보험의 보장성은 수년째 60%대 초반에 머물러 있다. 건강보험에서 소외된 층도 153만 가구(지역 가입자의 20%)에 이른다.

■ 환자 연간 진료비 한도 100만 원으로, 공공병원도 100개로

환자들의 의료비 부담을 크게 낮춰야 한다. 진료비 부담이 큰 입원 진료비는 본인부담분을 10% 정도로 낮추어야 국제적인 수준에 맞출 수 있다. 암 등 큰 병에 걸려 예기치 않게 발생하는 고액 진료비는 중산층이 빈곤층으로 전락하는 중요한 이유가 된다. 한해 진료비가 총 100만 원을 넘지 않도록 본인부담상한제를 실시하는 것이 건강 보장을 위해서나 빈곤 예방을 위해 필수적인 조처다. 국민들이 건강보험을 질병의 안전판으로 생각한다면 건강보험료를 더 내는 데 주저하지 않을 것이다. 반면, 국민의 70% 정도가 이미 가입해 있는 민간의료보험은 건강보험 혜택이 늘어나면 이에 연동해 보험료를 인하해야 한다.

소득 수준이 매우 낮아 건강보험 가입이 어려운 계층을 위해 의료급여 수급 범위를 크게 확대해야 하고, 소득이 불안정해 건강보험료를 낼 수 없는 저소득층을 위해서는 건강보험료를 지원해야 한다. 건강보험 혜택을 늘리려면 현재 건강보험에서 지급해주지 않는 모든 비급여진료를 급여 범위에 포함시켜야 한다. 그렇지 않으면 병원에서 비급여진료를 계속 늘려나갈 것이고 환자의 부담은 도로 늘어날 수밖에 없다. 반면 병의원이 보험진료만으로 운영을 해나갈 수 있도록 보험수가를 현실화해야 한다. 이것이 국민과 병원 간에 건강보험 보장성 확대를 두고 성립시켜야 할 교환조건이다.

건강보험 보장성 확대에는 또 하나의 중요한 조건이 있다. 공공병원 확대와 민간병원의 공공성 강화이다. 현대적인 시설과 실력 있는 의료진을 갖춘 공공병원이 의료 제공의 기본을 이루도록 하는 건 모든 국가의 의무이다. 과잉 진료도 과소 진료도 없이 환자에게 필요한 만큼 치료해주는 표준 진료, 건강증진·질병 예방 서비스를 치료와 함께 동시에 제공해주는 공공병원을 확보하지 않고서는 국민건강도 지킬 수 없고 진료비 앙등도 막을 수 없다. 우리나라에서 공공병원이 100개는 돼야 의료공급체계가 환자들을 위해 작동할 것이다.

비급여진료, 급여에 포함, 병원 보험수가는 현실화

민간병원에도 기회를 주어야 한다. 민간병원이라도 건강증진·질병 예방 등 공공적인 서비스를 하고자 하면 국가에서 예산을 지원해야 한다. 민간병원이 지역사회에 꼭 필요한 시설을 갖추고자 한다면 시설비 지원도 해주어야 한다. 그래야 민간병원도 공공적인 활동을 할 수 있다. 물론 민간병원은 경영을 투명하게 해야 하고, 지배구조도 민주적으로 바꿔야 한다. 공급 과잉된 병원 수를 줄이려면 중소병원 퇴출이 불가피하다. 그러나 중소병원이 문을 닫을 경우 투자한 만큼은 되찾아 갈 수 있도록 국가가 임시 조처를 취해주어야 한다. 합리적인 퇴출 경로를 마련해주는 것이 국민들에게 훨씬 도움이 된다. 중소병원의 난립을 더는 방치해서는 안 되며, 병원 규모를 300병상 이상으로 한정하는 쪽으로 의료법을 개정해야

대한민국 의료혁명! 다시 한국 의료의 길을 찾는다 종합 워크숍 장면

한다. 의료 자원을 재배치하는 과정에서 지방마다 서울만큼 좋은 병원이 골고루 배치되도록 해야 한다. 지역에 균형적인 의료 자원이 갖춰지지 못할 경우 환자의 수도권 집중 현상은 영원히 막을 수 없다.

토론서 무슨 의견 나왔나

건보 보장성 80~90%까지 끌어올려야, 저소득층 중증질환 땐 휴업급여 제공을

이날 토론회에서는 환자들을 위한 진료 및 질병 예방 서비스를 제대로 제공하는 공공병원을 크게 늘리고 이를 위해 시민들의 적극적인 참여가 있어야 한다는 쪽으로 토론자들의 의견이 모아졌다. 또 공공병원이 제구실을 하기 위해 추상적인 확충 목표가 아닌 구체적인 실행 방안을 제시해야 하며, 국민들이 건강보험료를 더 내도록 설득하기 위해서는 건강보험 혜택이 확대되는 청사진을 명확하게 보여줘야 한다는 지적이 나왔다.

문정주 국립중앙의료원 공공보건의료센터 팀장은 "과거 권위주의 시대의 잔재로 많은 국민들이 공공병원을 공권력의 연장으로 여기기도 한다"며 "특히 지방의 공공병원은 공중보건의사나 계약직 의사에게 의존하기 때문에 의사들이 주도적인 역할을 하기도 힘들다"고 지적했다. 임종한 인하대 의대 교수도 "과거에도 정치권에서 의료의 공공성 강화를 밀어붙여도 국민들의 광범위한 지지가 약해 정책 실행이 쉽지 않았다"며 "국민들은 제대로 된 의료 서비스를 받기 위해서는 공공병원이 확충돼야 한다는 막연한 생각만 있을 뿐 정말로 이뤄지는지에 대한 믿음이 없었다"고 지적했다. 이런 문제를 극복하기 위해서는 병원의 이익보다는 환자들의 건강을 위한 의료 서비스를 제공하는 공공병원 혹은 비영리병원 모델을 만들어 운영하면서 국민들의 지지를 받아야 하며, 이를 위한 광범위한 시민운동이 필요하다는 것이다.

300병상 기준 전국 의료기관(병의원) 현황

자료: 건강보험심사평가원 의료기관 현황자료(2008년) 재분석
(단위: %), 괄호 안은 개수.

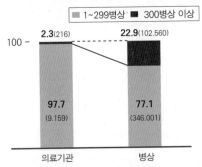

지방 거주자의 수도권 병원 진료 현황

자료: 연도별 보건복지부 국정감사 자료

　　실제 공공병원이 환자들을 위한 높은 수준의 의료를 제공하는 모델이 될 수 있음은 우리 사회에서도 찾아볼 수 있어 충분히 실현 가능성이 있다는 평가다. 국립암센터나 건강보험공단 일산병원의 경우 병상당 전문의 배치 수는 보통 종합병원의 1.4~2.6배로 훨씬 많다. 간호사 수도 마찬가지인데, 국립암센터나 건강보험공단 일산병원의 경우 국내 최고 수준이다. 그렇다고 해서 이들 병원이 적자로 운영되는 것도 아니다. 환자도 이들 병원을 선호해 다른 대학병원들처럼 대기하는 환자들이 밀려 있을 정도다.

　　하지만 같은 공공병원이라도 지방의료원의 의료 인력은 의사나 간호사 수 모두 전체 병원들의 평균에도 미치지 못한다. 문 팀장은 "공공병원에서 의료인의 보람을 찾을 수 있는 의사나 간호사를 양성해야 한다"며 "아울러 주민들이 지방의료원과 같은 공공병원의 운영에 참가할 수 있도록 법과 제도로서 보장해야 한다"고 말했다. 이진석 서울대 의대 교수는 "공공병원의 병상은 늘리면서 이미 적정 수준을 넘은 민간병원의 병상은 줄여야 하는 과제가 남은 셈"이라며 "하루아침에 달성할 수 있는 문제가 아닌 만큼 10년 정도의 장기 계획을 가지고 단계적으로 공공병원의 병상 확대 계획을 내놓고 실천해야 한다"고 말했다.

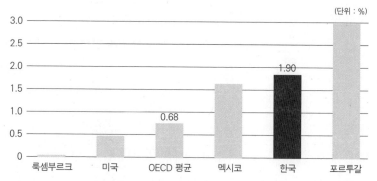

OECD국가의 '파국적' 의료비 지출 가구 비율

(단위 : %)

파국적 의료비 지출가구: 가계 소득의 40% 이상을 의료비에 지출하는 가구, 자료 OECD, Health at a glance, 2009.

이날 토론자들은 또한 환자들이 직접 내는 진료비 부담을 크게 줄이기 위해 유럽의 많은 나라처럼 건강보험 보장성을 80~90%까지 끌어올려야 한다는 데에 의견을 모았다. 특히 가계가 의료비로 파탄 나는 일이 발생하지 않도록 국가가 치료비에 한정하지 말고 종합적인 지원을 해야 한다는 지적도 나왔다. 임준 가천의대 교수는 "저소득층의 경우 중병을 앓게 되면 직장을 쉬거나 그만두는 등 소득이 없어져 치료비를 댈 수 없는 문제가 있다"며 "질병으로 직장을 못 다니게 될 때 휴업급여를 제공하는 대책이 필요하다"고 지적했다. 특수목적 병원과 관련해 주영수 한림대 의대 교수는 "산재병원, 보훈병원은 수익을 내는 곳이어서는 곤란하다"고 지적했다.

전문가-병의원 종사자 현장서 문제 진단, 90여 명 4개월 17차례 토론해 해법 제시

'워크숍 대장정' 어떻게 했나

이번 워크숍은 4개월의 정책 대장정이었다. 17차례에 걸쳐 모두 25명의 전문가가 발제를 하고 90여 명의 교수·현장 전문가·각급 병원 노사 대표가 토론자로 참여했다. 이번 행사를 총괄 기획한 나순자 전 보건의료노조위원장은 "무상의료와 공공의료 및 지역의료 강화를 접목하기 위해 워크숍을 마련했다"고 말했다. 다시 말해 "무상의료가 실현된다 해도 환자의 수도권 병원 쏠림 현상 때문에 (의료공급체계의 혁신이 없으면) 지방병원과 중소병원은 여전히 어려운 처지에 놓일 것이고, 지역의료의 균형 발전도 이뤄질지도 의문"이니, "무상의료 시대를 준비하는 것과 함께, 의료공급체계 즉 의료기관의 혁신이 함께 이뤄져야 한다"는 논지다.

매회 워크숍은 ▷ 방문한 의료기관에서 참가자들이 2~3시간 동안 병의원 현장 곳곳을 돌면서 의료시설과 지역에서 해당 병의원이 갖는 역할과 특징을 파악한 뒤 ▷ 병원 종사자와 관련 전문가들이 주제 발표와 토론을 통해 문제점을 진단하고, 구체적인 정책 방안을 제시하는 형태로 이뤄졌다. 이번 워크숍은 또 보건의료 분야에서 처음으로 병원 노사 양쪽 관계자와 관련 연구자들이 함께 참여해 현장을 돌면서 의료 서비스 혁신 방안을 도출했다는 점에서 특히 주목을 끈다.

방문 의료기관은 지방의료원·국공립대병원·사립대병원·재활요양노인병원·민간 중소병원·산재병원·정신병원·원자력의학원·적십자혈액원·보훈병원 등을 총망라했다. 보건의료노조는 이번 워크숍에서 제출된 다양한 정책 제안들을 종합 재구성해 '대한민국 의료기관 비전 2013~17'이란 별도의 책자를 마련할 예정이다.

『한겨레신문』 2012년 2월 22일자 '싱크탱크 광장' 기사 "건보 본인부담 연 100만 원 안 넘게 상한제 실시해야" 전문.

김용익

서울대학교 의학과를 졸업하고, 동 대학교에서 보건학 석사, 의학 박사 학위를 취득하였다. 영국 리즈대학교에서 보건학 석사를 취득했고, 런던대학교에서 박사후과정으로 공부하였다. 서울의대 의료관리학교실 교수로 재직했으며, 현재는 새정치민주연합 소속 국회의원(보건복지위원회)으로 활동하고 있다. 인도주의실천의사협의회 창립에 적극적으로 참여했으며, 건강사회를 위한 보건의료인 연대회의 의장, 의료보험 통합일원화와 보험적용 확대를 위한 범국민연대회의 집행위원장, 국민건강권 확보를 위한 범국민 연대 정책위원장, 참여연대 중앙집행위원을 역임하며, 건강보험 통합과 의약분업 등 우리나라의 굵직한 보건의료 개혁을 이끌었다. 대한예방의학회 기획위원장, 한국농촌의학지역보건학회 이사, 한국보건행정학회 회장을 맡아 의료관리 분야의 학문적 발전과 후진 양성에도 힘을 쏟았다. 보건복지부 공적노인요양보장추진기획단 위원장, 참여정부 대통령 자문 고령화 및 미래사회위원회 위원장, 대통령 직속 저출산·고령사회위원회 운영위원장, 청와대 사회정책수석비서관을 역임하였다. 저서로는 『의료, 이렇게 개혁합시다』(공저), 『의료관리』(공저), 『복지도시를 만드는 여섯 가지 방법』(공저), 『이기는 진보』(공저), 『노무현이 꿈꾼 나라』(공저), 『어떤 복지국가에서 살고 싶은가?』(공저) 등이 있다.

김태현

학부에서 경제학을 공부하고, 석사과정에서 보건학을 전공하였다. 병영경영분석과 기획업무를 접한 후 2002년에 미국 버지니아 주립대학교(Virginia Commonwealth University)의 의료경영학 박사과정에 입학하여 2006년에 학위를 취득하였다. 같은 해 미국 일리노이 주 거버너스 주립대학교(Governors State University) 의료경영학과 조교수로 임용되었다. 동 대학에서 주로 보건 재무 및 회계(Health Care Finance and Accounting)를 강의하였고, 병원경영 및 의료정책 관련 연구를 수행하였다. 귀국 후 2011년부터 연세대학교 보건대학원에서 병원경영 전공지도교수를 맡고 있다. 현재 한국보건행정학회, 한국보건경제정책학회, 한국병원경영학회 이사와 건강보험심사평가원 객원연구위원으로 활동 중이며, 건강보장 분야의 국제협력사업에 참여하여 한국의 건강보장제도 발전과정을 인도네시아, 미얀마, 오만 등 여러 나라와 공유하고 있다.

나백주

건양의대 예방의학교실 교수를 역임했으며, 현재 서울시립 서북병원 원장을 맡고 있다. 지역사회보건의료 문제 특히 보건의료기획 및 평가에 관심을 가지고 있으며 1차 보건의료와 평생건강관리에 관한 연구 활동에 참여하고 있다. 또한 의사로서 지역사회에서 주민이 스스로 나서는 질병 예방 및 건강 증진 활동을 위해 지역보건체계 개혁 연구 및 실천에 힘쓰고 있다.

나영명

고려대학교 국문학과를 졸업하고, 1992년 전국노동조합협의회에서 활동하였다. 1994년부터 병원노련, 보건의료노조에서 일했다. 현재 보건의료노조 정책실장을 맡고 있다.

독자에게 하고 싶은 말 | 돈보다 생명입니다. 이 책이 왜곡된 우리나라 보건의료체계를 바로잡고, 병원비 걱정 없는 무상의료 사회를 앞당기는 데 큰 역할을 했으면 합니다.

남상요

연세대학교 보건대학원을 졸업하고 일본 동경대학교에서 보건학 박사학위를 취득한 후 1994년부터 현재까지 유한대학교 보건의료행정과 교수 겸 보건의료복지 연구소장으로 재직하고 있다. 전공은 병원행정으로 한국병원경영학회 부회장을 역임하였으며 연세대학교 보건대학원 외래부교수, 일본국제의료복지대학 객원교수로 병원행정 분야의 후진 양성에 주력하고 있다. 2012년에는 스웨덴의 노인의료복지 연구를 위해 스웨덴 룬드 대학교 보건과학연구소에서 1년간 연구 활동을 수행하였다. 주요 연구 분야는 한일의료제도 및 병원경영, 노인의료제도 및 지역의료계획, 병원물류관리 등이다. 주요 저서로 『일본의 의료제도와 병원경영』(2001), 『고령자를 위한 케어 매뉴얼』(2005), 『병원서비스경영』(2008), 『의료조직 성과관리 BSC』(2012), 『병원구매관리』(2015) 등이 있다.

독자에게 하고 싶은 말 | 성장과 분배 중 양자택일이 아닌 성장과 분배가 공존하는 사회, 민간과 공공 중 양자택일이 아닌 민간의료와 공공의료가 공존하는 사회, 그리고 향후 세계 최고의 초고령화 사회가 되는 대한민국의 국민이 세계 최고의 노인의료복지 서비스를 누릴 수 있는 사회가 되길 바랍니다.

남은우

연세대학교 원주캠퍼스에서 보건행정학과를 졸업하였고, 연세대학교 보건대학원에서 보건행정학을 전공한 후, 일본 Toho University 대학원 의학연구과에서 공중위생학을 전공하였다. 현재 연세대학교 보건과학대학 보건행정학과 교수로 근무 중이다. 의료복지연구소 건강도시연구센터장 그리고 ODA사업을 추진하기 위한 Yonsei Global Health Center 센터장을 겸하고 있다. 주요 연구 분야는 건강증진 및 보건교육, ODA 국제보건정책 등이다. 현재 호주 Griffith University의 Adjunct Professor로서, WHO 페루 사무소의 NCD and Health Promotion 부문 특별자문관으로 활동 중이다. 또한 KOICA사업의 일환으로 DR콩고 모자보건증진 사업을 수행 중에 있고, 중남미 페루에서는 KOICA에서 설립한 4개 보건소 지역를 대상으로 한 취약 계층 대상 건강증진사업을 수행 중이다.

2006년도에는 지역특화사업(사업명: 원주시 첨단의료건강산업특구) 개발에 기여한 공로로 대통령 표창을 수여하였다. 2007년도에는 연세대학교 강의 우수교수상, 2008년도에는 연구 우수교수상을 수여하였으며, 2014년도에는 산학연계 우수 실적 교수상을 수상하였다.

문정주

서울의대 학생 시절에 달동네 주말진료 활동에 참여하면서 지역사회, 가족 주치의 등에 관심을 갖게 되었다. 가정의학전문의가 된 후 90년대 말부터 휴전선 접경지역인 경기도 연천군에서 보건의료원장으로 8년간 일했다. 2005년에 정부가 "공공보건의료 확충 종합대책"을 발표하면서 보건복지부 산하에 설치한 공공보건의료지원단으로 옮겨 2014년까지 9년간 수석연구원으로 일하면서 공공병원에 대한 평가와 운영 진단, 지원 방안 개발 등을 담당하였다. 지금은 서울의대 의료관리학교실 겸임교수로 의료 전반의 공공성을 강화할 방안을 연구하고 있다. 주요 연구 보고서로는 「지역거점공공병원의 운영평가체계 개발」(2006), 「의료기관 공공성 평가기준 개발」(2009), 「지방의료원 운영 진단」(2007~2011), 「지역 실태 분석을 통한 의료취약지 도출」(2013), 「의료취약지 거점의료기관 모델」(2013) 등이 있다.

독자에게 하고 싶은 말 | 우리가 바라는 평화와 생명의 세상에서 의료는 돈벌이가 아닐 것입니다. 이 책이 공존, 공익의 의료를 만들어가는 데에 사용되기를 기대합니다.

윤은정

한양대학교 대학원에서 행정학을 전공하였다. 한양대학교 지방자치연구소 연구원, 서울지역자활센터협회 사업운영팀장, (사)한국지역자활센터협회 부설 중앙가사간병교육센터 전문강사를 역임했다. 현재 전국보건의료산업노동조합 정책국장을 맡고 있다.

저서로는 『'광진구 자원봉사를 통한 주민일체감' 에 관한 연구』, 『'부천시 의회의 발전방안'에 관한 연구』, 『돌봄사회서비스 품질관리 매뉴얼』 등이 있다.

독자에게 하고 싶은 말 | 의료공급체계를 바로 세우는 것이 지역거점 중소병원이 발전하는 길입니다.

윤태호

보건관리학을 전공하고 있으며, 부산대학교 의학전문대학원 예방의학 및 산업의학교실 부교수로 재직 중에 있다. 영국 정경대학 사회정책학부에서 1년간 방문연구원으로 있으면서 영국 의료제도를 공부하였고, 현재 대한예방의학회, 건강정책학회 이사를 맡고 있다. 주요 관심 분야는 건강 불평등 해결을 위한 중재와 공공의료, 국민건강보험제도를 중심으로 하는 보건의료 정책이다. 다수의 논문을 발표하였고, 주요 저서로는 『한국 사회 문제』(공저), 『의료 사유화의 불편한 진실』(공저), 『리얼 진보』(공저), 『의료 민영화 논쟁과 한국의료의 미래』(공저) 등이 있다.

이상구

의과대학을 졸업한 예방의학 전문의이며, 국민의 정부에서는 새천년민주당의 보건복지전문위원으로 참여정부에서는 대통령 후보 캠프에서 공약 만들기부터 시작하여 대통령직 인수위원회와 대통령 비서실 등에 근무하면서 공공의료 확충을 위해 노력하였으며, 보건복지부 장관정책보좌관과 대통령 비서실 행정관, 고령화 및 미래사회위원회 국장으로 근무하며 정책 기획및 행정에 종사하였다.
현재는 복지국가소사이어티에서 우리나라를 복지국가로 만들기 위해 일하며 모든 의료비를 국민건강보험하나로 운동을 하고 있다.

독자에게 하고 싶은 말 ┃ 공공의료 확충은 지난 50여 년간 왜곡된 우리나라의 보건의료체계를 바꾸는 핵심적인 정책 중의 하나입니다. 공공의료 전달체계의 새로운 구축과 건강보험의 보장성 확대는 앞으로 고령화와 의료비 급증을 예고하고 있는 우리나라의 시대적 과제이고 보편적 복지국가의 교두보가 될 것입니다.

이영문

연세대학교 의과대학을 졸업하고 연세의료원에서 정신과 전문의가 되었다. 미국 텍사스대학에서 보건학을 공부했고 호주 멜버른 대학에서 국제정신보건학을 공부했다. 1994년부터 아주대학교에서 정신의학과 더불어 인문사회의학을 17년간 가르쳤고, 국가 정신보건정책을 수립하고 실행했다. 치료공동체 공부를 더 하고 싶어 2012년 봄, 교직을 버리고, 지역으로 나왔다. 경기도 정신보건사업지원단장, 광역정신보건센터장, 자살예방센터장 등의 일을 했고, 현재 국립공주병원장으로 재직 중이며, 충청남도 정신보건사업지원단장을 맡고 있다.

독자에게 하고 싶은 말 ┃ 아직 진정한 여행은 시작되지 않았다는 심정으로 꿈을 꾸고 있습니다. 모처럼 행복해지고 있습니다. 정신보건서비스는 일반 건강에 비해 소홀하게 다루어집니다. 그러나 가장 중요한 서비스 중 하나입니다. 이번 백서를 통해 정신건강에 대한 편견이 많이 나아지기를 기대합니다.

이주호

학교 졸업후 현장 노동운동을 거쳐 1993년부터 보건의료노조에서 일하고 있다. 활동의 일관된 화두는 '노동 존중 복지국가 실현', '의료의 공공성 강화', 그리고 '일하는 사람들이 행복한 일터 만들기'이다. 고려대 사회학과를 졸업하고, 고려대 노동대학원 노동경제학과 석사과정과 독일 카셀 대학과 베를린 법정대(HWR Berlin)에서 세계화와 노동정책 석사과정(MA Labour Policies and Globalisation)을 졸업했다. 독일 유학 기간, 유럽과 독일의 노동 중심 복지국가와 무상의료 시스템, 산별노조와 진보정당 활동에 대해 소중한 체험을 했다. 그 이전에는 미국 샌프란시스코에 있는 NNU 본부에서 리서치 펠로우로 근무하면서 미국 간호사환자비율법(Ratios)과 무상의료운동(Single Payer) 등을 연구했다. 환자 안전과 노동자 안전, 의료 질 향상에도 관심이 많아 의료기관평가인증원 급성기, 요양병원 인증심의위원과 조사위원으로 활동하고 있다.

독자에게 하고 싶은 말 | 환자와 국민, 의료기관에서 일하는 노동자 모두가 안전하고 건강한 복지국가를 만드는 '대한민국 의료혁명!' 이제 시작입니다. 그것을 가능하게 하는 '주체 세력 형성'과 '사회적 대화와 소통 과정'을 함께 만들어가고 싶습니다. 이 책은 그 출발이 될 것이라 확신합니다.

이진석

고려대학교 의학과를 졸업한 후 서울대학교 대학원에서 의학박사 학위를 받았다. 충북대학교 교수를 역임하였고, 현재 서울대학교 의과대학 의료관리학교실 교수로 재직하면서, 건강보험, 공공의료, 의료의 질 분야에 대해 연구하고 있다. 건강보험재정운영위원회, 진료심사평가위원회, 중앙정신보건사업지원단 위원을 역임했으며, 참여연대 사회복지위원회에서 활동하고 있다. 저서로는 『전환기의 한국 복지 패러다임』(공저), 『의료관리』(공저), 『모든 병원비를 건강보험 하나로』(공저) 등이 있다.

독자에게 하고 싶은 말 | 아플 때 치료받을 수 있는 권리, 진료과정에서 양질의 의료를 인간적 존엄을 보장받으며 이용할 권리, 어느 곳에 살든 불안하지 않고, 최상의 의료를 보장받을 권리는 모든 국민이 누려야 할 기본권입니다.

임종한

1987년 연세대학교 의과대학을 졸업하고 가정의학, 직업환경의학 전문의가 되었다. 인천평화의원 원장을 맡았고(1990~1997), 1996년 인천평화의료생협을 창립하였으며 인천평화의료생협 이사장을 역임했다(1997~2002). 2003~2004년 미 질병관리본부(CDC), 환경보건연구센터 방문연구원으로 연구 활동을 하였다. 현재 인하대 의과대학 교수, 한국의료복지사회적협동조합연합회회장, 협동사회적경제연대회의 상임대표, 대한직업환경의학외래협의회 회장, 환경독성보건학회 수석부회장을 맡고 있다.

저서로는 『예방의학과 공중보건학』(2013, 공저), 『Air Pollution - New developments, Intech』(2011,

공저), 『가장 인간적인 의료』(2011년, 대표 저자), 『아이 몸에 독이 쌓이고 있다』(2013) 등이 있다.

독자에게 하고 싶은 말 | 모든 사람들이 건강하게 만드는 가능한 전략은 지역공동체의 복원과 더불어 이를 기반으로 한 1차 의료체계를 구축하는 것입니다. 공공의료와 시장을 넘은 민간의료의 공공성 강화를 통해 건강한 사회 만들기를 소망합니다.

임준

예방의학(의료정책 및 관리)을 전공하였고, 현재 가천대학교 의과대학 교수, 노동건강연대 운영 위원을 맡고 있다.

저서로는 『지역사회 의학의 현실과 지향』(2006, 공저), 『미국, 캐나다, 영국 사례를 통해 본 대안적 공공병원 운영 모델』(2006, 공저), 『보건의료개혁의 새로운 모색』(2006, 공저), 『의료 사유화의 불편한 진실』(2010, 공저), 『노동자 건강의 정치경제학(1, 2)』(2012, 역서, 공저), 『무상의료란 무엇인가』(2012, 공저) 등이 있다.

독자에게 하고 싶은 말 | 변화는 변화를 갈망한 사람들의 강렬한 희망에서 시작됩니다. 모든 사람들의 희망을 이야기하는 기회가 되었으면 합니다.

정백근

서울대학교 보건대학원에서 예방의학 전공의 과정을 거쳐서 예방의학 전문의가 되었다. 2004년부터 경상대학교 의학전문대학원에서 근무하였으며, 학생들에게 예방의학과 지역사회의학을 강의하고 있다. 경상대학교 병원에서는 공공보건의료사업실을 만들어서 실장을 맡았으며, 국립대병원의 공공성 강화에 미력이나마 기여하기 위하여 노력하고 있다. 저서로는 『의료 민영화 논쟁과 한국 의료의 미래』(공저), 『역동적 복지국가의 논리와 전략』(공저), 『의료 사유화의 불편한 진실』(공저), 『지역사회의학』(공저), 『미국, 캐나다, 영국 사례를 통해 본 대안적 공공병원 운영 모델』(공저) 등이 있다.

독자에게 하고 싶은 말 | 우리나라 모든 병원들이 다른 무엇보다도 국민 건강을 최고의 가치로 여기고, 이것이 제도에 의해서 뒷받침된다면 우리는 지금보다 훨씬 더 행복해질 것입니다.

정재수

학생시절부터 통일운동에 복무하다가 2009년부터 보건의료노조와 인연을 맺어 지금까지 노동운동과 보건의료운동을 업으로 삼고 살아가고 있다. 현재 보건의료노조 정책국장을 맡아 의료 민영화 대응과 의료 공공성 강화를 위한 정책 일반을 다루고 있으며, 동시에 의료 민영화 저지 범국본 공동상황실장으로 정책팀장 역할을 수행 중이다.

2014년~2015년도를 병원 현장에서 살아가면서 지금 우리나라의 의료가 공공성을 강화하는 길로 나아가느냐, 민영화 영리화의 길로 나아가느냐의 갈림길에 서 있음을 느끼게 된다. 진주의료원 폐원으로 시작된 공공의료에 대한 공격, 그리고 의료 민영화의 융단폭격 시대에 사는 활동가로서 의료공급체계의 혁신을 이야기하는 프로젝트에 참여할 수 있는 기회가 생긴 것에 감사한다.

주영수

서울대학교 의과대학을 졸업하고 동 대학원에서 예방의학을 전공하였다(의학박사). 예방의학 전문의, 직업환경의학 전문의가 되었고 2005~2006년 미국 하버드보건대학원 Takemi Fellow 로 근무하였다. 현재 한림대학교 의과대학 교수, (사)인도주의실천의사협의회 공동대표, 노동 건강연대 상임대표를 맡고 있다.

독자에게 하고 싶은 말 | 많은 사람들과 우리나라 공공보건의료체계에 대하여 진지한 고민들을 나누고 싶었습니다. 다행스럽게도 보건의료노조의 도움으로 우리나라 공공의료공급체계에 대해서 포괄적인 연구가 가능했고, 이제 그 일차적인 연구 결과가 하나로 묶이게 되었습니다. 이 책을 통해 우리나라 공공보건의료의 미래를 만들어가는 혜안이 생겨났으면 좋겠습니다.

『대한민국 의료혁명』 주요 필진들과 함께 국립중앙의료원에서

삶의 행복을 꿈꾸는 교육은 어디에서 오는가?

미래 100년을 향한 새로운 교육

▶ 교육혁명을 앞당기는 배움책 이야기
혁신교육의 철학과 잉걸진 미래를 만나다!

 핀란드 교육혁명
한국교육연구네트워크 총서 01 | 320쪽 | 값 15,000원

 새로운 사회를 여는 교육혁명
한국교육연구네트워크 총서 03 | 380쪽 | 값 17,000원

 새로운 사회를 여는 교육자치 혁명
한국교육연구네트워크 총서 05 | 312쪽 | 값 15,000원

 혁신학교
성열관·이순철 지음 | 224쪽 | 값 12,000원

 행복한 혁신학교 만들기
초등교육과정연구모임 지음 | 264쪽 | 값 13,000원

 혁신교육, 철학을 만나다
브렌트 데이비스·데니스 수마라 지음
현인철·서용선 옮김 | 304쪽 | 값 15,000원

 미래교육의 열쇠, 창의적 문화교육
심광현·노명우·강정석 지음 | 368쪽 | 값 16,000원

 대한민국 교사, 어떻게 가르칠 것인가?
윤성관 지음 | 320쪽 | 값 15,000원

 아이들을 어떻게 가르칠 것인가
사토 마나부 지음 | 박찬영 옮김 | 232쪽 | 값 13,000원

 다시 읽는 조선 교육사
이만규 지음 | 750쪽 | 값 33,000원

 독일 교육, 왜 강한가?
박성희 지음 | 324쪽 | 값 15,000원

 모두를 위한 국제이해교육
한국국제이해교육학회 지음 | 364쪽 | 값 16,000원

 일제고사를 넘어서
한국교육연구네트워크 총서 02 | 284쪽 | 값 13,000원

 교장제도 혁명
한국교육연구네트워크 총서 04 | 268쪽 | 값 14,000원

 혁신학교에 대한 교육학적 성찰
한국교육연구네트워크 총서 06 | 308쪽 | 값 15,000원

 교육은 사회를 바꿀 수 있을까?
한국교육연구네트워크 번역 총서 02
마이클 애플 지음 | 강희룡·김선우·박원순·이형빈 옮김
352쪽 | 값 16,000원

 비판적 페다고지는 세상을 변화시킬 수 있는가?
한국교육연구네트워크 번역 총서 03
Seewha Cho 지음 | 심성보·조시화 옮김 | 280쪽 |
14,000원

 서울형 혁신학교 이야기
이부영 지음 | 320쪽 | 값 15,000원

 혁신교육 존 듀이에게 묻다
서용선 지음 | 292쪽 | 값 14,000원

 프레이리와 교육
한국교육연구네트워크 번역 총서 01
존 엘리아스 지음 | 한국교육연구네트워크 옮김
276쪽 | 값 14,000원

 아이들의 배움은 어떻게 깊어지는가
이시이 준지 지음 | 방지현·이창희 옮김
200쪽 | 값 11,000원

 북유럽 교육 기행
정애경 외 14인 지음 | 288쪽 | 값 14,000원

 경쟁을 넘어 발달 교육으로
현광일 지음 | 288쪽 | 값 14,000원

 대한민국 교육혁명
교육혁명공동행동 연구위원회 지음 | 152쪽 | 값 5,000원

▶ 평화샘 프로젝트 매뉴얼 시리즈
학교 폭력에 대한 근본적인 예방과 대책을 찾는다

학교 폭력 어떻게 만들어지는가
문재현 외 지음 | 300쪽 | 값 14,000원

아이들을 살리는 동네
문재현·신동명·김수동 지음 | 204쪽 | 값 10,000원

학교 폭력, 멈춰!
문재현 외 지음 | 348쪽 | 값 15,000원

평화! 행복한 학교의 시작
문재현 외 지음 | 252쪽 | 값 12,000원

왕따, 이렇게 해결할 수 있다
문재현 외 지음 | 236쪽 | 값 12,000원

마을에 배움의 길이 있다
문재현 지음 | 208쪽 | 값 10,000원

▶ 비고츠키 선집 시리즈
발달과 협력의 교육학 어떻게 읽을 것인가?

생각과 말
레프 세묘노비치 비고츠키 지음
배희철·김용호·D. 켈로그 옮김 | 690쪽 | 값 33,000원

어린이의 상상과 창조
L.S. 비고츠키 지음 | 비고츠키연구회 옮김
280쪽 | 값 15,000원

도구와 기호
비고츠키·루리야 지음 | 비고츠키연구회 옮김
336쪽 | 값 16,000원

성장과 분화
L.S. 비고츠키 지음 | 비고츠키연구회 옮김
308쪽 | 값 15,000원

어린이 자기행동숙달의 역사와 발달 I
L.S. 비고츠키 지음 | 비고츠키연구회 옮김
564쪽 | 값 28,000원

비고츠키 생각과 말 쉽게 읽기
비고츠키 교육학 실천연구모임 지음 | 316쪽 | 값 15,000원

어린이 자기행동숙달의 역사와 발달 II
L.S. 비고츠키 지음 | 비고츠키연구회 옮김
552쪽 | 값 28,000원

비고츠키와 인지 발달의 비밀
A.R. 루리야 지음 | 배희철 옮김 | 280쪽 | 값 15,000원

▶ 창의적인 협력수업을 지향하는 삶이 있는 국어 교실
우리말 글을 배우며 세상을 배운다

중학교 국어 수업 어떻게 할 것인가?
김미경 지음 | 332쪽 | 값 15,000원

이야기 꽃 1
박용성 엮어 지음 | 276쪽 | 값 9,800원

토론의 숲에서 나를 만나다
명혜정 엮음 | 312쪽 | 값 15,000원

이야기 꽃 2
박용성 엮어 지음 | 294쪽 | 값 13,000원

교사, 선생이 되다
김태은 외 지음 | 260쪽 | 값 13,000원

▶ 교과서 밖에서 만나는 역사 교실
상식이 통하는 살아 있는 역사를 만나다

전봉준과 동학농민혁명
조광환 지음 | 336쪽 | 값 15,000원

남도의 기억을 걷다
노성태 지음 | 344쪽 | 값 14,000원

응답하라 한국사 1
김은석 지음 | 356쪽 | 값 15,000원

응답하라 한국사 2
김은석 지음 | 368쪽 | 값 15,000원

즐거운 국사수업 32강
김남선 지음 | 280쪽 | 값 11,000원

즐거운 세계사 수업
김은석 지음 | 328쪽 | 값 13,000원

한국 고대사의 비밀
김은석 지음 | 304쪽 | 값 13,000원

주제통합수업, 아이들을 수업의 주인공으로!
이윤미 외 지음 | 392쪽 | 값 17,000원

광주의 기억을 걷다
노성태 지음 | 348쪽 | 값 15,000원

교과서 밖에서 배우는 역사 공부
정은교 지음 | 292쪽 | 값 14,000원

통하는 공부
김태호·김형우·이경석·심우근·허진만 지음
324쪽 | 값 15,000원

팔만대장경도 모르면 빨래판이다
전병철 지음 | 360쪽 | 값 16,000원

빨래판도 잘 보면 팔만대장경이다
전병철 지음 | 360쪽 | 값 16,000원

김창환 교수의 DMZ 지리 이야기
김창환 지음 | 264쪽 | 값 15,000원

영화는 역사다
강성률 지음 | 288쪽 | 값 13,000원

친일 영화의 해부학
강성률 지음 | 264쪽 | 값 15,000원

강화도의 기억을 걷다
최보길 지음 | 276쪽 | 값 14,000원

▶ 살림터 참교육 문예 시리즈
영혼이 있는 삶을 가르치는 온 선생님을 만나다!

꽃보다 귀한 우리 아이는
조재도 지음 | 244쪽 | 값 12,000원

성깔 있는 나무들
최은숙 지음 | 244쪽 | 값 12,000원

아이들에게 세상을 배웠네
명혜정 지음 | 240쪽 | 값 12,000원

선생님이 먼저 때렸는데요
강병철 지음 | 248쪽 | 값 12,000원

서울 여자, 시골 선생님 되다
조경선 지음 | 252쪽 | 값 12,000원

행복한 창의 교육
최창의 지음 | 328쪽 | 값 15,000원

▶ 정의로운 세상을 여는 인문사회 과학
사람의 존엄과 평등의 가치를 배운다

 밥상혁명
강양구·강이현 지음 | 298쪽 | 값 13,800원

 좌우지간 인권이다
안경환 지음 | 288쪽 | 값 13,000원

 도덕 교과서 무엇이 문제인가?
김대용 지음 | 272쪽 | 값 14,000원

민주시민교육
심성보 지음 | 544쪽 | 값 25,000원

 자율주의와 진보교육
조엘 스프링 지음 | 심성보 옮김 | 320쪽 | 값 15,000원

민주시민을 위한 도덕교육
심성보 지음 | 496쪽 | 값 25,000원

 민주화 이후의 공동체 교육
심성보 지음 | 392쪽 | 값 15,000원

교과서 밖에서 배우는 인문학 공부
정은교 지음 | 276쪽 | 값 13,000원

 갈등을 넘어 협력 사회로
이창언·오수길·유문종·신윤관 지음 | 280쪽 | 값 15,000원

오래된 미래교육
정재걸 지음 | 392쪽 | 값 18,000원

 동양사상과 마음교육
정재걸 외 지음 | 356쪽 | 값 16,000원

 수업과 교육의 지평을 확장하는 수업 비평
윤양수 지음 | 316쪽 | 값 15,000원

 교과서 밖에서 배우는 철학 공부
정은교 지음 | 280쪽 | 값 14,000원

대한민국 의료혁명
전국보건의료산업노동조합 엮음 | 548쪽 | 값 25,000원

▶ 남북이 하나 되는 두물머리 평화교육
분단 극복을 위한 치열한 배움과 실천을 만나다!

 10년 후 통일
정동영·지승호 지음 | 328쪽 | 값 15,000원

 선생님, 통일이 뭐예요?
정경호 지음 | 252쪽 | 값 13,000원

▶ 출간 예정

`근간` **관계의 교육학, 비고츠키**
천보선·손지희 지음

`근간` **내일 수업 어떻게 하지?**
아이함께 지음

`근간` **교사의 전문성은 어떻게 이루어지는가?**
김석규 옮김

`근간` **인간 회복의 교육**
성래운 지음

`근간` **교과서 밖에서 배우는 고전 공부**
정은교 지음

`근간` **수업의 정치**
윤양수 외 지음

`근간` **함께 만들어 가는 강명초 이야기**
이부영외 지음

`근간` **조선족 근현대 교육사**
정미량 지음

`근간` **어린이와 시 읽기**
오인태 지음

참된 삶과 교육에 관한 생각 줍기